Vorwort

von Angelika Zegelin-Abt

Sie halten ein Kaleidoskop in den Händen, ein buntes und vielgestaltiges Bild zum Thema „Sprache und Pflege". Aus unterschiedlichsten Perspektiven und wissenschaftlichen Bezügen werden hier Zusammenhänge zwischen Sprache und Pflege hergestellt.

Die meisten Beiträge gehen zurück auf das Sommerforum 1995 im Bildungszentrum Essen (DBfK). Über 80 TeilnehmerInnen aus Pflege, Pflegewissenschaft, Sprach- und Sozialwissenschaften fanden sich zusammen, um engagiert zu diskutieren.

Pflegeberufe gehören zweifellos zu den „Sprachberufen", fast jeder Aspekt der Pflege hat auch kommunikative Anteile. Die vielen Themen in diesem Buch machen dies deutlich; hinter jedem Thema steht Klärungs- und manchmal auch Forschungsbedarf.

Die Vortragstexte wurden im wesentlichen nicht verändert, die Themen wurden strukturiert und geordnet, Workshop-Ergebnisse wurden zusammengefaßt.

Im ersten Abschnitt legen S. Bartholomeyczik, C. Oertle-Bürki und G. Brünner Grundlagen zur Diskussion über eine professionelle Sprache in der Pflege.

J. Reichertz, C. Weinhold und C. Thimm blicken aus den Perspektiven der Kommunikations- und Sprachwissenschaften auf pflegebezogene Gegenstände. Ich bin überzeugt, daß die Ergebnisse einer künftigen Gesprächsforschung Auswirkungen auf die Aus- und Fortbildung und dann hoffentlich auf die Praxis der Pflege haben werden. R. Fiehler und S. Sachweh fokussieren das Thema dann auf die Kommunikation mit alten Menschen – Beiträge, die wertvolle Einsichten und auch Diskussionsstoff bieten.

Das Mit- bzw. Gegeneinander der Fachjargons im Krankenhaus thematisiert U. Geißner. Das Nachdenken um die Anrede „Schwester" flackert in der Pflege immer wieder auf, auch auf dem Sommerforum wurde dazu häufig diskutiert. Zunehmend setzt sich wohl die Anrede „Frau ..." bzw. „Herr ..." durch, J. Zenz widmet diesem Thema einen Beitrag. Konsens könnte sein, daß die Anrede „Schwester" nicht einfach übernommen wird, sondern daß dazu in Bildungsstätten und Pflegeorten diskutiert und eine Regelung für die jeweilige Einrichtung gefunden wird. J. Reichertz überzeichnete in einem Workshop die Anrede noch weiter und stellte selbstgebastelte Namensschilder von Pflegenden vor.

„Susi" und dazu irgendeine niedliche Abbildung stellt ein Beziehungsangebot auf der Du-Ebene her – eine Nähe, die vielleicht von den „SchilderträgerInnen" selbst gar nicht unbedingt gewünscht wird.

Natürlich wurden auch Gründe für das Gestalten und Tragen der Schilder diskutiert, es wurde aber deutlich, daß nicht die Gründe, sondern die Folgen wichtig sind. Alle Beteiligten an einer Pflegesituation haben Anspruch auf Abklärung der Beziehung.

In der Veranstaltung wurde die sozialwissenschaftliche Methode der „Objektiven Hermeneutik" vorgestellt, die Ausdeutung der Namensschilder bzw. von Texten ließen konsensfähige Interpretationen zu. Im nächsten Abschnitt werben F. Sitzmann und R. Müller für mehr Sprachsensibilität in der Pflege, sie machen auf Wortkultur und Mißverständnisse aufmerksam.

J. Georg stellt Pflegediagnosen als sprachliche Klassifikation vor, U. Grieshaber gibt Hinweise zur journalistischen Arbeit in der Pflege.

Einheitliche Anforderungen an die Manuskripte könnten bei Veröffentlichungen helfen. Kulturübergreifende Aspekte thematisiert W. Schnepp und legt besonderen Wert auf die methodische Seite.

Y. Ford stellt zwei Workshop- Beiträge vor, einmal geht es um sprachliche Implikationen multikultureller Teams, zum anderen um den Transfer von Pflegesprache Englisch-Deutsch.

H. Kirchner schlägt pädagogische Maßnahmen zur Förderung einer professionellen Sprache vor. W. Marschke äußert sich in einem Beitrag ganz anderer Art zur Sprecherziehung in der Pflege aus anthroposophischer Sicht.

Während der Tagung wurde auch immer wieder „Sprachlosigkeit" festgestellt: Sprachlosigkeit, die Pflege unsichtbar bleiben läßt, fehlende Sprache in Dokumentation und Übergabe.

P. W. Schreiner stellt Überlegungen zur Sprachlosigkeit in Bezug auf ethische Fragen an. Den Schluß bilden Eindrücke, die das Sommerforum zusammenfassen.

M. Linhart und P. Stumpf äußern sich aus der Sicht studentischer TeilnehmerInnen.

H. Steppe resümiert, bündelt und führt weiter – ihre Ausführungen geben viele Denkanstöße.

Ganz am Schluß des Buches eine besinnlich-vergnügliche Idee: Wandersagen aus der Pflege.

R. Müller hat sie zusammengetragen. Wahrscheinlich kennt jeder von Ihnen solche Geschichten. Wenn Sie Lust haben, teilen Sie uns weitere mit.

Ich wünsche mir, daß dieser Sammelband in möglichst viele Hände gerät, neben Berührung ist Sprache das wichtigste Werkzeug in der Pflege. Anregungen zum Nachdenken und zur Diskussion sind in Fülle vorhanden.

Angelika Zegelin-Abt, M.A.
Institut für Pflegewissenschaft, Universität Witten-Herdecke (U W/H)

Inhaltsverzeichnis

Worte

haben

die

Macht,

Wirklichkeiten

zu

gestalten

Helene Lerner-Robbins

Einleitung

von Angelika Zegelin-Abt

Pflegedokumentation und Sprache

Die Dokumentation der Pflege stellt ein „Fenster" zur Sprache der Pflege dar, zur Einführung in dieses Buch soll deshalb auf die Verschriftlichung der Pflege eingegangen werden. In diesem Sinne ist Pflegedokumentation viel mehr als ein Nachweis durchgeführter „Maßnahmen" (!), die Sprache identifiziert die zentralen Konzepte, setzt Prioritäten, stiftet Gemeinsamkeit, stellt Pflege nach außen dar und vieles andere mehr.

Für diese Entwicklung ist der Zeitraum von etwa 10 Jahren in der deutschen Pflege zu kurz bemessen – zumal die Pflicht zur Dokumentation als Folge des bekannten Dekubitus-Urteils von 1985 quasi angeordnet wurde: Eine Patientin hatte ein Druckgeschwür erlitten, Klage erhoben und Schadenersatz erhalten. Dem Krankenhaus war es nicht möglich nachzuweisen, daß rechtzeitig vorbeugende Maßnahmen eingesetzt hatten. Zu dieser Zeit beschränkte sich die Dokumentation auf die üblichen „Fieberkurven", eine Dokumentation der Pflege fand eigentlich nicht statt. Zwar haben fortschrittliche Pflegende schon seit langem darauf hingewiesen, daß eine Bündelung der Erfahrung und Weiterentwicklung von Wissen vor allem durch die Auswertung schriftlicher Daten ermöglicht wird, bis heute verstehen viele Berufsangehörige allerdings immer noch nicht, warum und was sie dokumentieren sollen. Gleichzeitig werden sie Zeugen, daß in der ärztlichen Berufsausübung gar Dokumentationsassistenten eingestellt werden – seltsam, daß da überhaupt keine Parallelen gezogen werden. Vermutlich wird die eigene Tätigkeit nicht so wichtig genommen.

Die tägliche Zeitnot und die mangelnde Unterstützung bei der Einführung der Dokumentation – gemeint ist hier nicht das Erstseminar, sondern die Begleitung bei der Umsetzung im Alltag – führten dazu, daß die Pflegedokumentation heute vielerorts einen kläglichen Eindruck macht. Die sprachliche Entwicklung wurde sofort eingeengt durch industriell vorgefertigte Listen und Formulare, die ein zeitsparendes Ausfüllen versprachen. Die Einführung der Pflegepersonalregelung verkürzte vielerorts die Dokumentation weiter auf die relevanten Kategorien dieses Regelwerks, in den Krankenpflegeschulen werden immer weniger Übungsmöglichkeiten für professionellen schriftlichen und mündlichen Ausdruck eingeräumt.

Die Pflegewissenschaft in Deutschland war Ende der 80er Jahre noch nicht in der Lage, die Dokumentation der Pflege zu begleiten. Leider mehren sich stattdessen Untersuchungen, die die bekannten sprachlichen Mängel der Dokumentation und auch der Übergabe konstatieren, ein trauriger Umstand.

Gottlob scheint die tatsächlich geleistete Pflege wesentlich besser zu sein, als die Dokumentation es zeigt – in den Akten bleibt Pflege oft unsichtbar, weil sprachlos. Pflegesprache wird sich niemals so standardisieren lassen wie der Operationsbericht eines Chirurgen, ein Gerichtsprotokoll oder die Checkliste eines Kraftfahrzeugmechanikers. Eine so weitgehende Festlegung ist auch nicht sinnvoll, da es sich oft um Konzepte handelt, die der

Auslegung bedürfen. Trotzdem muß die Pflege es leisten, die wesentlichen Gegenstände überhaupt zu benennen, darüber Einigung zu erzielen und eine Fachsprache zu entwickeln. Daß dies möglich ist, zeigen Beispiele aus der psychiatrischen Pflege, der Psychiatrie, der Sozialarbeit, der Musiktherapie, der Psychotherapie, Ergotherapie, Pädagogik und anderen helfenden Berufen. Wesentlich scheint die Einstellung Pflegender zu sein, die Dokumentation überhaupt als **die** wichtige Informationsquelle zu nutzen, stattdessen wird die Dokumentation oft als lästiges Anhängsel eingeschätzt. Die Informationen variieren nun weniger im Bereich festgelegter Maßnahmen, sie werden interessanter, je mehr individuelle Aspekte des Patienten berücksichtigt werden. Wenn es Aufgabe der Pflege ist, den Kranken in der Bewältigung seiner Krankheit, besonders hinsichtlich der täglichen Aufgaben, zu begleiten und zu stützen, dann müßte die Dokumentation dies auch zeigen. Gerade in diesen Sparten fehlt es jedoch an Dokumentation und sprachlichem Ausdruck. Die eher körperbezogenen Kategorien werden noch leidlich ausgefüllt, psychosoziale, geistige oder gar spirituelle Aspekte bleiben oft leer. Insgesamt wird zuwenig mitgeteilt, wie Patienten sich verhalten, welche Schwerpunkte von ihnen selbst geäußert werden, wie die Reaktion auf Behandlungen ist u. a.m. Teilweise spiegelt die Dokumentation tatsächlich das jeweilige Pflegeverständnis wider. In anderen Fällen wird durch Verkürzung und Weglassen einfach beim schriftlichen Eintrag Zeit gespart: Pflegerische Kategorien lassen sich nicht so einfach ausdrücken wie ein medizinischer Wert.

Untersuchungen der Pflegedokumentation sind zunächst sinnvoll, wenn sie auf der Ebene der Dokumentation bleiben – gemeint sind Studien über die Art der Eintragungen, Sprachstile usw., auch eine rein quantitative Auszählung der Eintragungen könnte Erkenntnisse bringen.

Ein weiterer Ansatz wissenschaftlicher Auswertung könnte analog des Pflegeprozesses erfolgen, um die Vollständigkeit und Qualität der schriftlichen Pflegeplanung zu ermitteln. Entsprechende Fragen wären: Erfaßte die Anamnese die pflegerelevanten Bereiche? Sind die vorrangigen Ressourcen und Probleme identifiziert? Tauchen in der Planung Probleme auf, die im Erstgespräch nicht offenkundig wurden und umgekehrt? Sind die Ziele angemessen, die Maßnahmen entsprechend zugeordnet? Werden nur zu Beginn Probleme formuliert oder entstehen auch neue Bereiche? Werden Begründungen deutlich? Ist der Bericht gut strukturiert und verständlich? Wird ein Verlauf sichtbar? Werden Kategorien nachvollziehbar beendet? Eine Evaluation der Pflege ist derzeit durch die Schwächen der Dokumentation kaum möglich. Leider ist es noch nicht üblich, die Pflegedokumentationen vor Ort nach Abschluß der Pflege auszuwerten; durch dieses Vorgehen würde sich die Dokumentation rasch qualifizieren. Interessant ist, das Dokumentationsverhalten und die Sprachgestaltung einzelner Pflegender oder Schichtgruppen auszuwerten und miteinander zu vergleichen: Oft ist festzustellen, daß bestimmte Bereiche bevorzugt werden. All diese Erhebungen sind wichtig, um mit diesen Daten an einer Verbesserung der Dokumentation zu arbeiten. Nach entsprechenden Schulungen ändern sich Art und Umfang der Eintragungen durchaus. Gut vorstellbar ist, daß auf den Stationen von Zeit zu Zeit Dokumentationen u. a. auf den sprachlichen Ausdruck hin angesehen werden und gemeinsam überlegt wird: Was ist damit gemeint? Hätte das besser ausgedrückt werden können? Welche sprachlichen Alternativen gibt es? Eine gemeinsame Reflexion und ein behutsames Vorgehen sind dabei wichtig, Anordnungen von oben oder extern nutzen wenig. Erfahrungen zeigen, daß bei Vorgabe positiver Beispiele in Dokumentation und Übergabe sprachliche Muster durchaus übernommen werden.

Noch ist es unmöglich, aus der Dokumentation auf die tatsächlich geleistete Pflege zu schließen, und es wird noch ein weiter Weg sein, die Wirksamkeit pflegerischer Aktivitäten gar über mehrere Stationen oder Kliniken hinweg durch Dokumentenanalyse zu ermitteln und zu vergleichen. Zur Zeit werden Aspekte noch eher zufällig aufgegriffen und lückenhaft fortgeführt, Aussagen wie z. B. „schlimm" sind vage und undeutlich, Bezeichnungen wechseln von Pflegeperson zu Pflegeperson. Selbst über Konzepte wie Inkontinenz, Unruhe, Immobilität oder Obstipation herrscht Unklarheit. Manchmal sind einfach Tätigkeiten aneinandergereiht, die auch aus einer Tabelle ersichtlich sein könnten. Das Spezifische der Pflege, nämlich den Kranken wahrzunehmen, ihn zu stützen und zu begleiten, wird dagegen nicht deutlich. Die Dokumentation belegt auch, daß Gespräche oder Beratungen noch längst nicht zum Pflegealltag gehören, zumindest werden sie selten dokumentiert.

Hilfskräfte, Berufsanfänger oder nichtdeutschsprachige KollegInnen erhalten wenig Hilfe beim Ausfüllen der Formulare, die Anforderungen werden individuell ausgelegt. Manche KollegInnen glauben, es wäre nützlich, einfach „viel" aufzuschreiben. Aus diesem Grund werden Einzelheiten umfangreich beschrieben, ohne Wesentliches mitzuteilen – vermutlich, weil die vorherige Verständigung über das Wesentliche fehlt. Auch kraß wertende Äußerungen, wie z. B. „randaliert", sind oft zu lesen. So wird dem Patienten gerne zugeschrieben, er sei „nicht kooperativ". Eigentlich müßte dieses Etikett Begeisterung hervorrufen, handelt es sich hier doch offensichtlich um einen ganz normalen Menschen, der sich auf seine eigene Person besinnt, nicht seine ganze Würde beim Klinikeintritt abgegeben hat und vor allem nicht daran denkt, konform mit jedem zu gehen, der sich kurzfristig für ihn zuständig erklärt. Ist den SchreiberInnen dieser Formulierung wirklich nicht klar, wie sehr sie sich hier als Kleingeister enttarnen – wie würden sie selbst sich bei einem Wechsel in die Patientenrolle verhalten? Deutlich diskriminierend ist die Auswahl der Bezeichnungen im folgenden Aufnahmeformular (Abb. 1). Zahlreiche Kliniken haben immer noch ähnliche Blätter in Gebrauch. Der durchaus verständliche Wunsch, in der dortigen Abteilung wichtige Kategorien rasch und übersichtlich erfassen zu können, hat zu einem peinlich wirkenden Formular geführt. Es erhebt sich die Frage, welches Menschenbild und welches Pflegeverständnis zugrundeliegt, wenn der Mensch in den Rubriken „Aufnahmezustand" und „Soziale Situation" im Ankreuzverfahren in willkürlichen und abwertenden Bezeichnungen degradiert wird. In vielen Einrichtungen sind derartige Formulare inzwischen überarbeitet worden. Pflege stellt sich durch die Dokumentation auch nach außen dar, sämtliche Bestrebungen einer Professionalisierung werden mit dilettantischen Aufzeichnungen ad absurdum geführt.

Ähnlich armselig wirkt es, wenn in einer Übersicht der täglichen Aktivitäten der Kategorie „Sinn finden" ein Kästchen von einem Quadratzentimeter zur Eintragung eröffnet wird. Zur Vereinfachung der laufenden Dokumentation werden die Aktivitäten des täglichen Lebens (ATL) manchmal durchnumeriert. Es kann etwa vorkommen, daß zwischen zahlreichen banalen Eintragungen eher zufällig eine Beschreibung auftaucht, durch die Wesentliches zutagetritt, hierzu ein Beispiel aus der Dokumentation über einen 84jährigen Mann:

  8. Pat. bekommt schlecht Luft.
  9. H. M. hat etwas Kartoffelbrei gegessen.
10. Pat. hat sich aufgegeben, sagt, daß er sterben möchte.
11. Pat. hat morgen Abführtag.

Im Grunde verhindern alle Vordrucke eine sprachliche Verständigung. Überall mühen sich Arbeitsgruppen ab, mit mangelhaften Dokumentationssystemen klarzukommen. Im Vordergrund steht dabei die Absicht, den Anforderungen aller anderen Bereiche außerhalb der Pflege zu entsprechen. So erwarten die Juristen einen lückenlosen Nachweis, die Administration fordert abrechnungsfähige Protokolle, die Mediziner hätten gerne Übersichten der für sie wichtigen Körperfunktionen des Patienten. Für die begriffliche Entwicklung in der deutsche Pflege wäre es besser gewesen, zu Beginn und am Ende der Pflege eines Patienten einen Freitext zu formulieren. Ein Freitext würde auch Prioritätensetzung erlauben, denn die für einen Patienten wichtigsten Probleme wirken sich auf alle anderen Bereiche aus. Ein Stammblatt zum Ankreuzen könnte zusätzlich die Übersicht erleichtern. Eine umfang-

Patientenstammblatt

Datum .... Uhrzeit ....

Aufnehmende Pflegekraft

Angehörige ....

Telefon-Nr.: ....

Letzter stat. Aufenthalt

Datum .... Kr.hs.: ....

Aufnahme:
- ❏ Notfall
- ❏ liegend ❏ gehend ❏ sitzend
- ❏ Erstaufnahme ❏ Wiederaufnahme
- ❏ hausinterne Verlegung von

Aufnahmezustand:
- ❏ ungepflegt ❏ gepflegt
- ❏ unauffällig ❏ ansprechbar
- ❏ orientiert ❏ benommen
- ❏ verwirrt ❏ bewußtlos
- ❏ erregt ❏ alkoholisiert
- ❏ teilweise orientiert
- ❏ selbständig ❏ bettlägerig seit
- ❏ inkontinent ❏ Stuhl ❏ Urin
- ❏ DK ❏ gelegt am:
- ❏ Dekubitus, Kontraktur etc.

Pflegerelevante Besonderheiten
- ❏ Diabetes ❏ Tabletten ❏ Insulin ❏ Diät
- ❏ Allergien
- ❏ Marcumar ❏

Hilfsmittel:
- Kontaktlinsen ❏ rechts ❏ links ❏ Brille
- Zahnprotesen ❏ oben ❏ unten ❏ Spange
- Hörgerät ❏
- Gehhilfe ❏
- Schrittmacher ❏
- Anus praeter ❏
- Sonstige Behinderungen

Grad der Pflegebedürftigkeit:

	selbständig	teilweise hilfsbedürftig	vollständig hilfsbedürftig
Körperpflege			
Ernährung			
Ausscheidungen			
Mobilisation			
Ankleiden			

Erforderliche Prophylaxen:
- ❏ Dekubitus ❏ Kontraktur ❏ Soor/Parotitis
- ❏ Thrombose ❏ Zystitis ❏ Obstipation
- ❏ Pneumonie

Soziale Situation / Wohnverhältnisse:
- ❏ berufstätig ❏ selbständig
- ❏ Hausfrau ❏ arbeitslos
- ❏ Auszubildender ❏ Rentner
- ❏ allein lebend ❏ in der Familie
- ❏ bei den Kindern ❏ bei den Eltern
- ❏ bei Verwandten ❏ Altenheim
- ❏ obdachlos ❏
- ❏

Letzte Medikation:

....

....

Mitgebrachte Befunde:

....

....

....

Wertsachen: (in der Verwaltung hinterlegen)

> Auf Station wird keine Haftung übernommen <

Konfession:
- ❏ rk ❏ ev ❏ sonstige

Seelsorge erwünscht: ❏ ja ❏ nein

Krankenhaussalbung am:

Aufkleber:

Name:

Geb.:

Abb. 1: **Patientenstammblatt, wie es nicht mehr sein sollte**

reiche Dokumentation ist auch nur dann erforderlich, wenn ein entsprechender Pflegeaufwand zu leisten ist. Ein selbständiger Patient, der wenig Hilfe braucht, könnte mit einer minimalen Dokumentation erfaßt werden.

Ähnliche Mängel wie in der Dokumentation, Spracharmut und Medizinlastigkeit werden auch immer wieder in Beobachtungen von Übergaben festgestellt.

Seltsamerweise geht die Sprachlosigkeit in der Pflege gleichzeitig mit großartigen Worthülsen einher. So reklamiert die Klinik, die obiges Formular einsetzt, durchaus den Anspruch einer „ganzheitlichen" Pflege für sich. Die Abkehr von einer funktionalen Versorgung schließt jedoch noch lange keine Ganzheit ein. Ganzheitlichkeit und ähnlich überzogene Bezeichnungen dürften in der Pflege nicht mehr bemüht werden. Abgesehen von der Unmöglichkeit einer ganzheitlichen Wahrnehmung, geschweige denn Entsprechung – dies auch noch in einer befristeten institutionellen Situation – drückt dieses Begehren einen erheblichen Machtanspruch und zudem eine völlige Überforderung der Pflege aus.

Der sprachliche Ausdruck rührt an die Wurzeln der Pflege, liebe Gewohnheiten werden in Frage gestellt. Das ermüdende Gerangel um die Pflegedokumentation hat wenigstens dazu geführt, daß überhaupt einige Anteile der Pflege festgehalten werden – die Trainer lehnen sich erschöpft zurück. Es ist sicher nicht leicht, nun auch noch ein anderes Sprachbewußtsein auf den Weg zu bringen. Die Diskussionen nach den Beiträgen des Sommerforums zeigen, daß sich Kolleginnen und Kollegen betroffen und verärgert fühlen, zum Teil wird ein oberlehrerhafter Dünkel, ein Sprachwächtertum ausgemacht. Andere meinen, die Pflege hätte ja wahrlich andere Sorgen, als sich um Sprache zu kümmern. Diese Ansicht ist irreführend und fatal, es gibt in den nächsten Jahren nichts Wichtigeres als die Sprachgestaltung in der Pflege. Gesetzeswerke schreiben mit langen zeitlichen Verzögerungen gesellschaftliche Entwicklungen und Sprachregelungen fest. Durch ihre professionelle Sprache tragen alle beruflich Pflegenden Verantwortung für den Rahmen, den die Pflege zukünftig hat.

A. Zegelin-Abt, M.A., Pflegedozentin
Universität Witten-Herdecke

Teil I

Fach- und Sachbeiträge

1 Nachdenken über Sprache – Professionalisierung der Pflege?

von Sabine Bartholomeyczik

1.1 Einleitung

Die derzeitige Entwicklung der Pflegeberufe bringt unter anderem in manchen Bereichen des beruflichen Sprachgebrauchs gewisse Änderungen und Unsicherheiten mit sich. Als erstes Beispiel kann die Bezeichnung des Berufsverbandes genannt werden: Dieser ist unter der Abkürzung DBfK bekannt, bezeichnet sich aber als „Deutscher Verband für Pflegeberufe". Das „K", die Krankenpflege, ist nicht mehr „in" oder besser ausgedrückt: Hier dokumentiert sich ein Sprachwandel von der Krankenpflege zur Pflege. Bekannt ist, daß dies mit der in Deutschland etablierten Struktur der Pflegeberufe zu tun hat, die einzelne Ausbildungsgänge nach Altersgruppen der PflegeempfängerInnen unterscheidet und für jeden dieser Berufe eine andere Bezeichnung vorhält: AlternpflegerIn, Krankenschwester, Kinderkrankenschwester; die männliche Form der -schwester ist als -pfleger festgelegt. Natürlich möchte der Berufsverband durch seine Benennung die Offenheit für alle Berufsgruppen demonstrieren. Zu überlegen bleibt, ob dieser Sprachwandel nicht auch ein Kennzeichen für einen berufspolitischen Wandel darstellt.

Der Wandlungsprozeß und die damit verbundene Unsicherheit drücken sich auch darin aus, daß es sehr unterschiedliche Möglichkeiten einer Sammelbezeichnung für die Menschen gibt, die pflegen: Schwestern und Pfleger, Pflegekräfte, Pflegepersonen, Pflegefachpersonen, Pflegende, Gesundheitspfleger oder Pflegetherapeuten. Jeder dieser Begriffe erzeugt bei irgendjemandem große Widerstände, vor allem dann, wenn sich in dieser Bezeichnung auch noch die Unterscheidung zwischen professioneller und Laienpflege ausdrücken soll.

Ein besonderes Beispiel für die Merkwürdigkeit eines Begriffes in der Pflege ist die Bezeichnung „Schwester". Bekanntermaßen ist das eine weibliche Verwandtschaftsbezeichnung, die aus religiös-kirchlichen Gründen zur Berufsbezeichnung wurde. Das bringt es u. a. mit sich, daß sich erwachsene berufstätige Frauen von ihren KlientInnen mit Vornamen anreden lassen müssen, daß aber auch mit dem so etikettierten Beruf assoziiert wird, das wichtigste daran sei ein schwesterliches, aus dem Bauch bzw. dem Herzen kommendes, freundliches Verhalten. Ganz nebenbei gibt es natürlich für die Männer in diesem Beruf keine verwandtschaftliche Benennung, die Bezeichnung „Bruder" ist den im engeren kirchlichen Sinne tätigen Männern vorbehalten. Die Berufsbezeichnung „Schwester" ist also dazu noch geschlechtsspezifisch diskriminierend. Sie benennt dazu einen Beruf zwar mit Geschlecht, aber ohne Geschlechtlichkeit. Die Bezeichnung „Schwester" und die Vorstellungen von einer Profession bilden aus meiner Sicht unversöhnliche Gegensätze. Das ändert auch der gesetzlich festgelegte Begriff Krankenschwester nicht.

1.2   Professionalisierung der Pflege

Was aber sind nun eigentlich die Vorstellungen von einer Profession? Die Professionalisierung des Pflegeberufs wird proklamiert, seit dieser Begriff aus der Soziologie auch darüber hinaus bekannt wurde. Die eingeschlagenen Wege waren sicher unterschiedlich, das allgemeine Ziel war aber immer das, was früher als Eigenständigkeit bezeichnet wurde und heute eher mit dem Begriff Autonomie belegt wird. Ich möchte gerne einige Erläuterungen zu Professionalisierungskonzepten geben, weil mir die unterschiedlichen Bedeutungen nicht bewußt genug erscheinen.

Als Vorbild für eine fortgeschrittene Professionalisierung wird in der Soziologie der ärztliche Beruf benannt, dessen Autonomie und gesellschaftliche Definitionsmacht nicht nur in der Pflege täglich zu erleben sind. Eine ganze Reihe von Theoretikern haben sich mit Erklärungsmodellen für diese Macht befaßt, mit der eine Berufsgruppe einen wesentlichen gesellschaftlichen Bereich beherrscht (Hesse, 1968). Sie nennen als Kennzeichen einer Profession, zu der neben dem Arztberuf auch der der Juristen und Theologen gezählt wird, zentrale wertbezogene Leistungen, universelles Wissen und als Konsequenz daraus eine Autonomie, die an die Stelle einer allgemeinen gesellschaftlichen Kontrolle tritt.

Die zentralen wertbezogenen Leistungen beziehen sich auf solche hohen gesellschaftlichen Werte wie Gesundheit, Recht oder Weltanschauung bzw. Religion. Nach dieser Theorie wird in einer Profession der Beruf als „Kunstfertigkeit" ausgeübt, die auf langdauernder, theoretisch fundierter, akademischer Spezialausbildung aufbaut und vorwiegend nichtmanuell ist. Die Professionen sind demnach klientenorientiert, sie befassen sich mit Bedürfnissen, die in jeder Gesellschaft von großer Bedeutung sind. Sie sind deswegen ein Dienst an der Allgemeinheit, sie dienen dem öffentlichen Wohl, der Stabilität der Gesellschaft und weniger der Befriedigung privater Interessen. Ein Gewinnmotiv steht immer hinter der Klientenorientierung zurück. Ethische und fachliche Prinzipien sind in Berufsordnungen verankert und werden durch den eigenen Berufsstand kontrolliert. Zur Übernahme der Selbstkontrolle werden berufsständische Kammern eingerichtet, die hoheitliche Aufgaben erhalten: Neben der fachlichen und ethischen Kontrolle auch die des Berufszugangs und der Ausbildungsregelung.

Man kann sich sicher lange darum streiten, in welcher Beziehung sich ärztliche und pflegerische Arbeit unterscheiden, ob ärztliche Arbeit weniger manuell sei als die pflegerische, ob sie dem öffentlichen Wohl mehr diene usw., um festzustellen, daß diese Beschreibung mit Ausnahme der formalen und inhaltlichen Struktur der Ausbildung wohl keine Erklärung dafür liefern kann, warum der ärztliche Beruf als Profession bezeichnet werden kann, der pflegerische jedoch nicht.

Diese funktionalistische Darstellung der Professionalisierung des ärztlichen Berufes unterstellt, daß sich Berufe gesellschaftlicher Kontrolle entziehen müssen, um gesellschaftlich wichtige Aufgaben professionell erfüllen zu können. Für die Entstehung solcher Machtfülle gibt es allerdings auch eine andere Erklärung, die eher als konflikttheoretisch zu bezeichnen ist. Der medizinische Berufsstand hat sich seine Autonomie insbesondere seit der 2. Hälfte des 19. Jahrhunderts in harten Kämpfen errungen, durch die Zurückstellung interner und die Ausschaltung externer Konkurrenz, durch starke Einheitsorganisationen und letztlich durch Streiks (Hampp et al., 1982). Das Hauptproblem dieser Berufsentwicklung war, einerseits nur die eigenen Standesmitglieder die beruflichen Aufgaben ausführen zu lassen und andererseits aber nicht verpflichtet zu sein, jeden Auftrag unabhängig von der Höhe der Bezahlung annehmen zu müssen; dies wurde kurz als die „Kurpfuscherfrage" und das Problem der „Kurierpflicht" bezeichnet. Mitte des letzten Jahrhunderts hatten die Ärzte erreicht, daß nur Personen mit entsprechendem Befähigungsnachweis heilen durften, sie also aus der Konkurrenz herausgenommen waren, dafür aber verpflichtet wurden, jeden Auftrag anzunehmen. Da mit einem Arbeitsauftrag nicht unbedingt auch dessen Bezahlung einherging, wurde für Deutschland mit der Reichsgründung 1871 die Kurierpflicht wieder abgeschafft, dafür durften aber wieder alle Heilkundler heilen, auch im Auftrag der später gegründeten Krankenkassen. Wirtschaftliche Erfolge erlangte die Kampforganisation „Verband der Ärzte Deutschlands zur Wahrung ihrer wirtschaftlichen Interessen", heute nach ihrem Gründer Hartmannbund genannt, und später die Kassenärztliche Vereinigung mit Zwangsmitgliedschaft. Die „Kurpfuscherfrage" wurde 1939 durch das heute noch gültige Heilpraktikergesetz gelöst, das nur den Ärzten die umfassende Heilerlaubnis gibt und neben den Ärzten in sehr beschränktem und kontrolliertem Umfang auch den zugelassenen Heilpraktikern.

In der 2. Hälfte des 19. Jahrhunderts wurden zunehmend regionale Ärztkammern gegründet, die vor allem eine Standesgerichtsbarkeit ausübten und zu gutachterlicher Tätigkeit verpflichtet waren. Sie konnten damit die Maßstäbe für die Qualität ärztlicher Leistungen definieren und damit die berufsinterne Kontrolle anstelle einer gesellschaftlich ausgeübten setzen. Unter der Nazi-Herrschaft, die sich damit eine bessere Kontrolle über die Ärzteschaft erhoffte, wurde eine Reichsärztekammer eingerichtet, die allerdings wegen zu großer Machtfülle nach dem 2. Weltkrieg wieder auf Länderebene reduziert werden mußte.

Angesichts dieser Geschichte wird auch verständlich, warum es vielen Ärzten absurd erscheint, daß Pflegende plötzlich in manchen Bereichen der Gesundheitsversorgung eine alleinige Entscheidungskompetenz einfordern oder gar einen heilenden Auftrag in ihrer Berufsausübung sehen.

Mit dieser Entwicklung des ärztlichen Berufs ist auch die Entwicklung des Pflegeberufs zu einem arztassistierenden Frauenberuf im letzten Jahrhundert verbunden. Es ist hier als bekannt vorauszusetzen, wie die Pflege als angeborene oder früh anerzogene weibliche Liebestätigkeit definiert wurde, die damit auch unbezahlbar und abhängig sein mußte. Zu dieser Vereinnahmung gehören jedoch durchaus zwei Seiten: Der medizinische Beruf mit einem Interesse an guten Helferinnen und der pflegerische Beruf mit einer großen Bereitschaft zur Unterordnung und einer Ablehnung der Verberuflichung.

Es bleibt die Frage, ob eine Professionalisierung des Pflegeberufs durch die Aneignung von Attributen, wie z. B. einer Verkammerung, zu erreichen ist oder ob es nicht ganz wesentliche andere Aspekte der Professionalisierung sind, die die Pflege benötigt und beansprucht sollte. Und hier rücken die Theorien zu professionellem Handeln in den Mittelpunkt, also: Was kennzeichnet eine professionelle Arbeit, worin unterscheidet sie sich von anderer beruflicher Arbeit? Professionalisierung läßt sich hier definieren als der Weg von einer beruflichen Arbeit mit handwerklicher Orientierung und berufsfremder Inhaltsdefinition hin zu einer wissenschaftlich fundierten, an umfassenden Konzepten orientierten, personenbezogenen Dienstleistung. Weidner (1995) beschreibt professionelles Handeln in einem Dreieck zwischen

* wissenschaftlicher Kompetenz, das Grundlagenwissen der Disziplin zu verstehen und anwenden zu können,
* der hermeneutischen Kompetenz des Verstehens eines „Falles" – wie er es nennt – in der Sprache des Falles selbst und schließlich
* der situativen Kompetenz, das Wissen mit Hilfe des hermeneutischen Verstehens in einer bestimmten Situation mit den jeweils einmaligen Anforderungen anwenden zu können (Abb. 1–1).

Dieses vor allem mache den Unterschied zwischen dem beruflichem Handeln eines Autoschlossers und dem professionellen eines Menschen in einem personenbezogenen Dienstleistungsberuf aus.

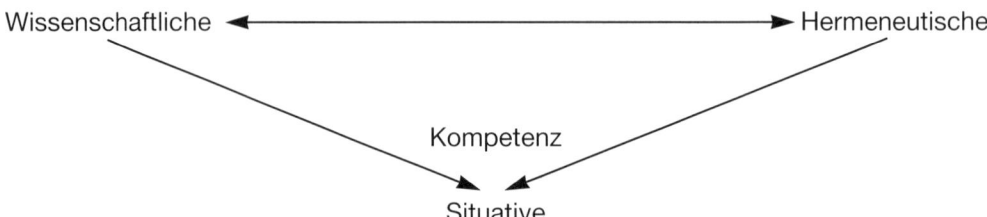

Abb. 1 – 1:   **Professionelles Handeln (in Anlehnung an Oevermann nach Weidner, 1995)**

Professionelles Arbeiten kann also nur auf einer Wissenschaft aufbauen, benötigt die Kompetenz und die Verantwortung, dieses Wissen umzusetzen, aber auch die hermeneutische Fähigkeit, die Äußerungen der Betroffenen in ihrem Sinne zu interpretieren und schließlich beiden Grundlagen entsprechend der situativen Anforderung auch adäquat einzusetzen.

Daß sich ein Wissenschaftsgebäude, Verantwortung und Kompetenz kaum in umfassender Abhängigkeit von einem anderen beruflichen Wissenschafts- und Handlungsverständnis entwickeln kann, ist naheliegend. Dennoch sollten sich verschiedene Wissenschaftsbereiche aufeinander beziehen bzw. die jeweiligen Kenntnisse auch gegenseitig verwenden. Ein solches professionelles Handeln benötigt also auch eine strukturelle Autonomie, allerdings – wie ich meine – nicht ohne gesellschaftliche Kontrolle. Mein Begründungszusammenhang für die notwendige Autonomie der Pflege und damit – das soll keineswegs verschwiegen werden – auch den notwendigen Einfluß und die Macht ist also genau umgekehrt, wie in der traditionellen soziologischen Professionalisierungsdiskussion.

Die derzeitige Entwicklung der Pflege in Deutschland zeigt, daß sie sich mitten in diesem so beschriebenen Wandel befindet. Dieser Wandel bedeutet sehr viel mehr als nur eine graduelle Entwicklung und kann daher auch als Paradigmenwechsel bezeichnet werden. Zentrale Werte und Normen der Disziplin Pflege ändern sich, und mit dem Wandel gehen umfassende inhaltliche Veränderungen einher.

Zusammengefaßt kann dieser Paradigmenwechsel vor allem mit den in Tabelle 1 – 1 wiedergegebenen zentralen Denk- und Handlungsmustern gekennzeichnet werden. Möglich ist der beschriebene Paradigmenwechsel nur mit einer systematischen Analyse und inhaltlichen Weiterentwicklung, also mit der Entwicklung von Pflegewissenschaft und -forschung.

Tab. 1–1:   **Paradigmenwechsel in der Pflege**

von früher	zu heute
vom medizinischen Hilfsberuf	zur Eigenständigkeit
von Unsichtbarkeit	zu Sichtbarkeit
von Sprachlosigkeit	zu sprachlicher Beschreibung und Analyse
vom rezipierenden Handwerk	zum umfassenden Konzept
vom Reagieren	zum Agieren und Planen
vom ungezielten Bewahren	zum gezielten Behandeln
von geringer Verantwortlichkeit	zu umfassender Verantwortlichkeit

1.3   Sprache und Professionalisierung

Was der oben beschriebene Wechsel mit Sprache zu tun hat, wird aus den Paradigmen schon teilweise deutlich. Die US-amerikanische Pflegewissenschaftlerin Norma Lang hat die Antwort auf diese Frage wunderschön kurz auf einen Punkt gebracht: „If we cannot name it, we cannot control it, finance it, teach it, research it or put it into public policy." („Wenn wir es nicht benennen können, können wir es [auch] nicht beherrschen, finanzieren, lehren, erforschen oder zu einem Bestandteil politischer Entscheidungen machen.")

Damit sind auch gleich die Bereiche vorgestellt, in denen Sprache eine entscheidende Rolle spielt: Es muß eine Sprache geben, die die Inhalte der Pflege klar und eindeutig bezeichnet, die etwas kommunizierbar und damit sichtbar macht. Damit erst wird der so bezeichnete Gegenstand diskursfähig und kann auch eingefordert werden. Weiterführende Ansprüche müssen an eine Sprache gestellt werden, die eine Wissenschaft entwickeln soll und für Forschungszwecke nutzbar ist. Darüber hinaus muß es eine Sprache im Außenverhältnis, im öffentlichen Raum geben, die für die Disziplin politisch nutzbar ist.

Einige Beispiele für die Bedeutung und die Funktion von Sprache in der Pflege seien hier genannt: Vor einigen Jahren habe ich im Rahmen eines Forschungsprojektes qualitative Interviews mit Krankenschwestern ausgewertet, in denen u. a. die berufliche Arbeit beschrieben werden sollte. In diesen Interviews zeigte sich teilweise sehr eindrucksvoll, wie schwer es vielen Pflegenden fällt, ihre eigene pflegerische Arbeit in Worte zu fassen. Schnell und konkret werden pflegefremde Aufgaben benannt, wie z. B. Putzen oder ärztliche Dokumente führen. Für pflegerische Arbeiten müssen dann Synonyme herhalten, wie z. B. Betreuen, Versorgen u.ä. Was das im einzelnen bedeutet, bleibt dabei verborgen. Die pflegerische Arbeit ist also nicht nur für Außenstehende, sondern auch für Pflegende selbst oft unsichtbar, zumindest in verbalen Begriffen. Bevor der Beruf weiterentwickelt werden kann, müssen Pflegeinhalte bezeichnet und beschrieben werden. Hier hat der Zwang zur Pflegedokumentation eine heilsame Funktion, auch wenn die Hilflosigkeit gerade auf diesem Gebiet sehr offensichtlich wird. So fällt es vielen Pflegenden leichter, ärztliche Anordnungen und Befunde in die Dokumentation einzutragen, als Beschreibungen der beobachteten Entwicklung der Patienten oder deren Reaktion auf pflegerische Maßnahmen oder deren Fähigkeiten, Aktivitäten teilweise selbst ausführen zu können. Diese Schwierigkeiten liegen nur zum Teil daran, daß das Aufschreiben immer noch mehr erfordert, als das mündliche Benennen. Auch die Analyse mündlicher Übergabeberichte zeigt die Problematik der Benennung pflegerischer Arbeit (Joosten et al., 1995).

Die sprachliche Bezeichnung hat jedoch eine Bedeutung, die über das reine Sichtbar- und Mitteilbarmachen hinausgeht. Die Benennung eines Tatbestandes ist immer ein erster Akt geistiger Bewältigung (Bollnow, 1966, S.119). Wenn also Schwierigkeiten vorhanden sind, etwas zu benennen, dann sind dies auch immer inhaltliche Schwierigkeiten mit dem Gegenstand, d. h. wenn der beobachtete Gesundheitszustand von Patienten nicht beschrieben wird oder deren vorhandene Fähigkeiten im sprachlichen Mitteilen nicht vorkommen, dann ist dies ein Zeichen entweder für deren mangelhafte Bedeutung oder für das fehlende Wahrnehmungsvermögen in diesem Bereich, also für einen fachlichen Mangel.

Ein Beispiel für die Unsichtbarkeit pflegerischer Arbeit ist auch das folgende, obwohl die pflegerische Arbeit dabei benannt und beschrieben wird. Es stammt aus qualitativen Interviews einer Untersuchung über „Mitmenschlichkeit als Beruf" von Ostner et al. (1979). Hier handelt es sich um einen Auszug aus einem Interview mit einer Kinderkrankenschwester, die über die Pflege bei einem todkranken Mädchen berichtet: „...dann hat sie weiter geschrien, und dann wollt' sie so liegen, und dann wollt' sie auf den Arm (...) das hat eine Stunde lang geschrien, und eine Stunde lang, wo man die ganze Arbeit macht, hab' ich nichts getan. Dann hab' ich einfach alles gemacht, was das Kind gewünscht hat und plötzlich war es tot. Da war ich sehr froh, daß ich noch eine Stunde dem Kind alles getan hab', und dann war ich natürlich mit meiner Arbeit sehr zurück." (Ostner et al., 1979, S. 40)

Wenn hier die Anforderungen beruflicher Arbeit als Widerspruch zu dem gesehen werden, was tatsächlich getan wird, dann hat dies Bedeutung für gedankliche und effektive Prioritätensetzung und darüber hinaus auch für ein schlechtes Gewissen.

Die Art und Weise, wie gleiche Tatbestände benannt werden, kann sehr unterschiedlich ausfallen und hat damit nicht nur stilistische Bedeutung. So leuchtet es sicher ein, daß es bei den Lappen, die in den kältesten Regionen dieser Welt leben, 20 Worte für Eis und 41 für Schnee gibt. Die wahrgenommene Wirklichkeit und ihre Bedeutung für den Alltag drückt sich also in der Sprache aus. So gibt es interessanterweise im Japanischen keinen eindeutigen Ausdruck für „Hitzewallungen". Dazu paßt, daß Japanerinnen im Gegensatz zu Amerikanerinnen oder auch deutschen Frauen das Klimakterium kaum mit gesundheitlichen Einschränkungen verbinden (Elschenbroich, 1995). Bedeutet es aber gleichfalls einen Unterschied, ob jemand davon redet, einen Patienten zu waschen oder diesen Patienten bei der Körperpflege zu unterstützen? Klingt letzteres nicht einfach nur gestelzt? Dabei wird im Vergleich der beiden Äußerungen deutlich, daß neben der unterschiedlichen Beschreibung dessen, was eine Pflegende tut, nämlich „waschen" versus „unterstützen" zugleich auch eine unterschiedliche Rolle des Patienten beschrieben wird, nämlich Objekt versus Subjekt von Handlungen. Ich möchte behaupten, daß auch deswegen lieber vom „Waschen" geredet wird, weil es auch der tatsächlichen Handlung entspricht.

1.4   Grund- und Behandlungspflege – ein weitreichender Fehltritt

In der Art der im vorangehenden Abschnitt erwähnten Bezeichnungen findet sich jedoch nicht nur eine Beschreibung der jeweils wahrgenommenen Wirklichkeit, sondern sie hat auch eine wirklichkeitsgestaltende Kraft. Dies läßt sich sehr drastisch an den nach wie vor gebräuchlichen und jetzt auch in Gesetzestexten vorfindbaren Begriffen „Grund- und Behandlungspflege" zeigen. Meines Wissens tauchte dieses Begriffspaar zum ersten Mal in dem 1967 in seiner ersten Auflage erschienenen Buch über „Krankenhausbetriebslehre" des Krankenhausökonomen Eichhorn auf. In diesem Buch werden die verschiedenen Aufgaben des Pflegepersonals mit den dazugehörigen Bewertungen der notwendigen Qualifikation und dem Zeitaufwand beschrieben. Neben Verwaltung und Hausarbeit sind dies vor allem die Grund- und Behandlungspflege.

Nach Eichhorn ist die Grundpflege in ihren Grundanforderungen für alle Patienten gleich, unabhängig von der Art der Krankheit. Die wichtigsten Aufgaben der Grundpflege sind: *„persönlicher Kontakt und persönliche Hilfeleistungen, Körperpflege, Betten und Lagern, Speisenversorgung, sonstige Grundpflegearbeiten"* (Eichhorn, 1967, S. 239). Im Gegensatz dazu hängen Art und Umfang der Behandlungspflege von Art und Schwere der Krankheit der Patienten ab. Als wichtigste Aufgaben werden Arztvisite, Besprechungen mit Ärzten, ärztliche Behandlungsmaßnahmen, Sterilisieren und Aufräumen von Instrumenten genannt. *„In noch stärkerem Maße als bei der Grundpflege wird bei der Behandlungspflege der Zeitaufwand von den Fähigkeiten und von dem Ausbildungsstand des Personals bestimmt. Die Bedeutung (...) ist darauf zurückzuführen, daß die Tätigkeiten in der Behandlungspflege zum Teil qualifizierter und technischer Art sind und damit höhere Anforderungen an das Personal stellen als die Grundpflegetätigkeiten"* (ebd., S. 243). Und in der 2. Auflage von 1975 heißt es an anderer Stelle: *„Dabei ist der Einfluß der 'Fertigkeit' bei der Grundpflege nicht so groß, da diese Tätigkeiten schneller erlernbar sind als die schwierigen Verrichtungen im Bereich der Behandlungspflege."* Eichhorn fährt fort, daß auch die Zahl des Pflegepersonals für die Behandlungspflege wichtiger sei, weil die Grundpflegetätigkeiten *„bei Personalknappheit notfalls auch eingeschränkt werden können. Die meisten Tätigkeiten der Behandlungspflege müssen im Interesse der Genesung des Patienten ausgeführt werden..."* (Eichhorn, 1975, S. 368).

Dieser Text verdeutlicht sehr anschaulich verschiedene Dinge, die häufig nicht klar genug diskutiert werden:

- Behandlungspflege ist demnach die Assistenz bei ärztlichen Aufgaben. Die hier genannte Behandlung ist die ärztliche Behandlung und keine pflegerische, wie es der Begriff eigentlich suggeriert.
- Grundpflege hat nichts mit Genesung oder Heilung zu tun.
- Grundpflege ist einfache Tätigkeit und kann an wenig Ausgebildete delegiert werden.
- Notfalls kann auf Grundpflege verzichtet werden.
- Die wichtigste pflegerische Qualifikation ist handwerkliches Geschick.
- Eigene Entscheidungen braucht das Pflegepersonal nicht zu fällen.

Nach Eichhorn ist Pflege vor allem in ihren anspruchsvollen Bereichen ein ärztlicher Hilfsberuf, hat geringe Verantwortlichkeit und ist in ihrer Aufgabenstruktur am besten mit einem rezipierenden Handwerk zu vergleichen. Pflegequalität zeichnet sich dadurch aus, daß Arbeitsabläufe schnell und routiniert vonstatten gehen.

Wird diese Beschreibung pflegerischer Aufgaben mit der vorher dargestellten Gegenüberstellung der Paradigmen verglichen, dann charakterisieren diejenigen, die der Vergangenheit angehören sollten, genau die von Eichhorn beschriebene Pflege als medizinischem Hilfsberuf.

Warum diese Aufteilung von Arbeiten und die Begrifflichkeit, Arztassistenz als Pflege zu bezeichnen, so bereitwillig von führenden Berufsangehörigen selbst übernommen wurde, wäre noch zu untersuchen. Jedenfalls scheint das in den 60er Jahren relativ blind erfolgt zu sein, ohne daß die wirklichkeitsgestaltende Kraft dieser Bezeichnungen und Definitionen vorhergesehen wurde. Das in meiner Ausbildung benutzte Lehrbuch „Die Pflege des kranken Menschen" enthält in seiner 4. Auflage von 1963 diese Begriffe noch nicht. Dagegen taucht der Begriff „Grundpflege" in der in demselben Jahr erschienen Übersetzung von Hendersons „Grundregeln der Krankenpflege" auf, obwohl im Englischen die Übernahme ärztlicher Aufgaben oder die Mitarbeit bei medizinischer Diagnostik und Therapie keinesfalls mit der Bezeichnung Pflege versehen wird. Folgerichtig kommt bei dieser Übersetzung auch keine „Behandlungspflege" vor. Das englische „nursing care" wird demnach hier mit „Grundpflege" übersetzt, obwohl nur die berufliche Pflege gemeint ist.

Wenn Arztassistenz als prioritäre Aufgabe Pflegender angesehen wird, dann wird die Pflege notwendigerweise vernachlässigt. Und das gilt nicht nur für die tägliche Arbeit, sondern hat auch Konsequenzen für die Ausbildung. Nach den Definitionen Eichhorns sind ärztliches Handeln und dessen Assistenz die einzigen Maßnahmen, die das klare Ziel der Förderung von Gesundheit, der Heilung haben können. Pflege ist dagegen für die Nichtverwahrlosung zuständig, für eine körperliche Bewahrung und stellt eine diffuse Grundlage für das Eigentliche der gesundheitlichen Versorgung dar (Krohwinkel, 1993a). Ihre Ziele sind, die PflegeempfängerInnen warm, satt und sauber zu halten. Danach ist es nicht verwunderlich, daß vor allem in den 70er Jahren Aufgaben für Pflegende einen um so höheren Stellenwert hatten, je arztnäher die Tätigkeiten waren, je mehr sie ärztliche Aufgaben übernahmen. Die ersten Fachweiterbildungen in der Pflege bezogen sich dann auch auf diese Bereiche: Intensivpflege und Operationsdienst.

Wenn jedoch auch in der Pflege das selbständige und kritische Denken eingeführt wird und möglichst auch genutzt wird, zeigt sich sehr deutlich, welchen entscheidenden Einfluß die Qualität der Pflege (im Sinne von Eichhorns „Grundpflege") auf die Gesundheitsentwicklung von Gepflegten hat. Eine qualifiziert geplante und durchgeführte Pflege kann

Ziele erreichen, kann die Gesundheit, vor allem aber die Bewältigung von gesundheitlicher Einschränkung auch unabhängig bzw. in Ergänzung zu dem Handeln anderer Gesundheitsberufe, also auch der Ärzte fördern, kann die Lebensqualität auch bei bleibender Beeinträchtigung entscheidend beeinflussen, kann also für die Pflegebedürftigen ganz erhebliche positive Wirkungen erzielen. Das erfordert allerdings fundiertes Wissen und professionelles Handeln, aufbauend auf wissenschaftlichen Erkenntnissen.

Wenn es selbstverständlich ist, daß pflegerische Arbeiten ständig unterbrochen werden, kann es bei der Strukturierung der Arbeit in Grund- und Behandlungspflege nicht verwundern, daß die Zu- und Nacharbeit für alle anderen Berufsgruppen im Krankenhaus wichtiger ist als die kontinuierliche Pflege und daß Pflegende bei personellen Engpässen – wie auch von Eichhorn empfohlen – Abstriche an der Pflege und nicht in der Mitarbeit bei medizinischer Diagnostik und Therapie machen. Es kann dann zu so absurden Situationen kommen, wie sie in einem Forschungsbericht beschrieben werden, daß es nämlich für wichtiger angesehen wird, ärztliche Befunde in Dokumente einzukleben, als bei Patienten ein Schlucktraining durchzuführen (Krohwinkel, 1993). Daher ist es, wie Schröck einmal ausdrückte, „einer der größten Irrtümer der Pflege", sich die genannten Begriffe aus der Krankenhausökonomie angeeignet zu haben. Entsprechend katastrophal ist die Tatsache, daß diese Begriffe nun in der Sozialgesetzgebung festgeschrieben wurden, seit darin die häusliche Krankenpflege aufgenommen wurde ([Paragraph] 37 SGB V).

Führt man sich die Implikationen der Begriffe Grund- und Behandlungspflege vor Augen, dann wird auch verständlich, warum es so schwierig ist, die Pflege aus ihrer Sprachlosigkeit herauszuführen, wie es Mischo-Kelling (1991) formuliert hat. Ganz besonders deutlich wird dies bei den bereits genannten Schwierigkeiten, eine sinnvolle Pflegedokumentation durchzuführen. Wozu soll etwas genauer beschrieben werden, das keines großen Könnens bedarf und eigentlich für Hilfskräfte vorgesehen ist. Und schließlich hat die sogenannte Grundpflege hinter dem zurückzustehen, was das eigentlich Wichtige für den Patienten ist, nämlich die ärztliche Behandlung.

1.5   Die Notwendigkeit der Verständigung

Noch ein anderer Aspekt des „Wie" einer Sprache muß angesprochen werden. Sprache ist ein Grundpfeiler einer jeden Wissenschaft, indem diese mit Hilfe der Sprache ihre Bereiche definiert und mit einer exakten Sprache, hinsichtlich deren Begriffe ein einheitliches Verständnis vorliegt, Forschung nachvollziehbar betreibt. Es gibt sogar Wissenschaften, die nur aus einer Kunstsprache mit ihren eigenen Regeln bestehen, wie z. B. die Mathematik oder die Informatik.

Soll jedoch eine Pflegewissenschaft mit Forschung für die Praxis, mit Theorien für die Erklärung der Praxis und mit theoretischen Vorstellungen über die Weiterentwicklung der Pflege entwickelt werden, dann bedarf es auch einer Sprache, mittels derer sich komplexe Sachverhalte eindeutig beschreiben lassen, und die dabei präzise und exakt ist. Dazu taugt die Alltagssprache nur bedingt, denn hier hat jeder Begriff je nach seinem Kontext mehrere Bedeutungen. Sie ist individuell entwickelt, regional verschieden, schichtspezifisch geprägt und situationsorientiert. Für die Wissenschaftsentwicklung dagegen ist eine verallgemeinerbare, auf klaren Definitionen aufbauende Fachsprache notwendig, deren Funktion auch darin besteht, sich mit FachkollegInnen kurz und eindeutig verständigen zu können. Als Beispiel kann der Begriff „Pflegeprozeß" herangezogen werden, der inzwischen relativ klar eingeführt ist. Pflegefachleute wissen zumindest im Groben, was darunter zu verstehen ist und kommen nicht mehr auf die Idee, wie das früher geschehen konnte, daß der Pflegeprozeß etwas mit juristischen Verfahren bei Pflegenden zu tun haben könnte.

Dennoch umfaßt dieser eine Begriff einen komplexen Handlungsablauf mit verschiedenen Schritten und Entscheidungsmustern, auch wenn das abstrakte Verständnis nicht unbedingt die zu erwartende Handlung nach sich zieht. Eine entwickelte Fachsprache bringt mit sich, daß sie nur von solchen Leuten verstanden wird, die entsprechend ausgebildet sind. Und es wird auch in der Pflege soweit kommen, daß SpezialistInnen für verschiedene Bereiche wiederum eine Sprache verwenden, die nur von der Subgruppe dieser SpezialistInnen gut genug verstanden wird. In Ansätzen gibt es dies natürlich alles schon. So weiß eine Pflegende aus der Intensivmedizin kaum, was Validation ist, während eine Krankenschwester in der Psychiatrie kaum die Mobilisierungsmöglichkeiten nach einer großen Bauchoperation kennen wird.

Jede Fachsprache muß zu einer Entfremdung von den Alltagsausdrucksweisen führen, um die Disziplin weiter zu entwickeln. Solche Fachsprachen werden von Außenstehenden oft als Arroganz empfunden, denn es stellt sich sehr leicht das ein, was vielen Soziologen vorgeworfen wird: Der unnötige Umgang mit der Fachsprache, die dann zum hohlen Gebilde, sozusagen zum „Potemkinschen Dorf" wird. Hinzu kommt die Angst mancher Berufsangehöriger, nicht zu den „Wissenden" gehören zu dürfen. Hierbei wird leicht übersehen, daß zum Wissen das aktive Lernen und Erarbeiten gehört. Dennoch ist die Angst verbreitet, daß sich mit einer solchen Sprache etwas entwickelt, was weder verstanden, noch kontrollierbar und damit auch kontraproduktiv ist. Hierzu gehört die Angst vor dem „Heimatverlust der Pflege", wie es Axmacher (1991) formulierte. Übersehen wird dabei, daß jeder Krankenhauslaie bereits heute auch bei einem pflegefachlichen Gespräch nur wenig verstehen wird. Ob die in einem solchen Gespräch verwendete Sprache allerdings die Kriterien einer kontextunabhängig verständlichen und einheitlichen Fachsprache erfüllen kann, ist äußerst fraglich. Als Beispiel soll hier die wichtige pflegerische Maßnahme „Mobilisation" dienen, die zudem als Fremdwort noch einen besonderen Fachwort-Eindruck hinterläßt. Heißt Mobilisation auch, z. B. eine immobile Patientin aus dem Bett auf einen Rollstuhl zu setzen, sie dort zwei Stunden unbeweglich allein zu lassen, um sie danach wieder zurück ins Bett zu verfrachten? Was bedeutet es für den Fachbegriff Mobilisation, daß bei der geschilderten Handlungsweise die Dekubitusgefahr durch das Sitzen erhöht wird? In der Pflegedokumentation steht: „Pat. mobilisiert". Ist das Mobilisation?

Wie sieht es mit dem sogenannten Fachbegriff „Ganzheitlichkeit" aus? Was an der Ganzheitlichkeit hilft den zu Pflegenden? Heißt Ganzheitlichkeit, daß Pflegende alles tun müssen, alles können müssen? Gibt es Ganzheitlichkeit überhaupt?

Im Sinne der Entwicklung einer Fachsprache halte ich das Thema Pflegediagnosen für außerordentlich wichtig, sozusagen auch als Weiterentwicklung der heute benutzten Kategorisierungsschemata wie die ATL (Juchli, 1994) oder LA (Roper et al., 1993) oder AEDL (Krohwinkel, 1993). Leider lassen sich die amerikanischen Pflegediagnosen (Doenges et al., 1993) nicht so ohne weiteres auf deutsche Verhältnisse übertragen. Das heißt aber nicht, daß nicht einige Prinzipien sehr unterstützend sein können, nämlich der einer Diagnose zugrundeliegende Zwang zu einem diagnostischen Prozeß, in dem Informationen gesammelt, bewertet und gebündelt sowie Prioritäten gesetzt werden müssen. Einzelne Begriffe bezeichnen genau definierte komplexe Sachverhalte als Grundlage für pflegerische Interventionen. Die im Mai 1995 gegründete europäische Gesellschaft zur Entwicklung von Pflegediagnosen und -maßnahmen ACENDIO (Association for Common European Nursing Diagnoses Interventions) könnte auch als Vereinigung zur Entwicklung einer europäischen Fachsprache in der Pflege bezeichnet werden.

Mit der Einführung der Pflegeversicherung und der Notwendigkeit einer Begutachtung durch den MdK war der späteste Zeitpunkt für die Anwendung einer solchen Fachsprache gekommen. Bekanntermaßen ist sie jedoch nicht entwickelt, so daß die Begutachtung u. a. auf einer „pflegebegründenden Diagnose" aufbaut, die eine medizinische Diagnose darstellt und über die Pflegebedürftigkeit äußerst wenig aussagt. Letztlich werden die Begutachteten nach einzelnen Funktionseinschränkungen beurteilt, die nur ein sehr unvollständiges Bild von Pflegebedürftigkeit abgeben können. Genau hier wäre es absolut notwendig, Pflegediagnosen aufführen zu können, die in Fachkreisen beschrieben, erforscht und diskutiert werden.

Es gibt weitere Entwicklungen, die auch die Pflege zu einer präzisen Fachsprache zwingen, nämlich z. B. der vermehrte Einsatz der EDV. Auch hier kann es passieren, daß die Pflegenden schließlich vor mehr oder weniger vollendeten Tatsachen stehen, indem die teilweise sehr mächtigen Softwarefirmen ihnen eine Sprache aufzwängen, die nicht von Pflegefachleuten definiert wurde. Anstatt Angst vor der EDV zu haben, wäre es äußerst sinnvoll, sich diese als effektives Hilfsmittel zu eigen zu machen und zu erkunden, wie die Pflege und die Pflegewissenschaft damit weiterentwickelt werden können.

Zum Schluß darf eine Warnung natürlich nicht fehlen: So wichtig eine entwickelte und umfassende Fachsprache als Grundlage für wissenschaftlich begründetes Handeln ist, so wenig sollte sie Inhalt der Pflegebeziehung werden. Das bedeutet, Sprache als Bestandteil der Kommunikation zwischen Pflegender bzw. Pflegendem und Patienten muß eine Alltagssprache sein, denn das wichtigste Ziel dieser Kommunikation ist natürlich das Verstehen auf Seiten der Klienten. Hier ist also nicht interindividuelle Präzision und Einheitlichkeit angesagt, sondern das Gegenteil: die individuelle Orientierung am Gegenüber.

Literatur

Arbeitsgemeinschaft Deutscher Schwesternverbände und Deutsche Schwesterngemeinschaft e.V. (Hrsg.): Die Pflege des kranken Menschen. Kohlhammer, Stuttgart, 4. Aufl., 1963

Axmacher, Dirk: Pflegewissenschaft – Heimatverlust der Krankenpflege? In: Rabe-Kleberg, U. et al. (Hrsg.): Pro Person. Dienstleistungsberufe in Krankenpflege, Altenpflege und Kindererziehung. Böllert, KT-Verlag, Bielefeld, 1991

Bollnow, Otto F.: Sprache und Erziehung. W. Kohlhammer, Stuttgart, 1966

Doenges, Marilynn E., Moorhouse, Mary F.: Pflegediagnosen und Maßnahmen, Verlag Hans Huber, Bern u. a., 1993

Eichhorn, Siegfried: Krankenhausbetriebslehre, Bd. I. W. Kohlhammer, Stuttgart, 1967; 2. Aufl., W. Kohlhammer, Stuttgart, 1975

Elschenbroich, Donata: Wie es ist, ist es gut. Die Menopause als leeres Zeichen: Weibliche Lebensmitte in asiatischen Gesellschaften. Süddeutsche Zeitung, 28.6.1995

Hampp, Rainer, Zettel, Ortrud: Die Geschichte des Arztberufs. In: Zettel, O. (Hrsg.): Gesundheitsberufe. Studien zu ihrer Entstehung und Veränderung. Campus Verlag, Frankfurt, 1982, S. 14 – 62

Henderson, Virginia: Grundregeln der Krankenpflege. Hrsg. vom Weltbund der Krankenschwestern, Frankfurt, 1963

Joosten, Petra, Scholten, Renate, Wiedner, Ina: Die ganzheitliche Erfassung des Patienten in der Übergabe – ein Vergleich zwischen Innerer Medizin und Psychiatrie. Referat beim 5. Pflegeforschungstag, Nürnberg, 1.6.1995

Juchli, Liliane: Pflege, 7. Aufl. Georg Thieme Verlag, Stuttgart u. a., 1994

Krohwinkel, Monika (Hrsg.): Der Pflegeprozeß am Beispiel von Apoplexiekranken. Schriftenreihe des BMG, Bd. 16. Nomos Verlagsgesellschaft, Baden-Baden, 1993

Krohwinkel, Monika: Pflegetheoretische Grundlagen. In: Bartholomeyczik, S., Dieckhoff, T., Drerup, E., Korff, M., Krohwinkel, M., Müller, E., Sowinski, C., Zegelin, A.: Die Nacht im Krankenhaus aus der Sicht der Pflegenden, DBfK-Verlag, Eschborn, 1993a, S. 38 – 43

Mischo-Kelling, Maria: Die Pflege aus ihrer Sprachlosigkeit herausführen... Pflegewissenschaft als Grundlage professioneller personenbezogener Dienstleistungen. In: Rabe-Kleberg, U. et al. (Hrsg.): Pro Person. Dienstleistungsberufe in Krankenpflege, Altenpflege und Kindererziehung. Böllert, KT-Verlag, Bielefeld, 1991

Ostner, Ilona; Beck-Gernsheim, Elisabeth: Mitmenschlichkeit als Beruf. Eine Analyse des Alltags in der Krankenpflege. Campus Verlag, Frankfurt, 1979

Roper, Nancy; Logan, Winifred W.; Tierney, Alison J.: Die Elemente der Krankenpflege, 4. Aufl. Recom, Basel, 1993

Schröck, Ruth A.: Die unbekannte Dimension der Pflegequalität. In: Pflege, Pflege-Not, Pflege-Not-Stand, Psychiatrie-Verlag, Bonn, 1990, S. 87 – 102

Weidner, Frank: Professionelle Pflegepraxis und Gesundheitsförderung, Mabuse Verlag, Frankfurt, 1995

2   Pflegesprache – gibt es sie?

von Cornelia Oertle Bürki

2.1   Einleitung

Dem Thema Fachsprache der (Kranken-)Pflege sollen zuerst einige nichtlinguistische Überlegungen vorangestellt werden.

Die Krankenpflege ist in letzter Zeit vermehrt in die Schlagzeilen geraten. An die Öffentlichkeit getragene Forderungen nach mehr Lohn, nach besserer gesellschaftlicher Anerkennung der geleisteten Arbeit sind zur Selbstverständlichkeit geworden. Themen der Pflege werden – zumindest in der Schweiz – in Tageszeitungen aufgegriffen und ausführlich diskutiert. Was sind das für neue Töne? Ist die Krankenschwester nicht die sich aufopfernde, dienende, selbstlose Helferin der Kranken, die stets bereite rechte Hand des Arztes, wenn es darum geht, Verordnungen in Empfang zu nehmen und auszuführen oder dem Arzt bei verschiedenen Verrichtungen zuzudienen (und hinterher aufzuräumen), wie es unlängst der Präsident der Verbindung Schweizer Ärzte (FMH) in einer Ärztezeitschrift vehement (wieder) forderte? Ist die Krankenpflege überhaupt ein eigenständiger Beruf, wird die Krankenpflege nicht oft noch als medizinischer Hilfsberuf betrachtet, und kann man demzufolge von der Fachsprache der (Kranken-)Pflege sprechen? Für die Pflege sind dies keine Fragen, wohl aber für andere Beteiligte im Gesundheitswesen und v. a. auch für die Öffentlichkeit.

Betrachten wir diese eben angesprochenen Forderungen von seiten der Pflege, so gehen diese „neuen Töne" einher mit Veränderungen innerhalb der Pflege. Professionalisierung, Eigenständigkeit des Pflegeberufes und Abgrenzungsbestrebungen und -bemühungen gegenüber der Medizin sind einige dieser neuen Tendenzen, die im ganzen europäischen Raum wie auch in den USA gewichtige Umbrüche in Gang gesetzt haben.

Diese Veränderungen haben mein Interesse an der Sprache dieses sich wandelnden Berufes geweckt, denn als Linguistin gehe ich davon aus, daß fachliche Veränderungen und fachsprachliche Entwicklung in einem engen Zusammenhang stehen und sich gegenseitig beeinflussen. Die Entstehung von Fachsprachen wird als Folge der Arbeitsteilung und der Ausdifferenzierung von Berufen beschrieben, was sich unmittelbar auf die Sprache auswirkt. Besonders deutlich ist dies im Bereich des Wortschatzes erkennbar. Die Entstehung neuer Berufe und wissenschaftlicher Disziplinen ist keineswegs nur innerhalb historischer Dimension zu betrachten. Es wird immer wieder darauf hingewiesen, daß sich die Herausbildung neuer, relativ selbständiger Disziplinen ständig neu vollzieht und dieser Prozeß in absehbarer Zeit auch in der Zukunft seine Fortsetzung finden wird. Als eines der jüngeren Beispiele aus der Wissenschaft sei etwa die Informatik angeführt. Auch die Soziologie hat sich aus anderen Disziplinen entwickelt. Große Soziologen wie Max Weber oder Helmut Plessner kamen über die Wirtschaftswissenschaften bzw. die Philosophie und die Zoologie zu ihren soziologischen Theorien und Lehrstühlen.

Ohne hier auf die vielfältigen Aspekte der Herausbildung wissenschaftlicher Disziplinen genauer eingehen zu können, sei darauf hingewiesen, daß die Abgrenzung und Entwicklung eines eigenen sprachlichen Systems als diesbezüglich wesentlicher Faktor eingestuft wird (vgl. Böhme, 1975, S. 231 ff.; Unger, 1989).

Die Situation innerhalb der Pflege präsentiert sich heutzutage in einem Stadium der Herausbildung als Disziplin, in einem Stadium der Entstehung und der Fortentwicklung. So ist in den letzten Jahrzehnten ein Bewußtseinsprozeß innerhalb der Pflege in Gang gesetzt worden, der spürbare Auswirkungen mit sich bringt. Diese Professionalisierungstendenzen lassen sich in der Kurzformel „von der dienenden Krankenschwester zur kompetenten Pflegefachperson" zusammenfassen und haben zur Folge, daß sich die Pflege von der Medizin zu emanzipieren und vom medizinischen Modell zu lösen beginnt. Die unmittelbare und alleinige Krankheitsbezogenheit tritt somit in den Hintergrund, andere Formen der Wissensorganisation werden wesentlich, beispielsweise Pflegekonzepte oder Pflegediagnosen wie „Schmerz", „Abhängigkeit" etc. Diese Veränderungen haben wesentliche sprachliche Auswirkungen, welche in der Folge dargelegt werden sollen.

2.2   Fachsprachliche Aspekte

Eine Fachsprache, so lautet eine gängige und allgemein akzeptierte Definition, *„das ist die Gesamtheit aller sprachlichen Mittel, die in einem fachlich begrenzbaren Kommunikationsbereich verwendet werden, um die Verständigung zwischen den in diesem Bereich tätigen Menschen zu gewährleisten"* (Hoffmann, 1985, S. 53).

Fachsprachen sind auf verschiedenen Ebenen durch ganz verschiedene Merkmale charakterisiert. Es gibt Untersuchungen zur Lexik, zur Syntax, zu Fachtexten als struktureller und funktionaler Ganzheit. Am stärksten hervorspringendes Merkmal einer Fachsprache sind jedoch die sogenannten Fachwörter, auch Fachtermini genannt. Sie machen aus, daß Fachsprachen durch Berufsfremde häufig als „Fachchinesisch", als unverständlicher Jargon beurteilt werden. Für Fachpersonen jedoch sind sie ein wichtiges Instrument der fachlichen Verständigung.

Welches sind nun die Fachwörter der Pflege? Sind es Termini wie Erythrozyten, Leukämie, Hemiplegie und Pneumonie, d. h. Fachwörter, welche der Medizinsprache entstammen, oder sind es Wörter wie Pflegeprozeß, Pflegediagnose, Pflegevisite, also Wörter, die pflegeeigen sind? Hier zeigt sich eine erste Schwierigkeit in der Analyse der pflegerischen Fachsprache. Welche Art von Fachsprache ist diejenige der Pflege, welche Fachwörter zählen zur Fachsprache der Pflege? Ist es die Fachsprache der Medizin, denn immerhin wird in linguistischen Untersuchungen zur medizinischen Fachsprache die Meinung vertreten, die Pflegesprache entspräche der Medizinsprache, sei also mit ihr identisch, vielleicht in einem etwas weniger komplexen Grad. Wird dieser Argumentation Folge geleistet, entstehen große Schwierigkeiten bei der Einordnung der pflegeeigenen Fachwörter wie Pflegeprozeß etc.

Daß die medizinische Fachsprache zum sprachlichen Repertoire der Pflege gehört, ist unbestritten. Die Fachsprache der Pflege jedoch mit derjenigen der Medizin gleichzusetzen, ist allerdings eine grobe Vereinfachung, sind die neuen Tendenzen in der Pflege doch in Fachwörtern versprachlicht, welche ganz anders klingen als medizinische Termini. Die Medizin, und hier wäre noch nach Disziplinen auszudifferenzieren, ist vielmehr für die Pflege ein Grundlagenfach neben anderen, wie etwa die Soziologie, die Psychologie, die Ethik und die Philosophie. Sie steuert ihren, zugegeben großen Teil an den Fachwortschatz der Pflege bei, wie dies die übrigen genannten Wissenschaften in einem gewissen Maße auch tun. Daneben gibt es jedoch eine ganze Reihe spezifischer Fachtermini, die nur der Pflege eigen sind.

2.2.1 Medizinischer Fachwortschatz

Fachsprachliche Untersuchungen zur Sprache der Medizin weisen darauf hin, daß nicht ohne weiteres von *dem* Wortschatz der Medizin gesprochen werden darf. Vielmehr ist die Medizin unterteilt in verschiedene Subdisziplinen mit eigenem Vokabular. So ist der Sprachgebrauch eines Chirurgen sehr verschieden von dem eines Psychiaters.

Diese Unterschiede sollen hier aber nicht zur Debatte stehen, da die Pflege im Spitalbereich hauptsächlich mit der praktischen bzw. klinischen Medizin zusammenarbeitet. Die zentralen Begriffe der klinischen Medizin sind die Krankheitseinheiten, nach denen sich die Pflege bis anhin vor allem ausrichtete. Wenn in Pflegepublikationen Krankheiten oder pflegerische Aktivitäten, die sich im Zusammenhang mit bestimmten Krankheitsbildern ergeben, beschrieben werden, so wird dasjenige Vokabular benutzt, das traditionellerweise mit Medizin assoziiert wird: medizinische Diagnosen, anatomische und physiologische Begriffe, mikrobiologisches und pharmakologisches Vokabular. Die Aneignung der Fachtermini ist denn auch Bestandteil der Pflegeausbildung, jede Pflegeperson muß während ihrer Ausbildung die medizinische Fachterminologie erlernen.

Die Fachsprache der Medizin schlechthin gibt es also nicht, vielmehr gibt es verschiedene Facetten ein und derselben Sprache. Dies kann, wie eben angedeutet, einerseits horizontal sein, das heißt, verschiedene nebengeordnete Wissenschaftsgebiete innerhalb der Medizin weisen je andere Terminologien auf. Neben horizontalen Einteilungen gibt es aber auch eine vertikale Schichtung einer Fachsprache. Grundsätzlich geht man davon aus, daß auch innerhalb einer Fachsprache die Sprache in unterschiedlichen beruflichen Situationen sehr unterschiedlich ist, beispielsweise einen anderen Abstraktionsgrad aufweist oder andere Fachwörter üblich sind. Für etablierte Forschungsgebiete, wie die Fachsprache der Medizin eines ist, sind verschiedene Versuche einer Einteilung gemacht worden. Die einfachste geht von einer Dreiteilung aus (vgl. Fluck, 1985, S. 20 f.; Lippert, 1979, S. 84):

1. Theoriesprache/Wissenschaftssprache,
2. fachliche Umgangssprache/Jargon,
3. Verteilersprache/PatientInnensprache.

Diese Dreiteilung unterscheidet also zwischen der wissenschaftlichen Ebene oder dem fachinternen Gebrauch, wo ÄrztInnen miteinander kommunizieren, als oberster Ebene, gefolgt von der mittleren Ebene der ärztlichen Umgangssprache und zuletzt der Sprache, die mit KlientInnen, im Fall der ÄrztInnen also PatientInnen, als Laien gesprochen wird.

Eine andere Möglichkeit der Einteilung ist die Unterscheidung in schriftliche und mündliche Texte. Diese beiden Kriterien werden zudem in theoretische und in praktische Texte unterteilt, so daß sich vier sprachliche Ebenen ergeben (vgl. Löning, 1981, S. 82 ff.):

1. schriftlich	2. mündlich
theoretisch	theoretisch
praktisch	praktisch

Diese vier Ebenen können ihrerseits wieder in verschiedene Schichten gemäß der obigen Dreiteilung eingeteilt werden. Allerdings ist es schwierig, in diesen Schemata die interdisziplinäre bzw. interfachliche Kommunikation einzuordnen.

Fachtermini sollten in diesen unterschiedlichen Schichten, eigentlich sind es ja unterschiedliche fachliche Kommunikationssituationen, unterschiedlich angewendet werden. Während man den Begriff „Osteoporose" heutzutage schon zum Allgemeingut einer Bildungssprache zählen kann, ist es sicher nicht angebracht, Patienten mit Fachtermini

wie „Oligurie" oder „Kardiospasmus" zu belästigen. Hingegen ist der Gebrauch dieser
Fachtermini in einer Diskussion unter Fachleuten oder in medizinischen Artikeln absolut
normal. Gesprächsanalytische Untersuchungen von Arzt-Patienten-Gesprächen haben jedoch ergeben, daß der Gebrauch von Fachtermini auch andere Zwecke als die fachliche
Verständigung verfolgen kann. Dort wurde nebst anderen Aspekten auch der nichtadäquate
Gebrauch der Fachtermini als Strategie eingesetzt, um Hierarchie herzustellen und den
fragestellenden Patienten als Störfaktor zu eliminieren. In solchen Situationen, oder besser
danach, wird ja übrigens der Pflegeperson sehr gerne eine „Übersetzungsfunktion" attri-
buiert (vgl. Ehlich et al., 1990; Hartog, 1992; Lalouschek et al., 1990).

Es sei in diesem Zusammenhang auch darauf hingewiesen, daß die medizinische Terminologie, welche meist dem Lateinischen oder Griechischen, für Fachwörter neueren Da-
tums auch dem Englischen entstammt, sehr kompliziert wirken kann, mit Fachausdrücken
wie etwa Nephrokalzinose, was nicht anderes bedeutet als Ablagerungen von Kalksalzen
in den Tubulusepithelien, im Lumen der Tubuli und im interstitiellen Gewebe, wobei die
Unterscheidung in primäre und sekundäre Nephrokalzinose wichtig ist. Oder vielleicht
wirkt eine Neuralgia nasociliaris oder eine zerebrale Ataxie doch etwas vertrauter.

Mit einem Augenzwinkern auf solch terminologische Höhenflüge seien der folgende
Text und die dazugehörige Abbildung (2–1) eingefügt. Sie entstammen dem berühmten
Pschyrembel, einem seriösen medizinischen Nachschlagewerk. Die medizinische Fachterminologie und der Forschungseifer der Medizin werden hier von Medizinern selbst ad
absurdum geführt.

Abb. 2–1:   Steinlaus: Gemeine Steinlaus
             (Petrophaga lorioti). [295]

Steinlaus: syn. Petrophaga lorioti; zur Familie der Lapivora gehörige einheimische Nagetier-
gattung mit zahlreichen Spezies. Seit ihrer Erstbeschreibung (1983) ist die St. – u. a. infolge der
noch immer offenen Frage ihrer realen Existenz – Gegenstand intensiver Forschung in- u. ausländischer Arbeitsgruppen. Im Mittelpunkt der Diskussion stehen Fragen des therapeutischen
Einsatzes bestimmter Subspezies (Gallen-St., Zahn-St. U.v. a.), eine mögliche Verwendung zur
architektonischen Umgestaltung von Großstädten (s. Biotop), evt. auch von Großhirnen
(Rindenarchitektonik). Wenngleich nachhaltige Erfolge der St.-Forschung im Bereich der
Ökologie noch ausstehen, sind positive Effekte auf die Befindlichkeit der Forschenden viel-
fach beschrieben. Die Petrophagologie selbst hat insofern wohl gesicherte therapeutische
Funktionen; vgl. Heilverfahren, alternative" (Pschyrembel, 1990, S. 1583).

2.2.2 Pflegespezifischer Fachwortschatz

Wie oben erwähnt, gehören Fachwörter aus verschiedenen sozialwissenschaftlichen Disziplinen unterdessen ganz selbstverständlich zum Fachwortschatz der Pflege. Welches sind aber die pflegeeigenen Fachwörter? Zwei verschiedene Gruppen lassen sich fürs erste ausmachen: Zum einen der Begriff „Pflege" sowie Zusammensetzungen mit „Pflege", zum anderen allgemeinsprachliche Wörter als Fachwörter.

2.2.2.1 „Pflege" und Zusammensetzungen mit „Pflege"

„Pflege". Auffallend sind in Pflegetexten die vielen Gebrauchsweisen des Wortes Pflege. Pflege als singuläres Wort wird zwar hauptsächlich als Tätigkeit verstanden, kann jedoch auch in anderen Bedeutungen auftreten:

- „Pflege" als Tätigkeit: *„Die Facialisparese machte es dieser Patientin zu Beginn der Pflege unmöglich, ihren Mund auszuspülen"*
- „Pflege" als Berufsstand: *„Von den acht Pflegepersonen, die sich vorstellen können, bis zur Rente in der Pflege zu bleiben, ..."*
- „Pflege" als Wissenschaft: *„Die Pflege als Wissenschaft ist übrigens eine Wissenschaft, die fast ausschließlich von Frauen entwickelt wurde".*

Zusammensetzungen mit „Pflege". Es gibt eine große Anzahl von Zusammensetzungen mit Pflege. Sie lassen sich in verschiedene semantische Gruppen einteilen. So gibt es eine erste Gruppe, welche hauptsächlich Lexeme umfaßt, die Pflege als Tätigkeit betreffen. Das Wort Pflege steht dabei an zweiter Stelle in der Wortzusammensetzung und ist demnach das Grundwort: Mundpflege, Körperpflege, Grundpflege, Behandlungspflege, Förderpflege, Übergangspflege, Selbstpflege, Bezugspflege, Beziehungspflege, Prozeßpflege, Mobilisierungspflege, Gruppenpflege, Zimmerpflege, Pflegegruppe.

Bedeutungsmäßig handelt es sich entweder um die Kombination eines bestimmten Körperteils mit dem Lexem Pflege, um Systeme der Arbeitseinteilung (Zimmerpflege, Gruppenpflege) oder um Arten der Pflege (Förderpflege, Übergangspflege, Selbstpflege etc.). Werden die Konstituenten der Komposita vertauscht, entstehen ganz andere Wortbedeutungen, so etwa im Beispiel Prozeßpflege und Pflegeprozeß.

In einer anderen Gruppe steht das Wort Pflege an erster Stelle und ist somit das Bezugswort. Allenfalls wird auch das Adjektiv „pflegerisch" verwendet. Hier lassen sich verschiedene semantische Gruppen ausmachen, die im folgenden wiedergegeben werden.

Synonymgruppen für Pflegen:

Pflegetätigkeit, Pflegearbeit, Pflegeleistung, Pflegeverrichtung, Pflegetechnik, Pflegemethoden, Pflegehandlung, Pflegemaßnahme, pflegerische Tätigkeit, pflegerische Leistung, pflegerische Intervention, pflegerische Maßnahme.

Der Terminologisierungsgrad ist bei diesen Beispielen sehr unterschiedlich. So sind einige dieser Fachwörter synonym verwendbar und haben eher eine allgemeine Bedeutung, andere hingegen sind schon terminologisch bestimmt, z. B. Pflegetechnik, -methode, -maßnahme, -handlung. Auffallend sind die Zusammensetzungen mit dem Adjektiv pflegerisch, wo sehr schön zum Ausdruck kommt, daß die Pflege als Leistung und Arbeit verstanden wird, nicht mehr nur als dienende, sozusagen selbstverständliche und daher nicht erwähnenswerte Tätigkeit bzw. Nichtarbeit.

Ausdrucksweise für die Professionalisierung der Pflege:

Pflegedokumentation, Pflegeplanung, Pflegebericht, Pflegeanamnese, Pflegevisite, Pflegediagnose, Pflegeforschung, Pflegeprozeß, Pflegemodell, Pflegekonzept, Pflegetheorie, Pflegephänomen, Pflegestandard, Pflegequalität, Pflegebedürfnis, Pflegeproblem.

Diese ganze Gruppe ist ganz klar im Zusammenhang mit der Professionalisierung der Pflege zu sehen: Einige Fachwörter bezeichnen Dokumentationstexte der Pflege, was außerordentlich interessant ist. Die Entwicklung der Schriftlichkeit als Weg zur Sichtbarmachung der Arbeit der Pflege, als Weg auch aus der Sprachlosigkeit ist als wesentlicher Schritt für die Professionalisierung einzustufen.

Andere Fachwörter sind Anlehnungen an – und vielleicht auch Abgrenzungen von – medizinischen Gepflogenheiten, oder sie hängen mit theoretischen Überlegungen zur Pflege zusammen.

Mehrwortbenennungen:

Diese Gruppe ist semantisch sehr aufschlußreich, denn es sind Bezeichnungen für neuere Richtungen innerhalb der Pflege. Linguistisch gesehen handelt es sich allerdings nicht um Komposita, sondern um Mehrwortbenennungen des Strukturtyps Adjektiv + Substantiv:

optimale Pflege, angemessene Pflege, sichere Pflege, gefährliche Pflege, individuelle Pflege, aktivierende Pflege, reaktivierende Pflege, patientenzentrierte Pflege, individuell angepaßte Pflege, alternativmedizinische Plege, ganzheitliche Pflege, integrative Pflege, direkte Pflege, stationäre Pflege, ganzheitlich-rehabilitierende Prozeßpflege.

An diesen Beispielen läßt sich eine der aktuellen Hauptschwierigkeiten der Pflegesprache aufzeigen. Die meisten dieser Begriffe sind zwar relativ häufig anzutreffen und deshalb in breitem Maße bekannt, sie sind aber nirgends genau definiert und können deshalb Bedeutungsvariationen aufweisen. Teilweise ahnt man, daß die Begriffe dasselbe heißen könnten (z. B. individuell angepaßte Pflege und patientenzentrierte Pflege), oder sie werden z. T. gleichzeitig im selben Artikel verwendet, ohne daß eine Definition der Begriffe oder eine Abgrenzung des einen zum anderen erfolgt (z. B. rehabilitierende Bezugspersonenpflege und ganzheitlich-rehabilitierende Prozeßpflege). Dieser ungenaue Sprachgebrauch schafft Verwirrung und ist einer Professionalisierung nicht eben förderlich.

Weitere Probleme:

Die äußerst produktiv verwendeten Möglichkeiten der Zusammensetzungen mit *Pflege* bringen aber auch noch weitere Verständnisschwierigkeiten hervor. Es gibt Zusammensetzungen, bei denen die Bedeutung von Pflege zwar insgesamt die Tätigkeit des Pflegens meint, einige Lexeme aber bezeichnen die Pflege aus der Sicht des Pflegepersonals und andere aus der Sicht der PatientInnen. Damit ist das Phänomen des semantischen Bezugs angesprochen, das bei der Wortbildung generell zu beobachten ist, es handelt sich also um eine in der Linguistik allgemein bekannte Tatsache. Trotzdem bietet sie für die Pflege einige besondere Schwierigkeiten, da die Definitionslage der Begriffe noch so unklar und verschwommen ist, wie die in Tabelle 2–1 aufgeführten Beispiele zeigen. Wer sich die Mühe macht und selbst überlegt, was der in der linken Spalte stehende Begriff heißen könnte, wird merken, daß die hier gegebenen Definitionen nur aus dem Kontext verständlich sind. Das ist an und für sich für Fachsprachen der sozialwissenschaftlichen Richtung nicht außergewöhnlich, wie im nächsten Kapitel aufgezeigt wird, es stiftet hingegen Verwirrung, wenn auch im zugrundeliegenden Fachartikel die Lexeme nur als Einzelworte in einer Tabelle beispielsweise auftauchen oder durch den Kontext nicht erklärt werden.

Eines steht fest, das Wort Pflege wird vielfältig gebraucht, einzeln in verschieden Bedeutungen, zusammengesetzt oder mit Adjektiven versehen in einer Vielzahl von semantischen Varianten. Hier gibt es noch viel zu tun, damit die Begrifflichkeit einigermaßen einheitlich gebraucht wird. Nur eine gewisse Einheitlichkeit im Sprachgebrauch kann jedoch längerfristig die Professionalisierungsbestrebungen der Pflege unterstützen. Außerdem ist sie ein wichtiges Element, um auch von anderen Partnern im Gesundheitswesen ernstgenommen zu werden. Einen Schritt weiter sind in dieser Beziehung unsere französischspra-

Tab. 2–1: **Probleme des semantischen Bezugs bei Begriffen aus der Sprache der Pflege**

Zusammensetzung	Entsprechende Wortgruppe
Pflegezeit	Zeit, die für die Pflege zur Verfügung steht
Pflegefähigkeit	Fähigkeit zur Pflege der PatientInnen
Pflegeauffassung	Auffassung von Pflege, könnte aber durchaus als Auffassung der Pflege (als Berufsstand) verstanden werden
Pflegeerhebung	Erhebung des Pflegebedarfs, also eigentlich Pflege-*bedarfs*erhebung
Pflegeschweregrad	Schweregrad in bezug auf die (zu erhaltende oder zu gebende) Pflege
Pflegebedürftigkeit	Bedürftigkeit in bezug auf die (zu erhaltende) Pflege,
Pflegeabhängigkeit	Abhängigkeit von Pflege

chigen Kolleginnen und Kollegen. Eine Projektgruppe hat 1995 nach zehnjähriger Terminologiearbeit den Dictionnaire des Soins Infirmiers herausgegeben Déchanoz und Magnon, 1995), welcher für die französische Sprache 435 Fachwörter und 57 Pflegehandlungen definiert und semantische Varianten aufzeigt. Wo vorhanden, sind die Übersetzungen in Englisch, Deutsch, Spanisch und Italienisch angegeben, wobei die deutschen Termini z. T. noch einer Überarbeitung bedürften. Daß die Terminologie weiterhin im Fluß ist, zeigt die Tatsache, daß trotz des Einbezugs von Bedeutungsvarianten in die Definitionen und des riesigen Textmaterials, das dem Wörterbuch zugrunde liegt, immerhin 120 weitere Termini auf der Warteliste für eine nächste Auflage stehen, da sie zu wenig häufig nachgewiesen werden konnten.

2.2.2.2 Allgemeinsprachliche Wörter als Fachwörter

Eine zweite wichtige Gruppe von Fachwörtern sind sogenannte allgemeinsprachliche Wörter. Bei der Auseinandersetzung mit der Fachsprache der Pflege bereitete am Anfang die Tatsache große Schwierigkeiten, daß pflegeeigene Fachwörter so gar nicht den üblichen Charakteristika von Fachtermini entsprechen. Erst einmal sind sie, abgesehen von den Zusammensetzungen mit Pflege, für Nichtfachleute kaum als Fachwörter zu erkennen, weil sie nicht – wie wir das für den medizinischen Fachwortschatz gesehen haben – dem Lateinischen oder dem Griechischen entstammen, sondern ganz gewöhnlich klingen. Als Beispiele seien etwa „abhängig", „selbständig" oder „Bedürfnis" genannt. Dann stellt sich auch das Problem der Festlegung des Fachwortschatzes, wenn diese Erkennbarkeit so schwierig zu bewerkstelligen ist. Dazu ist nur soviel zu sagen, daß in verschiedenen fachsprachlichen Untersuchungen immer wieder betont wird, wie wenig es von vornherein klar ist, was zum Fachwortschatz eines Faches zu zählen ist. Oft ist es eine Ermessensfrage, und selbst Experten weichen in ihrer Festlegung des Fachwortschatzes eines Faches um bis zu 10000 Wörter voneinander ab (vgl. von Hahn, 1983, S. 110). Für ein unerforschtes und im Wandel begriffenes Gebiet wie die Pflege ist diese Festlegung sehr schwierig, um so mehr, wenn keine Nachschlagewerke und keine Vorarbeiten als Referenzen herangezogen werden können.

Folgende, unvollständige Liste soll einen kleinen Einblick in die Vielfalt alltagssprachlicher Fachwörter geben, wie sie in der Pflegesprache verwendet werden: Abhängigkeit, Angst, Bedürfnis, Beobachtung, Defizit, drehen, mobilisieren, Phänomen, Problem, Ressource, selbständig, umlagern.

Diese Fachwörter sind der Alltagssprache entnommen und entsprechen kaum den üblichen Anforderungen an Fachwörter, wie sie in der Fachsprachenliteratur beschrieben sind (vgl. Fluck, 1985; Möhn und Pelka, 1984):

- Eindeutigkeit (also klarer Konsens über Definition);
- meist mangelnde Allgemeinverständlichkeit (wir erinnern uns an die medizinische Terminologie);
- Kontextunabhängigkeit;
- keine Synonymie (d. h. es kommt nicht vor, daß zwei oder mehr Ausdrücke dieselbe Bedeutung haben);
- keine Polysemie (d. h. es kommt nicht vor, daß ein Ausdruck mehrere Bedeutungen hat, z. B. Schloß = Türschloß oder Gebäude).

Stellen wir z. B. das Wort „Abhängigkeit" der „akuten Appendizitis" oder den „Erythrozyten" gegenüber, so wird der Unterschied zu üblichen Fachwörtern besonders deutlich. Abhängigkeit ist für Fachleute vielleicht verständlich, aber ob alle dasselbe darunter verstehen, bleibe dahingestellt. Zumindest ist dieses Wort definitions- und interpretationsbedürftig. Die Kernfrage lautet, ob diese hier vorgelegten Wörter überhaupt als Fachwörter einzuschätzen sind? In der Fachsprachenforschung wurde festgestellt, daß in der Terminologie beträchtliche Unterschiede zwischen naturwissenschaftlichen und sozial- und geisteswissenschaftlichen Fachsprachen bestehen (vgl. Knobloch, 1989; Schröder, 1987, S. 242 ff.). Hier bietet sich auch ein Lösungsansatz für die Pflege. Ihre Zuordnung zu den Sozialwissenschaften, wie dies etwa schon Sabine Bartholomeyczik oder Ruth Schröck in verschiedenen Publikationen getan haben, läßt sich durch die Analyse des pflegeeigenen Fachwortschatzes sprachlich sehr schön aufzeigen (vgl. Bartholomeyczik, 1991; Schröck, 1988).

Sozialwissenschaften und Gesellschaftswissenschaften thematisieren Gegenstandsbereiche, von denen auch Laien eine typisierte Erfahrung haben. Ihr gesamter Gegenstandsbereich wird erst in der gesellschaftlichen Praxis, im alltäglichen Leben erzeugt. Das gilt für die Pflege ebenso wie für beispielsweise Schule und Erziehung. Viele Fachwörter der Sozialwissenschaften entstammen deshalb der Allgemeinsprache und zeichnen sich dadurch aus, daß sie ein Doppelleben führen, in der Alltagssprache, welche oft eine Bildungssprache ist, und in fachsprachlichen Varianten. Fachbegriffe können somit der Alltagssprache entstammen und wenig bis kaum definiert sein oder auch bei verschiedenen Autoren in unterschiedlicher Bedeutung gebraucht werden. Sie sind oft mehrdeutig, und ihre Fachsprachlichkeit läßt sich häufig erst feststellen, wenn der Kontext, also etwa der Fachzeitschriftenartikel, miteinbezogen wird. Folgende drei Beispiele aus dem Bereich der Pflege, alles Untersuchungskategorien aus verschiedenen Fachartikeln, sollen dies veranschaulichen:

- Diskontinuität: „*Diskontinuität, d. h. Pflegeabläufe werden ständig unterbrochen, oder Patienten erhalten bei Wechsel von Pflegepersonal unterschiedliche Pflege*" Krohwinkel, Monika: Ist ganzheitlich-rehabilitierende Prozesspflege in Akutkrankenhäusern umsetzbar? *Pflege 4*, 1991/2, Ss. 112-121.
- Ekel: „*Wenn man sich nun mit dem Stellenwert des Ekels im Pflegeberuf auseinandersetzt, kann man sagen, daß es sich hierbei um die Kehrseite der oft als positiv beschriebenen Nähe zum Menschen handelt*" Sowinski, Christine: Stellenwert der Ekelgefühle im Erleben des Pflegepersonals. *Pflege 4*, 1991/3, Ss. 178–187.
- Ungewißheit: „*Wie erleben Patienten die Ungewißheit während der Zeit des Wartens auf die Diagnose?*" Weigelt, Vreni: Die Bedeutung von Leiden. *Pflege 5*, 1992/1, Ss. 11–21.

Ein weiteres Merkmal dieser allgemeinsprachlichen Fachwörter ist, daß sie häufig polysem auftreten. Das heißt, daß sie in ein und demselben Artikel sowohl eine fachsprachliche als auch eine alltagssprachliche Bedeutung haben:

- Terminologische Bedeutung: *„War vor der Intervention die Orientierung der Pflegenden an den Defiziten der Patienten ausgerichtet und primär 'versorgungsorientiert', so zeigen die Daten, daß im Verlauf der Intervention das ganzheitliche Erfassen von Problemen/Bedürfnissen und das systematische Einbeziehen von Fähigkeiten der Patienten und Angehörigen zunehmend in den Mittelpunkt rückte."* Krohwinkel, Monika: Ist ganzheitlich-rehabilitierende Prozesspflege in Akutkrankenhäusern umsetzbar? *Pflege 4*, 1991/2, Ss. 112-121.
- Nichtterminologische Bedeutung: *„Die Ergebnisse decken nicht nur inhaltliche, methodische, personelle und strukturelle Probleme der derzeitigen Pflegepraxis auf, sondern machen auch Defizite in der Krankenpflegeausbildung deutlich."* Krohwinkel, Monika: Ist ganzheitlich-rehabilitierende Prozesspflege in Akutkrankenhäusern umsetzbar? *Pflege 4*, 1991/2, Ss. 112-121.

Eine Polysemie kann überdies, wie schon bei den Zusammensetzungen mit Pflege festgestellt wurde, durch unterschiedlichen semantischen Bezug entstehen. Folgende Textbeispiele zeigen den Begriff „Belastung" in verschiedenen Bedeutungen. Im ersten Fall wird von Belastung für das Pflegepersonal, im zweiten von Belastung für Patientinnen und Patienten gesprochen:

- *„Die Theorien, die sich mit seelischen Belastungen in den sozialen Berufen auseinandersetzen, reichen nicht aus, um die Belastungen in den Pflegeberufen erklären zu können."* Sowinski, Christine: Stellenwert der Ekelgefühle im Erleben des Pflegepersonals. *Pflege 4*, 1991/3, Ss. 178–187.
- *„Sie [die psychosoziale Forschung] hat dabei festgestellt, daß Belastungen durch Krankheit zu ähnlichen Reaktionen führen wie beim Streß."* Weigelt, Vreni: Die Bedeutung von Leiden. *Pflege 5*, 1992/1, Ss. 11–21.

Ohne näher darauf eingehen zu können, sei an dieser Stelle beigefügt, daß eine besondere Gruppe alltagssprachlicher Fachwörter mittlerweile einen hohen Bekanntheitsgrad erreicht hat. Es sind dies die „Aktivitäten des täglichen Lebens" aus dem Pflegemodell von Roper bzw. Juchli. Allerdings werden sie häufig sprachlich nicht sehr präzise gebraucht. Die Vermutung liegt nahe, daß sie ihrer Nähe zur Alltagssprache wegen nicht unbedingt als tatsächliche Fachwörter eingeschätzt werden, die einen konstanten Gebrauch und eine gleichbleibende Schreibweise bedingen würden.

Wie dargelegt wurde, spielt die Kontextabhängigkeit bei alltagssprachlichen Fachwörtern eine wichtige Rolle. Es drängt sich deshalb an dieser Stelle auf, kurz einige Anmerkungen zu englischen Fachtermini in der Pflege und ihrer Übersetzung zu machen. Hin und wieder trifft man in deutschen Fachtexten der Pflege auf englische Wörter wie „assessment" oder „caring". Andrerseits besteht ganz klar das Bestreben, die englische Fachliteratur möglichst zu übersetzen und einem breiten Publikum zugängig zu machen. Als eines der jüngsten Beispiele sei etwa die Übersetzung des Buches von Marriner-Tomey über Pflegetheoretikerinnen und ihr Werk genannt (Marriner-Tomey, 1992).

Es ist aber nicht ganz einfach, sozialwissenschaftliche Fachtexte zu übersetzen. All die schon erwähnten Charakteristika dieser Fachwörter, wie Kontextabhängigkeit, Polysemie, Allgemeinverständlichkeit, müssen durch das Stichwort Kulturabhängigkeit ergänzt werden. Die alleinige Übersetzung des Begriffes kann zu Interpretationsschwierigkeiten führen, da ein Begriff in der Zielsprache ganz andere Assoziationen wecken kann als in der Herkunftssprache. So heißt Pflege im Englischen nicht immer care und care im Deutschen nicht immer Pflege. Das erweist sich z. B. als besonders wichtig für die Terminologie

Orems und ihres bekannten Begriffes der selfcare. Sehr verbreitet ist die Übersetzung mit „Selbstpflege", was jedoch nur Teile der von Orem umschriebenen Bedeutung von selfcare abdeckt. „Selbstfürsorge" ist eine von anderen Übersetzern gebrauchte Variante und dem ursprünglichen Konzept Orems um einiges näher. Im eben zititerten Werk über Pflegetheoretikerinnen ist bei der Darstellung des Oremschen Modells von Selbsthilfe und von Selbstpflege die Rede. Beide gehen indessen auf den englischen Begriff selfcare zurück und es ist deshalb nicht nachvollziehbar, weshalb zwei verschiedene deutsche Fachbegriffe verwendet werden. Nicht auszudenken, welche Konsequenzen es für die theoretische Entwicklung der Pflege hätte, würde jemand in Unkenntnis der Originaltexte und ausgehend allein von dieser irreführenden Übersetzung der Terminologie weitere theoretische Konstrukte erarbeiten.

Verwirrung ist also angesagt, wenn der Spezifität sozialwissenschaftlicher Fachwörter und deren Kulturabhängigkeit nicht genügend Beachtung geschenkt wird.

Oft kann es deshalb sinnvoll sein, fürs erste den Originalausdruck zu gebrauchen, um eine Pseudovertrautheit in der Zielsprache zu vermeiden. Folgende Anekdoten sollen illustrieren, daß Übersetzungen in den Sozialwissenschaften allgemein ein Problem sind: Freuds „Lustprinzip" wurde in einer englischen Übersetzung als „pleasure principle" gebraucht und geriet dann später in einer erneuten Übersetzung auf Deutsch zum „Belustigungsprinzip". Dieser Ausdruck hat sich allerdings im Deutschen nicht gehalten, ganz im Gegensatz zum Pawlowschen Begriff der „Verstärkung", den Pawlow eigentlich original deutsch als „Bekräftigung" einführte und der sich letztendlich infolge einer falschen Übersetzung als Verstärkung einbürgerte.

2.3   Kommunikationsebenen der pflegerischen Fachsprache

Wie eingangs angedeutet, gibt es innerhalb der Fachsprachenforschung sehr unterschiedliche Untersuchungsansätze. Die Darstellung des Fachwortschatzes ist eine mögliche Annäherung an die Fachsprache der Pflege, eine weitere ist die Analyse von Kommunikationssituationen.

Am Beispiel der Medizinsprache wurde aufgezeigt, daß eine Fachsprache verschiedene sprachliche Ebenen oder Schichten aufweist. Dies trifft auch auf die Pflegesprache zu, allerdings mit der Einschränkung, daß es zum jetzigen Zeitpunkt schwierig ist, diese Ebenen festzulegen. Zuvieles ist noch im Fluß. Entwicklung und Umbruch sind an der Tagesordnung. Außerdem ist dort, wo Fachpersonen in Beziehung zu Fachleuten anderer Disziplinen oder Berufe treten, die Schichtung der Fachsprache nicht mehr so einfach (Abb. 2–2).

Um den Kommunikationsbereich der Pflege, vom Standpunkt der Pflege aus gesehen, noch weiter zu spezifizieren, sei hier an die bei der Medizinsprache angesprochene Vierfeldereinteilung in schriftlich/mündlich einerseits und theoretisch/praktisch andrerseits angeknüpft (Tab. 2–2).

Diesen vier Feldern können nun Texte zugeordnet werden. Tabelle 2–3 zeigt die Vielfalt der Texte, die in der Pflege anzutreffen sind.

Es würde zu weit führen, jede Ebene und jede Textsorte gesondert analysieren zu wollen. Grundsätzlich ist es jedoch möglich, diesen Analyseansatz mit der Untersuchung des Fachwortschatzes zu kombinieren. Und es dürfte leicht einsehbar sein, daß beispielsweise der Gebrauch von Fachwörtern ein anderer ist (oder zumindest sein sollte), wenn ein Fachzeitschriftenartikel für Berufsangehörige verfaßt oder eine Anweisung an Hilfspersonal erteilt wird.

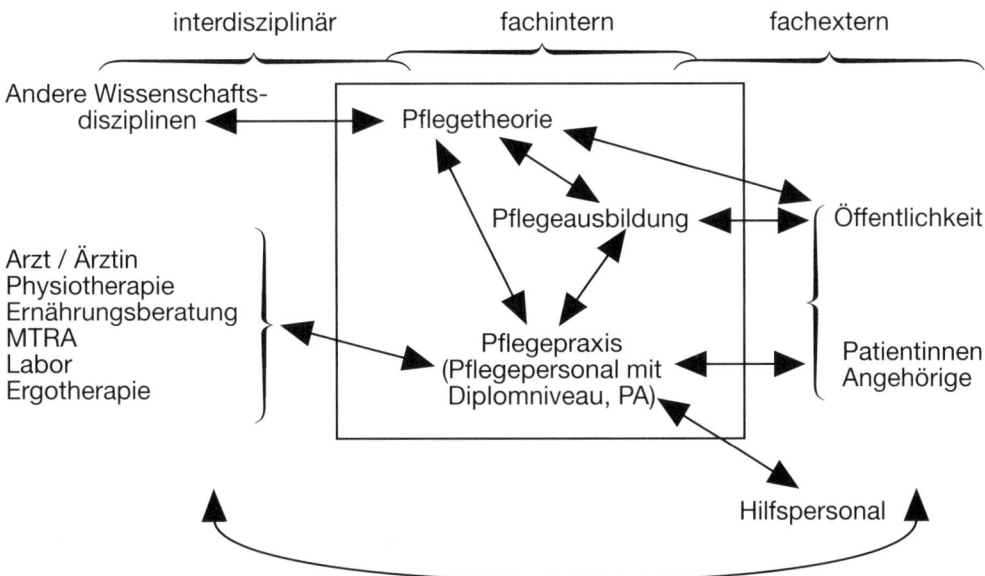

interdisziplinär   fachintern   fachextern

Andere Wissenschafts-
disziplinen

Pflegetheorie

Pflegeausbildung   Öffentlichkeit

Arzt / Ärztin
Physiotherapie
Ernährungsberatung
MTRA
Labor
Ergotherapie

Pflegepraxis
(Pflegepersonal mit
Diplomniveau, PA)

Patientinnen
Angehörige

Hilfspersonal

Abb. 2–2: **Ebenen der fachlichen Kommunikation der Pflege und interdisziplinäre Vernetzungen**

Exemplarisch seien hier zwei verschiedene Textsorten kurz charakterisiert, zum einen die Pflegedokumentation als Beispiel eines Textes der schriftlich-praktischen Ebene, zum anderen den Fachzeitschriftenartikel von der schriftlich-theoretischen Ebene.

Pflegedokumentation. Die Pflegedokumentation besteht aus zwei Teilen, der Pflegeplanung und dem Pflegebericht. Die Kommunikationsintentionen lassen sich mit Ziele setzen, beschreiben, anweisen, feststellen, berichten, charakterisieren. Sprachlich lassen sich folgende Eigenheiten ausmachen: Die häufige Verwendung von Abkürzungen und Jargonismen, ein generell knapper Stil mit oft unvollständigen Sätzen sowie Datierung und Zeichnung des Eintrages. Es bestehen überdies häufig standardisierte Formulare, z. T. sind auch gewisse Parameter zur Auswahl vorgegeben.

Tab. 2–2: **KommunikationspartnerInnen der vier Ebenen**

Form	theoretisch	praktisch
schriftlich	Pflege – Pflege, Pflege – Laie (Öffentlichkeit), Wissenschaftler div. Fachgebiete – Pflege	Pflege – Pflege, Wissenschaftler div. Fachgebiete – Pflege, Pflege – Fachdienste in und außerhalb des Spitals
mündlich	Pflege – Pflege, Pflege – Laie (Öffentlichkeit) Wissenschaftler div. Fachgebiete – Pflege	Pflege – Pflege, Pflege – Fachdienste, Pflege – Hilfspersonal, Pflege – Laien (PatientInnen), Wissenschaftler div. Fachgebiete – Pflege

Tab. 2–3:   **Textsorten der vier Ebenen**

Form	theoretisch	praktisch
schriftlich	(Medizinische) Lehrbücher, Sachbücher Fachzeitschriftenartikel, wissenschaftliche Artikel	Pflegedokumentation, Verordnungen, standardisierte Formulare
mündlich	Fachunterricht, Weiterbildungskurse, Fachvorträge	Rapporte, Kolloquien, empathische Gespräche, Supervision, div. Gesprächsarten mit PatientInnen, Visitengespräche

Fachzeitschriftenartikel. Ganz anders sieht die Sprache in Fachzeitschriftenartikeln aus. Die Verwendung von Fachwörtern ist selbstverständlich, Jargonismen und Abkürzungen jedoch sind verpönt. Der Stil sollte fachsprachlichen Kriterien entsprechen (vgl. Oertle Bürki, 1994a, S. 16 ff.) und eine innere Struktur aufweisen. Verwendet werden können überdies Tabellen, Graphiken und Schemata und auch der Einsatz typographischer Mittel zur Hervorhebung einzelner Satzteile oder Wörter ist gebräuchlich. Die Kommunikationsintentionen sind je nach Thema und AutorIn variabel, sie gehen von klären, informieren, beschreiben bis zu kategorisieren und vermitteln von Fachwissen.

Die Eingangsfrage dieses Artikels lautete: Gibt es eine Pflegesprache? Sie kann aufgrund der Materiallage eindeutig bejaht werden: Die Pflege weist sehr differenzierte Textsorten auf, und diese Schriftlichkeit ist eindeutig ein Resultat der Professionalisierungsbestrebungen der letzten Jahre. Wird die heutige Textlage mit derjenigen zu Anfang dieses Jahrhunderts verglichen, so gab es in der Schweiz beispielsweise zwar durchaus eine Fachzeitschrift, aber die Artikel waren zu einem großen Teil von Ärzten geschrieben und können demnach nicht als fachinterne Texte der Pflege gewertet werden. Sie widerspiegeln vielmehr auf eindrückliche Weise die Abhängigkeit der Krankenpflege von der Medizin, und genauso kann die heute vorhandene Textlage als Ausdruck einer vermehrten Unabhängigkeit der Pflege von der Medizin gewertet werden.

Auch bei den Texten der praktischen Ebenen hat sich einiges verändert. Früher gab es Nachtwachenhefte, und das Rapportwesen bestand v. a. aus Mündlichkeit, von einer Pflegedokumentation konnte keine Rede sein. Die Schriftlichkeit ist auch als Weg zur Sichtbarmachung der Arbeit der Pflege zu verstehen. Und es ist nicht zuletzt vordringlich, daß sich die Pflege der Wichtigkeit ihrer Texte bewußt wird. Nur so besteht eine Chance, daß diese auch von anderen Berufsgruppen wahr- und ernstgenommen werden.

2.4   Zusammenfassung und Ausblick

Die Pflege hat eine Fachsprache. Das läßt sich anhand des reichlichen Textmaterials und der Analyse des Fachwortschatzes belegen. Der Fachwortschatz ist zweigeteilt, einerseits eher naturwissenschaftlich, medizinisch, andererseits sozialwissenschaftlich ausgerichtet, wobei letzteres Segment des Fachwortschatzes die neuen Tendenzen innerhalb der Pflege widerspiegelt.

Die Fachsprache der Pflege sieht sich zum jetzigen Zeitpunkt mit verschiedenen Herausforderungen konfrontiert. Ein wichtiges Moment ist die Beeinflussung durch die angloamerikanische Entwicklung in der Pflege und die entsprechende Literatur. Hier wären die Stichworte kultureller Transfer und Übersetzungsproblematik zu nennen.

Ein anderes Moment ist, wie bereits mehrfach angedeutet, die größtenteils unbekümmerte Verwendung von Fachausdrücken. So läuft etwa das Wort Pflege durch seinen häufigen Gebrauch Gefahr, semantisch völlig überladen zu werden. Wie wir gesehen haben, sind Klärungen dringend notwendig. Andere Fachwörter werden ihrer Nähe zur Alltagssprache wegen oft kaum als Fachwörter erkannt. Sie gehören dem sozialwissenschaftlichen Diskurs an und klingen im Gegensatz zu naturwissenschaftlichen Fachwörtern weder fremd noch unverständlich. Deshalb werden sie wenig definiert oder erläutert.

Definitionen könnten jedoch dazu beitragen, den Sprachgebrauch zu festigen und zu terminologisieren. Dieser letzte Aspekt ist nicht nur für die Pflege wichtig, sondern auch für die interdisziplinäre Kommunikation. Will die Pflege als Wissen(schaft)sgebiet ernstgenommen werden, so muß der möglichst konsistente Gebrauch der eigenen Fachsprache zu einer Selbstverständlichkeit werden. Die bewußte Auseinandersetzung mit verschiedenen Facetten dieser eigenen Fachsprache ist ein wichtiger Schritt in diese Richtung.

Literatur

Bartholomeyczik, Sabine: Zur Konzeption praxisbezogener Forschung. In: Pflege 4, 2, 86 – 96 (1991)

Böhme, Gernot: Die Ausdifferenzierung wissenschaftlicher Diskurse. In: Wissenschaftssoziologie. Kölner Zeitschrift für Soziologie und Sozialpsychologie, Sonderheft 18/1975. Hrsg. von Nico Stehr und René König. Opladen, 1975

Dechanoz, Geneviève; Magnon, René (Hrsg.): Dictionnaire des soins infirmiers. Edition Amiec (Association des Amis de l'Ecole Internationale de Enseignement Infirmier Supprieur), Westdeutscher Verlag de Gruyter, 1995

Ehlich, Konrad; Koerfer, Armin; Redder, Angelika; Weingarten, Rüdiger (Hrsg.): Medizinische und therapeutische Kommunikation. Diskursanalytische Untersuchungen. Opladen, 1990

Fiehler, Reinhard; Sucharowski, Wolfgang (Hrsg.): Kommunikationsberatung und Kommunikationstraining. Westdeutscher Verlag, Wiesbaden, 1992

Fluck, Hans-Rüdiger: Fachsprachen. Urban & Schwarzenberg, Tübingen, 1985

von Hahn, Walther: Fachkommunikation. Entwicklung – linguistische Konzepte – betriebliche Beispiele. Westdeutscher Verlag de Gruyter, Berlin/New York (Sammlung Göschen; 2223), 1983

Hartog, Jennifer (1992): Kommunikationsprobleme in der genetischen Beratung und ihre Folgen für eine sinnvolle Kommunikationsberatung. In: Fiehler, Reinhard; Sucharowski, Wolfgang (Hrsg.): Kommunikationsberatung und Kommunikationstraining. Opladen, 1992, S. 87 – 101

Hoffmann, Lothar: Kommunikationsmittel Fachsprache. Eine Einführung. Tübingen (Forum für Fachsprachen-Forschung; 1), 1985

Knobloch, Clemens: Geisteswissenschaftliche Grundbegriffe als Problem der Fachsprachenforschung. In: Fachsprache 11, 3/4, 113 – 126 (1989)

Lalouschek, Johanna; Menz, Florian; Wodak, Ruth: Alltag in der Ambulanz. Narr, S., Tübingen (Kommunikation und Institution; 20), 1990

Lippert, Herbert: Sprachliche Mittel in der Kommunikation im Bereich der Medizin. In: Mentrup, Wolfgang (Hrsg.): Fachsprache und Gemeinsprachen. In: Jahrbuch 1978 des Instituts für deutsche Sprache. Düsseldorf, 1979, S. 84 – 99

Löning, Petra (1981): Zur medizinischen Fachsprache. Stilistische Gliederung und Textanalysen. In: Muttersprache 91, 79 – 92 (1981)

Marriner-Tomey, Ann: Pflegetheoretikerinnen und ihr Werk. Aus dem Amerik. übers. von Regina Simmens. Recom Basel, 1992

Mentrup, Wolfgang (Hrsg.): Fachsprache und Gemeinsprachen. In: Jahrbuch 1978 des Instituts für deutsche Sprache. Düsseldorf, 1979

Möhn, Dieter; Pelka, Roland: Fachsprachen. Eine Einführung. (Germanistische Arbeitshefte, 30), M. Niemeyer-Verlag, Tübingen, 1984

Oertle Bürki, Cornelia (1994a): Fachsprachliche Aspekte der Sprache der (Kranken-)Pflege. Hefte Bereich Berufsbildung Nr. 1, Schweizerisches Rotes Kreuz, Bern, 1994

Oertle Bürki, Cornelia (1994b): Die Sprache in den Gesundheitsberufen. Journal SRK 2 (1994) (Dossier mit diversen Artikeln zum Thema *Fachsprache der Pflege*)

Pschyrembel, Willibald: Klinisches Wörterbuch mit klinischen Syndromen und Nomina Anatomica. Walter de Gruyter, Berlin/New York, 1990

Schröck, Ruth: Forschung in der Krankenpflege: Methodologische Probleme. In: Pflege 1, 2, 84 – 93 (1988)

Schröder, Hartmut: Aspekte sozialwissenschaftlicher Fachtexte. Ein Beitrag zur Fachtextlinguistik. (Papiere zur Textlinguistik; 60) H. Buske Verlag, Hamburg, 1987

Unger, Christiane: Vom Sach- zum Fachwortschatz. Zur Genese einer Fachsprache. In: Fachsprache 11, 1/2, 3 – 12 (1989)

---

1 Überarbeitete Form des Referats vom 18. 7. 1995 am Sommerforum in Essen. Die Grundlage bildet die Lizentiatsarbeit der Autorin mit dem Thema *Die Sprache der Pflege – Wichtige Aspekte der Fachsprache eines sich professionalisierenden Berufes*, eingereicht Ende 1992 am Institut für Germanistik der Universität Bern. Die Untersuchung bezieht sich vorwiegend auf schriftliche Texte.

---

2 Für Quellenangaben vgl. Oertle Bürki 1994

3 Fachsprache, berufliche Kommunikation und Professionalisierung der Pflege

von Gisela Brünner

3.1 Einleitung

Bei der Betrachtung des Themas Fachsprache, ihrer Form und Funktion in diesem Kapitel sollen einerseits allgemeine linguistische Aspekte dargestellt werden, über die in der Fachsprachenforschung im Grundsatz Konsens besteht. Dazu gehören Definition und Gliederung von Fachsprachen, Eigenschaften von Fachwörtern sowie grammatische und strukturelle Merkmale von Fachtexten. Darüber hinaus sollen jedoch auch Überlegungen zu fachlicher und beruflicher Kommunikation und zur Experten-Laien-Kommunikation, zur Rolle des Fachwissens in der Kommunikation sowie zu den fachlich-beruflichen Aufgaben der Information und Motivation einbezogen werden. Zur Lösung dieser Aufgaben bedeutsam sind Verständlichkeit der Kommunikation, auch im Hinblick auf die Verwendung von Fachausdrücken, aber ebenso auch emotionale Bedingungen, die durch die Kommunikation gesteuert werden.

Die hier zur Illustration verwendeten empirischen Beispiele stammen größtenteils aus der medizinischen Rehabilitation. Soweit es sich um mündliches Material, wie Vorträge, Diskussionen und Fernsehauftritte handelt, ist es durch spezielle Verfahren der Transkription verschriftet worden. Speziell zum Bereich Pflege verfüge ich leider über kein empirisches Material. Es existieren bisher auch so gut wie keine Publikationen, in denen reale, authentische Kommunikation in der Pflege dokumentiert und analysiert worden wäre.

Am Schluß dieses Kapitels sollen aus sprachwissenschaftlicher Perspektive der Zusammenhang zwischen Fachsprache, beruflicher Kommunikation und Professionalisierung der Pflege beleuchtet und einige forschungsstrategische und praktische Konsequenzen daraus abgeleitet werden.

3.2 Fachsprache und -kommunikation

Zunächst sollen einige allgemeine Begriffsbestimmungen und Unterscheidungen zur Fachsprache und -kommunikation dargestellt werden. Die Bezeichnung „Sprache" im Ausdruck Fachsprache ist irreführend, denn eine Fachsprache ist keine Sprache wie Englisch oder Japanisch, mit einem eigenen Wortschatz und einer eigenen Grammatik – auch dann nicht, wenn sie über eine Anzahl spezieller (Fach-)Wörter verfügt. Der Sache angemessener spricht man von Fachkommunikation, d. h. von einer besonderen Verwendungsweise einer Sprache – einer Verwendungsweise, die in Zusammenhang mit fachlich-beruflichem Handeln in Erscheinung tritt und Teil dieses Handelns ist.

Für den Begriff „Fachsprache(n)" sind zahlreiche unterschiedliche Definitionsversuche unternommen worden. Bei den meisten von ihnen spielen die drei folgenden Kriterien die zentrale Rolle:

- Ein außersprachliches (soziologisches) Kriterium:
  Fachsprache wird primär von Fachleuten verwendet, d. h. von Menschen, die in einem Fachgebiet handeln.
- Ein sprachsystembezogener Aspekt:
  Fachsprachen sind sprachliche Varietäten (sprachliche Subsysteme) des Deutschen, Englischen, Spanischen usw. Sie bilden unter den Regeln und sprachlichen Mitteln einer Sprache eine spezifische Auswahl und nutzen sie in spezifischer Weise.
- Sprachverwendungsbezogene Aspekte:
  Fachsprachen sind ein konstitutiver Teil des fachlich-beruflichen Handelns. Sie dienen besonders der Erkenntnis und der begrifflichen Bestimmung fachspezifischer Gegenstände und Tätigkeiten sowie der Verständigung über diese.

Fachsprache kann in schriftlicher oder mündlicher Form gebraucht werden. Diese Aussage ist nur scheinbar trivial, denn die Fachsprachenforschung hat sich lange Zeit hindurch ganz an der schriftlichen Form orientiert und die dafür gefundenen Ergebnisse teilweise vorschnell verallgemeinert.

Fachsprache läßt sich in einer horizontalen Gliederung nach Wissensgebieten und Fächern differenzieren, z. B. Biologie – Pharmazie – Medizin – (Kranken-)Pflege – Medizintechnik. Wie fein solche Gliederungen vorgenommen werden, hängt u. a. von der verfolgten Fragestellung und den Untersuchungszielen ab. Die Überschneidungen zwischen den Fachwortschätzen der verschiedenen Fächer lassen sich etwa durch den Vergleich von Lehrwerken oder Fachwörterbüchern ermitteln.

Neben der horizontalen wird oft eine vertikale Gliederung vorgenommen, die verschiedene „Schichten" von Fachsprache nach Abstraktions- und Spezialisierungsgrad unterscheidet:

- Wissenschafts- oder Theoriesprache
  eine in der Regel schriftliche Form von hoher Abstraktion und Spezialisierung.
- Werkstatt- oder Berufssprache
  eine weniger abstrakte und spezialisierte Form. Sie wird mündlich wie schriftlich verwendet, z. B. innerhalb der Kollegenschaft am Arbeitsplatz.
- Fachbezogene Umgangssprache
  Sie ist weniger spezialisiert und näher an der Allgemeinsprache als die anderen Formen und wird besonders mündlich verwendet, z. B. im informellen Gespräch im Team und im beruflichen Umfeld.

Im Hinblick auf unterschiedliche Verwendungsweisen von Fachsprache läßt sich differenzieren zwischen:

- fachinterner Kommunikation (innerhalb eines Faches),
- interfachlicher Kommunikation (zwischen verschiedenen Fächern),
- fachexterner Kommunikation (besonders Experten-Laien-Kommunikation).

Die Bedeutung dieser Unterscheidungen liegt z. B. darin, daß verschiedene fachlich-berufliche Handlungssituationen mit ihren unterschiedlichen Anforderungen charakterisiert werden können. Am Beispiel der Pflege gehörten zur fachinternen Kommunikation etwa Artikel in Fachzeitschriften oder Besprechungen im Pflege-Team eines Krankenhauses. Interfachlich wären demgegenüber z. B. Besprechungen zwischen Pflegepersonal und ÄrztInnen oder PsychologInnen. Fachexterne Experten-Laien-Kommunikation wäre etwa die Anleitung und Beratung von Patienten, Angehörigen oder Behördenvertretern. Zwischen fachinterner und fachexterner Kommunikation einzuordnen wäre die Ausbildung von beruflichem Nachwuchs oder von Hilfspersonal. Bei diesen handelt es sich (noch) nicht um Fachleute. Sie sollen jedoch zu solchen gemacht werden, und dazu gehört auch, sie u. a.

durch das sprachliche Vorbild in die jeweils üblichen Formen der fachlichen Kommunikation einzuführen.

Die konkrete Kommunikation am Arbeitsplatz kann – je nach Gesichtspunkt – als fachliche, berufliche und institutionelle Kommunikation betrachtet werden. Das Verhältnis dieser Aspekte soll jetzt noch kurz verdeutlicht werden. Fachkommunikation ist wesentlich durch das Wissensgebiet geprägt, durch das fachliche Wissen, das in Ausbildung und Berufstätigkeit erworben wird. Da die Kommunikation in der Regel in beruflichen Zusammenhängen stattfindet, ist sie zugleich durch die Inhalte und den sozialen Zusammenhang der jeweiligen beruflichen Tätigkeit bestimmt sowie durch die institutionellen Regelungen, denen die Berufstätigkeit unterliegt.

Beispielsweise ist ein Fachtext wie ein Beipackzettel von Medikamenten nicht nur durch das medizinische bzw. pharmazeutische Wissensgebiet geprägt; daß etwa der Textaufbau normiert ist, liegt nicht am Fachgebiet, sondern an rechtlichen, institutionellen Vorschriften, die für solche Texte gelten. Ein anderes Beispiel: In der Institution Krankenhaus unterliegen viele medizinische und pflegerische Tätigkeiten einer Berichtspflicht, die normiert und teilweise sogar formularisiert ist. Diese dient nicht unmittelbar der Heilung oder Pflege, sondern der Kontrolle, der juristischen Absicherung oder als Grundlage für die Kostenabrechnung.

3.3   Fachlexik

Der Fachwortschatz ist meist der auffälligste Teil einer Fachsprache. Er ist auch objektiv das Zentrum, denn er hängt weniger als der Satzbau oder die Textstruktur von der Textart und vom Kommunikationsmedium ab. Struktur, Aufbau und Bedeutung von Fachwortschätzen werden von Fachlexikologie und Terminologieforschung untersucht. Es kommen zwei Grundtypen von Lexemen (Fachwörtern) vor:

- Den ersten Typ bilden eigenständige, spezifische Lexeme, die in der Allgemeinsprache nicht vorkommen. Sie haben den Zweck, spezielle Aspekte der fachlichen Wirklichkeit ausdifferenzieren und bezeichnen zu können. Häufige Formen sind:
- muttersprachliche Bildungen, z. B. Wundhaken (Medizin), maßhaltig (Technik);
- Übernahmen aus anderen lebenden Sprachen, z. B. Compliance (Medizin), foulen (Sport);
- Internationalismen, bes. griechisch-lateinische, z. B. Gastritis (Medizin), digital (EDV).
- Neben den eigenständigen Lexemen finden sich solche, die auch in der Allgemeinsprache vorkommen, jedoch in der Fachsprache eine abweichende, spezifische Bedeutung haben, z. B. (Blutzucker-)Spiegel und Dammriß (Medizin), Menge (Mathematik).

Von den Wortbildungsmustern, über die das Deutsche verfügt, werden einige besonders häufig verwendet, um Fachwörter zu bilden:

- Nomina instrumenti auf -er (für Werkzeuge und Geräte), z. B. Tupfer;
- Adjektive auf -bar, z. B. meßbar, tastbar;
- Adjektive auf bestimmte Suffixoide (Endungen) mit dem Zweck einer syntaktischen Kürzung, z. B. -los (kochsalzlos), -reich (kalorienreich), -arm (fettarm), -frei (keimfrei), -fest (feuerfest), -sicher (auslaufsicher);
- Adjektive mit Präfixoid nicht- (Zweck: wertneutraler als mit Präfix un-), z. B. nichtleitend, nichtrostend;
- feste mehrgliedrige Zusammensetzungen (Zweck: Differenzierung), z. B. Herzkranzgefäß, Oberkieferfraktur, hörsprachgeschädigt, Pflegeanamnese;

- Zusammensetzungen mit Ziffern, Buchstaben und Sonderzeichen (Zweck: internationale Geltung), z. B. 4-Cholestenon, HDL-Quotient;
- Mehrwortbenennungen (bedeutungsmäßig eng verbundene Syntagmen),
  z. B. kardiovaskulärer Risikofaktor, spongiforme Enzephalopathie, patientenzentrierte Pflege;
- Funktionsverbgefüge (Nomen trägt die Hauptbedeutung, oft in schriftlichen wissenschaftlichen Texten), z. B. Anwendung finden, eine Änderung erfahren, Bedeutung zukommen;
- Bildungen aus Eigennamen (historisch motiviert): Hertz, Bunsenbrenner, pasteurisieren, röntgen, Alzheimer-Krankheit, Creutzfeld-Jakob-Syndrom (CDJ);
- verschiedene Typen von Kurzformen: PE (Polyethylen), CT (Computertomographie), szint. (szintigraphisch).

Der genormte, systematisierte Teil der Fachlexik heißt Terminologie oder Nomenklatur. Er ist in vielen technischen und wissenschaftlichen Disziplinen systematisch gebildet, geordnet und eindeutig definiert. In der medizinischen Terminologie, die zu großen Teilen auf griechisch-lateinischer Basis beruht, sind z. B. Muskeln, Gefäße, Nerven, Gewebe, Bänder usw. mit Hilfe der anatomischen Nomenklatur lokalisiert:

- (Musculus) sternocleidomastoideus („Kopfwender"); Lage und Verlauf: Vom Sternum (Brustbein) und der Clavicula (Schlüsselbein) zieht er sich zum Processus mastoideus (Warzenfortsatz hinter der Ohrmuschel);
- Krankheiten auf -itis: Entzündungen (Neuritis = Nervenentzündung, Arthritis);
- Krankheiten auf -ose: dauerhafte Veränderungen (Neurose = dauerhafte Verhaltensanomalie; Arthrose);
- Morphem -tox-: Vergiftung (toxisch);
- Morphem -urie: Ausscheidung (Polyurie, Dysurie).

Zur Fachlexik gehört auch der Berufsjargon. Er wird besonders im fachinternen Gespräch, oft mit der unmittelbaren Kollegenschaft, verwendet und verdankt sich der gemeinsamen beruflich-sozialen Tätigkeit. Jargon besitzt für die Gruppe nach innen soziale Bindungskraft, für Außenstehende ist er dagegen nicht ohne weiteres verstehbar. Die folgenden Beispiele stammen aus dem gewerblich-technischen Bereich:

- informelle, manchmal scherzhaft-ironische Bezeichnungen, z. B. Leitung totlegen (fachsprachlich korrekt: abbinden);
- Verkürzungen und Auslassungen (Ellipsen): ihr macht Marxallee zu (= die Baustelle in der Marxallee);
- nichtexplizite Angaben (z. B. von Maßeinheiten), z. B. 100 mal 200, 500er-Leitung.

3.4   Weitere linguistische Merkmale

Neben der Fachlexik finden sich – vor allem in schriftlichen Fachtexten – in der Syntax, also im Satzbau, bestimmte Besonderheiten bzw. Häufungen syntaktischer Erscheinungen. Dazu gehören:

- Häufige Nominalisierung von Verben und Adjektiven (ermöglicht eine komprimierte Ausdrucksweise), z. B. Instandsetzung, KHK-Sterblichkeit, Senkung.
- Syntaktische Komprimierung durch erweiterte Nominalausdrücke, z. B.:
- Satzglieder anstelle von Gliedsätzen: Eine Regression der Atherosklerose wurde vor allem in den beiden ersten Gruppen ... beobachtet. Anstatt: Daß die Atherosklerose zurückging, wurde vor allem ... beobachtet.

- Attribute anstelle von Attributsätzen: Die Erklärung des Verhaltens durch die Untersuchung der Mechanismen im Nervensystem ist eine historisch alte Fragestellung der Hirnforschung. Oder: Methyldopa senkt den Blutdruck in der Peripherie mittels kompetitiver Verdrängung des physiologischen Transmitters durch eine schwächer wirksame Überträgersubstanz und zerebral durch Einwirkung auf blutdrucksenkende Zentren.
- Verbformen vor allem in der 3. Person; häufig Passiv oder Passiväquivalente: ... daß die Atherosklerose durch cholesterinsenkende Maßnahmen ... gebremst werden kann.

In schriftlichen Fachtexten finden sich darüber hinaus oft Textmerkmale, die zwar auch sonst vorkommen, aber nicht mit derselben Häufigkeit, z. B.:

- normierte Textform, d. h., Textelemente und Textaufbau sind vorgegeben bzw. institutionell geregelt;
- explizite deklarative Bezeichnung der Textart zur Vereindeutigung, z. B. Betriebsanleitung, Operationsbericht;
- feste sprachliche Formeln;
- Signale für einen hohen Grad der Textgliederung zum Zweck der Systematisierung, z. B. Absätze, Listen, Tabellen;
- Herstellung von Kohärenz: Vereindeutigung durch Einschränkung der Proformen (er, sie), Vermeidung von „Abwechslung" durch Synonyme, Verweise im Text (vgl., s.o., im folgenden);
- außersprachliche semiotische Mittel, wie Abbildungen, Diagramme, Zeichnungen, Formeln zur Verdeutlichung und Präzisierung von Aussagen.

3.5   Die Rolle des Fachwissens in der Kommunikation

Im folgenden wird über die lexikalischen und sprachsystematischen Aspekte von Fachsprache hinausgegangen, und kommunikations- und anwendungsorientierte Überlegungen zur Fachkommunikation und zur Experten-Laien-Kommunikation werden einbezogen. Für solche Untersuchungen sind methodisch nicht so sehr lexikalische, morphologische oder syntaktische Theorien und Beschreibungsverfahren einschlägig, sondern vielmehr Konzepte und Verfahren der linguistischen Pragmatik und Diskursanalyse. Diese Teildisziplinen richten sich auf Formen des sprachlichen Handelns im Beruf. Sie beziehen gerade auch mündliche Kommunikation ein und haben Tonaufzeichnungen authentischer Diskurse und Transkriptionen, d. h. genaue Verschriftungen mündlicher Kommunikation, zur Untersuchungsgrundlage. Die Transkription verwendet keine orthographische Großschreibung und Interpunktion. Umgangssprachliche Formen werden in Anlehnung an die Aussprache wiedergegeben. Zum Verständnis der in diesem Kapitel noch folgenden Transkripte seien an dieser Stelle spezielle Transkriptionszeichen genannt, die dabei verwendet wurden:

① . .. ... : kurze/mittlere/längere Pause;
② &: auffallend schneller Anschluß;
③ ' (z. B. bitte'): steigende Intonation;
④ , (z. B. genau,): fallende Intonation;
⑤ GROSSBUCHSTABEN: auffällige Betonung eines Wortes, einer Silbe oder eines Lautes;
⑥ (?x) (z. B. (?aber)): nicht eindeutig identifizierter Wortlaut;
⑦ : (z. B. wa:s): gedehnte Aussprache;
⑧ / (z. B. das war fu/): Abbruch.

Zunächst soll kurz auf die Rolle des Fachwissens in der Kommunikation eingegangen werden. Fachliches Handeln ist, wie bereits gesagt, angeleitet und geprägt durch ein Wissen über bestimmte Ausschnitte der Wirklichkeit, z. B. über die Funktionen des menschlichen Körpers oder der menschlichen Psyche. Solches Wissen ist systematisiert und in der Regel in Lehrwerken, Handbüchern, Fachlexika usw. kodifiziert und schlägt sich auch in den Terminologien nieder.

Das Fachwissen ist eng verbunden mit Regeln und Normen, die den Umgang mit eben diesem Wissen regeln – also mit Normen des Denkens und Handelns in Bezug auf den jeweiligen Wirklichkeitsausschnitt. Deshalb finden sich bei Fachleuten oft spezielle Orientierungen, Perspektiven, Sicht- und Denkweisen, die sich von denen des nichtfachlichen Alltags unterscheiden. So existieren zahlreiche spezifische Muster des sprachlichen Handelns, die durch das Fachwissen und die fachlichen Normen strukturiert sind. Die Frage-Antwort-Sequenzen im Muster der Anamnese beispielsweise sind durch eine fachliche Systematik von Krankheiten und ihren Symptomen gesteuert, die dem Laien nicht zugänglich ist.

Der folgende Transkriptausschnitt ist ein Beispiel dafür, wie die unterschiedlichen Perspektiven, die die Beteiligten in der fachexternen Kommunikation besitzen, thematisiert werden. Eine Kardiologin spricht hier vor Herzpatienten über die Bypassoperation. Die Routine und Distanz der Professionellen wird dabei der Einmaligkeit und der emotionalen Betroffenheit auf seiten der Patienten gegenübergestellt: „das ist die HÄUfigst gemachteste operation' in deutschland, . die ist EINfacher als n mA:gen' und ne galle, . . (es) is WIRKlich nur für den PatiENten, eine so ANdere situation , . (es) is WEniger gefährlich als n mA:gen und ne ‚gALLe . und es ist mEIst weniger schmerzhaft, nich Immer, . Als: . n ma:gen:' . oder ne gAlle: . oder ein bAUch(?aortenaneurisma) . es is die routinIERteste' und HÄUfigst gemachteste operation in deutschland, & und amerika, . vierzigTAUsend etwa, pro JAhr, . das heißt . die operateure die NICHTS anderes als das TUn, . tun das vIEL leichter: . als ein chirurg' eines stadtkrankenhauses der n dAR:m ne galle: NIE'-re: nen knOchenbruch . der jEden tag was andres hat, der die ganze UNfallchirurgie machen muß . 'das ist alles . plAnbar für den Chirurgen sehr geordnet . . und . . hat/ is natürlich VÖllig anders aus der sicht des Chirurgen der das tÄglich macht' als für SIE alle . die das 'ein einziges mal so HOffe ich . erleben." (Bypass, 30 – 44).

3.6   Experten-Laien-Kommunikation – Information und Motivation

Im medizinischen wie auch im pflegerischen Bereich wird zunehmend die Notwendigkeit gesehen, die Klienten selbst und ihre Angehörigen in die Verantwortung zu nehmen und ihre Mitarbeit zu gewinnen. Stichworte sind „der mündige Patient", „Hilfe zur Selbsthilfe" oder „größtmögliche Unabhängigkeit der Klienten". Zu den zentralen Aufgaben professioneller Pflege gehört es zweifellos, Kranke, Pflegebedürftige und ihre Angehörigen zu informieren, zu beraten, anzuleiten, zu unterstützen und ihre aktive Mitarbeit im Sinne solcher Konzepte von Selbständigkeit zu erreichen. Ob sie erfüllt werden können, und wie sie gelingen, hängt ganz wesentlich von den kommunikativen beruflichen Fähigkeiten ab.

Um Compliance und Mitarbeit der Adressaten zu erreichen, sind zwei kommunikative berufliche Aufgaben zentral: Information und Motivation oder, anders ausgedrückt, die Vermittlung von Wissen und das Erzeugen von Handlungsbereitschaft. Diese Aufgaben haben beide durchaus mit Fachsprache im engeren Sinne zu tun, gehen aber zugleich über sie hinaus.

3.7   Information – Verständlichkeit, Einführung von Fachwörtern

Für die Information bzw. Wissensvermittlung ist ein wichtiger Gesichtspunkt die Verständlichkeit bzw. das Verstehen. Es gibt eine große Zahl von Untersuchungen, wie Verständlichkeit und Verständigung in der Kommunikation erreicht werden können. Der Umgang mit Fachlexik spielt dabei eine bedeutende Rolle. Es lassen sich drei grundlegende Verfahren des kommunikativen Umgangs mit Fachlexik in der Experten-Laien-Kommunikation unterscheiden:

- Fachlexik vermeiden und statt dessen umgangssprachliche und umschreibende Ausdrucksweisen wählen: *„im blut' . . schwimmt ja allerhand zeuch rum'"* (Fettstoffwechsel 1,1).
- Fachlexik und Jargon ohne verständnissichernde Aktivitäten verwenden: *„NA:ch' den ersten vier sechs wochen' . wirken unsere risikofaktoren' vor allem das 'Ldl, . . dA' gibt es schon wieder . fEttinduzierte ablagerungen"* (Bypass, 276 – 278).
- Fachbegriffe zwar verwenden, sie aber zugleich auch verständlich machen und erläutern, z. B. durch Umschreibungen und Paraphrasen:
- *„und das ldL, das is ja ein ganz Unguter . Anteil, des chOlesterins"* (Bypass, 290 – 291);
- *„möglicherwei:se ist die symptoMAtik, sind also die beschwERdn, . des infarktes bei der . jungen frau . und der älteren frau . ein wenig ANders, als beim mann"* (Hallo, 62 – 64);
- *„,–Cholesterin– fördert die Arterienverkalkung und kann zum Beispiel zu Verengungen der Herzkranzgefäße – dies sind Adern, die das Herz mit Blut versorgen – , schlimmstenfalls zum Herzinfarkt führen"* (Gebrauchsinformation Mevinacor).

Außer den Experten verwenden auch Laien – neben alltagssprachlichen Bezeichnungen für Leiden (z. B. Bauchweh) – manchmal semiprofessionelle Bezeichnungen (z. B. Nierenbeckenentzündung, Magenschleimhautentzündung) und gelegentlich auch professionelle Bezeichnungen (z. B. Obstipation, Bronchitis). Wie die Arbeit von Löning (1994) zeigt, bedeutet die Übernahme fachlicher Ausdrücke aber keineswegs, daß die Patienten damit auch über das betreffende professionelle Wissen verfügen würden. Vielmehr ist das Fachwort hier oft nur ein Etikett, das jedoch einen trügerischen Anschein von Wissen erzeugen und die Experten in die Irre leiten kann. Um Fehlschlüsse über den wirklichen Kenntnisstand und den Zustand der Patienten zu vermeiden, ist es sinnvoller, alltagssprachliche Formulierungen von Empfindungen zu erfragen.

Es sind keineswegs immer nur die Fachausdrücke, die einen Text schwer verständlich machen. Der folgende Text aus einem Lexikon kardiologischer Begriffe ist zwar für Laien gedacht, er setzt jedoch vielfältiges fachliches Wissen voraus, statt es einzuführen:

- Cholesterin: Eine Fettsubstanz, die vor allem in tierischen Geweben zu finden ist.
- High Density Lipoprotein (HDL): Das sind Lipoproteine hoher Dichte, die im Blut wahrscheinlich als Trägersubstanzen für den Transport von Cholesterin aus dem Gewebe in die Leber – wo es dann über die Galle ausgeschieden werden kann – fungieren.

Man kann sich als Laie beim Lesen beispielsweise fragen: Ist eine Fettsubstanz dasselbe wie Fett? Bedeutet „als Trägersubstanz fungieren" dasselbe wie „Träger sein", oder will der Verfasser durch die Formulierung einen bestimmten Unterschied andeuten? Ist das Steak auf meinem Teller tierisches Gewebe? Wäre es möglich, daß auch mein Käse und mein Joghurt tierische Gewebe sind? Was soll es bedeuten, daß Lipoproteine eine hohe Dichte haben? Was will man mir mit dieser Information sagen? Befindet sich das HDL nun im (tierischen oder menschlichen?) Gewebe oder im Blut oder in der Leber? Wenn es in die Leber transportiert wird, was hat dann die Galle damit zu tun? Wieso scheidet die Galle (nicht nur Darm und Nieren?) etwas aus? Was und wohin scheidet sie aus? Welche Zweifel drückt der Verfasser mit dem Wort wahrscheinlich hier aus? Was bedeutet diese Ungewißheit für mich als PatientIn?

Der Text ist auch lexikalisch und syntaktisch nicht einfach, aber insbesondere das stillschweigende Voraussetzen fachlichen Wissens macht ihn für Laien sehr schwer verständlich.

3.8   Motivation – Rollenkonstitution, Glaubwürdigkeit, Gefühle

Um Mitarbeit und Compliance zu erreichen, genügt Information nicht, sondern erforderlich sind ebenfalls Motivation und Handlungsbereitschaft der Betroffenen. Sie haben mit emotionalen Bedingungen, mit Glaubwürdigkeit und Vertrauen in die Fachleute zu tun. Auch auf solche Bedingungen muß sich die fachlich-berufliche Kommunikation richten und sie zu steuern suchen.

So ist es beispielsweise notwendig, daß in der Kommunikation eine Rollenkonstitution geleistet wird; das heißt, es muß den am Gespräch Beteiligten jeweils signalisiert werden, ob man als Experte oder als Laie, Betroffener usw. spricht. Experten- und Laienrollen sind nämlich nicht allein auf objektive soziale Gegebenheiten (Berufsabschlüsse o. ä.) rückführbar, sondern müssen in der Interaktion selbst konstituiert, d. h. im Gespräch hergestellt und verdeutlicht werden. Daran ist die Verwendung von Fachsprache ebenso wie andere sprachliche Mittel und Verfahren beteiligt. Es folgen Beispiele für sprachliche Mittel und Verfahren der Rollenkonstitution:

- Gebrauch von Fachlexik:
  - „*das nennt man eine LYse machn'*" (Ärztin) (Schreinemakers, 195),
  - „*ne . . art katheter' mit ballon'*" (Patientin) (Schreinemakers, 46);
- (explizite) Kategorisierungen: wir Ärzte/Schwestern, Sie als Patientin;
- Anrede- und andere Personalformen: wir, uns, Sie:
  - was WÄre jetzt' unsere aufgabe" (Ärztin) (Bypass, 47);
- Demonstration von (fehlendem) Fachwissen und Beurteilungskompetenz:
  - „*das wird den frauen MANCHmal sO gesagt, . und das is SIcherlich . GEnerell sO nicht RIchtich,*" (Ärztin) (Hallo, 133 – 134);
- Redewiedergabe mit Quellenangabe:
  - „*und DA wurde dann öh festgestellt daß ich halt . einn infarkt . erlittn hatte'*" (Patientin) (Hallo, 21 – 22),
  - „*mir wurde gesacht es wäre nIsch die belastung' es wärn die faktoren (...)*" (Patientin) (Schreinemakers, 92);
- Zuschreibung und Ausführung rollengebundener Handlungen:
  - „*da muß ich ja beinah die schwEIgepflicht, brechn*" (Ärztin) (Hallo, 127),
  - „*der drUck' . des herzns . wird . Unheimlich groß' und . das is gift für herzpatientn, .kann ich ihn nUr von Abratn.*" (Sporttherapeut) (Herz und Sport, 750),
  - Sachverhalte-erklären, Sachverhalte-erfragen, von-seinem-Leiden-erzählen.

Auch die Glaubwürdigkeit der Fachleute muß in der Experten-Laien-Kommunikation interaktiv hergestellt werden, sowohl im Hinblick auf Kompetenz und Autorität als auch im Hinblick auf die Fähigkeiten zur Einfühlung und zur Perspektivenübernahme.

In den beiden folgenden Beispielen signalisiert die Sprecherin ihre Glaubwürdigkeit als Wissenschaftlerin und Ärztin:

- *„aus einer amerikAnischen untersuchung weiß man daß frauen . VIERmal häufiger, (...)"* (Schreinemakers, 13);
- *„ich glaube ich würde es sElbst' . auch . tUn, . versuchen hinzukriegen, [Eigenblut hinterlegen]"* (Bypass, 525 – 526)

Einfühlung und Perspektivenübernahme werden von ihr in folgenden Beispielen demonstriert:

- *„is natürlich VÖllig anders aus der sicht des chirurgen der das tÄglich macht' als für SIE alle . die das 'ein einziges mal so HOffe ich . erleben,"* (Bypass, 42 – 44);
- *„das hAt' . viele gründe, und ich denke' die müssen wir auch AUSsprechen, obwohl ich wEIß' . daß: . das auch erschreckt,"* (Bypass, 216 – 217).

Information und Motivation müssen sich gegenseitig stützen, damit die Betroffenen auch auf Dauer sinnvoll handeln und langfristige Erfolge erzielt werden können.

3.9   Fachsprache, berufliche Kommunikation und Professionalisierung der Pflege

Zum Abschluß möchte ich einige Gedanken zur Professionalisierungsdiskussion, die z. Z. im Pflegebereich geführt wird, beitragen. Fachsprache ist ein wichtiges Element im Professionalisierungsprozeß einer jeden Berufsgruppe und gleichzeitig ein Indikator der schon erreichten Professionalität. Darauf hat Oertle Bürki (1994) zu Recht hingewiesen. Funktional beeinflußt Fachsprache eine Berufsgruppe mindestens in dreifacher Weise:

- Im Hinblick auf die Arbeitstätigkeiten begünstigt sie deren Ausdifferenzierung, Standardisierung und letztlich Qualität.
- Im Hinblick auf die Gruppenzugehörigkeit konturiert und festigt sie das gemeinsame Selbstverständnis und die berufliche Identität der Gruppenangehörigen.
- Im Hinblick auf die Außendarstellung schließlich trägt sie zum Image und zur gesellschaftlichen Anerkennung einer Berufsgruppe bei.

In welchem Umfang eine eigenständige Fachsprache und insbesondere Fachlexik in der Pflege bereits entwickelt ist, welches ihre Funktionen sind und worin sie sich von benachbarten Fachsprachen unterscheidet, wäre in empirischen Untersuchungen genauer zu klären.

Im folgenden werden drei Hypothesen zu der Frage formuliert, welche gesellschaftlichen Prozesse die systematische Entwicklung einer Fachsprache der Pflege fördern:

1. Wir haben durch die veränderten demographischen und familiären Strukturen einen drastisch steigenden gesellschaftlichen Bedarf an professioneller Pflege, sichtbar besonders an der Altenpflege. Mit der quantitativen Bedeutung einher gehen eine Ausdifferenzierung der Tätigkeiten sowie höhere und systematischere Ausbildungsanforderungen.
2. Der Umfang des EDV-Einsatzes in Pflegeinstitutionen steigt; durch die Verwendung von Textbausteinen, Datenbanken, computerisierten Formularen und Berichten usw. entsteht zunehmend ein Zwang zur Standardisierung sprachlicher Eingaben und damit zur Normierung der Terminologie. Systematische Benennungen und Nomenklaturen und präzise Bedeutungsangaben werden notwendig.

3. Eine Internationalisierung des Berufsfeldes fördert die systematische Entwicklung einer Fachsprache, denn der Bedarf an international vergleichbaren Ausbildungsinhalten, an mehrsprachigen Fachwörterbüchern und Forderungen nach eindeutiger Übersetzbarkeit erzeugen einen Druck, Fachlexeme in den verschiedenen Sprachen wohldefiniert und vergleichbar zu machen. Internationalisierung wird begünstigt durch Faktoren wie Migration (ethnische Minderheiten), durch wirtschaftlich-politische Zusammenschlüsse (Europäische Union) und schließlich auch durch dichter werdende internationale elektronische Datennetze.

Wachsende quantitative Bedeutung der Pflege, EDV-Einsatz und Internationalisierung begünstigen also den Aufbau einer systematischen Fachterminologie. Diese wiederum steht in enger Wechselwirkung mit der Professionalisierung der Pflege.

Dieses Kapitel soll deutlich machen, daß neben sprachsystematischen, fachlexikalischen Aspekten gerade auch spezifische Kompetenzen der beruflichen Kommunikation, des sprachlichen Handelns zur Professionalität gehören. Dies betrifft die fachinterne Kommunikation und besonders die Experten-Laien-Kommunikation mit Patienten und ihren Angehörigen.

Bei den Medizinern werden die oft beklagten Defizite in den Kompetenzen zur Gesprächsführung in den letzten Jahren zunehmend erkannt und bearbeitet. In den Pflegeberufen hat die professionelle Kommunikationsfähigkeit sicher eine mindestens ebenso große Bedeutung. Kommunikative Tätigkeiten, wie sie etwa im Zusammenhang mit Information, Beratung, Motivation und Unterstützung in der Pflege geleistet werden, sind als berufliche Tätigkeitsmerkmale und Kompetenzen zu analysieren, zu systematisieren und zu fixieren. Sie verdienen eine intensive und systematische Berücksichtigung in der Aus- und Fortbildung.

Literatur

Brömme, Ilse: Gnadenlose Geheimsprache. Zur journalistischen Weitergabe medizinischer Inhalte. In: Bammé, Arno; Kotzmann, Ernst; Reschenberg, Hasso (Hrsg.): Unverständliche Wissenschaft. Probleme und Perspektiven der Wissenschaftspublizistik. Profil Verlag, München, 1989, S. 97 – 104

Brünner, Gisela: Mündliche Kommunikation in Fach und Beruf. In: Bungarten, Theo (Hrsg.): Fachsprachentheorie, Bd. 2: Konzeptionen und theoretische Richtungen. Attikon Verlag, Tostedt, 1993, S. 730 – 771

Brünner, Gisela (im Druck): Fachkommunikation im Betrieb – am Beispiel der Stadtwerke einer Großstadt. Erscheint in: Fachsprachen. Ein internationales Handbuch zur Fachsprachenforschung und Terminologiewissenschaft (= Handbücher zur Sprach- und Kommunikationswissenschaft). Springer, Berlin/New York, 1996

Ehlich, Konrad: Language in the Professions: Text and Discourse. In: Grindsted, Annette; Wagner, Johannes (Hrsg.): Communication for Specific Purposes/Fachsprachliche Kommunikation. Narr Verlag, Tübingen, 1992, S. 9 – 29

von Hahn, Walther: Fachsprachen. In: Lexikon der Germanistischen Linguistik. Hrsg. von Hans Peter Althaus, Helmut Henne und Herbert Ernst Wiegand. Niemeyer-Verlag, Tübingen, 1973, S. 283 – 286

Herz in Gefahr. Herausgegeben in Zusammenarbeit mit der Internationalen Gesellschaft und Föderation für Kardiologie (ISFC). Nr. 2, 1990

Hoffmann, Lothar: Kommunikationsmittel Fachsprache. Eine Einführung. Berlin (DDR), 1976

Ischreyt, Heinz: Studien zum Verhältnis von Sprache und Technik. Düsseldorf, 1965

Löning, Petra: Versprachlichung von Wissensstrukturen bei Patienten. In: Redder, Angelika; Wiese, Ingrid (Hrsg.): Medizinische Kommunikation. Diskurspraxis, Diskursethik, Diskursanalyse. M. Niemeyer-Verlag, Opladen, 1994, S. 97 – 114

Möhn, Dieter; Pelka, Roland: Fachsprachen. Eine Einführung. M. Niemeyer-Verlag, Tübingen, 1984

Oertle Bürki, Cornelia: Die Fachsprache der Pflege: eine Einleitung. In: Journal des Schweizerischen Roten Kreuzes. Dossier. Juli 1994, S. 6 − 32

Rehbein, Jochen: Ärztliches Fragen. In: Löning, Petra; Rehbein, Jochen (Hrsg.): Arzt-Patienten-Kommunikation. de Gruyter, Berlin, 1993, S. 311 − 364

Rehbein, Jochen: Zum Klassifizieren ärztlichen Fragens. In: Redder, Angelika; Wiese, Ingrid (Hrsg.): Medizinische Kommunikation. Diskurspraxis, Diskursethik, Diskursanalyse. Westdeutscher Verlag, Opladen, 1994, S. 147 − 170

Schuldt, Janina: Gebrauchsinformationen für Medikamente: Patienten im sprachlichen Spannungsfeld zwischen Information und Risikoaufklärung. In: Zeitschrift für germanistische Linguistik 20, 1 − 23 (1992)

Anmerkungen

Sie wurden im Zusammenhang mit einem linguistischen Seminar bearbeitet, das ich 1995 zusammen mit Elisabeth Gülich und Ingrid Furchner von der Universität Bielefeld durchgeführt habe.

Ehlich 1992, 21 ff. spricht in diesem Zusammenhang von einer minimalen Metapher bei der Verwendung des Ausdrucks Sprache.

vgl. z. B. Möhn/Pelka 1984, 25 f.

vgl. z. B. Ischreyt 1965, von Hahn 1973, Hoffmann 1976

vgl. Brünner 1993

vgl. Möhn/Pelka 1984, 16 ff.

vgl. Brömme 1989, 97 f.

vgl. Brünner (demn.)

Herz in Gefahr 2 (1990), 1

Möhn/Pelka 1984, 20

Presinol 500, zitiert nach Schuldt 1992, 19

Herz in Gefahr 2 (1990), 1

vgl. Rehbein 1993, 1994

Die Abkürzungen verweisen auf die folgenden Aufnahmen bzw. Transkripte, die im Rahmen des genannten Seminars entstanden sind:

Bypass: Eine Kardiologin antwortet auf Fragen von PatientInnen zu einem Film über die Bypass-Operation

Hallo: „Hallo, wie geht's". Kein typisches Männerproblem. Herzinfarkt bei Frauen. SWF 3, 19. 12. 1994

Fettstoffwechsel: Seminar eines Sporttherapeuten über das Thema „Fettstoffwechsel und Sport" mit HerzpatientInnen in einer Rehaklinik

Schreinemakers: Schreinemakers live: Herzinfarkt bei Frauen. Sat 1, 8. 12. 1994

Herz und Sport: Seminar eines Sporttherapeuten mit HerzpatientInnen in einer Rehaklinik

Löning 1994

Herz in Gefahr 2 (1990), 2

Oertle Bürki 1994

4 Thesen zur Entwicklung des Pflegeberufs

von Gisela Brünner und Reinhard Fiehler

1. Eine gesellschaftliche, d. h. soziale und ökonomische Aufwertung der Pflegeberufe hat zur Voraussetzung, daß zumindest die interaktiven und kommunikativen Tätigkeitsanteile in der Pflege analysiert, benannt und systematisiert werden, daß sie auf diese Weise sichtbar gemacht und als Merkmale beruflicher Tätigkeit und Kompetenzen fixiert und öffentlich beansprucht werden.

2. Durch solche Interaktions- und Kommunikationstätigkeiten, zu denen z. B. Betreuung, Beratung und emotionale Unterstützung („Gefühlsarbeit") gehören, tragen Pflegekräfte zur Befindlichkeitsverbesserung der KlientInnen bei und sind auf diese Weise an deren Heilung beteiligt. Diese Funktion wäre öffentlich herauszustellen. Zu akzentuieren ist also weniger die Unterstützung von Ärzten bei der Heilung i.e.S., sondern die Betreuung und Arbeit am Gesamtbefinden.

3. Als prototypisch für Pflegetätigkeit wäre vielleicht eher die Altenpflege als die Krankenpflege zu betrachten. Nicht Heilung im medizinischen Sinne und durch die Arbeit von Ärzten steht hier im Vordergrund. Vielmehr treten z. B. in der Altenpflege die Aspekte des „Wohlbefindens" – gerade auch aufgrund kontinuierlicher Betreuung sowie Interaktion bzw. Kommunikation – deutlicher in den Vordergrund als bei der Heilung akuter Krankheiten.

4. Es wäre der empirische Nachweis zu erbringen, daß die interaktiven und kommunikativen Tätigkeiten zur Verbesserung des Befindens wirklich einen wesentlichen quantitativen und qualitativen Bestandteil der Pflege ausmachen. Dies kann insbesondere durch Dokumentation und Analyse authentischer Arbeitsabläufe auf der Grundlage von Gesprächsaufzeichnungen und Transkripten geleistet werden.

5. Die interaktiven und kommunikativen Tätigkeiten müssen nicht nur auf den Begriff gebracht werden. Es wäre auch zu untersuchen und ggf. zu belegen, daß sie in dieser Weise nicht von beliebigen Personen erbracht werden können, sondern ein spezifisches, professionelles Wissen und Können voraussetzen.

6. Solche interaktiven und kommunikativen Bestandteile der Pflegetätigkeit sollten in Ausbildungsordnungen, Tätigkeitsbeschreibungen usw. als Anforderungen fest verankert und bei Fortbildungsmaßnahmen verstärkt berücksichtigt werden.

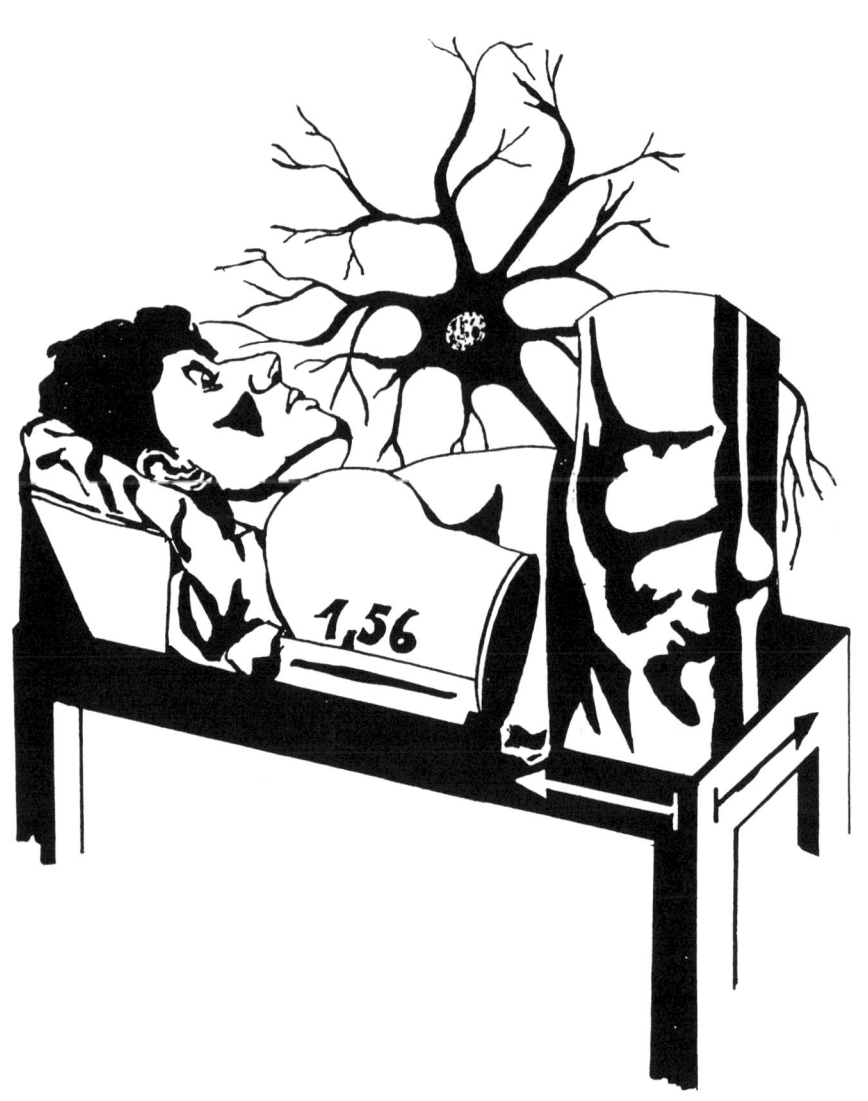

5 Welchen Nutzen hat Kommunikationswissenschaft für die Pflegewissenschaft?

von Jo Reichertz

5.1 Fragestellung der Kommunikationswissenschaft

Kommunikation ist symbolvermitteltes Handeln. Wenn Menschen miteinander sprechen, dann werden nicht nur Laute produziert, und wenn Menschen einander etwas schreiben, dann werden nicht nur Buchstaben erzeugt. Es ist für die Kommunikation sicherlich nicht unwichtig, daß es zu Lauten und Buchstaben kommt, aber beides ist nur Mittel für einen Zweck, etwas zu erreichen. Laute und Buchstaben (und es gibt noch eine Fülle weiterer kommunikativer Mittel, wie z. B. Intonation, Gestik, Mimik, Körperhaltung, Kleidung, Schmuck etc.) vertreten eine Handlung. **Wer spricht, der handelt.** Aber der Mensch sagt nicht nur etwas, er zeigt auch oder verbirgt, er bekennt seine Liebe oder sein Mitleid, er bittet um Hilfe oder verweigert sie – kurz: Jede Sprechhandlung ist auch eine soziale Handlung, d. h. sie ist an jemanden adressiert und erwartet eine Antwort. Welche es sein wird, kann man zwar hoffen oder befürchten, sicher ist man sich jedoch darüber nie, was der andere als Antwort geben wird. Das Handeln mit Hilfe der natürlichen Zeichen (Gestik, Mimik, Körperhaltung) und mit Hilfe der vereinbarten (arbiträren) Zeichen (Sprache) setzt also Gesellschaft voraus, da die Reaktionsweisen auf Zeichen gesellschaftlich verbürgt sind. Sprachliches Handeln schafft aber auch immer wieder Gesellschaft aufs Neue, da jede Sprachhandlung Gesellschaft gestaltet und formt (vgl. hierzu Mead, 1973; Watzlawick et al., 1969).

Kommunikation, d. h. symbolisch vermittelte Interaktion, liegt also immer dann vor, wenn entscheidungsoffene Aktivitätszentren, also vor allem Menschen versuchen, ihr gemeinsames Handeln mit Hilfe natürlicher oder vereinbarter Zeichen zu koordinieren, sich zu **koorientieren**. Eine Koorientierung liegt auch dann vor, wenn man beschließt, nichts miteinander zu tun. Legt man diese (zugestandenermaßen enge) Definition zugrunde, dann kommunizieren Menschen dann nicht, wenn sie einander handgreiflich lieben oder einander handgreiflich schlagen, denn dann handeln sie, ohne sich der Zeichen zu bedienen. Und wenn ein Sendemast einem Fernsehempfänger über den Äther Zeichen schickt, die dann maschinell zu Bildern und Tönen umgeformt werden, dann fand ebenfalls keine Kommunikation statt, denn weder Sendemast noch Fernsehgerät waren entscheidungsoffene Aktivitätszentren. Das gleiche gilt für Zellen, die Informationen austauschen, und Bienen, die einander mittels Tanzgebärden von ertragreichen Blumenwiesen berichten.

Die Kommunikationswissenschaft untersucht nun den Prozeß der gesellschaftlichen Kommunikation, seine Formen, seine Geschichte, seine Voraussetzungen und natürlich auch seine Folgen. Sie fragt zum einen danach, ob und wie sich Kommunikation „festhalten" und systematisieren läßt. Denn nur „eingefrorene", fixierte Kommunikation läßt sich wissenschaftlich untersuchen. Aber die Kommunikationswissenschaft fragt auch danach, ob und wie sich Kommunikation künstlich, also mit Hilfe von Maschinen nachbilden läßt. Wenn man weiß, wie Kommunikation genau vor sich geht, dann kann man vielleicht auch Maschinen darin unterrichten, wie Menschen kommunizieren, auf daß sie in die Lage versetzt werden, auch mit Menschen zu kommunizieren. Und drittens fragt die Kommunikationswissenschaft danach, wie Kommunikation wirkt und ob man sie im Hinblick auf die Erreichung eines bestimmten Zieles gezielt einsetzen kann. Dieses Arbeitsfeld ist für die Pflegeforschung besonders bedeutsam. Nicht nur die Werbung und die Medien interessieren sich für diesen Zweig der Kommunikationswissenschaft, sondern auch Politiker, Polizisten, Lehrer, Eltern und viele andere – kurz: alle die, welche bei anderen etwas bewirken wollen, denen jedoch vor allem, wenn auch nicht ausschließlich nur die natürlichen und vereinbarten Zeichen zur Erreichung ihres Ziels zur Verfügung stehen. Somit gehören auch die Therapeuten, die Ärzte und natürlich auch die Pflegerinnen und Pfleger eines Krankenhauses zu denen, die an der Kommunikationswissenschaft Interesse finden können. Auf die Arbeit der zuletzt genannten, also die Arbeit der Krankenschwestern und -pfleger im Krankenhaus, soll im weiteren eingegangen werden, also nicht auf die Pflege in anderen Bereichen, wie z. B. der Altenpflege oder gar der Pflege naher Angehöriger.

5.2   Strukturrekonstruktion der Pflege bzw. Pflegewissenschaft

Krankenhauspflegerinnen und -pfleger arbeiten vornehmlich in Schichten. In der Frühschicht werden Patienten gewaschen, behandelt, angezogen und aufgesetzt. Essen und Getränke werden ausgeteilt und in vielen Fällen auch eingegeben. Essensreste und Geschirr müssen eingesammelt, Betten müssen gemacht, Ärzte müssen auf der Visite begleitet, Arbeitsmittel müssen geordnet, Bettlägerige müssen gebadet, Fragen von Kranken müssen beantwortet, das Mittagessen muß portioniert, Kollegen müssen getröstet, Anträge müssen ausgefüllt, Inkontinente müssen gewindelt, Angehörige müssen informiert und beruhigt, Schwerstkranke müssen beobachtet, Medikamente müssen gestellt und dann endlich muß die Schicht an die Kollegen/innen übergeben werden (zum Arbeitsbereich der Pflege siehe vor allem Dill, 1995; Rabe-Kleberg, 1995).

Im Laufe der täglichen Arbeit tun Pflegerinnen und Pfleger also vor allem drei Dinge – und diese Erkenntnis ist erst einmal recht trivial:

- sie „hantieren" mit Gegenständen (Medikamenten, Betten, Windeln etc.),
- sie handeln in bezug auf andere Körper (betten, windeln, füttern etc.),
- sie kommunizieren mit anderen Menschen (bitten, trösten, fragen, abweisen etc.).

Dabei ist die Gruppe der anderen Körper und Menschen, an denen gehandelt und mit denen kommuniziert wird, keineswegs einheitlich: gehandelt und kommuniziert wird vor allem an und mit Patienten, Ärzten, Kollegen, Besuchern, Verwaltungsangestellten und dem Reinigungspersonal. Auch wenn viele dieser Personengruppen sich entsprechend der Landessitten verhalten und die Landessprache beherrschen, so benutzen sie doch selten die gleichen Zeichen, um miteinander zu kommunizieren. Patienten und Angehörige versuchen sich meist in der Alltagssprache, während das Fachpersonal je nach Stellung und Persönlichkeit eine mehr oder weniger hermetische Fachsprache bevorzugt. Dieses Aufeinandertreffen von nicht zueinander passenden Zeichen führt zu einer Fülle nicht aufeinander abgestimmter Handlungen. Auf diesen Punkt soll später noch eingegangen werden.

Pflegeforschung untersucht (seit einigen Jahren auch in Deutschland) wissenschaftlich den gesamten Prozeß der Pflege, also das Hantieren mit Gegenständen, das Handeln und natürlich auch die Kommunikation mit anderen Menschen. **Pflegeforschung fragt nach dem offiziellen und „heimlichen" Ziel der Pflege im Krankenhaus.** Sie erhebt und beschreibt, was unter Pflege zu verstehen ist, und sie prüft, ob und wie Pflege im Hinblick auf ihre genuine Aufgabenstellung optimiert werden kann.

5.3 Rekonstruktion der Pflegestruktur im Krankenhaus

Worin besteht die genuine Aufgabe der Pflege im Krankenhaus? Aus kommunikationswissenschaftlicher Sicht läßt sich sagen, daß vor der Bestimmung des Aufgabenfeldes der Pflege im Krankenhaus die Struktur pflegerischen Handels herausgarbeitet werden muß. Erst wenn man diese bestimmt hat, kann man eine Aufgabe und eine Optimierungsstrategie für pflegerisches Handeln entwickeln.

Pflegerisches Handeln steht im Spannungsfeld von zwei sehr unterschiedlichen Formen sozialen Handelns: Zum einen trägt es Züge der von Familienangehörigen (aufgrund ethischer Vorgaben) übernommenen häuslichen Pflege, zum anderen trägt es Züge der von Medizinern und Verwaltungsangestellten arbeitsteilig organisierten Form heilenden (therapeutischen) Handelns. Letzteres gilt, da die Pflegerinnen und Pfleger nämlich nicht nur den kranken Körper versorgen, sondern mit ihrem Handeln objektiv auf den Heilungsprozeß (positiv wie negativ) Einfluß nehmen. Deshalb arbeitet die Pflege in nicht trivialem Sinne an der Heilung mit – sie ist Teil des heilenden Handelns. Allerdings gerät die Pflege mit dieser zweifachen Verweisung in eine prekäre Lage, wie im folgenden beschrieben wird:

1. Die Verwandtschaft zur häuslichen Pflege macht sie zuständig für den ganzen Menschen und (fast) alle seine Bedürfnisse, denn in der häuslichen Pflege begegnet der Pflegende einem ganz bestimmten, in der Regel auch emotional nahestehenden kranken Gegenüber (Vater, Mutter, Geschwister etc.) in dessen Alltag. Die Bindung zu diesem Gegenüber ist nicht aufkündbar und zeitlich nicht zu begrenzen. In der häuslichen Pflege stehen sich in der Regel zwei Personen gegenüber, deren Handeln von der Familiengeschichte und deren Normen bestimmt ist, und durch das Pflegehandeln wird sich die Familiengeschichte (und die in ihr bewahrten symbolischen wie ökonomischen „Schulden" und „Guthaben") verändert haben. Die Kommunikation verläuft entlang der eingespielten informellen Regeln und nicht formal festgelegten Verpflichtungen. Der einzelne Kranke steht mit seinem Fall und seinen Bedürfnissen im Vordergrund.

Diffusität, Intimität und Unkündbarkeit des Personals kennzeichnen also die häusliche Pflege. Damit rückt sie in Nähe der normalen, von jedem zu erbringenden Bewältigung des familiären Alltags und erscheint somit prinzipiell von jedem (auch ohne Ausbildung) machbar. Daraus resultiert u. a. der geringe ökonomische Wert pflegerischen Handelns. Verschärfend kommt hinzu, daß die Übernahme der häuslichen Pflege durch die christliche Nächstenliebe geboten ist. Daraus folgt nämlich in der Regel, daß die häusliche Pflege natürlich auch unentgeltlich zu erfolgen hat.

2. Die Nähe zu der arbeitsteilig organisierten Form heilenden Tuns verweist die Pflege auf Institutionen und deren Handlungslogik. Allgemeine Normen geben dort austauschbaren Rollenträgern, d. h. dem Pflegepersonal ihr Tun vor, das Allgemeine steht in der Regel vor dem Besonderen, also die Ordnung der Institution vor dem Bedürfnis des einzelnen – ein besonders drastisches Beispiel hierfür ist das morgendliche Waschen. Die Experten, d. h. die Therapeuten gehen einer hochspezialisierten Tätigkeit nach, die nur nach langer Lehrzeit ausgeübt werden kann und selbstverständlich (zumindest im Krankenhaus) nur gegen Honorar ausgeübt wird. Die Kommunikation vollzieht sich entlang geregelter Vorgaben in gestaffelten Hierachien und in Sprachen, welche u. a. andere ausschließen.

Spezialisierung, Rollenhandeln und Austauschbarkeit des Personals kennzeichnen also das arbeitsteilig organisierte heilende Handeln.

In der Person der Pflegerin bzw. des Pflegers überschneiden sich diese beiden sehr unterschiedlichen Handlungskreise (und das verbindet die Pflege mit vielen Formen der Sozialarbeit): Die Pfleger konfrontieren den Kranken mit den kollektiven Normen der Institution, aber sie erfahren auch, daß nicht jeder zu der Norm paßt – kurz: In der Pflege treffen die individuelle Besonderheit der Kranken und die allgemeine Ordnung der Institution aufeinander und jede(r) einzelne im Pflegedienst muß für sich und den Patienten die unterschiedlichen Ansprüche austarieren. Die Pflege erfährt aber diese Differenz nicht nur, sie muß auch immer wieder zwischen institutioneller Norm und individuellem Bedürfnis vermitteln, und das ist die besondere Struktur pflegerischen Handelns: In der Pflege treffen allgemeine Struktur der Institution und besondere Ausprägung des Einzelfalles aufeinander, und jede Seite fordert Geltung und ihr Recht. Die PflegerInnen müssen diesen Konflikt lösen, jedoch keinesfalls generell, sondern einzelfallorientiert. In jedem Einzelfall ist nämlich zu prüfen, ob der konkrete Fall der allgemeinen Norm des Krankenhauses untergeordnet wird oder ob die Norm zugunsten eines konkreten Falles zu modifizieren ist. Allerdings können diese Entscheidungen nicht aus den willkürlichen (und gut gemeinten) Eingebungen konkreter Pflegepersonen resultieren, sondern müssen kollektiv verbürgten Standards der Berufsgruppe verpflichtet sein. Solche Standards sollten im übrigen Ergebnis einer wissenschaftlich arbeitenden Pflegeforschung sein, d. h. die Standards sind nicht nur einmal zu erarbeiten, sondern sie sind ständig zu überprüfen bzw. neue sind zu suchen und zu begründen.

Die oben beschriebene strukturell gegebene Notwendigkeit zur Einzelfallbeurteilung und -entscheidung ist – das sei aus standespolitischer Sicht einmal gesagt – wichtig für die Professionalisierbarkeit einer Beruftstätigkeit. Die Notwendigkeit von Einzelfallentscheidungen vor dem Hintergrund von Handlungsmaximen, welche von der jeweiligen Berufsgruppe erarbeitet, aber deren Einhaltung auch kollektiv überwacht wird, ist das zentrale Merkmal einer professionalisierten Berufsarbeit (vgl. Oevermann, 1983; Reichertz, 1993).

5.4   Aufgabenbereich der Pflege im Krankenhaus

Da die Pflege im Krankenhaus strukturell weder mit der häuslichen Pflege noch mit dem des arbeitsteilig organisierten medizinischen Handelns völlig „kompatibel" ist, stellt sich nun die Frage nach dem eigentlichen Aufgabenfeld der Pflege. Dabei bewirkt ein naheliegender Irrtum, daß man die Versorgung des kranken Körpers in den Mittelpunkt beruflichen Handelns stellt. Aus dieser m.E. zu engen Sicht gilt es, den Körper zu wecken, zu waschen, zu ernähren, aufzurichten, zu bewegen, mit Medikamenten zu versorgen, zu windeln, ruhigzustellen und auf den Schlaf vorzubereiten, um nur einige Punkte einer systematisierten und organisierten Körperversorgung zu nennen.

Die speziellen Techniken dieser Art der Körperversorgung könnte man nun in einem weiteren Schritt ausarbeiten, operationalisieren und in ein Curriculum der Pflegeausbildung aufnehmen. Die Kenntnis und Beherrschung dieser Techniken wären dann das Ausbildungsziel und würden das Besondere dieses beruflichen Handelns ausmachen. Eine solche Ausrichtung der Pflege würde allerdings die Pflegerinnen und Pfleger zu Facharbeiterinnen und Facharbeitern in Sachen Körperpflege und Körpererhaltung transformieren. Auf diese Weise hätte man zwar einige Probleme gelöst, so wäre z. B. ein solcher Beruf spezialisiert und somit nicht mehr für alles zuständig, und es wäre klar, daß ein Arbeitsentgelt entsprechend der Berufsqualifikation zu zahlen ist. Aber bereits der letzte Punkt macht schon klar, daß eine solche spezialisierende Verberuflichung (also nicht: Professionalisierung) schon allein aus standespolitischen und besoldungsrechtlichen Gesichtspunkten wenig sinnvoll ist: So würde sich die Pflege selbst zu einem ausführenden Beruf auf Anweisung umbilden, was gewiß auch besoldungsrechtlich in den Abwind führen würde.

Wichtiger als diese berufspolitischen Aspekte ist jedoch, daß mit einer solchen Selbsteinschränkung auf einmal alle Chancen, die in der diffusen Struktur der Pflege angelegt sind, ohne Not verspielt werden, und daß zum anderen die wichtige Mitarbeit der Pflege am Heilungsprozeß des kranken Menschen übersehen wird, denn die Pflegerinnen und Pfleger versorgten schon immer nicht nur den kranken Körper, sondern sie halfen kranken Menschen, wieder gesund zu werden. Pflegerinnen und Pfleger diagnostizieren zwar nicht, auch bestimmen sie nicht die zum Einzelfall „passende" Therapie, dennoch arbeiten sie am Heilungsprozeß mit. Sie hören nämlich zu, sie antworten, sie trösten, sie geben Hoffnung, sie bieten da Sinn an, wo vom kranken Menschen manchmal keiner mehr gefunden werden kann, und vor allem: Im Krankenhaus sind sie die wichtigen anderen, welche den Kranken spiegeln, ihn seiner augenblicklichen und zukünftigen Identität vergewissern – sie sind in der Begrifflichkeit von G.H. Mead die wichtigsten signifikanten Anderen (vgl. Mead, 1973; Corbin und Strauss, 1993).

Alle diese Handlungen sind nun maßgeblich dazu geeignet, das Selbstheilungspotential des kranken Menschen zu aktivieren bzw. zu verstärken. Diese Anregung der Selbstheilungskräfte ist deshalb notwendig, weil der kranke Mensch nur bedingt bzw. nicht in allen Fällen allein aufgrund der Einnahme von Medikamenten und aufgrund des langen Schlafs gesundet. Ohne den Willen, die Motivation des Kranken, seine Krankheit zu überwinden, scheitern oft auch die ausgeklügeltsten und aufwendigsten Therapien. Dieses Selbstheilungspotential nicht im Sinne einer therapeutischen Strategie zu optimieren oder es gar zu übersehen und nicht zu nutzen, wäre nicht nur aus medizinischer Sicht unverantwortlich.

Der Pflege im Krankenhaus muß es also, zugespitzt formuliert, vor allem um die Weckung und Aktivierung der Selbstheilungskräfte des kranken Menschen gehen: Die Stärkung des Selbstheilungspotentials des kranken Menschen und nicht die Körperversorgung muß im Zentrum des Aufgabenfeldes der Pflege im Krankenhaus stehen. Ausbildung und berufliches Tun müssen auf diese Aufgabenstellung hin zentriert werden.

5.5   Was kann die Kommunikationswissenschaft der Pflegewissenschaft bringen?

Die Aktivierung der Selbstheilungskräfte des kranken Menschen läßt sich nicht oder nur unzureichend durch einfache Handlungen, also die Gabe von Medikamenten, die Entnahme kranken Gewebes, die Anordnung bestimmter therapeutischer Maßnahmen und ähnliches erreichen. Selbstheilungskräfte lassen sich durch solche Maßnahmen nur bedingt wecken. Dagegen sind es vor allem die kommunikativen Handlungen, welche dazu in der Lage sind.

Nicht jede Kommunikation stärkt jedoch die Selbstheilungskräfte, und nicht jede Kommunikation stärkt diese in gleicher Weise. Manche kommunikativen Handlungen bewirken sogar das Gegenteil: Sie unterminieren die Kraft und den Willen des Kranken, an seiner Genesung mitzuarbeiten. Insbesondere die aus der Alltagspraxis bekannte und oft anzutreffende Kommunikation „aus dem Bauch", gepaart „mit einem authentischen Gefühl" und der „besten Absicht" ist eher schädlich als von Nutzen. Die Fähigkeit, die Selbstheilungskräfte eines Kranken durch Kommunikation zu wecken, ist leider nicht jedem (auch nicht jeder Frau und Mutter) in die Wiege gelegt worden, sondern sie ist Ergebnis eines

Lernprozesses und äußert sich in Form spezialisierten Handelns. Da nicht jede Kommunikation sich „von selbst" positiv auf den Heilungsprozeß von Kranken auswirkt, sondern nur in bestimmten Formen und unter bestimmten Bedingungen, sind diese Formen und Bedingungen erfolgreicher „Heilungskommunikation" von einer sich wissenschaftlich verstehenden Pflegeforschung zu untersuchen und zu systematisieren, um später daraus bestimmte Fertigkeiten und Kompetenzen pflegerischen Handelns abzuleiten und zu trainieren.

Die zentrale Frage der Pflege – zugespitzt formuliert – müßte also sein: Wie kann es gelingen, mit Hilfe des Einsatzes von natürlichen und vereinbarten Zeichen kranke Menschen zu motivieren, aktiv an ihrer Genesung mitzuarbeiten? Und mit dieser Fragestellung ist die Pflegeforschung auf die Ergebnisse der Kommunikationsforschung verwiesen, aber nicht nur das: Sie kann auch deren Methoden und Arbeitsweisen nutzen. Pflegeforschung wäre zu einem nicht geringen Teil auch immer Kommunikationswissenschaft, und Pflegerinnen und Pfleger wären in diesem Sinne Forscher für angewandte Kommunikation und Kommunikationswissenschaftler in einem.

Literatur

Corbin, J.M., Strauss, A.: Weiterleben lernen. Chronisch Kranke in der Familie. PVU, München, 1993

Dill, H.: Professionalisierungsprozesse in Pflegeberufen – die Kluft zwischen Theorie und Praxis. MS. München, 1995

Mead, G.H.: Geist, Identität und Gesellschaft. Suhrkamp, Frankfurt/M., 1973

Oevermann, U.: Hermeneutische Sinnrekonstruktion: Als Therapie und Pädagogik mißverstanden, oder: das notorische strukturtheoretische Defizit pädagogischer Wissenschaft. In: Garz, D., Kraimer, K. (Hrsg.): Brauchen wir andere Forschungsmethoden? Suhrkamp, Frankfurt/M., 1983, S. 113 – 155

Rabe-Kleberg, U.: Die Krise der Pflegeberufe – Ausgangspunkt für die soziologische Betrachtung der Pflege. MS. Halle-Wittenberg, 1995

Reichertz, J.: Das Dilemma des „klinischen" Sozialwissenschaftlers und Sozialpädagogen. Kritische Randnotizen zur Nutzung der Oevermannschen Professionstheorie im sozialpädagogischen Diskurs. In: Pfaffenberger, H., Schenk, M. (Hrsg.): Sozialarbeit zwischen Berufung und Beruf. Lit Münster, Münster, 1993, S. 205 – 223

Watzlawick, P., Beavin, J., Jackson, D.: Menschliche Kommunikation. Huber, Bern, 1969

Notizen

6   Gesprächsforschung in der Pflege

von Christine Weinhold

6.1   Einleitung

Außerhalb der Universitäten ist die Gesprächsforschung noch kaum bekannt, so daß sie zunächst kurz charakterisiert wird. Seit Beginn der 70er Jahre hat sich die Gesprächs- oder Diskursforschung bzw. Gesprächs- oder Diskursanalyse als eigenständige Teildisziplin innerhalb der Sprachwissenschaft etabliert. Wesentliche Ziele der Gesprächsforschung sind die Dokumentation und Analyse des kommunikativen Handelns in verschiedenartigen Bereichen wie Familie, Schule, Verwaltung, Gerichtswesen, Wirtschaft und Medizin. Dazu werden vor Ort Gespräche auf Tonband oder Videokassetten aufgezeichnet und dann in Form sogenannter Transkripte verschriftet. Die Transkripte ermöglichen einen sozusagen mikroskopisch genauen Blick auf die ansonsten flüchtige gesprochene Sprache. In der Analyse der Transkripte wird in der Regel versucht, die sprachlichen Handlungen aus der Perspektive der Beteiligten zu rekonstruieren und zu interpretieren. Je nach der Zielsetzung der Untersuchung können die Einstellungen der Sprechenden zu den anderen Sprechenden, zu den besprochenen Themen o. ä. oder Aussagen zur jeweiligen Rollen- oder Berufsauffassung herausgearbeitet werden. Für problembehafte Gesprächsverläufe werden häufig Alternativen als Lösungsvorschläge angeboten. Quantitative Ergebnisse, wie die Anzahl von Unterbrechungen, Fragen oder Initiativen spielen neben den qualitativen Fragestellungen in der Mehrzahl der Untersuchungen keine oder nur eine untergeordnete Rolle. Becker-Mrotzek gibt in seiner Studienbibliographie nicht nur einen Überblick, zu welchen Institutionen Untersuchungen vorliegen, sondern auch eine kurze Einführung in die Diskursforschung.

6.2   Gesprächsforschung in der Medizin

Im deutschsprachigen Raum, auf den sich dieses Kapitel beschränkt, sind seit den 70er bis Ende der 80er Jahre fast nur Gespräche zwischen Ärzten und Patienten untersucht worden. In den Analysen wird fast immer festgestellt, daß die Bedürfnisse der Patienten nach Kommunikation nicht ausreichend berücksichtigt werden, und zwar, weil die Ärzte in der Regel eher krankheits- als patientenorientiert sind. So kommt der Patient z. B. während der Visite relativ wenig zu Wort. Der visiteführende Arzt steuert sehr stark das Gespräch mittels Fragen zur Krankheitssymptomatik und redet meist doppelt so viel wie der Patient, der einen großen Teil der krankheitsbezogenen Information dem Gespräch entnehmen muß, das das Team über ihn führt. Hat der Patient eine schlechte Prognose oder ist er schon mehrmals wegen einer Krankheit behandelt worden, dann sind seine Chancen noch schlechter, das Gespräch entsprechend seinen Bedürfnissen beeinflussen zu können. Eine gute Übersicht über Analysen zur Visite bietet Fehlenberg (1983). Einen Überblick über die Forschungslage zur Kommunikation im Krankenhaus ist bei Weinhold (1991) zu finden, und zwar über die ärztlichen Gespräche bei der Visite, Aufklärung und Anamnese.

Inzwischen wird zunehmend anerkannt, daß Gespräche einen wesentlichen Beitrag zur Humanität im Krankenhaus leisten können. „Die Kommunikation – verstanden im Sinne der Befriedigung wichtiger sozialer Bedürfnisse der Patienten im allgemeinen sowie der Vermittlung von Informationen und des Gefühls von Geborgenheit im besonderen – wird von den meisten Menschen zu den Grundbedürfnissen wie Essen, Trinken und Schlafen gerechnet. Die Befriedigung der Grundbedürfnisse ist besonders für den Patienten die Voraussetzung für das Entstehen eines Vertrauensverhältnisses zwischen ihm und den Mitarbeitern des Gesundheitswesens" (Krüger und Dietze, 1990, S. 74).

Darüber hinaus können Gespräche dazu beitragen, den Heilungsprozeß positiv zu beeinflussen. So können Aufenthaltsdauer, Medikamentenverbrauch, Komplikationen und Beschwerden reduziert, und insgesamt kann die Zufriedenheit der Patienten gesteigert werden, wie Wimmer (1986, S. 12 f.) darlegt.

Nach der lange dauernden Vernachlässigung der pflegerischen Kommunikation in der Gesprächsforschung gibt es neben den wenigen Veröffentlichungen inzwischen einige unveröffentlichte Studienabschlußarbeiten von Linguistinnen, die in der Mehrzahl ausgebildete Krankenschwestern sind, wie die Verfasserin auch.

6.3   Kommunikation in einer Ambulanz

Eine der ersten gesprächsanalytischen Arbeiten zur medizinischen Kommunikation, in der auch das Pflegepersonal ausführlich berücksichtigt wird, ist die Untersuchung von Lalouschek, Menz und Wodak (1988) zum Alltag in einer Wiener Ambulanz. Die Autoren haben das umfassende Ziel, *„das gesamte Kommunikationsnetz einer (Teil-)Institution zu erfassen und somit die Vielschichtigkeit und Multidimensionalität institutioneller Kommunikation zu dokumentieren"* (Lalouschek et al., 1988, S. 7), das heißt, sie untersuchen die Gespräche zwischen Ärzten und Patienten sowie die Gespräche des ärztlichen Personals unter sich und mit dem Pflegepersonal. Nur der letztgenannte Gesprächstyp, also Gespräche zwischen Ärzten und Pflegepersonal, wird anhand dieser Studie hier skizziert. Allgemein beschreiben die Autoren die Situation in der Ambulanz so: *„Nicht der ruhige, eingleisige, ungestörte Ablauf ist der Normalfall, sondern der durch Störungen gekennzeichnete, unsichere, sich ständig verändernde. Der Alltag in der Ambulanz ist ein dauerndes Neben- und Durcheinander von unterschiedlichen Handlungs- und Gesprächssträngen. Pointiert könnte man den gestörten Ablauf als den Normalablauf bezeichnen"* (s.o., S. 74). Die Aufgaben des Pflegepersonals sind dabei vielfältig: *„Einerseits fällt den Krankenpfleger/innen eine beträchtliche Organisationsarbeit zu, (...) andererseits unterstützen sie die ärztliche Tätigkeit zusätzlich zu ihrem genuinen Bereich der Krankenpflege"* (s.o., S. 83). Da die Ärzte nur jeweils zwei Monate in der Ambulanz arbeiten, die Schwestern jedoch viel länger, *„ergibt sich folgende im Grunde widersprüchliche Situation: Die Ärzte sind zwar formal in bestimmten Fragen weisungsberechtigt gegenüber den Schwestern, aber auf der anderen Seite sind die Schwestern aufgrund ihrer kontinuierlichen Tätigkeit an der Ambulanz in vielen Bereichen erfahrener (...). Die daraus sich ergebenden Spannungen und Aushandlungsprozesse lassen sich sprachlich sehr gut nachvollziehen und können in verschiedene Gruppen eingeteilt werden, die vom einfachen Ignorieren der Schwesterninitiativen über die Korrektur organisatorischer Fehlleistungen des Ärztepersonals durch die Schwestern bis hin zur Schwester als 'besserer Ärztin' reichen können"* (s.o., S. 84). Die Autoren belegen diese Behauptungen plausibel mit verschiedenen Gesprächsausschnitten, die ausführlich kommentiert werden. Diese Studie ist inzwischen veröffentlicht.

6.4 Übergabegespräche

6.4.1 Die Untersuchung von Lazarou

Lazarou gibt in ihrer Magisterarbeit zunächst einen sehr ausführlichen Überblick einerseits über verschiedene linguistische und medizinsoziologische Theorien bzw. relevante Aspekte derselben, wie die Rolle des Pflegepersonals und der Patienten, Pflegeformen und die Form und Funktion der Übergabe. Andererseits skizziert sie die historischen Entwicklungen in der Medizin und Pflege.

Der sich anschließenden empirischen Analyse liegen zwei Übergabegespräche zugrunde. Diese Übergaben vom Früh- an den Spätdienst gliedern sich jeweils in drei Phasen. Während der Vorbereitungsphase werden u. a. die Kladden überprüft, und der Kaffeetisch wird gedeckt. Diese Phase hat organisatorische und soziale Funktionen und dient der Einleitung der Hauptphase, in der über die Patienten berichtet wird. Die Übergabe wird mittels der Abschlußphase beendet, in der noch offene Fragen geklärt werden und auch Privates besprochen wird.

Die Hauptphase gliedert Lazarou in Berichteinheiten, in denen jeweils über einen Patienten berichtet wird. Eine Berichteinheit umfaßt drei Phasen. Erstens wird in der Eröffnung der Name und/oder das Zimmer des Patienten genannt, oder er wird anderweitig identifiziert. Zweitens wird über die Entwicklung des Patienten berichtet. Dieser Teil beinhaltet Angaben zur Diagnose, zum Allgemeinzustand, zur Pflege und Medikation, organisatorische und technische Fragen, diagnostische und therapeutische Maßnahmen und Sonstiges. Die Berichteinheit wird drittens mit allgemeinen Bemerkungen abgeschlossen. Ist der Patient der übernehmenden Schwester bekannt und hat sich nichts Neues ereignet, so wird das Schema dementsprechend abgekürzt bzw. die zweite Phase übersprungen.

Im Anschluß an ihre Analyse stellt Lazarou noch eine neu entwickelte Übergabeform vor, die von Hoch beschrieben wird, nachdem sie bereits 2 1/2 Jahre auf einer Station im Klinikum Großhadern in München praktiziert wurde. Es handelt sich um die Übergabe am Krankenbett. Sie findet nur beim Wechsel vom Früh- zum Spätdienst statt, weil sie mit zirka 45 Minuten bei 25 Patienten recht zeitaufwendig ist und weil sie zu Beginn des Frühdienstes den Patienten nicht zuzumuten ist. Während der Dauer dieser Übergabe am Bett erledigt eine Hilfskraft vom Frühdienst alle anfallenden Tätigkeiten, wie etwa die Bedienung des Telefons, damit es zu keiner Unterbrechung der Übergabe kommt. Diese Form der Übergabe hat sehr viele Vorteile. Zunächst wird das Personal der Spätschicht dem Patienten vorgestellt, der somit direkt angesprochen und in die Übergabe einbezogen wird. Neben der Spätschicht wird zugleich auch der Patient über das weitere Vorgehen informiert. Diese Vorgehensweise ist patientenzentriert, insbesondere da der Patient die Möglichkeit hat, Fragen zu stellen. Außerdem können Pflegeprobleme und -maßnahmen direkt am Patienten geklärt werden. Allerdings hat diese Übergabe den Nachteil, daß das Pflegepersonal genau überlegen muß, was es sagt, falls der Patient noch nicht über z. B. einen schlechten Befund aufgeklärt wurde. Diese Information wird dann vor dem Zimmer ausgetauscht.

6.4.2 Die Untersuchung von Tzilinis

Nach Tzilinis nimmt die Übergabe „eine Schlüsselstellung im Arbeitsablauf ein, da sie im Wechsel zweier Schichten positioniert ist und diese kommunikativ miteinander verbindet" (Tzilinis, 1993, S. 2). Sie untersucht zwei sog. große Übergaben, an der Pflegekräfte und Ärzte beteiligt sind. Die eine Übergabe findet in einem Krankenhaus statt, in dem die Ärzte täglich die Schicht dem Spätdienst übergeben. Die zweite Übergabe in einem anderen Krankenhaus wird vom Pflegepersonal durchgeführt, und die Ärzte schalten sich nur bei Bedarf ein und sind auch nur einmal in der Woche dabei. Diese zweite Übergabe zieht Tzilinis nur zur Kontrolle ihrer Ergebnisse aus der ersten Übergabe heran. Einerseits untersucht sie die Interaktion zwischen Ärzten und Pflegepersonal, andererseits das verbale Verhalten der Ärzte (s.o., S. 21), und zwar insbesondere deren mentalen Handlungsplan, dem sie während der Übergabe folgen. Der mentalen Planung widmet sich Tzilinis recht ausführlich. Diese Thematik ist im hiesigen Zusammenhang jedoch kaum relevant, daher wird stattdessen auf die Analyse der Interaktion eingegangen.

Tzilinis untersucht erstens ärztliche Anweisungen an das Pflegepersonal, zweitens Fragen der Schwestern an die Ärzte und drittens Fragen der Ärzte an die Schwestern. Zu dem ersten Komplex findet Tzilinis es auffällig, daß es nur wenige Anweisungen in den beiden Übergaben gibt, und zwar insgesamt nur vier, von denen drei recht indirekt formuliert sind. Im ersten Beispiel sagt die Ärztin: *„Die müßt' ma' übrigens täglich wiegen"* (s.o., S. 58). *Da das Wiegen eine pflegerische Tätigkeit ist, wird mit dem „müßten wir" eine indirekte Anweisung ausgesprochen. Das zweite Beispiel lautet: „Er soll seine Infusion"* [bekommen] (s.o., S. 59). Auch diese Anweisung formuliert die Ärztin indirekt und spricht die Pflegekräfte nicht direkt mit „Sie" an. Im dritten Beispiel wählt der Arzt wiederum das generalisierende „ma'" (= wir). Zu den Fragen stellt Tzilinis fest, daß die Schwestern die meisten Fragen stellen und diese überwiegend direkt formulieren, um Instruktionen bezüglich praktischer Probleme zu erhalten. Die Ärzte dagegen fragen aus eher theoretischem Interesse.

6.4.3   Die Untersuchung von Walther

Walther berücksichtigt in ihrer Magisterarbeit (1994) über drei Übergabegespräche eine Vielzahl von Aspekten, von denen nur ein Teil hier angesprochen werden kann. Eines ihrer Forschungsinteressen besteht darin, Probleme des Pflegealltags im Krankenhaus aufzuzeigen. Überwiegend handelt es sich dann um Probleme der Organisation und Kooperation, und zwar insbesondere mit den Ärzten.

Neben einer quantitativen Auswertung verfolgt sie in der Analyse die folgenden drei orientierungsgebenden Hauptfragen: *„1. Wie redet das Personal miteinander? 2. Wie redet das Personal über die Patienten? 3. Wie wird über anderes, nicht anwesendes Personal geredet?"* (s.o., S. 22). Die Beantwortung der 1. und 3. Frage muß offen bleiben, die zweite Frage dagegen beantwortet Walther wie folgt: *„Auffällig ist, daß ärztlich-medizinische Maßnahmen sehr viel umfassender dargestellt werden als pflegerische. Die Schwere der Krankheit hat kaum Einfluß auf die Sprache – auch wenn über sterbende Menschen geredet wird, überwiegt die medizinisch-naturwissenschaftliche Sprache"* (s.o., S. 108).

„Die medizinische Fachsprache, eine stark naturwissenschaftlich-formelhafte Sprache, überwiegt und vermittelt die nüchterne Atmosphäre während des Gesprächs, in der der Patient als Mensch in den Hintergrund zu treten scheint und eher zum anatomischen und physiologischen Ereignis wird" (s.o., S. 123).

Die Pflegenden orientieren sich also noch sehr stark an den ärztlichen Normen, anstatt ihre pflegerische Arbeit in den Mittelpunkt zu stellen.

6.5   Kommunikation auf der Intensivstation

6.5.1   Die Untersuchung von Schneider

Der Soziologe Schneider (1987) beschreibt die Kommunikation mit Patienten auf der Intensivstation aus der Perspektive des Pflegepersonals. Er unterscheidet diese Kommunikation nach drei Themenbereichen in Informations-, Alltags- und persönliche Gespräche. In den Informationsgespächen *„wird Bezug auf die Krankheit, die Behandlung, das Krankenhaus, pflegerische Maßnahmen etc. genommen"* (s.o., S. 247). In den Alltagsgesprächen wird über Konversationsthemen, wie z. B. das Wetter, geplaudert. In den persönlichen Gesprächen geht es um *„psychische oder soziale Probleme der Patienten"*, *„die zumeist im Zusammenhang mit der Krankheit stehen, aber über die Themen der 'Informationsgespräche' hinausgehen"* (s.o., S. 247). Nach Schneider gehören die Informationsgespräche zum *„Kernbestandteil der rollenförmigen Interaktion zwischen Personal und Patienten"* (s.o., S. 248), die persönlichen und alltäglichen Gespräche jedoch nicht. Eine Pflegekraft kann ihre Berufspflicht erfüllen, auch ohne alltägliche oder persönliche Themen anzusprechen. Gerade auf der Intensivstation haben jedoch häufig z. B. Herzinfarktpatienten, die in ihrer Kommunikationsfähigkeit nicht eingeschränkt sind, ein Bedürfnis nach alltäglichen und persönlichen Gesprächen. Da selten Mitpatienten zum Gespräch zur Verfügung stehen, wenden sie sich an die Pflegekraft, die häufig als einzige in erreichbarer Nähe ist. Es kommt jedoch vor, daß die Pflegekraft nicht auf dieses Bedürfnis eingehen will, da sie es als subjektive Belastung empfindet und es vorzieht, mit ihren Kollegen persönliche Gespräche zu führen, anstatt mit den ständig wechselnden Patienten. Schneider hält dies durchaus für berechtigt und schlägt vor, daß der Patient das Gespräch an dieser Stelle mit seinen Angehörigen fortsetzen möge (s.o., S. 259).

6.5.2   Die Untersuchung von Börsig und Steinacker

Börsig und Steinacker, zwei Unterrichtsschwestern, die *„das geringe Angebot in der Literatur oder an Lehrmitteln motivierte"* (1981, S. 1), beschäftigen sich insbesondere *„mit 'Kommunikationsschwierigkeiten des beatmeten Patienten', der aber als Intensivpatient durchaus noch weitere Verletzungen und Erkrankungen, die auf die Kommunikation wesentlichen Einfluß nehmen können, haben kann"* (ebd.). Die Autorinnen beschreiben detailliert verschiedene Kommunikationsstörungen und geben reichhaltige, praxisorientierte Anregungen, wie die Kommunikation trotz verschiedener Behinderungen aufrecht erhalten werden kann.

6.6   Kommunikation ausländischer Pflegekräfte

Köfcrl (1992) ermittelt in ihrer Untersuchung Kommunikationsprobleme und -erfahrungen von und mit ausländischen Pflegekräften, wobei sie insbesondere jugoslawische Kräfte berücksichtigt, da diese die größte ausländische Gruppe in München bilden. Ihr Interesse ist überwiegend didaktischer Natur. Sie will Unterschiede im Repertoire an Wissen und Gewohnheiten herausfinden, die sich auf das Funktionieren der Kommunikation auswirken (s.o., S. 22) und im Sprachunterricht für ausländische Pflegekräfte gelehrt werden können.

Einerseits untersucht sie die Selbsteinschätzung mittels Fragebögen und Interviews. Wegen deren geringer Anzahl kann sie nur Hinweise auf Probleme geben, die von den

Interaktionspartnern bewußt wahrgenommen werden. Im wesentlichen geht es dabei um Situationen, in denen die jugoslawischen Kräfte etwas nicht verstanden haben. Köferl fragt, wie sie dann reagieren. Fast alle antworten darauf, in solchen Fällen nachzufragen. Dabei ist es den meisten unangenehm, fragen zu müssen, da es ihrer Meinung nach nicht zu den Aufgaben der Kollegen gehört, ihnen etwas zu erklären.

Andererseits ermittelt Köferl die Fremdeinschätzung anhand eines Interviews mit der Generaloberin Hipp, die alle wesentlichen Kritikpunkte aufzeigt, die andere Interviewpartner auch nannten. Das Nichtverstehen signalisieren die ausländischen Schwestern öfters mittels Mimik, wie z. B. Stirnrunzeln, Augenbrauen hochziehen. Auch antworten sie oft mit „ja" auf die Nachfrage, ob eine Äußerung verstanden wurde, aber ihr späteres Verhalten dokumentiert ein Nichtverstehen, sofern nicht ein Vergessen z. B. einer Anweisung vorliegt. Außerdem stellt Köferl bei den Patienten einen Handlungsverzicht fest: Sie fragen die ausländischen Kräfte nicht bezüglich ihrer Krankheit oder Behandlung, sondern warten, bis eine deutsche Schwester zur Verfügung steht. Allerdings geben die Patienten an, keine Probleme mit den jugoslawischen Schwestern zu haben, außer daß man langsamer und deutlicher sprechen muß. Mitunter wird auch mittels Mimik und Gestik ein Nichtverstehen überbrückt.

In der diskursanalytischen Untersuchung von Gesprächen mit Patienten belegt Köferl nochmals einige grundsätzliche Unterschiede, die sie schon in den Fragebögen und Interviews festgestellt hat. Es geht hierbei um das unterschiedliche Verständnis von Pflege. Die Jugoslawinnen sehen sich als Assistentinnen der Ärzte und verwenden wie diese die lateinische Fachsprache auch im Beisein der Patienten. Sie legen wenig Wert darauf, von diesen verstanden zu werden. Für sie steht die Krankheit im Vordergrund, bei den deutschen Schwester dagegen der ganze Mensch, was sich darin zeigt, daß sie sich um Verständlichkeit bemühen und die lateinische Fachsprache meiden. Außerdem beginnen die deutschen Schwestern im Gegensatz zu ihren jugoslawischen Kolleginnen häufig Alltagsgespräche über die Familie u.ä., weil diese Gespräche für sie eine therapeutische Funktion dahingehend haben, daß sie das Umfeld des Patienten ermitteln zur „ganzheitlichen" Erfassung des Patienten.

Köferl ist auch aufgefallen, daß eine jugoslawische Schwester oft über die Patienten anstatt mit ihnen spricht, als sie diese Köferl vorstellt (s.o., S. 59). Auch bemüht sie sich nicht, einen Patienten „zum Sprechen zu animieren, wie es die patientenorientierte Pflege vorsieht" (s.o., S. 59). So spricht sie beispielsweise einen Patienten beim Umlagern nicht einmal direkt an, im Gegensatz zu ihrem englischen Kollegen.

Köferl berücksichtigt auch kurz den Punkt der Übergabegespräche und macht dabei deutlich, „wie wichtig und notwendig die Kommunikation über Kommunikation ist" (s.o., S. 71). So wurde z. B. eine jugoslawische Schwester erst von Köferl darüber in Kenntnis gesetzt, daß der Ausdruck „scheißen" ein unpassender Ausdruck in dieser Kommunikationssituation ist. Diese Schwester wurde von ihren deutschen Kollegen jedoch in ihrer Wortwahl nie korrigiert und konnte sich ihres Mißgriffs nicht bewußt werden.

Abschließend stellt Köferl fest, daß es „kaum Lehrmaterial, das die Sprache der Pflege behandelt" (s.o., S. 75) gibt und somit die Lehrkräfte, die ausländische Pflegekräfte in der deutschen Sprache unterrichten, weitgehend auf Eigeninitiative angewiesen seien. Ihre Untersuchung schätzt sie „als einen wesentlichen Schritt in diese Richtung" ein, „potentielle Fehlerquellen in der Kommunikation zwischen dem ausländischen und dem deutschen Pflegepersonal aufzuzeigen" (s.o., S. 75). Für „die Erstellung von adäquatem, praxisorientiertem Unterrichtsmaterial zur Fachsprache 'Pflege'" hält sie „die Zusammenarbeit zwischen Sprachwissenschaftlern und Pflegekräften, die jeweils ihr Expertenwissen in den neuen interdisziplinären Bereich einbringen können," für „unerläßlich" (s.o., S. 75). Hinzuweisen ist in diesem Zusammenhang auf die Analyse der Fachsprache der Pflege anhand von Fachtexten von Oertle Bürki.

6.7 Kommunikation zwischen Pflegekräften und Patienten

Die Kommunikation zwischen Pflegekräften und Patienten wird hier bisher eher am Rande erwähnt, da die besprochenen Arbeiten sich in der Mehrzahl auf die Gespräche des Pflegepersonals unter sich oder mit dem ärztlichen Personal beziehen. In diesem Zusammenhang soll auf zwei laufende Untersuchungen hingewiesen werden. Erstens analysiert Walther das pflegerische Erstgespräch, und zweitens untersucht Svenja Sachweh in Freiburg die Kommunikation mit den Bewohnern eines Altenheims.

Die letzte zu erwähnende Arbeit ist meine Dissertation. Meine gesprächsanalytische Untersuchung basiert auf 48 Tonbandaufnahmen von in der Regel 45 Minuten Dauer, die morgens vor dem Frühstück und abends beim letzten Durchgang der Spätschicht die alltägliche Pflege der Patienten auf einer internistischen Station dokumentieren. Es handelt sich gewissermaßen um eine Pilotstudie, da ich auf keine anderen linguistischen Analysen zur Pflege im deutschen Sprachraum zurückgreifen konnte. Die Analyse beinhaltet schwerpunktmäßig die folgenden Themen: Eröffnungs- und Beendigungsphasen, Befindensfragen, Informationsgabe, Anrede und tätigkeitsbegleitende Kommunikation. Meine Dissertation wird voraussichtlich in der Reihe „Pflegeforschung" beim Hans Huber Verlag erscheinen, die ebenso wie meine Dissertation von der Robert Bosch Stiftung gefördert wird. Aus Platzgründen und wegen der absehbaren Veröffentlichung soll hier nicht näher darauf eingegangen werden.

Abschließend läßt sich sagen, daß viele Autoren die Kommunikation des Pflegepersonals mit den Patienten für einen wichtigen Faktor in der Pflege halten. Trotz dieser Einschätzung gibt es nur sehr wenige Analysen des tatsächlichen Gesprächsverhaltens im deutschen Sprachraum. Allerdings ist es schwierig, sich einen Überblick über die pflegerelevante Forschung bezüglich der Kommunikation zu verschaffen, da diese zum großen Teil verstreut in den verschiedensten natur-, sozial- und geisteswissenschaftlichen Disziplinen stattfindet. Für eine weitergehende Literaturrecherche wird erstens auf die Bibliothek der Fachhochschule in Osnabrück, zweitens auf die Modellbibliothek in Freiburg, deren Aufbau von der Robert Bosch Stiftung gefördert wird, und drittens auf die Dokumentation, die Frau Steppe, Leiterin des Pflegereferats des Hessischen Ministeriums für Umwelt, Energie, Jugend, Familie und Gesundheit, aufbaut. Unselbständige Veröffentlichungen, also Aufsätze, wurden hier nicht berücksichtigt, da sie in zu großer Anzahl vorliegen. Beispielhaft soll nur auf die Hefte Heilberufe 12/95 und Pflege Aktuell 3/96 verwiesen werden, in denen schwerpunktmäßig auf die Thematik „Kommunikation" eingegangen wird.

Literatur

Becker-Mrotzek, Michael: Diskursforschung und Kommunikation in Institutionen. Studienbibliographie. Groos, Heidelberg, 1992

Börsig, Annemarie; Steinacker, Irmgard: Kommunikation mit dem Patienten auf Intensivstation. Deutsche Krankenpflegezeitschrift, Beilage 4/1 − 10 (1981)

Fehlenberg, Dirk: Die empirische Analyse der Visitenkommunikation: Institutionskritik und Ansätze für eine reflektierte Veränderung insitutioneller Praxis. OBST 24, 29 − 56 (1983)

Hoch, M.: Dienstübergabe am Krankenbett. Deutsche Krankenpflegezeitschrift, 6, 419 − 421 (1992)

Köferl, Susanne: Kommunikationserfahrungen und -probleme ausländischer KrankenpflegerInnen. Magisterarbeit am Fachbereich DAF der Maximilians-Universität in München, 1992

Krüger, Christian; Dietze, Friedhelm: Kommunikation am Krankenbett. Heilberufe 42, Heft 3, 74 − 75 (1990)

Lalouschek, Johanna; Menz, Florian; Wodak, Ruth: Alltag in der Ambulanz. Endbericht. Institut für Sprachwissenschaft der Universität Wien, 1988. Gunter Narr Verlag, Tübingen 1990

Lazarou, Elisabeth: Kommunikation des Pflegepersonals über die PatientInnen bei klinischen 'Übergaben'. Empirische Analyse. Magisterarbeit am Fachbereich DAF der Maximilians-Universität in München, 1993

Oertle Bürki, Cornelia: Fachsprachliche Aspekte der Sprache der (Kranken-)Pflege. Hrsg.: Schweizerisches Rotes Kreuz, Bern, 1994

Schneider, Gerald: Interaktion auf der Intensivstation. Zum Umgang des Pflegepersonals mit hilflosen Patienten. Ernst-Pörksen, Berlin, 1987

Tschudin, Verena: Helfen im Gespräch. Eine Anleitung für Pflegepersonen. Recom, Basel, 1990

Tzilinis, Anastasia: „Große Übergabe" im Krankenhaus: Der Arzt als Wissensvermittler zwischen Patient und Pflegepersonal. Empirische Studien. Magisterarbeit am Fachbereich DAF der Maximilians-Universität in München, 1993

Walther, Sabine: Im Mittelpunkt der Patient? Eine textlinguistische und gesprächanalytische Untersuchung von Dienstübergabegesprächen in Krankenhäusern. Magisterarbeit am Fachbereich Germanistik der Universität – GH – Duisburg, 1994

Weinhold, Christine: Kommunikation in Krankenhäusern. Ein Forschungsbericht über deutschsprachige Analysen der Gespräche zwischen Arzt und Patient und das Gesprächsverhalten des Pflegepersonals. Zeitschrift für Germanistik, Nr.3, 674 − 684 (1991)

Weinhold, Christine: Kommunikation zwischen Patienten und Pflegepersonal: Eine gesprächsanalytische Untersuchung des sprachlichen Verhaltens in einem Krankenhaus. Dissertation am Fachbereich Germanistik der Freien Universität Berlin, Januar 1996

Wimmer, Helga: Die Bedeutung psychosozialer Betreuung von Patienten. Notwendigkeiten, Möglichkeiten, Folgen. In: Strotzka, Hans; Wimmer, Helga (Hrsg.): Arzt-Patient Kommunikation im Krankenhaus. Facultas-Universitätsverlag, Wien, 1986, S. 5 − 20

7 Sprache und Pflege – Überlegungen aus der Sicht der linguistischen Frauenforschung

von Caja Thimm

7.1 Einleitung

Die Beachtung von Sprach- und Kommunikationsproblemen in einem so kommunikationsintensiven Beruf wie der Pflege ist nicht nur für die Pflegewissenschaft eine Herausforderung, sondern auch für die Sprachwissenschaft, die dieses Thema bisher sträflich vernachlässigt hat. Ein interdisziplinärer Ansatz kann hier zu einer positiven Entwicklung in beiden Disziplinen führen, wie die diesem Band zugrundeliegende erfolgreiche Tagung gezeigt hat.

Ein wirklich interdisziplinäres Thema stellt m. E. die Frauenforschung dar: Sie ist in vielen Sozialwissenschaften auch inzwischen ein durchaus anerkanntes Forschungsgebiet. Allerdings hat sich die deutsche Frauenforschung institutionell noch nicht fest etablieren können, wie das beispielsweise den USA in Form von „women studies" oder „gender studies" der Fall ist, auch zeigen sich Frauenforschungsprofessuren oft als isolierte Inseln im Wissenschaftsbetrieb (s. a. Bock und Landwehr, 1994). Angesichts des rasanten Akademisierungsprozesses in der Pflege wird es deswegen spannend zu beobachten sein, wie die Frauenforschung als eigener Gegenstand in den bisher personell so frauendominierten Bereich der Pflege einbezogen sein wird.

7.2 Fragestellungen der feministischen Linguistik

Es gibt aus der Sicht der Linguistik mehrere Gründe, warum Sprache und Kommunikation in den Pflegeberufen aus einer frauenspezifischen Sicht zu thematisieren ist:

- Sprache und Identität hängen eng zusammen. Im Deutschen ist jedoch aufgrund des Vorherrschens des „generischen Maskulinums" (Frauen sind in den männlichen Bezeichnungen mitgemeint) die sprachliche Repräsentanz von Frauen nicht selbstverständlich gegeben, und so wird mit der männlichen Form eben eher der Mann assoziiert (Klein, 1989). Werden Frauen sprachlich nicht repräsentiert, so beeinflußt dies individuelle Wertgefühle und verfestigt gesellschaftliche Rollenstereotypen.
- Der Großteil der Beschäftigen im Pflegebereich sind Frauen. Die kommunikativen Aufgaben in diesem Berufsfeld sind vielfältig und erfordern hohe fachliche und kommunikative Kompetenz. Bisher jedoch gibt es keine Sprachanalysen des beruflichen Alltags von Pflegekräften in den Sprachwissenschaften, schon gar keine, die Geschlechterdifferenzen berücksichtigen (mit Ausnahme der Arbeiten von C. Weinhold, s. Kap. 6).
- Die Pflegeberufe durchlaufen aktuell einen Prozeß der Professionalisierung und Akademisierung. Die Analyse von Karrieremustern zeigt jedoch, daß leitende Funktionen

auch in einem so frauendominierten Bereich wie der Pflege häufig von Männern besetzt sind. Hier stellt sich die Frage nach dem Einfluß von Kommunikationsproblemen, die u. U. zu Karrierehindernissen werden: Ist ein Motiv zur Ablehnung von Leitungsfunktionen vielleicht auch in Kommunikationschwierigkeiten zu sehen?

- Bessere Kenntnisse über die kommunikativen Probleme in der Pflege bieten die Chance zur Erleichterung des Alltags der Pflegenden. Forschung und Praxis könnten hier gemeinsam Vorschläge entwickeln. So erscheint es sinnvoll, frauenspezifisch ausgerichtete Weiterbildungen auch unter Berücksichtigung spezifischer Kommunikationsprobleme zu konzipieren.

Nicht nur die meisten Männer, sondern auch viele Frauen sind allerdings heute noch der Ansicht, daß es gar keine frauenspezifischen Benachteiligungen gibt, und daß auch in der Kommunikation keine unterschiedlichen Maßstäbe angelegt würden. Sprache ist Teil eines Spannungsverhältnisses zwischen den Mitgliedern der Gesellschaft, ihren Normen und Stereoytpen und wird in ihrer Tragweite für unseren Alltag gerne unterschätzt. Im Anschluß soll daher vor allem gezeigt werden, daß Sprache ein wichtiger Indikator von Machtverhältnissen ist.

7.3   Sprache, Geschlecht und Vorurteil

Betrachtet man die unterschiedlichen sozialen Stellungen von Frauen und Männern bezüglich ihrer Machtpositionen in Politik, Wissenschaft, Beruf, Familie oder Medien, so zeigt sich auch heute noch, daß die Rollen unterschiedlich verteilt sind. Vorurteile über das, was Frausein oder Mannsein in unserer Gesellschaft ausmacht, prägen sowohl Berufswahl als auch Berufspraxis und Berufserfolg. Welchen Einfluß haben Geschlechterstereotype auf die Kommunikation am Arbeitsplatz?

Die meisten Menschen betrachten es als eine Selbstverständlichkeit, daß zwei verschiedene Geschlechterkategorien existieren, die sich ausschließen. Man kann und muß also davon ausgehen, daß Sprachbenutzer- und benutzerinnen über implizite Theorien der Geschlechterunterschiede verfügen, d. h. daß sie Annahmen über die „Natur" der beiden Gruppen Männer und Frauen haben. Aber: Die Bilder über Männlichkeit und Weiblichkeit sind nichts durch Naturgesetz bedingtes, sondern werden in jeder Gesellschaft (und in vielen situativen Kontexten) anders konstruiert. Man geht daher in der feministischen Forschung von dem „Gender"-Ansatz aus: Geschlecht ist sozial konstruiert und unterliegt gesellschaftlichen Normen und Regeln, Geschlecht ist also eine Strukturkategorie (Goffman, 1994).

Kategorisierungsprozesse haben aufgrund ihrer Koppelung an Wertungen maßgeblichen Einfluß auf Kommunikationsprozesse. Wissen über das Geschlecht einer Person kann Urteile über ihre mentale und körperliche Gesundheit, über Leistungen, Persönlichkeit, emotionale Erfahrungen, mathematische Kompetenz u. a. beeinflussen. Eine Zusammenfassung zum Thema Geschlechterstereotype und ihre Auswirkungen auf die reale Kompetenz von Frauen findet sich bei Ussher (1992).

Stereotype über die Geschlechter haben sich erstaunlich wenig verändert. So z. B. stellten Kruse, Weimer und Wagner (1988) in einer Untersuchung zur sprachlichen Repräsentation des Geschlechterverhältnisses in deutschen Printmedien fest, daß Frauen häufiger anhand von affektiven Beschreibungen, wie Zuneigung, Liebe, Haß, Zorn oder Depression, dargestellt und in einer Opferrolle typisiert werden. Komplementär zur Beschreibung von Frauen als passiv und abhängig verläuft die der Männer, die als Akteure geschildert werden: Sie fordern, drohen und verbieten, sie initiieren und etablieren Beziehungen, sie geben Hilfe an hilflose Frauen.

Auch andere Medienanalysen weisen auf eine stereotype Darstellung von Frauen in der Berichterstattung hin. So zeigt z. B. Huhnke (1995), wie Frauen in der politischen Berichterstattung nicht nur durch Nichterwähnung ausgegrenzt, sondern auch über die sprachliche Darstellung diskriminiert werden (über die „dicken Beine Hilary Clintons" bis zum Vergleich von Frauen mit „Bouletten").

Insgesamt lassen sich die öffentlichen Diskurse als ein wichtiges meinungsbildendes Medium betrachten, insbesondere dann, wenn Frauen dort Kompetenz abgesprochen wird, sei es nun in Talkshows (Kotthoff, 1993), in der Politik (Burkhardt, 1992) oder in der Rolle als Vorgesetzte (Woods, 1988). All dies prägt und verfestigt Rollenvorstellungen und damit auch die gesellschaftlichen (und privaten!) Machtverhältnisse.

7.4   Zum Problem der sprachlichen Repräsentation von Frauen

Zwei Bereiche sind aus der Sicht der Sprachwissenschaft bei der Rolle von Sprache innerhalb der Pflege besonders herauszuheben. Da ist einerseits die sprachliche Repräsentation von Frauen durch die Sprache, also z. B. bei den Berufsbezeichnungen und geschlechtsspezifischen Formulierungen. Der zweite große Bereich umfaßt die sprachliche Interaktion, entweder im Dialog mit einer anderen Person oder auch in der Gruppe, wie z. B. bei Teambesprechungen.

Wie und mit welchen Worten wir miteinander kommunizieren hat viel mit unserem Selbstwertgefühl zu tun. Wenn Frauen in der Sprache nicht repräsentiert sind, sondern immer als in den männlichen Formen „mitgemeint" gelten, so beeinflußt dies die eigene Wertschätzung. Werden Frauen z. B. immer noch als „Antragsteller", als „Teilnehmer" und „Deutscher" bezeichnet, so symbolisiert dies eine gesellschaftlich untergeordnete Position der Frau. Während die Präsenz von Frauen sprachlich zumeist eine geringe Rolle spielt, sieht das bei männlicher Präsenz anders aus. War im Bereich der Pflege die „Krankenschwester" als Berufsbezeichnung vorherrschend, so hat sich dies seit dem Einzug der (wenigen) Männer bereits verändert. Der „Krankenpfleger" ist in Verwaltungsvorschriften und Gesetzen häufig zu finden, einmal mehr werden die Frauen „mitgemeint". Dies gilt besonders bei hierarchiehöheren Funktionen: Krankenpflegeleiter, Abteilungspfleger, leitender Stationspfleger (s. a. Lock, 1990).

Am Beispiel der Debatte um die Berufsbezeichnung „Krankenschwester" zeigt sich aber auch, daß der Kampf um sprachliche Gleichberechtigung seine Tücken hat. Einerseits beinhaltet das Bild der Krankenschwester fraglos geschlechterstereotype Zuschreibungen und Diskriminierungen. Die durch die Familienbezeichnung „Krankenschwester" ausgedrückte Verwandtschaftbeziehung hat Erwartungen an spezifische Verhaltensweisen zur Folge. Die Krankenschwester ist als „Schwester der Kranken" auf ihre Zuwendungsfunktion und Nächstenliebe festgelegt. Die durch den Begriff Schwester/Nonne implizierte Nähe zum Inzesttabu und religiösen Unberührtheitsvorstellungen erklärt übrigens auch, warum die Krankenschwester als Sexualobjekt und erotisches Motiv nicht nur in billigen Sexfilmen, sondern auch in gutbürgerlichen Serien häufig als Projektionsfläche dient.

Aus den genannten Gründen wird die Bezeichnung „Krankenschwester" zu Recht von vielen Frauen problematisiert. Aber es gibt aus sprachwissenschaftlicher Sicht auch eine positive Betrachtungsweise der Bezeichnung „Schwester". Erstens ist er, endlich mal, wirklich weiblich: Frauen sind sprachlich präsent und werden nicht in einem männlichen Begriff mitgemeint. Weiterhin wird in dem Begriff ein positives Bild von Fürsorge, Wärme und emotionaler Unterstützung transportiert. Nur: Diese weiblichen (menschlichen) Qualitäten, die „Gefühlsarbeit", sind im zunehmend technisierten Klinikalltag weniger wert geworden, in der Hektik und Personalnot bleibt kaum Zeit für diese „schwesterlichen" Aufgaben. Mit der Abwertung der Gefühls- und Beziehungsarbeit geht auch eine Abwertung der Tätigkeit und der Person der Krankenschwester einher. Daher ist die Aufwertung der fachlich-pflegerischen Kompetenz sicherlich notwendig, aber der Verzicht auf „Schwester" signalisiert u. U. einen Verzicht auf positive weibliche Eigenschaften. Wäre es da nicht besser, statt „Schwester" abzuschaffen, eine Neuschöpfung vorzuschlagen, die schwesterliche und brüderlich Elemente aufweist? So könnte z. B. in Anlehnung an „Seelsorge" die Berufsbezeichnung „Pflegesorgende" beide beruflichen Anteile ausdrücken: Das Pflegende und das Sorgende. Es ist nachvollziehbar, daß eine solche Analogiebildung zunächst fremd wirkt, da Neuschöpfungen anfänglich meist als konstruiert empfunden werden. Bei der Wahl von Berufsbezeichnungen darf die Frage des Selbstverständnisses aber durchaus Berücksichtigung finden. Weibliche Berufsqualitäten sollten nämlich nicht abgeschafft werden, auch nicht sprachlich, sondern ganz im Gegenteil, aufgewertet und zur Bedingung auch für Männer gemacht werden!

7.5   Männersprache/Frauensprache – Machtvolles und machtloses Sprechen?

Die frühen Forschungen zur Frage nach Geschlechterbezügen im sprachlichen Miteinander (z. B. in Trömel-Plötz, 1984) haben sich stark auf die Suche nach typischen Unterschieden zum männlichen Sprechen bezogen. Diesen Betrachtungen liegt das Sprechhandeln von Männern als implizite Normvorstellung zugrunde, während das Sprechen von Frauen als mehr oder weniger abweichend von männlichem Sprechen analysiert wurde.

Neuere Forschungen beschäftigen sich u. a. mit der Frage, warum Frauen sich sprachlich weniger leicht durchsetzen können und stellen damit die Frage nach dem Zusammenspiel zwischen Sprache und Macht in den Mittelpunkt. Zwei Hypothesen werden in diesem Zusammenhang kontrovers diskutiert:

1. Das eine Erklärungsmodell wird als „sex-dialect hypotheses" (Geschlechtstypik-Hypothese) bezeichnet. Die Geschlechtstypik-Hypothese geht davon aus, daß die Beurteilung des kommunikativen Verhaltens von Frauen und Männern aufgrund faktischer Sprachunterschiede erfolgt. „Typisch weibliches" Gesprächsverhalten wären z. B. angehängte Fragen (schönes Wetter, oder?), Abschwächungen (eigentlich, irgendwie), Heckenausdrücke (im Prinzip) oder auch Konjunktivverwendung (man könnte doch sagen).

2. Im Gegensatz dazu geht die „sex stereotype hypotheses" (Geschlechterstereotypen-Hypothese) nicht davon aus, daß nachweisbare Sprachunterschiede für sozialen Erfolg ausschlaggebend sind, sondern daß Urteile allein von stereotypgebundenen Erwartungen determiniert werden. Hier wird postuliert, daß der reale Geschlechtsunterschied der Sprechenden einen Bias evoziert und stereotype Vorstellungen aktiviert, auch wenn das Sprachverhalten von Frauen und Männern identisch ist.

Beide Hypothesen sind in vielen Untersuchungen überprüft worden, allerdings mit sehr widersprüchlichen Ergebnissen.

Einen Beleg für die Geschlechterstereotypen-Hypothese findet sich z. B. bei Burgoon et al. (1991), die das Kriterium der sprachlichen Intensität bezüglich seiner Relevanz für die Durchsetzung von Frauen und Männern prüften. Dabei zeigte sich, daß bei Männern eine höhere Intensität, z. B. durch Komparative und Positionsausdrücke wie „sehr", „besonders", Direktiva, Verben wie „behaupten", „feststellen", Verben des Urteilens, als effektiv für die Durchsetzung ihrer Position bewertet wurde, bei Frauen dagegen eine weniger intensive, neutralere bzw. schwächere Formulierungsweise effektiver war. Männern wird also ganz offensichtlich eher erlaubt, auch starke und offen machtbezogene Formulierungen zu benutzen als Frauen. Bei Frauen hat der Gebrauch einer solchen Variante dagegen eher kontraproduktive Folgen. So zeigte die Untersuchung von Carli (1990), daß Frauen mehr „zögerliches Sprechen" benutzten und damit bei Männern, nicht aber bei Frauen erfolgreich waren. Carli verweist bei ihrer Interpretation auf die Stereotypabhängigkeit von Sprachbewertungen: Bei der Beurteilung der Männer fanden sich nämlich keine Unterschiede. Selbst wenn sie die zögerliche Sprechweise gebrauchten, wurden sie nicht als weniger kompetent eingeschätzt!

Dagegen behaupten z. B. Erickson et al. (1978), daß weniger das faktische Geschlecht, als die sprachlichen Merkmale wahrgenommen werden. Die Autoren hatten zwei Formulierungsvarianten (machtvoll/machtlos) in einer simulierten Gerichtsverhandlung von Frauen und Männern verlesen lassen. Als Merkmale von machtlosem Stil galten eine niedrigere Sprechrate, geringere Sprechmenge, höhere Anzahl von Pausen, weniger Unterbrechungen bzw. Unterbrechungsversuche, Abschwächungen, angehängte Fragen, deiktische Ausdrücke und Höflichkeitsformen. Die Personen, die die Variante machtlosen Stils vortrugen, wurden als weniger kompetent und weniger überzeugend bewertet, wobei das Geschlecht der Vortragenden keine Rolle spielte.

In einer Serien von Untersuchungen wurden Zusammenhänge zwischen den beiden Hypothesen hergestellt. Mulac et al. (1985) versuchten anhand von vier Experimenten die gegenseitige Abhängigkeit von Sprache und Geschlechterstereotypen aufzuzeigen. Ohne daß Informationen über das reale Geschlecht gegeben wurden, beurteilten Studierende die Texte einer Bildbeschreibung von Frauen als höher im Sinne von soziointellektuellem Status und ästhetischer Qualität (netter, angenehmer), während die Texte von Männern als dynamischer galten (aktiver, aggressiver, stärker). Wurde den Beurteilenden das Geschlecht mitgeteilt, zeigten sich diese Efekte noch deutlicher. Wurden die Texte aber mit einer unzutreffenden Geschlechtszuschreibung versehen, so war die determinierende Funktion des Stereotyps eindeutig: Faktisch von Männern produzierte Texte mit weiblicher Etikettierung wurden zwar nicht ganz so hoch bezüglich des soziointellektuellen Status bewertet, aber die Unterschiede bei der Kategorie Dynamik entfielen. Die Untersuchung zeigt, daß die Perzeption der Sprache von Männern und Frauen u. U. mehr von Stereotypen beeinflußt wird als von der Sprache selbst.

Diese zunächst widersprüchlich erscheinenden Forschungsergebnisse lassen sich im Zusammenhang sehen: Es gibt sprachliche Strategien, die für Frauen weniger zur Durchsetzung geeignet sind als andere. Nicht unproblematisch erscheint jedoch die Koppelung von spezifischen Sprechstilen an die Geschlechter. So zeigte eine unserer Untersuchungen, daß Männer die „Frauensprache" sehr wohl beherrschen und sie in Situationen mit strategischem Nutzen auch verwenden (Thimm, 1994).

7.6   Kommunikation am Arbeitsplatz

Für viele Frauen, egal in welchen Berufen sie tätig sind, ist der berufliche Alltag von hochgradig komplexen und sehr heterogenen Kommunikationsformen beherrscht. Von der Baby-Sprache mit den Kleinkindern am Frühstückstisch bis zur Besprechung der Übergabe zu Schichtbeginn mit für Laien kaum verständlichen Fachbegriffen steht häufig nur eine Viertelstunde Anfahrtsweg. Die Verschiedenheit der kommunikativen Anforderungen zeichnet den Pflegeberuf besonders aus. Nicht nur der Wechsel von privat zu öffentlich, sondern auch die am Arbeitsplatz praktizierten unterschiedlichen Diskurstile machen den Pflegeberuf zu einem kommunikationsintensiven Beruf. Wie differenziert die sprachlichen

Anforderungen an die Pflegenden sind, zeigt bereits eine kurze Aufzählung der beteiligten KommunikationspartnerInnen:

- Patientinnen und Patienten, darunter alle Altersgruppen: von Kindern bis zu alten Menschen mit verschiedenen, z. T. krankheitsbedingten Kommunikationsproblemen,
- Verwandte, BesucherInnen,
- Kolleginnen und Kollegen,
- Vorgesetzte (z. B. Pflegedienstleitung, Stationsleitung),
- Ärzte und Ärztinnen (Assistenz- Ober/ChefärztInnnen, PraktikantInnen, Studierende),
- Externe, z. B. PhysiotherapeutInnen.

Diese Liste ließe sich sicherlich je nach Fachbereichsspezifik noch erweitern. Auch beinhaltet sie nicht die kommunikativen Handlungen, die selbst mit einer Zielgruppe bewältigt werden müssen. Von der fachlichen Erläuterung bis zum Trösten: Eine große Spanne an Sprachkompctcnz ist gcfordcrt.

Frauen in den Pflegeberufen sind in mehrerer Hinsicht von dieser Vielzahl kommunikativer Anforderungen betroffen. Eine maßgebliche Rolle spielen, wie bereits dargelegt, die an sie gerichteten stereotypen Anforderungen und Erwartungen.

Diese stereotypen Erwartungen beeinflussen auch die Durchsetzungsmöglichkeiten von Frauen am Arbeitsplatz und damit ihren beruflichen Erfolg. Verschiedene Studien zeigen, daß sich Frauen am Arbeitsplatz weniger gut durchsetzen können als Männer (Tannen, 1995). Dies gilt auch für den Pflegeberuf und hier besonders im Verhältnis zum ärztlichen Personal. So zeigte eine Studie der Universität Göttingen z. B., daß manche Ärzte die „kleinen dummen Schwestern" spüren lassen, daß sie „Menschen zweiter Klasse" seien. Das Arzt-Schwester-Spiel (Stein et al., 1990) führte z. T. zu auch sprachlich konfliktreichen Situationen, wie beispielweise zum entmündigenden „Pflege-Wir" (Rompa, 1995).

Die Veränderungen innerhalb des Pflegeberufs führen auch zu anderen Diskursformen, zu mehr Mitspracherechten und anderen Kompetenzverteilungen. Je mehr Frauen sich aber (sach)kompetent zeigen und damit das auch heute noch gültige Vorurteil der geringeren (oder andersartigen) Kompetenz von Frauen widerlegen, desto härter fallen häufig die Gegenstrategien aus. Auch ist die Behauptung von Kompetenz für Frauen im Beruf zwar besonders notwendig, aber auch besonders problematisch.

Belehren. Eine der Strategien, die geeignet ist, Dominanzverhältnisse zu verfestigen ist z. B. das Belehren. Das Handlungsmuster „Belehren" findet sich sowohl im öffentlichen Diskurs, wie z. B. TV-Diskussionen, aber auch in privaten Auseinandersetzungen. Belehren kann entweder als inhaltlich gefüllte Korrektur von Ansichten oder Positionen oder aber als Zurückweisung von Ansprüchen bzw. Forderungen auf der Beziehungsebene gewertet werden. In jedem Falle ist damit eine Status- bzw. Machtdemonstration verbunden, aber auch ein Stück Selbstdarstellung, besonders in Anwesenheit von Dritten. Beispiele für diese Form der Selbstdarstellung finden sich bei Kotthoff (1993). Sie verdeutlicht die Funktion von Belehren innerhalb sogenannter Expertenrunden. In diesem Interaktionssetting wird über die Form der „konversationellen Vorträge" (s.o., S. 86) vor allem von Männern Kompetenz demonstriert. Aber auch in privaten Konfliktgesprächen erweist sich Belehren als wichtige Strategie (Thimm, 1990, S. 136 f.). Dieser Stil läßt sich auch als „Patronisieren" bezeichnen.

Disqualifizieren. Eine häufig gebrauchte Form der Durchsetzung von Eigeninteressen ist das Disqualifizieren. Dies geschieht zumeist durch das implizite oder explizite Absprechen von Kompetenz. In extremen Fällen wird Disqualifizieren zu Diskreditieren und erscheint dann z. B. in Form beleidigender Äußerungen. Deutlich disqualifizierende Äußerungen von Männern gegenüber Frauen beziehen sich übrigens erstaunlich häufig auf die Person selbst. Dies gilt nicht nur für politische Kontexte, in denen direkte Äußerungen über die Person und ihren Mangel an Kompetenz gemacht werden („Sie sehen besser aus als sie reden, Frau Kollegin"; Burkhardt, 1992), sondern auch für Mediengespräche und private Kontexte. Bei den Mustern des Disqualifizierens und des Diskreditierens ist die Akzeptanz der betroffenen Frauen konstitutiv für den Durchsetzungseffekt. Entweder verwahren sie sich selbst gegen drastische Imageverletzungen nicht (Thimm, 1995a), oder sie akzeptieren sie aufgrund ihrer impliziten Natur („Das war doch charmant vorgetragen"; Thimm, 1993), bzw. aufgrund des Vorherrschens männlicher Interaktionsrituale, etwa am Arbeitsplatz (Tannen, 1995, S. 42 ff.).

Lob. Eine besondere Spielart der Diskreditierung findet sich in einem zunächst als positiv erscheinenden Verhalten, dem Lob. Loben kann jedoch einen abwertenden Effekt haben, da mit dem Lob darauf rekurriert wird, daß der/die Höherstehende diese Form der Anerkennung aufgrund seiner/ihrer Überlegenheit verteilen darf.

Unterbrechen. Eine wichtige und lange diskutierte Kategorie, die sich der Gesprächsorganisationsebene zuordnen läßt, ist das Unterbrechen. Noch immer wird das häufigere Unterbrechen als Zeichen männlicher Dominanz herangezogen. Sicher ist, daß man oder frau ohne das Wort zu haben die eigene Position nicht darstellen oder verteidigen kann: Der Kampf um das Rederecht ist ein zentrales Element der Durchsetzung. Es erscheint jedoch bei empirischer Prüfung verschiedener Interaktionssituationen zweifelhaft, ob sich Unterbrechungen zur Durchsetzung eindeutig in Beziehung setzen lassen: Unterbrechungen führen nämlich keineswegs immer zum Erfolg. Eine vergleichende Studie von James und Drakich (1993) fand keinen Beleg für die Durchsetzung von Männern anhand höherer Unterbrechungszahlen. Wenn sich beispielsweise Frauen auch mit Hilfe von Unterbrechungen nicht durchsetzen können, müssen andere Mechanismen für ihr Unterliegen verantwortlich sein.

Während in anderen Bereichen der Frauenforschung die Frage der eigenen Beteiligung von Frauen an ihrer Benachteiligung thematisiert wurde und zu kontroversen, aber fruchtbaren Debatten geführt hat, werden die Frauen in der linguistischen Frauenforschung noch häufig auf ihre Betroffenenrolle beschränkt und als Opfer männlicher Sprachgewalt angesehen. Die Frage, wie Frauen den Status quo mitproduzieren, ist noch nicht systematisch aufgegriffen worden. Nimmt man die in vielen Publikationen herrschende Grundthese von der kategorialen Benachteiligung der Frauen als gegeben an, so wird nicht nur unser Eigentanteil bzw. die Eigenverantwortung auf die Geschlechtszugehörigkeit reduziert, sondern es wird genau die passive Rolle zementiert, die eigene Freiheiten und Aktivitäten von Frauen behindert. Es ist daher auch an jeder Einzelnen selbst, gerade im beruflichen Alltag auf Formen sprachlicher Gewalt oder Mißachtung gegenüber Frauen aufmerksam zu machen.

7.7   Schlußbemerkungen – Sprache und Emanzipation

Bei der Betrachtung von Kommunikation im beruflichen Alltag ist zu berücksichtigen, daß der Erfolg maßgeblich von der stereotypgeleiteten Erwartung bezüglich der Rolle und Funktion von Weiblichkeit bzw. Männlichkeit abhängt. Dies trifft auf Frauen in den Pflegeberufen ganz besonders zu, da sie vom doppelten Stereotyp des Berufs und des Geschlechts betroffen sind. Die historische Entwicklung der Pflegeberufe ist eng an ein Bild von Weiblichkeit gekoppelt: Die „Natur der Frau" war Argument für ihre pflegende, dienende und sorgende Funktion in der Rolle der Krankenschwester. In dem Maße, in dem die Professionalisierung zu mehr Konkurrenz auf der Kompetenzebene mit dem ärztlichen Personal führt, funktionieren alte Muster nicht mehr so einfach. Für Frauen in den Pflegeberufen bietet diese Entwicklung einerseits die Chance zu mehr Eigenveranwortung und größere Kompetenzbereiche. Aber sie stellt auch hohe Anforderungen: Persönliche und fachliche Durchsetzung erfordern Mut, Wissen und Selbstbewußtsein.

Haben Männer verschiedene Strategien entwickelt, ihre eigenen Leistungen und Kompetenzen herauszustellen, so fällt dies Frauen auch deshalb schwer, da sie bei der Betonung ihrer Leistungen eher mit negativen Reaktionen rechnen müssen. Kompetenz sprachlich zu übermitteln ist angesichts der Geschlechterstereotype ein alltäglicher, ganz individueller Kampf, für den es nur wenige Rezepte gibt. Gegenüber persönlichen und inhaltlichen Abwertungen gewappnet zu sein, ist z. B. nicht jeder Frau in gleichem Maße gegeben. Immer mehr Frauen aber entdecken ihre eigenen Kompetenzen und entwickeln gemeinsame Strategien, d. h. nicht nur persönlich empfundene sprachliche Abwertungen zurückzuweisen, sondern auch solidarisch mit den Kolleginnen gemeinsam auf wiederkehrende Mißstände aufmerksam zu machen. Die Erfahrung, daß sprachliche Kompetenz ein wichtiger Pluspunkt im Beruf sein kann, wäre sicherlich auch ein Beitrag zur Professionalisierung und Emanzipierung der Frauen in den Pflegeberufen.

Literatur

Bock, U., Landwehr, H.: Frauenforschungsprofessuren – Marginalisierung, Integration oder Transformation im Kanon der Wissenschaften? Feministische Studien, 1, 94 – 189 (1994)

Burgoon, M., Birk, T., Hall, J.: Compliance gaining and satisfaction with physician-patient communication: an expectancy theory interpretation of gender difference. Human Communication Research 18, 171 – 208 (1991)

Burkhardt, A.: Das ist eine Frage des Intellekts, Frau Kollegin. Zur Behandlung von Rednerinnen in deutschen Parlamenten. In: Günthner, S., Kotthoff, H. (Hrsg): Geschlechter im Gespräch. Kommunikation in Institutionen. Metzler'sche, J.B., Verlagsbuchhandlung und C.E. Poeschel GmbH, Stuttgart, 1992, S. 296 – 302

Carli, H.: Gender, language, and influence. Journal of Personality and Social Psychology 59, 5, 941 – 951 (1990)

Erickson, B., Lind, A. E., O'Barr, W. M.: Speech styles and impression formation in a court room setting: the effects of 'powerful' and 'powerless' speech. Journal of Experimental Social Psychology 14, 266 – 279 (1978)

Goffman, E.: Interaktion und Geschlecht. Einl. u. hrsg. v. Knoblauch, H. (Hrsg.): Frankfurt, Campus, 1994

Günthner, S., Kotthoff, H. (Hrsg.): Die Geschlechter im Gespräch. Kommunikation in Institutionen. Metzler, Stuttgart, 1992

Huhnke, B.: Ausgrenzung und Aggression in der politischen Berichterstattung über Frauen. Beiträge zur feministischen theorie und praxis, 40, 45 – 60 (1995)

James, D., Drakich, J.: Women, men and interruptions: A critical review. In: Tannen, D. (Hrsg.): Gender and conversational interaction, 2nd ed., Oxford u. New York, 1993, S. 281 – 312

Klein, J.: Benachteiligung der Frau im generischen Maskulinum – eine feministische Schimäre oder psycholinguistische Realität? In: Germanistik und Deutschunterricht im Zeitalter der Technologie. Vorträge des Germanistentages 1987. Niemeyer, Tübingen, 1989, S. 310 – 319

Kotthoff, H.: Kommunikative Stile, Asymmetrie und „Doing Gender". Fallstudien zur Inszenierung von Expert(inn)entum in Gesprächen. Feministische Studien 2, 79 – 95 (1993)

Kruse, L., Weimer, E., Wagner, F.: What men and women are said to be: Social representation and language. Journal of Language and Social Psychology 7, 3 – 4, 243 – 262 (1988)

Lock, E.: Sprache, ein Instrument der Diskriminierung. Krankenpflege 12, 647 – 652 (1990)

Mulac, A., Incontro, C., James, M.: Comparison of the gender-linked language effect and sex role stereotypes. Journal of Personality and Social Psychology 49, 4, 1098 – 1109 (1985)

Rompa, W.: Meine Schwester und ich. Souvenir aus dem Krankenhaus. In: Bienstein, Ch., Zegelin, A. (Hrsg.): Pflegekalender '95. Ullstein-Mosby, Berlin/Wiesbaden, 1995

Stein, T., Watts, D., Howell, T.: Das Arzt-Schwestern-Spiel. Krankenpflege 6, 66 – 70 (1990)

Tannen, D.: Job-Talk. Wie Frauen und Männer am Arbeitsplatz miteinander reden. Ernst Kabel Verlag, Hamburg, 1995

Thimm, C.: Dominanz und Sprache. Strategisches Handeln im Alltag. Deutscher Universitätsverlag, Wiesbaden, 1990

Thimm, C.: „Ja liebe Zeit – das war doch charmant vorgetragen!" Weibliche Sprachform als Anlaß politischen Konfliktes. In: Reiher, R. R., Läzer, R. (Hrsg.): Wer spricht das wahre Deutsch? Erkundungen zur Sprache im vereinigten Deutschland. Aufbau-Verlag, Berlin, 1993, S. 161 – 186

Thimm, C.: Durchsetzungsstrategien am Arbeitsplatz: Unterschiede zwischen Frauen und Männern. In: Bartsch, E. (Hrsg.): Sprechen, führen, kooperieren in Betrieb und Verwaltung. Ernst Reinhardt Verlag, München, 1994, S. 331 – 338

Thimm, C.: Strategisches Handeln im politischen Konflikt: Frauen und Männer im kommunalen Parlament. In: Reiher, R. (Hrsg.): Sprache im Konflikt. Walter de Gruyter, Berlin, 1995, S. 72 – 92

Thimm, C.: Durchsetzungsstrategien von Frauen und Männern: Sprachliche Unterschiede oder stereotype Erwartungen? In: Heilmann, C. (Hrsg.): Frauensprechen – Männersprechen. Geschlechtsspezifisches Sprechverhalten. Ernst Reinhardt Verlag, München, 1995, S. 120 – 129

Trömel-Plötz, S. (Hrsg.): Gewalt durch Sprache. Die Vergewaltigung von Frauen in Gesprächen. Gustav Fischer Verlag, Frankfurt/M. 1984

Ussher, J. M.: Sex differences in performance: fact, fiction or fantasy? In: Smith, A. P., Jones, D. M. (eds.): Handbook of human performance. London, 1992, S. 63 – 94

Woods, N.: Talking shop: sex and status as determinants of floor apportionment in a work setting. In: Coates, D., Cameron, D. (eds.): Women in their speech communities. Longman, London u. New York, 1988, S. 141 – 157

8   Sprache und Kommunikation im Alter

von Reinhard Fiehler

8.1   Alte Menschen und Pflege

Die Mitarbeiterinnen und Mitarbeiter in den Pflegeberufen haben es zu einem erheblichen, wenn nicht sogar zum überwiegenden Teil mit älteren Menschen zu tun. Mit älteren Menschen, die zudem im Vergleich zu den „gesunden" Alten in irgendeiner Hinsicht beeinträchtigt sind. Große Teile der (Pflege-)Arbeit bestehen darin, im Rahmen der Pflege mit diesen Menschen sprechen. Zum Teil begleiten Gespräche andere Pflegetätigkeiten, zum Teil **ist** das Gespräch die Pflege. Bestimmend für diese Gespräche sind drei Parameter: Es handelt sich um „institutionelle", „professionelle" und „intergenerationelle" Gespräche, also um einen besonderen Typus von Gespräch, der eigenen Regularitäten unterliegt und spezielle Probleme mit sich bringt.

Die Tatsache, daß in der Pflege die Kommunikation mit alten Menschen eine zentrale Rolle spielt, läßt es sinnvoll und notwendig erscheinen, sich an die (Sprach-)Wissenschaft mit der Frage zu wenden, was sie über die Besonderheiten der Sprache und des Kommunikationsverhaltens alter Menschen zu sagen weiß, welche Probleme sich typischerweise in der Kommunikation zwischen alten Menschen und Pflegepersonal ergeben und wie man diese Probleme vermeiden oder reduzieren kann. Die Antworten, die die Sprachwissenschaft auf diese Fragen geben kann, sind jedoch – deutlicher noch als in anderen Bereichen – bruchstückhaft und vorläufig. Dies ist eine Folge der Tatsache, daß die Sprachwissenschaft die Besonderheiten der Sprache und Kommunikation im Alter bisher weitgehend vernachlässigt hat.

8.2   Stand der Forschung

Obwohl es dem alltagsweltlichen Vorverständnis nach deutlich ist, daß das Kommunikationsverhalten älterer Menschen eine spezifische Qualität besitzt, stehen wissenschaftliche Untersuchungen, die diese Qualität detailliert bestimmen, in der Bundesrepublik erst am Anfang. Insbesondere gibt es zu dieser Thematik bisher kaum interaktions- und gesprächsanalytische Untersuchungen, die ihre Ergebnisse aus der detaillierten Mikroanalyse authentischer Gesprächsaufzeichnungen gewinnen. Unter den wenigen Ausnahmen ist hier vor allem Thimm (1995a,b) zu nennen.

Ein anderes Bild zeigt sich – wie sollte es anders sein – in den Vereinigten Staaten und Großbritannien, wo sich „Communication and Ageing" als ein festes Thema in Soziologie, Sozialpsychologie und Sprachwissenschaft etabliert hat. Motor dieser Entwicklung im Bereich der Gesprächsanalyse sind insbesondere Coupland, Coupland und Giles (1991) mit ihrem Buch „Language, Society and the Elderly". Für einen Überblick über die Entwicklung dieses Forschungsgebietes und behandelte Fragestellungen siehe ferner Carmichael,

Botan und Hawkins (1988), Kemper (1992), Kemper und Anagnopoulos (1989), Nussbaum, Thompson und Robinson (1989) sowie Williams und Giles (1991).

Betrachtet man von dieser nationalen Ungleichzeitigkeit absehend generell die Verteilung linguistischer Untersuchungen zur Entwicklung von Kommunikationsfähigkeit über die Lebensspanne, so liegt das deutliche Maximum im Bereich des kindlichen Sprach- und Kommunikationserwerbs, die Entwicklung von Kommunikationsfähigkeit im Erwachsenenalter wird allenfalls unter dem Gesichtspunkt funktionaler Differenzierung (Erwerb von Fachsprachen, institutionenbezogene Kommunikationsfähigkeit, Fremdsprachen) thematisiert. Das eindeutige Minimum liegt im Bereich der Untersuchungen zu Veränderungen der Kommunikationsfähigkeit vom Erwachsenenalter zum Alter. Nicht nur solche wissenschaftsimmanenten Gründe, sondern vielmehr noch die praktische Relevanz dieser Thematik machen deutlich, daß hier ein großer Forschungsbedarf besteht.

8.3   Alltagsweltliche Konzepte von Alter

„Alter" ist im Verständnis des Alltags keine einheitliche bzw. konsistente Kategorie. Das Phänomen „Alter" wird in verschiedenen Bezugsrahmen verortet. Alltagsweltlich existieren mindestens drei Konzepte, die aufeinander bezogen sind und häufig miteinander vermischt werden. Darin wird Alter als zeitlich-numerische Größe, als biologisches oder als soziales Phänomen gesehen.

Diese drei Konzepte – teils einzeln, teils miteinander interferierend – bilden den mentalen Hintergrund für die Erfahrung von Alter und das explizite oder implizite Relevantwerden von Alter in der Interaktion und Kommunikation.

Alter als zeitlich-numerische Größe. Das geläufigste Konzept ist eine zeitlich-lineare und chronologisch-numerische Vorstellung von Alter. Alter wird hier mit der Zahl der Lebensjahre assoziiert: *„Mit 60 ist man doch noch nicht alt." Alter beginnt an einem bestimmten Punkt der Skala. Dieser Punkt kann aber unterschiedlich bestimmt werden.*

Alter als biologisches Phänomen. Alter ist hier verbunden mit Vorstellungen von biologischer Entwicklung, z. B. Reifung und Abbau. Alterungsprozesse werden als Naturphänomen verstanden. Dieses Konzept kommt z. B. in einer Äußerung zum Tragen wie: *„Für dein Alter hast du dich gut gehalten".* Hier wird eine positive Diskrepanz zwischen numerischem und biologischem Alter konstatiert.

Alter als soziales Phänomen. Alter wird in diesem Konzept in Beziehung gesetzt zur Integration in den sozialen Prozeß. In dem Maße wie Zuwendung und Teilnahme am sozialen Leben besteht, ist man nicht alt. Erst wenn soziale Isolierung stattfindet und andere Einstellungen und Werte ausgebildet werden, setzt Alter ein. Diese Altersvorstellung findet z. B. Ausdruck in Äußerungen wie: *„Für dein Alter bist du aber ganz schön aufgeschlossen und rege." Und: „Deine Ansichten sind ja richtig modern." Mit ihnen wird eine Diskrepanz zwischen numerischem und sozialem Alter („alterstypischen" Verhaltensweisen, Einstellungen und Werten) thematisiert.*

8.4 Annäherungen an die Altersspezifik

Im folgenden sollen drei verschiedene Zugänge zur Analyse von Kommunikation im Alter charakterisiert werden.

8.4.1 Liste der Merkmale

Der überwiegende Teil der bisherigen Forschung hat versucht, die Altersspezifik zu charakterisieren, indem spezifische Merkmale der Alterskommunikation zusammengestellt werden. Einzeluntersuchungen sind dabei zwar in der Regel auf spezielle Merkmale beschränkt, aber in ihrer Gesamtheit expliziert diese Forschungsrichtung Altersspezifik als eine solche Liste spezifischer Merkmale. Im Anhang findet sich ein Beispiel für eine solche Liste. Sie ist das Ergebnis einer zweisemestrigen Lehrveranstaltung zum Thema „Kommunikation im Alter" (WS 1993/94 und SS 1994, Universität Bielefeld), in der u. a. sechs längere Gesprächsaufzeichnungen gemeinsam analysiert wurden, mit dem Ziel, alterstypische Merkmale zu explizieren.

Die Erstellung solcher Listen hat die alte Einzelperson im Blick. Betrachtet werden Personen, die im Sinne des numerischen Alters eine bestimmte Grenze überschritten haben. Ihre Sprache und ihr Kommunikationsverhalten werden implizit oder explizit verglichen mit dem jüngerer Personen, und es werden in verschiedenen Dimensionen Unterschiede konstatiert, die in Form von Listen zusammengestellt werden.

Die so gewonnenen Merkmale bestimmen die Spezifik, in der Regel als einen quantitativen, nicht als einen absoluten Unterschied, das heißt, es gibt kaum Merkmale, die exklusiv nur in der einen, nicht aber in der anderen Gruppe auftreten. Der Nachweis quantitativer Unterschiede ist methodisch sauber jedoch schwer zu führen. Daher geht es im Regelfall wohl eher um die Explikation und punktuelle Belegung eines Vorverständnisses. Indem ein holistisches, generalisierendes und prototypisches Bild der Altersspezifik entworfen wird, brauchen viele der Merkmale im Einzelfall nicht zuzutreffen.

8.4.2 Alter als interaktiv konstituiertes Phänomen

Eine zweite Herangehensweise an die Altersspezifik setzt sich ab von diesem auf Einzelpersonen bezogenen Verständnis von Alter. Im Zentrum steht hier nicht das Individuum, sondern die Interaktion. Betrachtet werden Prozesse der Aushandlung eines variabel definierbaren sozialen Alters. Herausgearbeitet werden die Verfahren, mit denen Interaktionsbeteiligte sich selbst oder den anderen als „alt" oder „jung" typisieren bzw. mit denen sie eine solche Altersdifferenz interaktiv markieren und signalisieren. Auf der Basis des numerischen Alters wird hier das Konzept sozialen Alters relevant.

Es ist das große Verdienst von Coupland, Coupland und Giles, daß sie dem individualistischen und naturalistischen Verständnis der Kategorie „Alter" diese interaktionelle Sichtweise an die Seite gestellt haben, die den Herstellungsaspekt von Alter in der Kommunikation betont. Für diese Sichtweise sind Konzepte wie Definition, Aushandlung und interaktive Hervorbringung zentral.

„We argue that 'elderliness' is in significant ways manufactured and modified in sequences of talk in which older speakers are involved, through the agency of elderly and younger speakers." (Coupland, Coupland und Giles, 1991, S. 55)

„Membership of the category 'old' is therefore at one level a token to be manipulated for immediate purposes in the discourse. A speaker is not uniformly 'old' or 'not old'; rather,

she self-selects and self-projects in and out of the category, (...) " (Coupland, Coupland und Giles, 1991, S. 68).

Sie holen damit für die Kategorie „Alter" einen Prozeß nach, der für Kategorien wie „Geschlecht", „Ethnizität" etc. schon seit einiger Zeit angelaufen ist und gesellschaftlich zu einem veränderten Verständnis solcher Kategorien geführt hat.

Diese zweite Herangehensweise stellt zwar eine weitgehende Verschiebung der Perspektive dar, aber auch sie verläßt im wesentlichen nicht die Beschreibungsebene. Das Interesse des „Sammelns und Jagens" richtet sich lediglich auf andere Phänomene, im wesentlichen auf die entsprechenden Typisierungs- und Definitionsverfahren.

8.4.3 Ableitung altersspezifischer Phänomene und interaktiver Verfahren

Eine dritte Herangehensweise, die altersspezifische Phänomene und interaktive Verfahren zu erklären versucht, ist bisher weitgehend eine Wunschvorstellung. In dieser Perspektive geht es darum, Phänomene und Verfahren aus den strukturellen Veränderungen der sozialen Lebenssituation im Alter bzw. aus den Veränderungen der sozialen Beziehungen herzuleiten. Eine solche Sichtweise versucht, z. B. die kommunikativen Folgen des mit der Generationsablösung verbundenen Dominanzverlusts oder die kommunikativen Auswirkungen des Endes der Berufstätigkeit in Detail zu bestimmen. Die so abgeleiteten Phänomene sind damit nicht nur beschrieben, sondern zugleich auch erklärt.

Abschließend sei bemerkt, daß die drei skizzierten Herangehensweisen nicht deckungsgleich sind. Bei den verschiedenen Zugängen rücken jeweils unterschiedliche Phänomenbereiche in den Mittelpunkt, sie beleuchten drei verschiedene Aspekte bzw. Seiten der Altersspezifik.

8.5 Sprache und Kommunikation im Alter – exemplarische Analysen

8.5.1 Gesprächskonstellationen

Versucht man nun, sich der Analyse der Kommunikation im Alter empirisch anzunähern, so zeigt sich schnell, daß vier deutlich unterschiedliche Konstellationen auseinandergehalten werden müssen, in denen Kommunikation im Alter sich abspielt. Diese vier Konstellationen ergeben sich aus der Kreuzklassifikation der Merkmale „innergenerationell vs. intergenerationell" und „innerfamiliär vs. außerfamiliär". Ich möchte dabei den Begriff „familiär" in seiner lateinischen Bedeutung verstanden wissen, also nicht im Sinne formaler Familienbeziehungen, sondern im Sinne einer langen wechselseitigen Vertrautheit. Sprache und Kommunikation im Alter sind keinesfalls homogen, sondern müssen in Hinblick auf diese im folgenden beschriebenen Konstellationen differenziert untersucht und beschrieben werden.

Die erste Konstellation ist die Kommunikation zwischen alten Menschen, die durch familiäre Beziehungen miteinander verbunden sind, seien es Ehepartner, Geschwister oder sehr gute Bekannte, die über eine weite Strecke gemeinsam alt geworden sind und die auf dem Hintergrund ihrer langen Interaktionsgeschichte miteinander kommunizieren.

Die zweite Konstellation ist die Kommunikation zwischen alten Menschen, die sich zufällig oder nur sporadisch (als Bekannte) begegnen, sei es in Altentreffs, im Park oder sonstwo. Es ist instruktiv, sich vorzustellen, wo dies im normalen Alltag passieren kann.

Die dritte Konstellation ist das innerfamiliäre Gespräch zwischen den Generationen bzw. entlang der Generationslinien, also etwa im Rahmen der Eltern-Kind-Beziehung, sofern die Eltern nur hinreichend „alt" sind, oder in der Großeltern-Enkel-Beziehung.

Die vierte Konstellation ist die Kommunikation zwischen alten Menschen und ihnen fremden jüngeren im Rahmen singulärer oder unregelmäßiger Interaktionen. Die Kommunikation in der Pflege ist dieser Konstellation zuzurechnen.

8.5.2 Taxonomie der Verfahren und Mittel zur interaktiven Markierung bzw. Akzentuierung von Alter

Zu diesem Punkt soll zunächst ein Beispiel für die oben charakterisierte zweite Herangehensweise an Altersspezifik, die Analyse von Alter als einem interaktiv konstituierten Phänomen, angeführt werden. Ich greife hierzu auf Untersuchungen von Coupland, Coupland und Giles (1991, S. 58-65) zurück, die mit Beispielen aus eigenem Material belegt werden.

Die folgenden Ausführungen stellen noch keine erschöpfende und befriedigende Taxonomie der Verfahren und Mittel zum interaktiven Relevantsetzen von Alter dar. Es handelt sich um erste Beobachtungen, die sich in der sequentiellen Analyse von zehn längeren Aufnahmen von Alterskommunikation (KiA 1-10) ergeben haben. Die Aufnahmen entstammen im wesentlichen den Konstellationen 1 und 3. Für die Konstellation 4 war mir leider kein Material zugänglich.

Coupland, Coupland und Giles (1991, S. 58-65) unterscheiden sechs Verfahren, mit denen Alter in der Interaktion thematisiert bzw. relevant gesetzt werden kann und mit denen sich Interaktionsbeteiligte als „alt" oder „nicht alt" darstellen können. Diese Verfahren sollen vorgestellt, modifiziert und an Beispielen aus eigenem Material verdeutlicht werden.

Die Verfahren 4) bis 6) fassen Coupland, Coupland und Giles als *„temporal framing processes"* zusammen, wobei sie betonen, daß die Unterscheidung zwischen ihnen nicht besonders trennscharf ist. Gemeinsam ist ihnen aber, daß sie die Kategorie „Alter" interaktiv relevant machen. Die Verfahren 4) bis 6) stellen ein Kontinuum dar, bei dem sich der Schwerpunkt immer mehr aus der Aktualität in die Vergangenheit verlagert (s. a. Boden und Bielby, 1983).

Neben diesen sechs Verfahren zum Relevantsetzen von Alter in der Interaktion, die Coupland, Coupland und Giles unterscheiden, mochte ich zumindest noch ein siebtes anführen, wobei allerdings sicher ist, daß es noch deutlich mehr gibt.

Die vorgestellten Beispiele zeigen deutlich, daß die Kennzeichen altersspezifischer Kommunikation nicht additive Merkmale sind, die einer bestimmten Art zu kommunizieren, nur hinzugefügt werden, sondern daß der grundlegende Unterschied in einer bestimmten mentalen Perspektive *oder Verfaßtheit besteht, die dann kommunikativ mittels der charakterisierten Verfahren Ausdruck findet.*

1. Nennung des numerischen Alters. Das erste Verfahren besteht in der zahlenmäßigen Nennung des Alters (*„disclosure of chronological age"*). Entweder die Person selbst oder andere können durch eine solche Zahlenangabe Alter thematisch machen. Solche Altersnennungen erfolgen häufig im Kontext der Thematisierung von Abbau, Krankheit und Tod.

2. Nennung altersgebundener Kategorien und Rollen. Alter kann zweitens relevant gesetzt und akzentuiert werden durch qualitative Altersbestimmungen oder durch die Nennung von Kategorien oder Rollen, die in der Regel mit einem bestimmten Alter verbunden sind. In diesem letzten Fall ist das Relevantwerden von Alter an Schlußprozesse gebunden: Wenn jemand von sich als „Pensionär" spricht, kann daraus auf ein bestimmtes Alter geschlossen werden.

Beispiele:

- Konstruiert: *„in meinem Alter"*, *„werde du erst mal so alt wie ich"*, *„du junger Hüpfer"*; *„hast du Friederike gesehen, Oma"*, *„meine beiden Enkel"* etc.
- KiA 8, 274: (Die Großmutter B im Gespräch mit der Enkelin) *„B: ja gestern haben wir noch drüber gesprochen ich sag zu Opa"*. Mit der Verwendung der altersgebundenen Rollenbezeichnung *„Opa"* statt z. B. der Nennung des Namens wird hier im Gespräch mit der Enkelin von der *„Oma"* die Altersdimension relevant gemacht.

3. Thematisierung altersbezogener bzw. mit Alter assoziierter Phänomene. Beispiele:

- KiA 7, 1-2: *„A: Hach, manchmal bin ich auch schon ganz durcheinander."* Dieses Beispiel ist insofern besonders interessant, weil A zwar hier einen Mangel eingesteht, sie sich aber zugleich durch das *„auch schon"* von einer altersakzentuierenden Interpretation absetzt, indem sie dies nicht als Normalfall, sondern allenfalls als Beginn eines entsprechenden Prozesses darstellt.
- KiA 8, 196: (B nimmt den Vorschlag der Enkelin auf, ein Geschenk für sie einzupacken) *„B : das wär lieb ich kann das doch nicht mehr so"*, Es ist deutlich, wie durch die Thematisierung eines Unvermögens Alter thematisch relevant wird.

4. Hinzufügen bzw. Etablieren einer Vergangenheitsperspektive. Bei diesem Verfahren wird die Behandlung eines Themas in die Vergangenheit perspektiviert. Dem Thema wird so eine Vergangenheitsperspektive hinzugefügt, bzw. es wird eine solche generell etabliert.

Beispiel:

- Konstruiert: (In einem Gespräch über die Freizeitgestaltung:) *„in meiner Jugend gab es überhaupt noch kein Fernsehen"*.

5. Thematisierung von kulturellem und gesellschaftlichem Wandel. Ein weiteres Verfahren, die Kategorie „Alter" interaktiv relevant zu setzen, ist die Konstatierung von Wandel im Vergleich mit einer früheren Zeit. Ein Topos dabei ist, daß die früheren Zeiten natürlich besser waren. Auch hier wird eine Vergangenheitsperspektive etabliert. Es handelt sich also um einen Spezialfall von 4).

Beispiele:

- KiA 2, 635-636: *„A: manchmal kamen die* **Geier** *auch rüber. damals gab's doch viel Geier."*
- KiA 10, 57-59: *„B: Schifferklavier () Turkerbuil sagten se früher A: Was sagten se? B: Turkerbuil oder Quetschkommode äh wir sagten früher sagten se Turkerbuil."*

Der thematisierte Wandel ist hier ein Namenswandel. Interessant ist dabei vor dem Hintergrund ähnlicher Phänomene im Transkript, daß die Sprecherin sich nicht durchgehend mit der Vergangenheit identifiziert. Hier erkennbar am Schwanken zwischen „wir" und „se".

6. Identifikation mit der Vergangenheit. Bei diesem Verfahren identifiziert sich der Sprecher weitgehend mit der Vergangenheit. Teilweise hat dies die Form eines gedanklichen Lebens in der Vergangenheit, in Erinnerungen, die mit der Gegenwart nicht mehr vermittelt sind (s. Coleman, 1986).

Beispiel:

- KiA 2, 385 – 387: *„A: aber wie's zu unserer Zeit noch war ((Luftholen)) da warn noch die Wanzen .. da lebten se noch die Wanzen"*. Besonders durch die Formulierung „zu unserer Zeit" wird hier die Identifikation mit der Vergangenheit geleistet.

7. Formulieren aus einer Endposition. Bei diesem Verfahren versteht sich die Person nicht mehr als in einer Entwicklung begriffen, sondern als am Ende stehend. Aus dieser Perspektive werden Resümees gezogen und abschließende Bewertungen gegeben. Es ist ein Verfahren, das häufig bei den alten Alten anzutreffen ist.

Beispiel:

- KiA 8, 121 – 123: *„B: früher* **Leffers** *ich hab so gerne früher bei Leffers gekauft A: Leffers ist heute aber noch* **super** *".* In diesem Beispiel kontrastiert Bs Formulierung aus der Endposition besonders deutlich mit der Gegenwartsperspektive der jüngeren Person A.

8.5.3 Dominanzverlust im Generationenwechsel

War die Untersuchung der Verfahren zur interaktiven Akzentuierung von Alter ein Beispiel für die zweite Linie der Annäherung an die Altersspezifik, so soll nun in knappen Umrissen ein Beispiel für den dritten Zugang gegeben werden.

Geht man von drei koexistierenden Generationen aus, also Großeltern, Eltern und Kindern, so zeigt schon die begriffliche Konstruktion dieser Reihe, daß das Primat bei der Elterngeneration liegt. Sie hat die gesellschaftliche Macht inne, sie besetzt alle relevanten Positionen und hält die Fäden der Erziehung und Altenbetreuung in der Hand. Entsprechend ist in unserer Gesellschaft der Übergang in die Altenrolle im Zuge des Generationenwechsels mit einem einschneidenden Macht- bzw. Dominanzverlust verbunden. Dieser Machtverlust hat identitätsstrukturelle Auswirkungen, die die Person und entsprechend auch ihr Kommunikationsverhalten dauerhaft verändern. Die kommunikativen Folgen des Dominanzverlustes beschränken sich dabei nicht auf die innerfamiliäre Kommunikation, sondern prägen auch die Kommunikation in allen anderen Bereichen.

Der Verlust der Dominanzrolle kann verschieden verarbeitet werden. Versucht man die kommunikativen Folgen des Dominanzverlustes genauer zu beschreiben, so müssen zunächst Formen der Akzeptanz von solchen des Widerstandes unterschieden werden. Sowohl Widerstand wie Akzeptanz können ihrerseits in verschiedenen Formen Ausdruck finden. Aus diesem Spektrum der kommunikativen Auswirkungen sollen drei Folgen exemplarisch mit Ausschnitten aus eigenem Material belegt werden.

8.5.3.1 Abgeben als Kompensation des Dominanzverlustes

Jede und jeder kennt als einen Problemfall familiärer Kommunikation die Situation, in der die Eltern oder Großeltern den Kindern oder Enkeln etwas Gutes tun wollen, indem sie etwas abgeben oder aufdrängen wollen. In der hier entwickelten Perspektive läßt sich das verstehen als der Versuch, an der alten Rollenverteilung festzuhalten und zu beweisen, daß sie doch noch über mehr Mittel und Macht verfügen, als ihnen unterstellt wird. Diese Bedeutung wird auch verstanden und erklärt die häufig ablehnende, genervte oder aggressive Reaktion der Kinder bzw. Enkel.

In dem untersuchten Beispiel (s. Abschn. 8.7.2) geht es darum, daß die Mutter (72 Jahre) der erwachsenen Tochter (52 Jahre) eine Uhr aus ihrem Besitz schenken möchte. Nachdem die beiden sich zuvor über Kuchen unterhalten haben [1], erfolgt der Themenwechsel völlig unvermittelt –2 ff.]. Das Angebot wird von der Tochter schon im Ansatz mit Zeichen von Resignation zurückgewiesen [3]. Dennoch gibt die Mutter nicht auf. Sie stellt ihre Motivation für das Angebot dar (Allergie der Tochter; [5-6]), die von der Tochter als nicht zutreffend zurückgewiesen wird [6]. Als die Tochter einen weiteren Ablehnungsgrund ins Feld führt – die Uhr ist ihr zu klein [8-12] –, nutzt die Mutter dies, um ihr eine größere anzubieten [9; 12-13]. Auch dies wird wiederum mit Zeichen von Unmut von der Tochter abgelehnt [12-13]. Die emotionalen Reaktionen der Tochter machen sehr deutlich, daß es sich nicht um einen einmaligen Vorfall handelt. Beachtenswert ist die Beharrlichkeit der Mutter.

8.5.3.2   Erfahrungen und Erinnerungen als Ressource

Die Alten verfügen zwangsläufig über Erfahrungen und Erinnerungen, die die Kinder nicht haben. Diese Erfahrungen und Erinnerungen lassen sich ausspielen als ein Argument der eigenen Überlegenheit. Man verfügt über etwas, das den Jüngeren nicht zugänglich ist. Zudem können diese Erinnerungen zugleich auch als Instrument zur Reaktualisierung der eigenen früheren Überlegenheit und Dominanz dienen.

In dem Beispiel, einem weiteren Ausschnitt aus dem eben untersuchten Gespräch (s. Abschn. 8.7.3), verdeutlicht die Mutter der Tochter, daß wohl sie sich 50 Jahre zurücker-innern kann, nicht aber die Tochter, die 52 Jahre alt ist. Es geht um Ilselotte, die schon immer über ihren Gesundheitszustand gestöhnt hat. Die Tochter stellt fest, daß sie dies schon vor 30 Jahren getan hat [4]. Die Mutter erhöht von 30 auf 50 [4-5]. Die Tochter erhöht ihrerseits auf 40, was von der Mutter ratifiziert wird [5]. Die Tochter betont dabei ausdrücklich, daß sie sich an die Zeit vor 40 Jahren erinnern kann [5-6]. Die Mutter wiederholt dann ihre Erhöhung auf 50 [6], worauf die Tochter einräumt, daß sie da nicht mehr ganz mithalten kann [6-7]. Die Mutter stellt fest, daß die Tochter damals noch nicht da war [7], was die Tochter aber so nicht stehen lassen kann [7-8]. Nachdem die Mutter dies be-stätigt hat [8], kann mit einem anderen Thema fortgefahren werden. Die Mutter hat der Tochter ihre Überlegenheit in diesem Punkt demonstriert und die Tochter zugleich mental in eine Situation rückversetzt, in der das Abhängigkeitsverhältnis noch umgekehrt war. Es wird damit reaktualisiert.

8.5.3.3   Emigration in die Vergangenheit

In intergenerationelle Gespräche bringen die Alten häufig eine Vergangenheitsperspektive ein. Dies kann so stark werden, daß sie scheinbar in diese Vergangenheit auswandern. In manchen Fällen führt dies zu einem Konflikt mit der Gegenwartsorientierung der Jünge-ren. Es kann in der Interaktion zu einer Auseinandersetzung um die geltende Perspektive kommen.

In dem Beispiel (s. Abschn. 8.7.4) etabliert die Mutter A ab 385 eine Vergangenheits-perspektive: „*aber wie's zu unserer Zeit noch war (...) da warn doch noch die Wanzen*". Sie beginnt eine ausführliche Erzählung über Wanzen und ihre Bekämpfung. Zunächst steigt die Tochter B darauf ein: „**das** kann ich auch erinnern" [388-389] sie wird aber von A durch die in Abschnitt 8.5.3.2 beschriebene Technik der Reaktualisierung der eigenen Überlegen-heit aus dieser Vergangenheit ausgeschlossen: „*du warst im Kinderwagen und hast ge-schrien*" [391]. Während A ihre Erzählung weiter ausbaut, interveniert B im folgenden kon-sequent mit einer Gegenwartsperspektive: „*es is wahrscheinlich für heute doch mehr Hy-giene*" (398-399). Diese wird von A konterkariert: „*ja das gibt's ja heute [gar nich ()]*" [399-400]. Im folgenden häufen sich dann Interventionen von B mit Gegenwartsbezug, die immer explizit mit „heute" oder „jetzt" formuliert werden: 405, 408, 414 ff. Mit der letzten Intervention übernimmt B wieder die Initiative und startet ihrerseits eine Erzählung.

Man wird das Kommunikationsverhalten im Alter auch nicht nur als Folge der Verän-derung eines Faktors verstehen können. So ist z. B. die „Umständlichkeit", wie sie in einem Ausschnitt deutlich wird, den ich hier nicht vorstellen kann, möglicherweise auch die Fol-ge einer Aufgabenreduzierung bzw. eines altersbedingten Aufgabenverlustes. Es gilt also zunächst, solche zentralen Veränderungen in der sozialen Lebenssituation bzw. in den so-zialen Beziehungen zu bestimmen. Versucht man Ableitungsbeziehungen der hier darge-stellten Art zu konstruieren, so sind also auf der Ursacheseite Bündel von Faktoren an-zusetzen, wobei diese Faktoren bei der einzelnen Person bzw. bei Personengruppen in je-weils individuellen Konstellationen zusammenwirken und unterschiedlich gewichtet sind. Unter dieser Annahme wird dann die Rekonstruktion von unterschiedlichen Gruppen bzw. individuellen Differenzen in der Alterskommunikation – also eine interne Differenzierung – möglich.

8.6 Kommunikationsprobleme zwischen alten Menschen und Pflegepersonal

Über Kommunikationsprobleme zwischen alten Menschen und Pflegepersonal kann an dieser Stelle nichts gesagt werden, was durch eigene empirische Analysen von Gesprächsaufzeichnungen abgesichert wäre. So wünschenswert dies auch wäre, ich verfüge nicht über authentische Aufzeichnungen aus dem Pflegebereich. Hier werden erst die Dissertationen von Svenja Sachweh (für den Bereich Altenpflegeheim) und Christine Weinhold (für den Bereich Krankenhaus) für ein empirisches Fundament sorgen.

Was ich über mögliche Kommunikationsprobleme im Pflegebereich sagen kann, beruht auf Erfahrungen mit anderen Formen institutionell-professioneller Kommunikation einerseits und anderen Formen intergenerationeller Kommunikation andererseits. Es ist also sozusagen eine Extrapolation und trägt den Charakter von Hypothesen.

Die genannten Erfahrungen legen nahe, daß es nicht nur die Alten sind, die diese Probleme erzeugen, sondern daß auch das Pflegepersonal durch sein kommunikatives Verhalten zu solchen Problemen beiträgt. Betrachten wir jedoch zunächst anhand der offenen Liste von Merkmalen im Anhang kommunikative Verhaltensweisen der Alten, die möglicherweise zu Problemen führen:

- Was die Interaktionstypen angeht, ist es wohl hauptsächlich der Hang zum Erzählen, der sich möglicherweise problematisch auswirkt.
- Bei den Kommunikationsmustern dürfte das „painful selfdisclosure" problematisch sein. Painful selfdisclosure bedeutet, daß negative und schmerzliche Erlebnisse und Erfahrungen im Gespräch explizit thematisiert werden. Dieses Muster hat zur Folge, daß man kaum umhin kann, verbal Anteilnahme zu zeigen.
- Auch das präferierte Themenspektrum zusammen mit der Vergangenheitsperspektive birgt potentiell Probleme. Dies insbesondere, wenn es mit der Tendenz zur Ausführlichkeit und Wiederholung verbunden ist.
- Problematisch kann sich ferner ein mangelnder Partnerbezug im Sinne eines Nicht-zuhörens und Nicht-auf-den-anderen-Eingehens auswirken.

Viele dieser Punkte sind dysfunktional für die institutionell-professionelle Aufgabenerfüllung des Pflegepersonals, vor allem, indem sie eine personale, nicht nur rollenmäßige Zuwendung erfordern. Sie sind zudem mit einem erheblichen Zeitaufwand verbunden, der mit institutionellen Vorgaben kollidiert. Andere Untersuchungen bestätigen, daß alte Menschen nur unzureichend zwischen institutionell-professioneller Rolle und Person differenzieren. Sie sehen im Gegenüber primär die Person und fordern sie als ganze.

Es sind aber – wie gesagt – nicht nur die Alten, die die Problematik in Kommunikationssituationen der Pflege produzieren. In Gegenteil: Ihre Lage ist in doppelter Hinsicht schwierig: Zum einen unterliegen sie – wie alle Klienten einer Institution – einer institutionellen „Behandlung", bei der sie tendenziell als Fall, und nicht als Person gesehen werden. Zum anderen unterliegen sie – auch in der Institution – den gesellschaftlich üblichen Altersstereotypen, die auf eine Altersdiskriminierung hinauslaufen. Auch das Pflegepersonal kann von diesen gesellschaftlich verbreiteten Stereotypen nicht frei sein und wird sein Handeln den Alten gegenüber – sicherlich in vielen Fällen unbewußt – durch sie mitbestimmen lassen.

Ein zentrales Element dieser stereotypen gesellschaftlichen Vorstellungen über Alter läßt sich an dem Modell ablesen, das die menschliche Entwicklung über die Lebensspanne als „inverted U" beschreibt. Alter wird dabei (als Gegenstück zur Phase des Heranwachsens) vorwiegend unter der Perspektive des Kompetenzverlusts und des Abbaus gesehen. Dieses verbreitete Interpretationsschema überbetont negative Entwicklungen im Alter. Die

Aufmerksamkeit wird verstärkt auf sie gelenkt. Man kann es auch so beschreiben, daß in unserer Kultur Alter durch eine Brille gesehen wird, die Schattenseiten des Alters besonders hervorhebt. Entsprechend sind die zentralen Vorstellungen über Alter vorwiegend negativ. Dies spiegelt sich auch in unserer Sprache wieder. Die meisten Bezeichnungen für Alter und alte Leute haben einen negativen Beigeschmack (z. B. Greis, Mumie, Grufti) und das Adjektiv „alt" ist abwertender und intensivierender Bestandteil vieler Schimpfwörter (alter Esel, alter Narr, alter Sack). Da Alter so negativ gesehen wird, will natürlich auch niemand alt sein oder als alt gelten.

Die negativen Altersstereotype bilden auch die Grundlage für das Handeln den Alten gegenüber. Man traut ihnen weniger zu, als sie faktisch zu leisten in der Lage sind. Man kommt ihnen – in einer Form der Überanpassung, die sich an diesen Stereotypen und nicht an den realen Personen orientiert – zu sehr entgegen, fordert sie zu wenig. Die Überanpassung kann auch darin bestehen, daß man die Alten mehr gewähren läßt, ihnen mehr durchgehen läßt, als man es bei anderen Erwachsenen täte. Ferner werden Alte häufig aufgrund von Stereotypen über den Altersabbau infantilisiert. Man spricht zu ihnen wie zu einem Kind – in einer spezifischen Form von Baby-talk. Man erklärt ihnen Dinge ausführlicher und umständlicher, als es vielleicht notwendig wäre. Thimm hat dies in eindrucksvollen sozialpsychologischen Experimenten nachgewiesen.

Fragt man abschließend nach Möglichkeiten, wie solche diskriminierenden Verhaltensweisen Alten gegenüber vermieden werden können, so ist es zunächst einmal wichtig, sich ihrer bewußt zu werden. Es ist notwendig, sich klar zu machen, welche Vorstellungen und Stereotype unser Bild von Alter bestimmen und wie man Alter anders sehen könnte. Ebenso muß man sich bewußt werden, daß Alter etwas ist, was auch durch unsere Art, sich zu verhalten, hergestellt wird. Baby-talk, zu ausführliche Erklärungen, zu viel Empathie, zu intensives Eingehen auf den anderen definieren ihn als alt, unselbständig und hilflos und lassen ihn fortan so erscheinen.

Damit wäre die Ebene der Handlungsmöglichkeiten erreicht. Die beschriebenen Verhaltensweisen der Überanpassung und des Gewährenlassens sollten vermieden werden. Aber auch allen Versuchen der Alten, sich unnötigerweise als alt darzustellen, sollte Widerstand entgegengebracht werden. Generell sollte man – bis zum Beweis des Gegenteils – nicht davon ausgehen, daß Alte (nur weil sie alt sind) etwas nicht können. Das eigene Verhalten ihnen gegenüber sollte nicht anders sein als das anderen Erwachsenen gegenüber.

Altern in einem zeitlichen und biologischen Sinn ist unvermeidlich. Es war mir jedoch wichtig zu zeigen, daß es hier Auffassungs- und Gestaltungsspielräume in einem beträchtlichen Ausmaß gibt. Wenn man sich selbst nicht als alt versteht und darstellt, und wenn andere einen nicht als alt behandeln, so ist man auf eine sehr viel angenehmere Art und Weise alt. Pflege sollte dazu beitragen, auf diese Art und Weise alt sein zu können.

8.7   Anhang

8.7.1   Eine offene Liste von Merkmalen

Kommunikative(r) Haltung/Stil

- Hinzufügen einer Vergangenheitsperspektive
  - Vergleiche Gegenwart – Vergangenheit,
  - Thematisierung von kulturellem und sozialem Wandel,
  - Erzählen/Berichten von Vergangenem;

- Selbstassoziation/-identifikation mit Vergangenheit;
- größere kommunikative Kontaktfreudigkeit (weniger Hemmungen);
- Vergrößerung des Kommunikationsaufkommens;
- Verringerung des Kommunikationsaufkommens;
- größerer Selbstbezug in der Kommunikation.

Interaktionstypen

- Erzählungen
  - größere Anteile biografischen Erzählens;
- Klatsch.

Kommunikative Muster

- Painful Selfdisclosure / Anteilnahmemuster;
- Muster der Bewertungsteilung;
- Beziehungskommunikation (phatische Kommunikation) Verhältnis zwischen sachbezogener und phatischer Kommunikation.

Themenbehandlung

- altersspezifische Themen
  - Vergangenheit,
  - Lebenssituation/Abbau/Krankheit/Tod etc.,
  - Familie,
  - Klatschen über Familie/Bekannte/Nachbarn;
- Ausführlichkeit/Umständlichkeit der Themenbehandlung;
- Wiederaufnahmen/Wiederholungen von Themen;
- ausführlichste Planungskommunikation;
- Sprünge/assoziative Verknüpfung zwischen Themen (Kohärenz);
- Kohärenz von Äußerungen (thematische Kohärenz eigener Äußerungen, Themensprünge, wechselseitiges Aufeinandereingehen).

Strategien

- Stilisierung/Typisierung als „alt";
- Benennung/Betonung von Altersrollen (Großvater/-mutter, Rentner/in, Pensionär/in);
- Benennung/Betonung des numerischen Alters (Disclosure of chronological age).

Sprachlich-stimmliche Merkmale

- Stimmliche Charakteristika
  - „alte" Stimme,
  - übergroße Emphase;
- Dialektgebrauch;
- Vokabular/Code.

Merkmale der Produktion/Rezeption

- Formulierungs-/Wortfindungsstörungen;
- Monologisieren/Nichtaufeinandereingehen
  - mangelnder Partnerbezug/Adressatenzuschnitt („recipient design"),
  - mangelnde Adressierung (Sprechen für sich),
  - Sprechen mit sich selbst/Selbstgespräche,
  - nicht zuhören/jeder verfolgt seine Themenlinie;
- Verständigungsprobleme aufgrund körperlicher Gebrechen bzw. Einschränkungen (Schwerhörigkeit etc.).

8.7.2   Ausschnitt 1: KiA 6, 96 – 105

(Retranskribiert mit neuer Zählung)

G, Mutter von A, 72 Jahre
A, Tochter von G, 52 Jahre

1
A: wenn irgendjemand kommt daß man denn was anzubieten hat (h)

2
G: Angelika ich habe/   ich habe eine die is o/ohne Metall

3
G: hintenhinter   willste die mal ü/ über/ willste nich
A: ((gedehnt)) mhm   ((resigniert))   (h) Mutti . ich . geb

4
G: ja   ja
A: dir mal vier Stück wieder denn mußte mal gucken   ich hab

5
G: ja ich meine die kannste/ w/ weil du auch
A: immer nur eine   eine   nein   ((be-

6
G: allergisch bist   nein   so . aber ich bin
A: stimmt)) nein nich bei sowas   nein

7
G: bei sowas allergisch (2)   kuck . die hier jetzt im
A: ja (3)   und

8
G: Augenblick nich   zu klein
A: diese hier sind mir auch im Grund zu klein

9
G: willste ( ) ja die andere is größer (3)
A: mitte Kucke   ((langsam, deutlich)) die Tchibo-Uhr die

10
G: a/achso   hm
A: kann ich am besten sehen son Ding   diese Kleinen und denn

11
G: jaja   das is zu klein
A: . was man früher so trug diese   ganz Kleinen

12
G: ja   ja . ja die andere is auch
A: das is schlecht mitte Kucke   ((ta-

```
     ┌ G:    größer (3)          willste nich (1)          mhm
     │ A:        delnd)) Mutti        ((deutlich)) nun . das kann es denn
13   └
```

```
     ┌ G:                    nein
     │ A:  nicht sein          denk ich mal ((laut)) und dann gestern (3)
14   └
```

8.7.3   Ausschnitt 2: KiA 6, 140 – 146

(Retranskribiert mit neuer Zählung)

G, Mutter von A, 72 Jahre
A, Tochter von G, 52 Jahre

```
     ┌ G:
     │ A:  aber um noch mal auf gestern zu kommen (2) Tante Agnes und
1    └
```

```
     ┌ G:
     │ A:  Ilselotte gehts denen denn so gut (1) gesundheitlich
2    └
```

```
     ┌ G:  Ilselotte stöhnt ja immer . die stöhnt ja sch/ schon
3    └
```

```
     ┌ G:  solange wie ich/                      jaa vor dreißig vor
     │ A:     das hat se vor dreißig Jahren schon
4    └
```

```
     ┌ G:  fuffzich schon                 vierzig
     │ A:            v/ vierzig (h)            k/ kann ich mich noch
5    └
```

```
     ┌ G:               jaaa aber fuffzich auch schon
     │ A:  dran erinnern                              jaa das war.
6    └
```

```
     ┌ G:             ja (h) da warste noch nich da        u/ ja
     │ A:  schwierig bei mir                        ja . schon
7    └
```

```
     ┌ G:                                      nein z/ zu klein
     │ A:  aber ((lacht)) nich daß ich'ss registriert hätte
8    └
```

```
     ┌ G:  (h) eh . aber/ weißte wenns mir so schlecht geht/ sie
     │ A:
9    └
```

8.7.4   Ausschnitt 3: KiA 2, 384 – 415

A, Mutter von B, 99 Jahre
B, Tochter von A, 77 Jahre

```
      A:  ja möglich sein              das da  .  daß da solche Viecher
      B:                   hm es kann möglich sein
384
```

```
      A:  drin/      drin sind nech                        aber wie's
      B:        ja ja                das kann möglich sein        hm
385
```

```
      A:  zu unsrer Zeit noch war ((Luftholen)) da warn doch noch die
      B:                                    hm
386
```

```
      A:  Wanzen .. da lebten se noch die Wanzen        und die lebten
      B:                                          . ja
387
```

```
      A:  immer hinter der                     hinter der Tapete
      B:                       hinter der Tapete              das kann
388
```

```
      A:                           ((Lachen))    ja              (und
      B:  ich mich auch erinnern        ((Lachen))    als (wir mal)/ ich
389
```

```
      A:  das)                        ja                du hast
      B:  glaube in Reichtal hab ich das erlebt wie 'n sch/ du hast mir
390
```

```
      A:      geschrien . du warst im Kinderwagen und hast geschrien
      B:  mal        na ja                                        ach
391
```

```
      A:      ach dacht ich das is bestimmt 'ne Wanze ((Luftholen)) und eh
      B:  so
392
```

```
      A:  ka/ wie ich zukam aber schupp sind die weg .. das gibt es
393
```

```
      A:  alles nicht mehr damals die Wanzen war furchtbar
394
```

```
      A:  ((Luftholen)) und die Menschen ham gemacht    sie ham Tapeten
      B:       hm                                hm
395
```

```
[leise]      A:  noch alles runterge/ [ge/] ((Luftholen)) und da hatten die
396
```

```
        A:   schon so Löchter/ Löcher gebohrn wo se sich ((Luftholen))
397 ⌐_____⌐


        A:      versteckt        .. das war (nich)
        B:   [hm]        hm              na ja es is wahrscheinlich für heute doch
398 ⌐_____⌐


[leise]   A:                    ja              ja das gibt's ja heute [gar nich
[leise]   B:   mehr Hygiene . nech das das [hm]        hm
399 ⌐_____⌐


        A:   (  )] ja dann ham se ja ((Luftholen)) einen gehabt der
        B:        hm                    hm
400 ⌐_____⌐


        A:   ((Luftholen)) der immer kam .. und gespritzt hat er
401 ⌐_____⌐


        A:   da        fürchterlich ((Lachlaute)) aach hat das gestunken
        B:      richtich                                        warn
402 ⌐_____⌐


        A:                                        ja
        B:   das nich eigentlich/ öh hießen die Kammerjäger
403 ⌐_____⌐


        A:   Kammerjäger so sa/        und die die kamen immer die Wanzen
        B:                   nech            hm
404 ⌐_____⌐


        A:                                ((Lachen  ))    ja  ja
        B:   heute müssen sie die Ratten jagen ne . ((Husten))    ne
405 ⌐_____⌐


[leise]1   A:      . [t]1 . bloß [zu dem]2 Unterschied daß die
[lachend]2 B:   hm            [ja]
[leise]
406 ⌐_____⌐


[lachend]  A:   grö[ßer sind]      ((Lachen)) . ach und was wir noch hatten
[lachend]  B:            [ja]  .  hm
407 ⌐_____⌐


        A:   das war      die weißen Mäuse .. die wir
[leise]  B:            [hm]                na das ham die Kinder heute
408 ⌐_____⌐


        A:                aber so sch/ schlimm wie damals nich    dann/ da
        B:   auch nech        ja                          . ja
409 ⌐_____⌐


        A:   hatten wir sie im Keller nich wahr . und dann ham wir sie
410 ⌐_____⌐
```

[lachend]

411
┌ A: verkauft ((Luftholen)) Stück fünf Pfenn[ich] ((Lachen   ))
└ B: ach da

412
┌ B: habt ihr nicht aufge/ ham die/ eh ne das ham die Jungs
└

[lachend]

413
┌ A: ja natürlich ((Lachen))   [ja] hm
└ B: wahrscheinlich so gewollt ne   auch noch ja   hm hm

414
┌ A: die ham se ja direkt ge/ gezüchtet   aach
└ B: (   )   hm   . das hab ich aber

415
┌ B.   jetz auch erlcbt da war ich bcien bei ((Name)) der bei
└

Literatur

Boden, D., Bielby, D. D.: The Past as Ressource: A Conversational Analysis of Elderly Talk. Human Development, 26, 308 – 319 (1983)

Carmichael, C. W., Botan, C. H., Hawkins, R. (eds.): Human Communication and the Aging Process. Waveland Press, Prospect Heights, 1988

Coleman, P. G.: Ageing and Reminiscence Processes. Social and Clinical Implications. John Wiley & Sons, Chichester etc., 1986

Coupland, N., Coupland, J., Giles, H.: *Language, Society and the Elderly. Discourse, Identity and Ageing.* Blackwell Science, Oxford/Cambridge, 1991

Kemper, S.: Language and Aging. In: Craik, F. I. M., Salthouse, T. A. (eds.): Handbook of Aging and Cognition, 2nd ed., Hillsdale, 1992, p. 213 – 270

Kemper, S., Anagnopoulos, C.: Language and Aging. Annual review of applied linguistics, 10, 37 – 50 (1989)

Nussbaum, J. F., Thompson, T., Robinson, J. D.: Communication and aging. Harper & Row, New York, 1989

Thimm, C.: Verständigungsprobleme in Gesprächen zwischen Alt und Jung. In: Spillner, B. (Hrsg.): Sprache: Verstehen und Verständlichkeit. Kongreßbeiträge zur 25. Jahrestagung der Gesellschaft für Angewandte Linguistik GAL e.V., Forum Angewandte Linguistik. Verlag Peter Lang, Frankfurt/M., 1995a

Thimm, C.: Intergruppenkommunikation, soziales Vorurteil und konversationale Implikaturen: Alt und Jung im Dialog. In: Liedtke, F. (Hrsg.): Implikaturen. Max Niemeyer Verlag, Tübingen, 1995b

Williams, A., Giles, H.: Sociopsychological Perspectives on Older People's Language and Communication. Ageing and Society, 11, 103 – 126 (1991)

Notizen

9 „Schätzle hinsetzen" – Babysprache in der Altenpflege

von Svenja Sachweh

9.1 Einleitung

Angeregt durch die Untersuchungen der Sozialpsychologin Caporael, die Anfang der 80er Jahre erstmalig die Verwendung von Babysprache (hier und im folgenden auch: Baby-talk) in amerikanischen Altenheimen beschrieb, habe ich die gesprächsanalytische Betrachtung von Babysprache zu einem Schwerpunkt meiner Untersuchungen gemacht. Hypothesen und Überlegungen zu diesem Thema sollen in diesem Kapitel vorgestellt werden.

9.2 Beschreibung der Daten

Das zugrunde liegende Untersuchungsmaterial besteht aus 196 vollständig transkribierten Morgenpflege-Interaktionen. Dies entspricht einer Gesamtlänge von etwa 44 Stunden. Die Daten wurden in vier Stationen eines Altenpflegeheimes im Süden Deutschlands erhoben. Den Tonbandaufnahmen ging pro Station eine etwa zweiwöchige Phase der teilnehmenden Beobachtung voraus. Das Ziel dabei war, erste Einblicke in die institutionellen Vorgänge zu gewinnen und die Beteiligten an meine Anwesenheit zu gewöhnen. Insgesamt 33 PflegerInnen und 71 BewohnerInnen haben sich mit Tonbandaufnahmen ihrer Gespräche während der Morgenpflege einverstanden erklärt. Alle Daten sind mittlerweile verschriftlicht und anonymisiert. Die Namen in den Beispielen sind fiktiv.

9.3 Charakteristika der Babysprache

Wie sprechen Mütter mit ihren Babies? In die folgende Darstellung sind die Arbeiten von Ferguson (1977) und Szagun (1991) über die Sprache Erwachsener im Umgang mit Kleinkindern eingegangen.

Wie die im folgenden beschriebenen Sprachebenen zeigen, könnte Baby-talk als ein Sprachstil beschrieben werden, der durch eine auffällige Modulierung der Stimme, durch geringe Komplexität, durch große Redundanz und einen kleinen, spezifischen Wortschatz gekennzeichnet ist.

Dies gilt m.E. auch für den sekundären Gebrauch von Babysprache in der Altenpflege.

Lautliche Ebene, Prosodie. Baby-talk ist gekennzeichnet durch eine langsamere Sprechgeschwindigkeit, durch ein Sprechen in deutlich höherer Tonlage und durch einen größeren Frequenzbereich der Tonhöhe.

Ebene der Komplexität. Baby-talk-Äußerungen sind eher kurz und wenig komplex. Da meist ein direkter Handlungsbezug besteht, erscheinen kaum Vergangenheitsformen der Verben. Wenn Mütter mit ihren Babies sprechen, benutzen sie viele Imperative (Befehls-

formen) und viele, vor allem geschlossene Fragen, d. h. solche, auf die man nur mit „ja"
oder „nein" zu antworten braucht. Abschwächende Modifikationen ihrer Äußerungen sind
eher selten. Sie gebrauchen wenige Funktionswörter, wie etwa Konjunktionen, und viele
Inhaltswörter, also beispielsweise Substantive und Verben. Pronomen der 1. und 2. Person
Singular, also „ich" und „du", werden häufig durch Eigennamen ersetzt. Jocic (1978) hat
festgestellt, daß Mütter besonders während intimer Handlungen, beispielsweise während
sie das Kind waschen oder windeln, sehr häufig das grammatische Subjekt „wir" gebrauchen.

Ebene der Redundanz. Aufgrund des großen Gefälles an Wissen und Verbalisierungs-
fähigkeit zwischen Mutter und Kind ist die Kommunikation sehr auf den konkreten Kontext bezogen. Entsprechend ist der Abstraktionsgrad der verwendeten Nomen gering. Satzteile, ganze Sätze und Äußerungsinhalte werden typischerweise wörtlich oder paraphrasierend wiederholt.

Ebene des Wortschatzes. Nach Ferguson (1977) ist der Baby-talk-Wortschatz klein und
umfaßt u. a. Wörter, die nur im Umgang mit Kindern verwendet werden. Typisch sind ferner reduplizierte (verdoppelte) Formen. Denken Sie hier etwa an Wörter wie „A-a", „Pipi",
„Brumm-Brumm" oder „Wau-Wau". Mütter tendieren auch dazu, viele Diminutive, d. h.
Verkleinerungsformen wie etwa „Händchen" und Kosenamen zu verwenden.

9.4   Babysprache in der Altenpflege

Ebene der Prosodie. Eine langsamere Sprechgeschwindigkeit, ein Sprechen in deutlich
höherer Tonlage und ein größerer Frequenzbereich der Tonhöhe kennzeichnen auch das
Sprechen mancher PflegerInnen mit AltenheimbewohnerInnen. Allerdings gelten folgende
Einschränkungen: Nicht alle PflegerInnen, die Elemente der Babysprache benutzen, verwenden dafür auch die Baby-talk-Intonation. Die PflegerInnen unterscheiden sich z. T.
gravierend darin, welche und wieviele Teile ihrer Äußerungen sie durch die Baby-talk-Intonation modifizieren: Manche heben nur die Gliederungssignale, wie etwa „so" oder „jet-
z(e)t", andere einzelne Wörter, und noch andere ganze Äußerungen hervor.

Ebene der Komplexität. Auch die PflegerInnen verwenden eher kurze, einfache Äußerungen und viele geschlossene Fragen. Dies fällt vor allem in Gesprächen mit solchen
BewohnerInnen auf, die schwerhörig sind und infolgedessen akustische Verständnispro-
bleme haben. Dies könnte darauf verweisen, daß der Einsatz von Baby-talk-Strategien
auch interaktive Ursachen hat.

Die PflegerInnen gebrauchen kaum Vergangenheitsformen der Verben, und, wie die
Mütter, wenige Funktionswörter und viele Inhaltswörter. Wie schon Ferguson (1977) be-
merkte, werden auch beim Sprechen mit alten Menschen Pronomen durch Nomen ersetzt.
Hier ist es allerdings, wie im Beispiel 1, das höfliche Anredepronomen „Sie", das verein-
deutigend durch die referierende Nennung eines Namens ersetzt wird.

Beispiel 1:   P21 – B48

01	B48:	mit der decke bedeckter heiliger
02	P21:	mhm?
03	B48:	geist.
04	P21:	so. den heiligen geist kann ich nich zudecken.
05		aber die frau kohler kann ich zudecken.
06	B48:	bitte?
07	P21:	LACHT KURZ den heiligen geist kann ich nich zudecken
08		der braucht das auch nich.

09   dem is sicher immer warm. gell?
10   B48:   ja.
11   P21:   aber die frau kohler, die muß zugedeckt werden. ja?

Das Pronomen „wir" findet sich auch in der Altenpflege häufig als grammatisches Subjekt.
Das auch „Krankenschwester-Wir" genannte Pronomen wird, wie in der Säuglingspflege,
vor allem dann verwendet, wenn das Personal intime Pflegehandlungen ausführt, die die
BewohnerInnen selbst nicht mehr erledigen können; so etwa in Beispiel 2, in dem es um
das morgendliche Waschen geht.

Beispiel 2:   P29 – B69
01   P29:   sowas dummes! so, jetzt müssen wer uns waschen. okay?
02   ops. HILFT IHR AUF
03   B69:   wieso denn?
04   P29:   ja'n bißchen waschen müssen wer uns!
05   sandmännchen aus den augen!

Ein Unterschied zur primären Verwendung von Babysprache besteht allerdings im Hinblick auf die Verwendung von Imperativen und Modifizierungen. Imperative werden
aus Gründen der Höflichkeit in der Altenpflege eher vermieden. Aufforderungen erfolgen
stattdessen in Form von Infinitivkonstruktionen oder Ellipsen. Sie werden zum Teil durch
Modalpartikel (wie „mal" oder „eben"), Modalverben (wie „können", „sollen", „müssen")
und den Konjunktiv abgeschwächt. Beispiele hierfür wären etwa *„grad mal aufstehn, jetzt
hoch,"* oder auch *„könnt ich sie ma=n klein bissel rumdrehn?"*. Dieses letzte Beispiel zeigt,
daß nicht alle Äußerungen des Pflegepersonals als Baby-talk eingestuft werden können. In
Situationen, in denen die Beziehungsarbeit und nicht das reine Verstehen im Vordergrund
steht, werden durchaus auch komplexere Sätze formuliert.

    Ebene der Redundanz. Auch im Altenheim werden nur wenige abstrakte Wörter ver-
wendet. Genau wie die Mütter wiederholen die PflegerInnen Satzteile, ganze Sätze und
Äußerungsinhalte wörtlich oder paraphrasierend. Dies liegt jedoch nicht zuletzt an den
Nachfragen, die die vielfach schwerhörigen BewohnerInnen stellen. Auch die durch Wiederholungen bewirkte Redundanz ist also eher eine interaktiv bewirkte.

    Ebene des Wortschatzes. Wörter der Babysprache und reduplizierte Formen finden
auch in der Altenpflege Verwendung. So sprechen die PflegerInnen nicht vom „Gesäß"
oder, alltagssprachlicher, vom „Hintern", sondern vom „Po" bzw. „Popo". Zivildienstlei-
stende geben den BewohnerInnen manchmal „Happa-Happa" statt Essen.

    Auch die PflegerInnen tendieren dazu, viele Verniedlichungsformen und Kosenamen zu
verwenden: Händchen, Pfötchen, Kleidchen, Röckchen und Jäckchen gehören ebenso zum
Sprachalltag im Heim wie die Anrede Schätzle, Mäuschen, Frolleinchen, oder meine Süße.

    Abschließend bleibt festzuhalten: Im Altenpflegeheim treten ausgesprochen selten alle
diese Merkmale gleichzeitig in Erscheinung. Nicht alle PflegerInnen verändern ihre Stimme, und nicht alle verwenden typische Begriffe der Babysprache. Hierauf wird bei der
Frage nach dem geschlechtsspezifischen Einsatz von Baby-talk-Elementen zurückzukom-
men sein.

9.5   Funktionen von Babysprache in der Altenpflege

Die in der Altenpflege verwendete Babysprache hat eine kommunikative und eine soziale
Funktion.

9.5.1   Kommunikative Funktion

Laut Ferguson (1977) wird durch die vereinfachenden und verdeutlichenden Strategien das
Kommunizieren erleichtert. Dies soll im folgenden anhand von eigenem Material verdeutlicht werden.

    Zum einen erleichtern die PflegerInnen das Verstehen ihrer Äußerungen, indem sie das
Kurzzeitgedächtnis der BewohnerInnen so wenig wie möglich beanspruchen. Sie tun dies
mithilfe vereinfachender Strategien, nämlich indem sie kurze Äußerungen formulieren,
indem sie möglichst wenige flektierte Verben gebrauchen, und indem sie einen eher be-
schränkten, situationsspezifischen Wortschatz verwenden.

    Vergleichen Sie hierzu Beispiel 3, in dem es um ein zu enges Kleidungsstück geht.

Beispiel 3:   P07 – B14
01   P07:   grad nochmal hinsitzen!
02   B14:   das is aber/ das tut aber weh!
03   P07:   is zu eng? is zu eng?
04   B14:   das tut weh! das tut weh.
05   P07:   wo? am/ da am bauch?
06   B14:   au ja der bauch.
07   P07:   ja. is eng, ja?
08   B14:   der bauch der tut weh.
09   P07:   der bauch, der bauch!

Zum anderen sorgt das Pflegepersonal für den Erfolg der Kommunikation, indem es seine
Äußerungen zum Zwecke der Verdeutlichung wiederholt und prosodisch markiert, d. h.
auffällig betont. Szagun (1991) zufolge bewirkt die prosodische Markierung, daß die einzelnen Elemente einer Äußerung besser analysiert werden können. Darüber hinaus, so Szagun (1991), würde sie auch bewirken, daß die Aufmerksamkeit auf die Sprache gelenkt
wird und die Angesprochenen besser zuhören. Beispiel 4 zeigt, daß die Baby-talk-Intonation in diesem Sinne auch ein Appell an die Aufmerksamkeit der HeimbewohnerInnen ist.

Beispiel 4:   P13 – B35
01   P13:   frau lang! ich muß sie mal e bissle um/
02   ha, hallole! BT-SINGSANG, HOCH sind sie noch da?
03   haja, gell? LACHT so ins eck gedrückt! LACHEND
04   STÖHNT hallo frau lang! BT, HOCH
05   ich hab's fascht fertich, ge? hm? hallo! SINGSANG
...
06   hallo! kuckuck! HOCH frau lang?
07   da sind HOCH se widder, gell? LACHT

Im Fall von Interjektionen wie „hallo" oder „kuckuck" ist die Appellfunktion eindeutig.
Aber auch an prosodisch markierten Gliederungssignalen, Inhaltswörtern und Routineflos-

keln wird deutlich, daß es unter anderem um die Aufmerksamkeit der BewohnerInnen geht. Beispiel 5 mag dies illustrieren. Dort spricht eine Pflegerin, die generell in einer sehr hohen Stimmlage mit den BewohnerInnen redet.

Beispiel 5: P30 – B68

01	P30:	ich dreh sie jetz grad mal auf die seite frau sawert
02		ja? HÖHER mal auf die seite drehen!
03	B68:	ah ja.
04	P30:	ja? daß ich kann de rücken waschen.ja?
		HÖHER; SCHRILLER
05	B68:	ja.
06	P30:	geht das? HÖHER; SCHRILLER
07	B68:	ja, das geht.
08	P30:	ja? HOCH; SCHRILL
09		wenn was wehtut sage se's, ja?
10	B68:	ja.
11	P30:	ja. so. bißchen rübberdrehe HÖHER; SCHRILLER
12		sie könne sich hier halten, LAUTER schaue sie!
13		hier. könne sie sich e bissel halten, ja? so.
14		geht's so? HOCH; SCHRILL
15	B68:	ja.
16	P30:	bißchen kopf/ jetz könne sie sich hinlege.
17		köpfchen, ja so. geht's? SCHRILL frau sawert?
18	B68:	ja.

In den Zeilen 02 und 04 hebt sie ihre vergewissernden Nachfragen durch eine noch höhere Tonlage hervor. In den Zeilen 06, 14 und 17 nutzt sie die Baby-talk-Intonation, um die Routinenachfrage nach dem Empfinden der Bewohnerin eindringlicher zu machen. In der Zeile 11 betont sie das Verb „rüberdrehen" nicht nur, sondern sie spricht es auch höher und schriller. Allen ihren markierten Äußerungen ist ferner gemeinsam, daß sie deutlich lauter gesprochen werden. Lautstärke und Tonhöhe zusammen scheinen zu bewirken, daß die Bewohnerin auf die Äußerungen der Pflegerschülerin reagiert. Dies ist nicht selbstverständlich, denn die Bewohnerin B68 ist nicht immer in der Lage, auf die Kommunikationsbemühungen des Personals einzugehen: Teilweise bestehen ihre Äußerungen lediglich aus Silbenmonologen.

9.5.2 Soziale oder affektive Funktion

Schließlich hat die Babysprache auch eine soziale oder affektive Funktion: Ferguson (1977) zufolge demonstriert sie gegenüber Säuglingen und alten Menschen Zuneigung und Fürsorglichkeit. Auch dies läßt sich eindeutig an eigenem Material belegen. In Beispiel 4 etwa appelliert die Pflegerin mit den Interjektionen „hallo" und „kuckuck" nicht nur an die Aufmerksamkeit der Bewohnerin. Sie nutzt die sanfte Singsang-Intonation und ihr Lachen auch wie eine Mutter, die ihrem Kind beim Wickeln Zuneigung demonstriert. In Beispiel 6 wiederum gebraucht die Schwester den Kosenamen Schätzle, um die Bewohnerin zu trösten und von ihrem Kummer abzulenken.

Beispiel 6:   P27 – B59

01	P27:	na denn frau adams, glei ham mer's.
02		na dürfe sie sich hinsetze, gell?
03	B59:	mhm. oh mir tut alles wieder weh!
04	P27:	ha nei, schätzle!
05	B59:	oh! DEN TRÄNEN NAHE

9.6   AdressatInnen von Babysprache

In der – vor allem sozialpsychologischen – Forschung gibt es bislang nur widersprüchliche Antworten auf die Frage, ob Baby-talk adressatenspezifisch verwendet wird. Meine These ist, daß nicht gegenüber allen BewohnerInnen Baby-talk gebraucht wird, und zwar aus folgenden Gründen:

1. Eigenen Beobachtungen zufolge begegnet man alten Männern im Heim eher nicht mit Baby-talk. Nur 2 der 8 aufgenommenen Bewohner waren Rezipienten von intonatorisch oder lexikalisch an das Baby-talk-Register angelehnten Äußerungen. Gegenüber Männern werden äußerst selten Verkleinerungsformen und überhaupt keine Kosenamen gebraucht. Einzig Begrüßung und Abschied weisen häufig eine der Babysprache nahekommende Singsang-Intonation auf.
2. Am häufigsten scheinen die pflegebedürftigsten BewohnerInnen mit der Babysprache angesprochen zu werden. Im eigenen Material sind das vor allem diejenigen, die nicht mehr verbal kommunizieren können, wie etwa die Bewohnerin in Beispiel 4.
3. Unruhe, Verwirrtheit und körperliche Hilflosigkeit sind nicht die alleinigen Auslöser für den Gebrauch von Baby-talk. Die eigenen Aufnahmen belegen, daß die PflegerInnen die Babysprache vor allem gegenüber denjenigen BewohnerInnen verwenden, die ihnen sympathisch sind. Die babytalk-freudige P27 etwa reagiert auf Klagen oder Jammern von BewohnerInnen je nach RezipientIn regelmäßig entweder liebevoll tröstend, kurz angebunden, oder sogar schimpfend. Baby-talk im Altenheim wird mithin adressatenspezifisch gebraucht.

9.7   Reaktionen der AdressatInnen auf Babysprache

Denken Sie an Ihre eigenen Erfahrungen mit der Babysprache zurück. Finden Sie es nett oder im Gegenteil ärgerlich, wenn alte Menschen wie Kleinkinder angeredet werden?

Ie den Anfängen dieser Forschungsrichtung bewerteten die Untersuchenden die Verwendung von Babysprache gegenüber alten Menschen zumeist als respektlos. Experimentelle Untersuchungen von Caporael (1983) und Ryan (1995) haben ergeben, daß insbesondere jüngere und mittelalte Erwachsene die Verwendung von Baby-talk mißbilligen. Ältere und vor allem im Heim lebende Menschen scheinen in dieser Hinsicht weniger empfindlich zu sein und Baby-talk als institutionenspezifisches Sprachregister zu akzeptieren.

Um es gleich vorwegzunehmen: Ein Großteil der BewohnerInnen im eigenen Untersuchungsmaterial reagiert ebenfalls neutral oder gar positiv auf das bemutternde Sprechen. Frau Adams in Beispiel 7 etwa signalisiert ihr Wohlbefinden in den letzten beiden Zeilen mehr als deutlich.

Beispiel 7:   P27 – B59

01	P27:	frau adams möchte sie widder d=sandale anziehe?

02 B59:   jaha
03 P27:   bei dene temprature; he?
04 B59:   jaha
05 P27:   gell? (mit dem) steg glaub ich können sie au besser 06 mit laufe, oder?
07 B59:   mhm!
08 P27:   wie mit ihre schläpple. so.
09   jetz die pfötchen widder
10   und erschtmal aufstehn frau adams! jawoll. LACHT
11 B59:   QUIEKT GENIESSERISCH
12 P27:   an mein herz frau adams! he? LACHT
13 B59:   (zufrieden) und geborge!
14   da fühlt man sich geborgen!

Genauso eindeutig allerdings ist die Ablehnung, die aus den Worten von Frau Sawert spricht. An einer Stelle sagt sie nämlich: *ich sagte ich (ertrag) all des was sie sagen, als wenn ich nit richtich bin!*

Zusammenfassend ist festzustellen, daß die Babysprache im Umgang mit Altenheim-bewohnerInnen entgegen der ersten Intuition von den meisten RezipientInnen toleriert oder gar gemocht wird. Offenbar wiegt die damit signalisierte Zuneigung und Fürsorglich-keit in der Realität weitaus schwerer als die mit ihr einhergehende Zuschreibung eines Kinderstatus. Es wird deutlich, daß die Perspektive von wenn auch wohlmeinenden Au-ßenstehenden nicht mit der der RezipientInnen von Baby-talk gleichgesetzt werden kann und darf.

9.8   Alter und Geschlecht der SprecherInnen

Alter. In der Forschung ist bislang umstritten, ob das Alter der SprecherInnen mit der Häu-figkeit der Verwendung von Babysprache korreliert. In einer der experimentellen Studien von Hummert (1995) ergab sich, daß am ehesten die jüngeren Versuchspersonen dazu neig-ten, Babysprache im Gespräch mit alten Menschen zu gebrauchen. In dem von mir unter-suchten Altenpflegeheim waren die Verhältnisse etwas anders: Nicht die ganz jungen, son-dern die PflegerInnen um die 40 haben am häufigsten Baby-talk-Strategien verwendet. Dies führe ich nicht auf das Alter als solches, sondern die Lebenserfahrung der Spreche-rInnen als Mütter zurück: Sie alle nämlich haben Kinder aufgezogen, bevor sie sich ent-schieden, wieder oder überhaupt in die Altenpflege zu gehen.

Geschlecht. Gibt es geschlechtsspezifische Unterschiede in der Verwendung von Baby-talk? Die Antwort auf diese bislang ebenfalls unbeantwortete Forschungsfrage ist definitiv: „Ja". Die männlichen Pfleger im eigenen Untersuchungsmaterial haben weniger Diminu-tive, weniger Begriffe der Babysprache und überhaupt keine Kosenamen verwendet. Auch die typischen Tonhöhenverläufe sind bei ihnen weniger ausgeprägt. Am ehesten verwen-den diejenigen Männer Elemente des Baby-talk-Registers, die sich nicht schämen, Gefühle zu zeigen. Dies könnte zum einen daran liegen, daß die Verwendung von Baby-talk unter westlich sozialisierten Männern als unmännlich gilt. Zum anderen könnte es daran liegen, daß alle Pfleger und Zivildienstleistenden in diesem Heim sehr jung waren und noch keine eigenen Kinder hatten.

Wie dem auch sei: Festzuhalten bleibt, daß Babysprache zumindest in dem untersuchten Heim eher Frauensache zu sein scheint.

9.9   Einfluß der Situation auf die Verwendung von Babysprache

Wird Babysprache situationsunabhängig oder situationsspezifisch verwendet? Das eigene Untersuchungsmaterial belegt die These von Szagun (1991), daß Baby-talk situationsspezifisch eingesetzt wird. Vor allem in den Situationen der Körperpflege und der Nahrungsaufnahme würde auf die vereinfachte Sprache zurückgegriffen. Bei Szagun heißt es hierzu: *„So kommt es z. B. beim Anziehen darauf an, daß das Kind Instruktionen zu Handlungen möglichst schnell und eindeutig versteht,...“* (1991, S. 262). Da nun die gemeinsame Bewältigung von Körperpflege und Nahrungsaufnahme das Hauptziel der morgendlichen Pflegeaktivitäten in der Altenpflege ist, scheint die Verwendung der Babysprache nahezuliegen. Und in der Tat: Je mehr die PflegerInnen auf die Mithilfe der BewohnerInnen bei den Pflegeaktivitäten angewiesen sind, und je mehr Kraft und Konzentration diese Tätigkeit erfordert, desto eher wird ein vereinfachter Sprachstil wie Baby-talk verwendet. Das Interessante hieran ist nun, daß je nach der Situation unterschiedliche Elemente des Baby-talk-Registers zum Einsatz kommen: Geht es in erster Linie um das Verstehen von Fragen oder Aufforderungen, also um effektive Kommunikation mit den alten Menschen, so werden kurze, wenig komplexe Äußerungen gebraucht. Diese werden im Falle des nicht sofortigen Verstehens wiederholt, und eventuell wird bei der Wiederholung langsamer und mit höherer Stimme gesprochen. Im Vordergrund steht also, wie im nächsten Beispiel 8, die kommunikative Funktion.

Beispiel 8:   P23 – B51
01	P23:	jetz schaun sie ma.
02		frau hofmann, schaun sie ma hier. HÖHER; SINGSANG
03	B51:	SCHREIT
04	P23:	kuckuck! HOCH; SINGSANG
05		hallo! frau hofmann! hallo! SINGSANG
06		schaun sie mal hier!

Geht es demgegenüber darum, den BewohnerInnen Trost und Zuneigung zu signalisieren, so werden eher die typischen Baby-talk-Begriffe und die entsprechende emotionale Prosodie eingesetzt. In diesem Fall sind Wiederholungen eher selten.

Zusamenfassend teile ich daher mit Szagun (1991) die Überzeugung, daß die vereinfachte Sprache sowohl durch die Situation, als auch durch das Feedback des Kindes, bzw. des alten Menschen hervorgerufen wird.

9.10   Schlußfolgerungen

Das eigene Datenmaterial legt folgende Schlüsse nahe: Baby-talk in der Altenpflege hat eine kommunikative und eine soziale Funktion. Es wird hauptsächlich, und zwar situationsspezifisch, vom weiblichen Pflegepersonal gegenüber Frauen, die ihm sympathisch sind, und hier in erster Linie gegenüber den am schwersten pflegebedürftigen Frauen verwendet.

Da es nun auch Pflegerinnen gibt, die im Prinzip kein Baby-talk verwenden, und da es ferner, wenn auch wenige, männliche Pfleger und männliche Bewohner gibt, kann Babysprache nicht die einzige Kommunikationsstrategie im Umgang mit alten Menschen sein. Es erscheint mir wichtig, deutlich darauf hinzuweisen, daß Baby-talk in der Altenpflege ein Sprachstil unter anderen ist.

Vor allem aber meine ich, daß es sich lohnen würde, auf der Basis dieser Ergebnisse ein Kommunikationstraining für AltenpflegerInnen zu entwickeln. Dies könnte ein Bewußtsein dafür schaffen, daß z. B. Baby-talk sowohl positive als auch negative Auswirkungen haben kann, und es könnte dazu beitragen, daß zukünftige PflegerInnen lernen, nicht mit „den" Alten, sondern mit individuellen alten Menschen zu kommunizieren.

Literatur

Caporael, L. R.: The paralanguage of caregiving: Baby-talk to the institutionalized aged. Journal of Personality & Social Psychology 40, 876 – 884 (1981)

Caporael, L. R., Lukazewski, M., Culbertson, G.: Secondary baby talk: Judgements by institutionalized elderly and their caregivers. Journal of Personality & Social Psychology 44, 746 – 754 (1983)

Ferguson, C.: Baby Talk as simplified register. In: Snow, C. E., Ferguson, C. A. (eds.): Talking to children. Cambridge University Press, New York, 1977, pp. 209 – 235

Jocic, M.: Adaptation in adult speech during communication with children. In: Waterson, N., Snow, C. (eds.): The development of communication. Wiley & Sons, Chichester/New York, 1978

Ryan, E., Hummert, M. L., Boich, L. H.: Communication predicaments of aging: Patronizing behavior toward older adults. Journal of Language & Social Psychology 14, 144 – 166 (1995)

Ryan, E. et al.: Changing the way we talk with elders: Promoting health using the Communication Enhancement Model. The International Journal of Aging and Human Development 41, 89 – 107 (1995)

Szagun, G.: Sprachentwicklung beim Kind. Psychologie Verlag Union, München, 1991

10   So ist es nicht gemeint! – Fachjargon der Pflegenden

von Ursula Geißner

10.1   Die Chancen

Mit Fachjargon soll hier eine vorwiegend mündlich gebrauchte Sprache bezeichnet werden, die als alltägliche Umgangssprache in einer Berufsgruppe gebraucht wird (Oertle Bürki, 1995). Fachjargon ist eine hochroutinierte Sprache, er ist prägnant, eindeutig und effektiv. Handlungsabläufe werden so gesteuert, Anweisungen kurz und rasch gesagt; rollen- und funktionsspezifisch verdichten sich in ihm Erfahrungen und Wissen.

Sicher, im Fachjargon findet sich auch Fachwortschatz, im Fachjargon Pflege meist medizinischer: *„Ich wollte ja noch mit ihm reden, aber er hat eine Whipple-Operation gemacht, die dauert!"* Damit wollte mir diese Abteilungsleiterin im Pflegedienst etwas erklären: Ich habe ihre Absicht verstanden, sonst nichts. Wäre ich eine Pflegende im Bereich der Chirurgie – „in der Chirurgie" heißt es im Fachjargon – dann wüßte ich, was für eine Operation das ist, und ich wüßte, wie lange sie im allgemeinen dauert. In dem Arbeitsbereich, dem ich zugeteilt wäre – „auf Station" heißt es im Fachjargon – wüßte ich dann, daß eine Patientin bzw. ein Patient von der Spätschicht – die übrigens mittags beginnt – versorgt werden müßte, oder, wie lange sie oder er „auf Intensiv" bliebe, was ich den Angehörigen sagen könnte usw.

Diese verkürzte Information, die der Fachjargon bietet, ist für viele Abläufe in Institutionen höchst effektiv und zureichend. Diese verkürzte Sprache paßt sich hervorragend den Dokumentationssystemen an: Sie nimmt die Verkürzung vorweg. Sie impliziert auch Kommunikationsmuster. Nach einer Information wie der oben zitierten gibt es höchstens Verständlichkeitsfragen oder kommentierende Bemerkungen.

Pflegende werden mit der Berufsausbildung in diesen Fachjargon sozialisiert. Sie betonen handlungsorientiertes Sprechen und gewöhnen sich Floskeln und Kürzel ebenso an, wie die medizinischen Fachwörter. Untereinander erkennen sie sich, besonders, wenn ihre Spezialisierung nach einiger Berufserfahrung noch prägnanter ist. Pflegende behaupten überzeugend, daß sie in den ersten fünf Minuten erkennen würden, ob jemand Intensivpfleger oder Kinderkrankenschwester sei. Die Wahrscheinlichkeit dieser Behauptung ist hoch, leider sind solche Phänomene noch viel zu selten systematisch beschrieben worden.

10.2   Die Grenzen

Dieses Kapitel ist vor allem den Grenzen und der Konflikttauglichkeit des Fachjargons Pflege gewidmet (Geißner, 1985). Leider kann ich mich dabei nicht auf ausreichend erforschtes Material beziehen. Es soll daher versucht werden, exemplarische Kommunikationssituationen zu beschreiben, sie zu interpretieren und auf ihre Konflikthaftigkeit hin zu deuten. Eine Berechtigung dazu leite ich ab aus der „engagierten und distanzierten" Beobachtung der Kommunikation in Institutionen der Pflege auf dem Hintergrund meiner Gesprächsforschungen (Geißner, 1991).

10.3   Von außen – von innen

Die Patientinnen und Patienten auf einem Flur in einem Krankenhaus gehen ein bißchen spazieren. Man, d. h. die Krankenschwester, die Schülerinnen der Krankenpflege (wer kann sie schon unterscheiden?) hat ihnen gesagt: „Aber gehen sie nicht zu weit von ihrem Bett weg, die Visite kommt ja noch!" Die Visite! Jede Patientin und jeder Patient weiß inzwischen, daß sie das Ereignis des Tages ist. Wieso eigentlich? Ärzte, meist jüngere, kommen immer mal wieder in die Zimmer und sagen was, tun was. Meistens kommen die Schwestern, kontrollieren, fragen, bringen was zu Essen, zu Schlafen, zu Wärmen, zu Trinken. Aber die Visite! Dabei ist die in diesem Hause sehr knapp. Es dreht sich immer um Entlassungen und „es sieht gut aus" oder „wir brauchen noch ..." oder „hat sie bekommen?". Natürlich wird auch geguckt und verglichen, aber naja, hat das nicht gerade auch die Schwester...? Nein, die Visite! Sie ist das Ereignis.

Die Leiterin der Station, Schwester Heidi, kommt aus dem Stationszimmer und ruft: „Der Chef hat noch einen Unfall!"

Der Chef? Klar der Chefarzt. Er ist ja auch der Chef der Krankenschwester, fraglos. Daß es eine Pflegedienstleitung gibt, die Chefin ist, wer käme auf diese Idee? Er hat einen Unfall? Hoffentlich ist ihm nichts passiert! Ärgerlich hat Schwester Heidi das gerufen. Wieso? Was bedeutet das für uns Patientinnen und Patienten?

Diese Situation enthält die beiden Aspekte des Fachjargons in Institutionen. Was Schwester Heidi ihren Kolleginnen und Kollegen mitteilen wollte, ist intern klar: Der Chefarzt, der um eine bestimmte Zeit seine Visite machen wollte, ist bis auf weiteres im Operationssaal; er hat Unfallverletzte zu versorgen, also kann er seinen Termin zur Visite nicht aufrechterhalten. Wie lange das dauern wird, weiß keiner. Jetzt muß schon wieder umgeplant werden. Die Patientinnen und Patienten, die entlassen werden sollen, müssen warten, die Verbände evtl. wieder geschlossen werden, das Essen muß serviert werden usw.

Auf einer eingespielten, routinierten Station weiß nun jeder, was er zu tun hat: Seelenruhig geht der Assistenzarzt mit der Famulantin in die Kantine, Schwester Heidi raucht erst mal eine, die Schülerin kocht sich einen Tee...

Die Patientinnen und Patienten wissen auch was:

- vom Chef (Chefarzt) hängt alles ab, auch die Pflege, deshalb
- gebe Gott, daß ihm nichts zugestoßen ist! Am innigsten wünschen das die Selbstzahler.

Dieses Beispiel soll eines der sehr großen, aber enorm unterschätzen Probleme des Fachjargons Pflege veranschaulichen: Er klingt so unfachlich, ganz deutsch, wie jeder so spricht und ist dabei eine höchst spezialisierte (Fach)kommunikation, das heißt, alle, die nicht in diesem Beruf sozialisiert wurden, meinen, sie verstünden das, was gesagt wurde. Sie verstehen es nicht! Wenn Spezialisten, in welchem Beruf auch immer, Fachsprachen gebrauchen, merkt man das irgendwie an ihren Fremdwörtern. Das verleiht ihnen ihr fachspezifisches Prestige.

10.4 Prestige und „Fremdsprachen"

Zur Beschreibung bestimmter Phänomene und zur inhaltlich definierten Diskussion wissenschaftlicher Fragen verwenden Menschen höchst differenzierte Fachsprachen. Das prägnanteste Modell hierfür ist die Mathematik: Sie schafft es, wie auch ihre verwandten Wissensgebiete, ihre Inhalte in willkürliche Zeichen zu gießen.

Alle Wissenschaften brauchen ihre speziellen Bezeichnungen. Am redlichsten sind diejenigen, welche die Quellen mit angeben, das heißt, wenn sie z. B. von „Unterbewußtsein" sprechen, Freud oder jemand anderen zitieren und am besten noch, welche Arbeit genau sie meinen. Dies möge auch der Pflegewissenschaft gelingen! Nicht die für ihren Gegenstand ungeeignete mathematisch-informationswissenschaftliche, zeichenhafte Genauigkeit, sondern die Bezugspunkte benennende, nachvollziehbare, theoretisch begründete Wissenschaftssprache ist gefordert. Von Ganzheitlichkeit kann die Pflegewissenschaft sich leisten zu sprechen, wenn sie diesen Begriff verortet, und dies nicht nur in holistischen Spielereien oder in diffusen esoterischen Begriffen, auch nicht in den rassistisch mißbrauchten Zusammenhang eines „Mens sana in corpore sano", sondern... Und nun gestehe ich, daß ich nicht weiß, welchen Wurzeln sich Pflegende verschreiben, wenn sie Ganzheitlichkeit als ihr Modell bezeichnen.

Im ernsthaften Fragen biete ich, wie viele andere Wissenschaftlerinnen und Wissenschaftler, den Dialog an. Die Chance ist groß, daß die Pflegewissenschaft sich mit und aus ihrer Tradition und ihrem Bewußtsein ihren Ort schafft. Voraussetzung ist jedoch, daß sie, wie schon so oft, ihr Prestige weder davon abhängig macht, wessen Sprache sie nutzt (etwa die medizinische, die ja auch keineswegs **eine** Sprache ist), noch eine Sondersprache für sich in Anspruch nimmt, deren theoretischen Hintergrund nachzuweisen sie sich scheut.

Ich plädiere dafür, daß die Pflege das Wort „waschen", das von der Hausfrau bis zum Sozialpolitiker als eine beiden mögliche Tätigkeit mißverstanden werden kann, beibehält in der Souveränität des Wissens, daß Waschen eine humane Geste ist, die, ethisch und bedürfnisorientiert begründet, nur bei Leidenden professionell ausgeführt werden muß.

10.5 Reflexion des Fachjargons

Wenn Pflegende ihren Fachjargon behalten sollen, dann allerdings unter der Bedingung, daß er

* reflektiert und
* diskutierbar bleibt.

Wenn sich Pflegende bewußt werden, daß sie zwar alltagssprachliche Wörter verwenden, sie aber professionell meinen, dann müssen sie nicht eine künstliche Sprache wählen, um der Sache und dem Menschen nahe zu bleiben.

Dazu möchte ich aus einer vergleichbare Wissenschaft erwähnen: Das Provokative an der Theorie bzw. Metatheorie der Psychoanalyse ist Freuds Sprache, in der er eine seiner wichtigsten Erkenntnisse in allgemeinverständliche Worte faßt. So nennt er den Traum den Königsweg zum Unbewußten. Was wäre, wenn eine oder einer es wagte, die Pflege als den Königsweg zur Heilung eines Menschen zu bezeichnen? Zu poetisch! Zu schwülstig! Nicht zeitgemäß! Hießen so die Kommentare? Oder eine andere Wissenschaft, die Philosophie: Liliane Juchlis Satz – „Ich pflege als der, der ich bin." – ist ja (unbewußt?) in der Dialektik zu Descartes geschrieben: „Cogito, ergo sum".

Wenn diese Zusammenhänge Pflegenden bewußt sind, können sie, sicher auch mit Hilfe externer Beobachter, an ihrem Fachjargon dessen interne, systemimmanente Bezogenheit beschreiben und setzen, um andere Systeme abzugrenzen, und sich so, gescheit und bereit zur reflektorischen Distanz, ganz ihrer unverwechselbaren Empathie für die Kranken zu widmen.

Schön gesagt und vielleicht auch gut gedacht: Das Selbstverständnis der Pflege mit einer eigenen Sprache. Aber, die Verhältnisse sind nicht so. Was Schwester Heidi sagte – „Der Chef hat einen Unfall!" – ist die institutionelle Wirklichkeit. Mögen Patientinnen und Patienten empfinden, daß die Pflege ihnen wirklich hilft, die wichtigen Sachen machen die Mediziner. Wichtig, weil sie dafür auch extra honoriert werden können. Sie diagnostizieren (wie auch immer), sie überweisen (wohin auch immer), und sie sagen, was Pflegende tun sollen – so scheint es.

Daß Pflegende selbständig, geplant und gesteuert diffenziertere Arbeit tun, ist vielen Ärzten nicht bewußt. Wie ist diese verblüffende Tatsache zu erklären? Vielleicht so: Alles was in der Institution störungsfrei läuft, muß nicht beachtet werden; es ist sozusagen ein Hintergrunddienst, der das Eigentliche, die Intervention erst ermöglicht.

Liegt dies auch am Fachjargon der Pflege? Teilweise sicher auch, weil die Darstellungsform in Wortschatz und Grammatik oft umgangssprachlich alltäglich wirkt. Rechnet man allerdings zum Jargon auch die Muster der Kommunikation, also z. B. Gesprächstypen, bestimmte Formen des Humors – und diese Muster sind dazuzuzählen, denn die mündliche Kommunikation ist situativ **und** formal geprägt – dann gibt es eine Reihe von Merkmalen, die die Verständigung erschweren.

10.6   Ein Beispiel

Ein leitender Arzt im Krankenhaus befragte seine Kollegen nach dem Verhältnis zu „ihren" Schwestern. Gut sei es, sagten die meisten und auf Nachfragen: *„Die sagen ja nix!"* Nach Hypothesen befragt, antworteten die Kollegen:

* „entweder sie trauen sich nichts zu sagen,
* oder sie wissen nix;
* die meisten machen sowieso nur ihren Job."

Übrigens: So negativ äußern sich Ärzte nur unter sich, das allerdings sehr viel häufiger als Pflegende das wahrhaben wollen. Was sie denn davon hätten, wenn Pflegende z. B. mit zur Visite gingen. Wenig, sagen die meisten: *„Ich frage immer mal wieder, aber da kommt nix"* (s. o.).

10.7   Was passiert da?

Als ich mit Studierenden des Studiengangs „Pflegemanagement" die vom Arzt geäußerten Hypothesen diskutierte, war deren Meinung u. a.: Die Ärzte hörten ihnen gar nicht zu, und wenn man das immer wieder erlebte, dann hielte man den Mund und ließe sie reden. Außerdem müsse sich ja auch kein Arzt nach ihnen richten.

Verständlich ist, daß an einem Kommunikationsprozeß Beteiligte sich dann zurückziehen, wenn sie unterbrochen werden, wenn sie keine Zuhörsignale bekommen, nicht unterstützt werden durch verbale oder nonverbale Reaktionen.

Wenn man in unserer Kultur Gruppen beobachtet, in denen Männer und Frauen miteinander sprechen, so fällt auf, daß Frauen sehr viel deutlichere Zuhörsignale verwenden als Männer. Frauen nicken, lächeln, kommentieren – auch untereinander – und stabilisieren somit die Beziehungen. Männer zeigen ihre Beteiligung sehr viel sparsamer und kommentieren eher die Inhalte als den Kommunikationsprozeß und die Beziehungen.

Helga Kotthoff hat gerade in einer überarbeiteten und erweiteren Fassung Aufsätze über Differenzen zwischen weiblichem und männlichem Gesprächsverhalten zusammengestellt, die sehr aufschlußreich sind: Der unterschiedliche Humor und die unterschiedlichen Reaktionen auf Scherze beleuchten die Schwierigkeiten der Verständigung (Kotthoff, 1996).

Die Pflege ist ein Frauenberuf und von weiblichen Kommunikationsmustern bestimmt. Der Arztberuf ist männlich und wird von männlichen Kommunikationsmustern bestimmt. Die Formen der Kommunikation unterscheiden sich: Mißverständnisse sind vorprogrammiert.

Pflegende neigen dazu, entweder in einer Art Kürzelsprache (Dokumentationsstil) zu informieren, oder sie erzählen, wenn man sie um Erklärungen bittet, detailgenau und ausführlich. Diese narrative Form der Mitteilung ist erwünscht (und bekannt) bei allen Fallgesprächen in der Psychotherapie, in der Supervision, in biographischen Legitimationen, in Romanen und Epen. Die Angemessenheit dieses Stils für komplexe Aufgaben der Beschreibung, z. B. eines Lebensabschnitts, ist hinreichend beweisbar. Der Vorteil der Narration liegt in dem Angebot des ungewerteten Materials, das erst im Dialog und in der Deutung strukturiert wird.

Naturwissenschaftlich geprägte Zuhörer werden ganz nervös bei Erzählungen: Sie suchen nach der Logik, der Struktur, dem „Eigentlichen", der Aussage. Wenigstens die Überschrift sollte genannt werden oder die „Essenz"! Fängt also eine Krankenschwester an zu erzählen, dauert das dem auf „Diagnose – Handlung" getrimmten ärztlichen Partner zu lange. Er unterbricht, faßt zusammen usw.

Detailgenau und stimmungsvoll erzählen zu können, zähle ich zum Fachjargon von Pflegenden. Der Wert solchen Könnens wird um so bewußter, wenn Abstraktionen die Texte der Pflegenden zu redundanten Versatzstücken machen. Aber auch diese Form provoziert Mißverständnisse, ja läßt den Kommunikationspartner Arzt ungeduldig und gereizt werden.

Um nur noch einen dritten Aspekt anzuführen: Im Status Höherstehende haben die Macht, Situationen zu definieren (Goffman, 1974). Darin sehen leitende Ärzte ihre Aufgabe. In den Hierarchien der Krankenhäuser gibt es daran keine Zweifel. Selbst der gekonnte persönliche Verzicht auf diese Definitionsmacht ist noch mächtig.

Der Mächtige markiert Gesprächsanfang und -ende, wer mitreden darf, wie lange jemand zu Wort kommen darf, wie weit Eskalationen gehen dürfen, wer auf wessen Kosten Witze machen darf usw. Unter diesen Aspekten gewinnt die ärztliche Aussage – „Die sagen ja nix" – eine ganz andere Tönung und kann jetzt so verstanden werden:

- Im (deutschen) Krankenhaus ist eine eindeutige Hierarchie vorgegeben.
- Wir Ärzte – vor allem wir leitenden Ärzte – tragen die ganze Verantwortung für die Patienten und für die Einnahmen (Gewinne),
- deshalb haben wir (wenigstens intern) auch zu sagen, wer zu reden hat und was.
- Die Pflegenden haben zu pflegen und nicht zu reden (zu schreiben, zu lesen, zu studieren...).

10.8   Was hat das noch mit Fachjargon zu tun?

Der Fachjargon reicht aus und ist auf keinen Fall zu unterschätzen, wo er sich aus reicher Erfahrung und immer neuem Wissen über menschliches Leiden, seine Linderung und Heilung bezieht und vielfältig, differenziert und bezeichnend bleibt. Er reicht nicht aus, wo es um Reflexion von Unterschieden geht, um Überwindung von Abgrenzung und um Kritik am eigenen Handeln und Wissen.

In den hierarchisch und patriarchalischen Institutionen unterliegt er den Zwängen der Männersprache. Anpassung als soziale Leistung ist eine Überlebensstrategie, die zwar noch ein subversives Wirgefühl stabilisieren kann, zur politischen Emanzipation und Solidarität gehören jedoch andere Repertoires der Kommunikation.

Fachjargons haben den Reiz sozioemotionaler Entlastung, je belastender eine berufliche Situation, um so wichtiger ist dieser Wert. Andere Gesprächskulturen zu entdecken, sie gegen dominante und tradierte Ansprüche zu riskieren zusammen mit denen, die mitlernen, daß die Zukunft im Gesundheitswesen nicht nur in der Vernetzung sondern alltäglich und vor Ort auch in der Kooperation liegt. Vielleicht aber brauchen Patienten den Konflikt, die Mißverständnisse, Fachsprachen und Fachjargons, Pflegende die in der Anwesenheit von Ärzten stumm sind, sonst aber mächtig, Frauen, die lächeln bei den x-mal gehörten Witzen, und Männer, die sagen, was Sache ist: Denn das ist „wie im Leben" – das sie krank macht.

Literatur

Oertle Bürki, C.: Professionalisierung und Sprache. Pflege aktuell, 6, 438 – 441 (1995)

Geißner, U.: Lehrerreaktionen und sprecherischer Ausdruck. Schmitz Wilhelm Verlag, Gießen, 1985

Geißner, U.: Systemische Interventionen – Möglichkeiten der Konfliktlösung. Die Schwester – Der Pfleger 8, 711 – 714 (1991)

Kotthoff, H. (Hrsg.): Das Gelächter der Geschlechter. UKV, Konstanz, 1996

Goffman, E.: Frame Anlaysis. New York, 1974. Deutsch: Rahmen-Analyse. Ein Versuch über die Organisation von Alltagserfahrungen. Suhrkamp/KNO, Frankfurt.

Notizen

11 Sind Sie eine Kollegin? Über das Selbstverständnis, eine Schwester von jedermann zu sein

von Jutta Zenz

11.1 Die Anrede „Schwester" und das Selbstverständnis

Bei der Vorbereitung zu diesem Kapitel habe ich jede Gelegenheit genutzt, um mit Kolleginnen und Kollegen über die Anrede und die damit verbundene Selbstwahrnehmung zu sprechen. Dabei fiel immer wieder auf, daß es kein einheitliches Vorgehen, d. h. entweder nur Vornamen oder nur Nachname, geschweige denn eine sehr strenge Auffassung davon gab, wie man sich von anderen Berufsgruppen oder Patientinnen und Patienten ansprechen lassen möchte. Einige Kolleginnen und Kollegen hatten sich noch nie damit beschäftigt, andere erlebten durch eigene Erfahrungen und Diskussionen, daß der Nachname allen mehr Respekt abnötigt als der Vorname. Da sie respektvoller behandelt werden wollten, bestanden sie auf der Anrede mit Nachnamen und „Sie", gaben den Kranken aber die Möglichkeit zu entscheiden, wie sie sie ansprechen wollten, da sich nach ihrer Erfahrung ältere Patientinnen und Patienten oft schwertaten, sie mit „Frau" bzw. „Herr" und Nachnamen anzusprechen.

Eine Kollegin berichtete, daß das gesamte Pflegepersonal in ihrer Klinik sich nach einigen Anpöbeleien von Seiten der Ärzte dazu entschlossen hatte, Namensschilder mit Vor- und Nachnamen sowie der Berufsbezeichnung zu tragen und sich auch so vorzustellen. In anderen Krankenhäusern wäre so ein Vorgehen nicht möglich, da das Pflegepersonal aus der näheren Umgebung stammt und zum Teil noch mit „Du" angesprochen wird.

Nach Literaturstudium und vielen Diskussionen im Kollegenkreis erscheint interessant, daß noch heute in Deutschland das gleiche Problem besteht, wie ein Jahrhundert zuvor: Noch immer muß man sich in unserer Berufsgruppe vor Übergriffen auf die eigene Integrität, von welcher Seite auch immer, schützen. Das konnte früher durch die Tracht geschehen und durch die Ansprache „Schwester", durch die die christlichen Werte der Fürsorge und Barmherzigkeit sowie durch das Zölibat auch klar definiert waren. In der heutigen Zeit, in der ein massiver Wertewandel stattgefunden hat, wird Wertschätzung eben durch die Anrede „Herr" bzw. „Frau" und den Nachnamen vermittelt. Dabei ist interessant, daß eine Kollegin in einem Gespräch anmerkte, daß alle anderen Berufsgruppen, die im sozialen Bereich arbeiten (LehrerInnen, SozialarbeiterInnen, PfarrerInnen, KrankengymnastInnen u. a.), sich auch nicht mit dem Vornamen ansprechen lassen. Sie meinte, daß sie sich nach 20 Berufsjahren endlich einmal damit auseinandergesetzt habe, welches Bild sie selbst in ihrem Berufsverständnis nach außen hin ausstrahlt.

Nach meiner Meinung fehlt durch den Statuswandel der Krankenpflege und die dabei allerdings weiterbestehende intime körperliche und menschliche Nähe im Umgang mit den Kranken, die unser Beruf erfordert, eine natürliche Grenze zu anderen Menschen, so daß über die Anredeänderung erneut versucht wird, ein Gleichgewicht herzustellen zwischen Nähe und Distanz, sowie zwischen kumpelhafter Vertrautheit und auf fachlicher Autorität beruhendem Respekt.

11.2   Auswertung der Fragebogen und Gespräche bezüglich der Namensnennung

Anrede von Seiten der Kranken mit „Schwester/Pfleger" und Vorname: Allgemein wurde von den Kolleginnen und Kollegen festgestellt, daß der Grund für diese Anrede auch im Verhalten der Kranken dem Pflegepersonal gegenüber begründet liegt. Die Kranken erleben den Nachnamen nach den Aussagen der Befragten als Hemmnis, schneller in Kontakt zu kommen. Sie können sich dem Pflegepersonal nicht so schnell anvertrauen. Das erschwert eine einfache und schnelle Kontaktaufnahme, denn die Kranken liegen inzwischen nicht mehr lange genug auf Station, um mit der Zeit ein Vertrauensverhältnis aufzubauen.

Begründungen für die Anrede mit „Schwester/Pfleger" und Vornamen:

- Intensivpatientinnen und -patienten können Nachnamen schlechter behalten
- Ich möchte Belästigungen im privaten Bereich aus dem Weg gehen.
- Ich sehe bei Nennung meines Nachnamens meine Privatsphäre nicht mehr gewährleistet.
- Meine Funktion auf der Station ist sofort klar, ich bin nicht irgendeine Frau.
- Das schafft eine persönlicheres Arbeitsklima, eine persönliche Atmosphäre.
- Das ist eben so die Tradition.
- Ich bin das eben so gewohnt. Die jüngeren Schwestern wollen mich zum Nachnamen überreden.
- Ich stelle mich mit Vor- und Nachnamen vor, lasse dann die Kranken entscheiden, wie sie mich ansprechen.
- Das ist so eingebürgert, nimmt bei Kindern die Angst.
- Wirkt weniger fremd. Vertrauliche Atmosphäre.
- Diese Anrede ist einfach persönlicher.
- Für Patienten ist es wichtig, daß sie sich geborgen fühlen können. Ich möchte ihnen vermitteln, daß sie zu mir eine Beziehung aufbauen können.
- Darüber habe ich mir noch nie Gedanken gemacht.
- Weiß nicht, warum.
- Vornamen sind beziehungsnäher, geben eine geringere Distanz. Vornamen sind leichter zu merken, prägen sich schneller ein.
- Ich schaffe ein vertrauteres Verhältnis.
- Das fördert den persönlichen Kontakt.
- Keine Verwechslungsmöglichkeit, meinen Namen gibt es nur ein mal auf Station.

Begründungen für die Anrede von Seiten der Kranken mit Nachnamen:

- Wenn ich mich mit Nachnamen ansprechen lasse, so dann, um die Distanz zu wahren. Mache ich eher bei Patienten, die mir unsympathisch sind oder nach meinem Befinden.
- Die Patientinnen sehen eher mich selbst als die Schwester in mir. Ich fühle mich nicht mehr als Dienstbotin, Hausmädchen.
- Man kann sich abgrenzen, Abstand gewinnen, gesunde Distanz zum Patienten herstellen.
- Distanz. Der Patient wird nicht zu vertraulich und wechselt nicht so schnell ins „Du" über.
- Ich bin nicht die Schwester des Patienten.
- Ich spreche Patienten auch nicht mit Du an. Ich bin nur für meinen Bruder die Schwester.

- Patienten werden von mir „normal" angesprochen, das erwarte ich auch von ihnen, also Nachname.

Begründungen für die Anrede von Seiten der Ärzte mit Vornamen:

- Wir sind fast alle per „Du", aus Gewohnheit.
- Habe das in meiner Grundausbildung so gelernt. Die jungen Schwestern versuchen mich zu überreden, mich mit Nachnamen ansprechen zu lassen, weil ich die Ärzte ja auch mit Nachnamen anspreche.
- Die Ärzte auf Station kenne ich ja.
- Vorname und Sie
- Persönlicheres Arbeitsklima.
- Bei machen Ärzten lasse ich die Anrede „Doktor" weg, bei mir lassen manche Ärzte das Schwester weg. Es kommt auf Sympathie und Antipathie an. Aber immer mit „Sie".
- Schwester, um zu betonen, daß ich nicht nur Frau bin , sondern auch eine bestimmte Funktion auf der Station habe.
- Das ist abhängig vom Bekanntheitsgrad.
- Bei Ärzten die ich sehr lange kenne, bleibt es beim „Du", bei Neuen ist es der Nachname.
- Das ist mir egal, wie die mich ansprechen.
- Je nach dem.
- Ich sage zu unserem Arzt auch „Du" und den Vornamen.
- Der gehört zum Team und läßt sich auch mit Vornamen ansprechen.
- Ich lasse mich duzen, allerdings habe ich das Problem der Distanzlosigkeit, und teilweise ist es zu persönlich.
- Bei ausgeglichener Arbeitsbeziehung und gleichgestellter Ebene, sonst Abstand halten mit Nachname und damit die gleiche Ebene herstellen.
- Mehr Achtung voreinander, Hierarchie einhalten.
- Das Arbeitsverhältnis wird persönlicher. Bei Oberarzt „Sie" und „Schwester".
- Mit den Ärzten habe ich dann ein besseres Arbeitsverhältnis.
- Ärzte, die ich schon als Student kenne, da bleibe ich beim „Du".
- Fördert den persönlichen Kontakt.
- Ein kollegialeres Verhältnis, ich rede den Arzt auch mit „Du" an.

Begründungen für die Ansprache mit dem Nachnamen:

- Die Anrede „Pfleger" und Vorname wäre für mich herabsetzend, deshalb Nachname.
- Weil das in anderen Berufsgruppen ebenfalls üblich ist!
- Die anderen lassen sich von mir auch mit Nachnamen ansprechen.

Mit welchem Namen melden Sie sich am Telefon? (Begründungen)

- Bei internen Gesprächen Station, Schwester und Vorname, bei externen Gesprächen, Station, Frau, Nachname.
- Je nach Laune: bei schlechter Laune Nachname, bei guter Laune Vorname.
- Vorname bei Gesprächen innerhalb des Hauses, Schwester und Vorname bei Gesprächen von draußen.
- Teilweise auch mit Nachnamen, wenn ich das Gefühl habe, daß die Wirkung dann effektiver ist.
- Als Schwester bekommt man immer gleich einen Anschiß, beim Nennen des Nachnamen sind die Gesprächspartner freundlicher.
- Nachname und Pfleger, damit vermeide ich Unklarheiten.

11.3   Namensgebung in unserer Berufsgruppe

In anderen Ländern gibt es andere Sitten. So ist in Frankreich „soeur" ausschließlich die Bezeichnung für eine Ordensschwester und nicht Teil des Namens einer Pflegeperson. Die Kolleginnen werden in der Regel mit dem Nachnamen und „Frau" angesprochen. Auch in den angloamerikanischen Ländern werden die Schwestern vorwiegend mit „Frau" und Nachnamen angesprochen oder mit „Schwester" (nurse) und Nachnamen. In Norwegen werden die Kolleginnen mit „Schwester" und Vornamen oder nur mit Vornamen oder auch nur mit Du angesprochen, die Kranken hingegen ausschließlich mit ihrem Nachnamen ohne jede Anrede.

Das Benennen der Pflegenden mit „Schwester" bzw. „Bruder" stammt aus der Zeit, in der sich in rein männlichen Hospitalorden der verletzten Soldaten, Kranken, Siechen und Armen angenommen wurde. Es entwickelten sich daraus christlich orientierte Gruppen, wie z. B. die Ordenspflege oder auch die Beginen, die sich dieser Aufgabe widmeten. In Deutschland gab es im 18. und 19. Jahrhundert den Stand der Wärterinnen und Wärter, die eher als ungebildet und verschlagen galten und die sich teilweise an den Kranken bereicherten, da sie ein sehr geringes Entgelt für ihre Tätigkeit bekamen. Erst mit dem diakonischen Gedanken und dem wachsenden Anspruch der sich rasch entwickelnden naturwissenschaftlichen Medizin an die Pflegenden und vor dem Hintergrund einer patriarchalischen Gesellschaft entwickelten sich die Gruppen, die sich an dem früheren christlichen Ideal einer Gemeinde orientierten und die Aufgabe und Pflicht, anderen Menschen zu helfen, zu ihrem Lebensmittelpunkt machten. Am ehesten den neuen Ansprüchen der Krankenpflege gewachsen waren die unverheirateten Töchter aus der gehobeneren Bürgerschicht, in der es allerdings nicht ohne weiteres möglich war, einen Beruf zu ergreifen ohne daß der Ruf Schaden nahm. So wurde, um die gebildeteren „höheren Töchter" vor Übergriffen zu schützen und um sie ähnlich wie die Klosterfrauen in ihrem Status der Keuschheit zu bewahren, eine Tracht gestaltet, dem Ordenskleid ähnlich und der damaligen Tracht der verheirateten Frau aus dem Rheinland gleichend und der Name „Schwester" beibehalten. Auch Diakonissen kamen somit „unter die Haube".

Auch ich habe dieses Relikt, das Häubchen, 1966 noch getragen, und es kam einer Revolution gleich, als wir uns nach unserer staatlichen Prüfung nicht mehr „unter die Haube" zwingen lassen wollten. Die Kritik kam nicht etwa von Seiten unserer älteren Kolleginnen, die dafür oft Verständnis hatten, sondern eher von Seiten der Ärzte. Einer meinte einmal zu mir: „Man kann Sie ja gar nicht mehr von anderen Berufsgruppen unterscheiden, und die Hygiene geht auch flöten." Dabei hatte er auch schulterlanges, offenes Haar!

In ähnlicher Weise erlebe ich die Diskussion über die Anrede in unserem Beruf. Jede Änderung ruft Angst und Widerstand hervor. Ein Arzt zu mir, als ich mich am Telefon mit dem Namen der Station und meinem Nachnamen meldete: „Was sind denn das für neumodische Sachen? Sie wollen sich wohl als Ärztin ausgeben?" Das war 1975!

Literatur

Lock, Esther: Sprache, ein Instrument der Diskriminierung. Krankenpflege (DBfK), 12/90, 647 (1990)

Notizen

12 Mit wachen Sinnen auf Sprachhygiene achten – Elemente einer Sprachkultur in Pflege, Medizin und Gesellschaft[1]

von Franz Sitzmann

12.1 Einleitung

Die Geschichte von den „gut bewässerten Heiminsassen": In Wartung und Aufsicht atemberaubend schnelle Vollprofis und anderes Personal klatschen das in Kohortisolierung befindliche Patientenkollektiv mit Alkohol ab. Unter engmaschiger Überwachung und breiter antibiotischer Abdeckung besteht im hochaseptischen Sammeltransport keine Gefahr der Kontamination; die Problemsituation besteht sozusagen nur aufgrund der fortschreitenden Überalterung und der Einstufung als Pflegefall. Ich denke einfach, das ist der Grund, warum die gepamperten Omis und Opis, sozusagen unsere Leutchen hier, aus dem Krankenhaus in das Altenheim umgelegt werden. Dort lautet für die Heiminsassen ein Stückweit die Parole: „Wir sitzen alle in einem Boot". Nur rudern die einen, und die anderen angeln. Und das Pflegepersonal wird angewiesen, die Schlaganfälle und Opis nicht austrocknen zu lassen, sondern alle Altenheimer gut zu bewässern und regelmäßig zu füttern, einfach gut...

Es ist eigentümlich, daß über Sprache gesprochen wird. Doch soll dieses Kapitel zeigen, daß die Sprache in der Gesellschaft, aber auch in den betreuenden und helfenden Berufen, oft nur noch ein Schallphänomen ist, inhaltsleer. Es leben vielfach keine Gefühle mehr in ihr, sie ist hohl, schillernd wie eine Seifenblase, phrasenhaft geworden. Dabei geht es nicht nur um den im Mediendeutsch „Un-Worte in der Pflege" verkürzten Pflege-Jargon, es geht ebenso um Formen der subtilen Gewalt, um verfügendes Denken und Reden[2]. Ist dies zu ändern? Das ist kein philologisches Problem, sondern ein Problem für den Umgang von Mensch zu Mensch. Die soziale Problematik hängt innigst zusammen mit der Sprache. Es ist eine Wahrheit, daß da, wo Sprache in Dekadenz ist, das Menschentum selbst gefährdet ist. Gewalt beginnt im Kopf, aber auch im Herzen und in der Sprache[3].

12.2 Reden, wie einem der Schnabel gewachsen ist?

Eine Auswahl typischer Sprachbeispiele aus unserer momentanen beruflichen und und gesellschaftlichen Welt floß in die erfundene Geschichte zur Einleitung ein. Vielleicht kommt sie Einzelnen gar nicht so unbekannt vor; vielleicht erkennt sich mancher selbst im Sprachgebrauch seines Arbeitsbereiches. Da Sprache lebt, gibt sie ein Spiegelbild unserer gesellschaftlichen Wirklichkeit wider. Ein neues Verhältnis zur Sprache zu finden ist von Bedeutung, da Sprache in vielerlei Hinsicht reduziert ist.

Sprache verstummt: Vielfach ist nur noch ein funktionales Sprechen zu beobachten, also eine Verständigungsebene, die sich einzig auf klar umrissene Arbeiten und einzelne Tätigkeiten beschränkt. Soweit Familien noch existieren, wird vielfach tage- und wochenlang geschwiegen oder das miteinander Sprechen auf wenige funktionale Vokabeln beschränkt. Wo immer junge Menschen sich vergnügen, sind sie zum Schweigen verdammt:

auf Konzerten, in Diskotheken, in der Multimedia-Show, mit dem Walkman. Es wird von einer maulfaulen Generation gesprochen; Diskussionen stören das Gruppenfeeling. Stereotype Worthülsen, wie „Wahnsinn", „Kotz", „Würg", „Haste n' Rad ab?" ersetzen den gegenseitigen Austausch. Dabei zeigen vergleichende Untersuchungen[4], daß reduzierte sprachliche Fähigkeiten zu den typischen Merkmalen gewalttätiger Schüler zählen. Eine Behauptung lautet: Das Schreibgerät der Analphabeten ist die Pistole. Sprachpflege als Aufgabe verlagert sich immer mehr in Schule und Ausbildungsstätte.

Sprache stirbt: Sprache gilt als vornehmste Eigenschaft des Menschen. Man zählt heute auf der Welt zwischen 6000 und 7000 Sprachen und schätzt, daß im Jahr 2100 nur noch 300 − 600 Sprachen existieren. Noch zu Goethes Zeiten wurde bodenständige Sprache gesprochen, die Menschen waren überwiegend seßhaft. Am Klang der Worte konnte zwischen verschiedenen nahe benachbarten Orten die Herkunft des Einzelnen abgeleitet werden. Die Landschaft, die Berge und Täler prägten die Sprache und den Menschen. Erst mit der Industrialisierung begann Mobilität und ein Verschwinden des kraftvollen Dialektes. Welche Vielfalt an Ausdrücken findet sich in alten Sprachen, beispielsweise im Grönländischen[5], das ebenfalls zu den aussterbenden Sprachen zählt. An weiteren Beispielen kann das Phänomen der sterbenden Sprache beobachtet werden: EDV-Übersetzungssysteme engen mit einem eingeschränkten Vokabular von wenigen hundert Begriffen auf die rein fachliche Kommunikation ein, darüber hinaus ist ein Gespräch nicht möglich; Abkürzungen im fachlichen Umgang (SGB, BU, EU, LVA, BfA[6]) sind wohl praktisch, haben jedoch eine ausgrenzende Wirkung und bringen Sprache zum Sterben.

Sprache diskriminiert[7:] Bereits von Talleyrand[8] ist bekannt, daß die Sprache dem Menschen gegeben sei, um seine Gedanken zu verbergen. Als Instrument kann sie so genutzt werden. Wäre jedoch einer taub und Analphabet, so würde er an den Bildern des Fernsehens das immer gleiche Bild des Hasses und der Gewalt erkennen können. Dies wird auch deutlich am Beispiel einer Redeweise, die heute überall auf der Welt[9] gebräuchlich ist: *„Ich habe einen Haß"*. Dem Haß verschwistert ist die Gleichgültigkeit. Vom Haß wurde gesagt, er mache blind. Aber er ist nicht der blinde, sondern der „helle Spiegel" einer Gesellschaft, die sich nicht mehr selbst erkennen will. Sprache als Mittel der Verständigung ist etwas Kostbares und bedarf der Reflexion.[10]

Konfuzius und die Sprache[11]
„Man fragte Konfuzius einmal, womit er beginnen würde, wenn er ein Land zu verwalten hätte. 'Ich würde den Sprachgebrauch verbessern', antwortete der Meister. Seine Zuhörer waren erstaunt. 'Das hat doch mit unserer Frage nichts zu tun', sagten sie, 'was soll die Verbesserung des Sprachgebrauchs?'
Konfuzius antwortete: 'Wenn die Sprache nicht stimmt, so ist das, was gesagt wird, nicht das, was gemeint ist. Ist das, was gesagt wird, nicht das, was gemeint ist, so kommen die Werke nicht zustande. Kommen die Werke nicht zustande, so gedeihen Moral und Kunst nicht. Gedeihen Moral und Kunst nicht, so trifft die Justiz nicht. Trifft die Justiz nicht, so weiß die Nation nicht, wohin Hand und Fuß setzen. Also dulde man keine Willkürlichkeit in den Worten. Das ist es, worauf alles ankommt.'

12.3 Erscheinungsformen des Sprachzerfalls[12]

Die Berufe der Pflege und Medizin stehen in unserer Gesellschaft und sind somit Spiegelbild auch dieses Phänomens. Der Stand des Umgangs mit beruflicher Sprache läßt sich aus verschiedenen Hintergründen erkennen oder herleiten.

12.3.1 Medizin und Handwerkssprache

Viele Begriffe der Medizin entstammen den Handwerken und weisen auf die Herkunft des Berufsstandes von den Badern und Wundärzten hin. Sie demonstrieren eine hochroutinierte Sprache, die deshalb verkürzt und sehr effizient ist. Nur wird zum Beispiel mit dem häufig zu hörenden „Abdecken (des immunsupprimierten, fiebernden Patienten) gegen alles mit einem Breitspektrumantibiotikum" neben der handwerklichen Komponente auch eine seltsame Vorstellung der Antibiotikawirkungen deutlich. Aus Sicht der Krankenhaushygiene ist diese Überlegung nämlich genauso falsch, als wenn das „Patienten breit abdecken" ebenso im folgenden Beispiel verwendet würde: „Der Patient leidet an einer Endokrinopathie und wurde mit einer breiten Kombination aus ACTH, Insulin und Schilddrüsenhormonen abgedeckt".

Von Wartung sollte eigentlich eher in der Automobilwerkstatt gesprochen werden, Menschen werden gepflegt, betreut und unterstützt. Die Patienten sollen ferner „gut bewässert" sein, lautet die ärztliche Anordnung, wenn die Infusionsbehandlung sorgfältig durchgeführt werden soll.

12.3.2 Analogien zu Polizei und Militär

Eine große Zahl medizinischer Fachbegriffe existiert mit Analogien zu Polizei und Militär. In der Chirurgie wie im Kriegshandwerk werden „Operationen" ausgeführt. Bei Verfassen dieses Kapitels rühmte gerade der russische Präsident Jelzin die Professionalität der „chirurgischen" Feuereinsätze[13], die gegen Tschetschenen und Geiseln gerichtet waren. Dazu paßt, daß die amerikanischen Militärs im Irak nach Medienberichten ungewöhnlich genau, nicht mit Bomben und Granaten, sondern wie mit dem „Skalpell" arbeiteten; sie führten einen angeblich sauberen Krieg, jedenfalls aus der Perspektive des nüchternen Generalstabs und nicht aus der Ameisensicht der Zivilbevölkerung oder des einfachen Soldaten. Eine „Invasion" steht für Krankheitserreger und den Angriff der feindlichen Armee auf ein anderes Land. „Dekontamination" von Keimen meint in der Krankenhaushygiene eine Wachstumshemmung oder -tötung von Mikroorganismen, Desinfektion wird synonym benutzt. Im Duden finden wir diesen Begriff jedoch nur im Zusammenhang mit der Reinigung von Atomreaktoren oder weiter im nichtmedizinischen Sprachgebrauch in der Konsequenz von atomarer, biologischer und chemischer Kriegführung. Die „Kohortisolierung", abgeleitet von der Kohorte, also dem zehnten Teil einer Legion des altrömischen Heeres, kann ohne Probleme als Gruppenisolierung bezeichnet werden.

Bekämpfen von Krankheiten versus „Heilkunde". Mit dem Kampf gegen Krankheiten wird die ursprüngliche Wortbedeutung von Heilen, u. a. aus dem niederdeutschen von „hel" = Ganzmachen, ad absurdum geführt. Gehen denn moderne Medizin und Pflege grundsätzlich davon aus, daß zwischen dem Subjekt und seiner Krankheit nur die Beziehung der Feindschaft besteht? Dem Menschen zu „helfen" heißt demzufolge, ihm zum Sieg über den Aggressor Krankheit zu verhelfen. Es wird von Schmerzbekämpfung, Krebsbekämpfung und der Bekämpfung von Infektionskrankheiten gesprochen. Hängen mit dem Verschwinden des Begriffes „Heilkunde" auch die Veränderungen in unseren Krankenhäusern zusammen?

12.3.3 Pflegerische und medizinische Fachsprache und rassistisches Gedankengut

Wie bereits Hilde Steppe[14] zeigte, wurde die pflegerische und medizinische Fachsprache auch in der Zeit des Nationalsozialismus bis heute wesentlich geprägt. „Kranken Gutes tun" konnte z. B. das Umbringen von Kranken bedeuten, es war nur erforderlich, Mord als Erlösung zu definieren und eine Bedeutungsveränderung herbeizuführen. Denken, Wahrnehmen und Handeln können so im rationalen und emotionalen Bereich durch sprachliche Mittel geprägt und damit im Sinne bestimmter Ideologien beeinflußt werden. Damit lassen sich Wörtern positive oder negative Assoziationen aufprägen. Begriffe wie „Sonderbehandlung" (Tötung unter dem nationalsozialistischen Regime) und „Aufartung durch Ausmerzung" werden wohl heute nicht mehr gebraucht, sie sind aber Beispiele für die Veränderung von Begriffsinhalten in gewünschter Art. Auch identifizieren Politiker ihre Gegner in faschistischer und kommunistischer Rhetorik heute nicht mehr als Bazillen: „Gewimmel von jüdischen, fremdrassigen, revisionistischen, anarchistischen, zersetzenden Bazillen." Wie leicht geht uns aber heute die Metapher vom „Vergasen" über die Lippen!

Auch ist unsere Sensibilität und das Lernen aus der Geschichte erheblich unterentwickelt, wenn auf aktuellen Verordnungsvordrucken für eine Krankenbeförderung[15] weiterhin der Begriff „Sammeltransport" verwendet wird. Per Sammeltransport wurden im Dritten Reich Menschen zur Tötung gefahren, er erinnert fatal an unsere deutsche Geschichte. Ein Wörterbuch[16] schreibt dazu treffend, daß der Begriff „transportieren", d. h. etwas, also eine Sache, von einem Ort zu einem anderen bringen, befördern, auf Personen bezogen mit dem Begriff des Zwangs, der Gewalt verbunden ist. Warum gehen wir so mit unserer Vergangenheit um, ist die Barbarei schon vergessen?

Ein weiteres Beispiel für eine verordnete Bedeutungsveränderung und fachneutrale Begriffsbildung ist das zwischen 1933 und 1945 verwendete „planwirtschaftliche Verlegen", wenn es um den Transport in eine der sechs zentralen Tötungsanstalten ging; oder die „Behandlungsermächtigung", wenn es um die Genehmigung der Tötung eines Patienten ging.

Formen subtiler Machtausübung und damit Gewaltanwendung[17] gegenüber Patienten oder Heimbewohnern gibt es heute in der täglichen Arbeit durch sprachliche Mittel, z. B.

- durch bewußtes Überhören von Patientenwünschen,
- durch Beschimpfungen (verbal oder nonverbal),
- Bevormundungen.

Verfügendes Denken[18] und Reden ist auch in unserer Zeit wieder weit vorgedrungen. Bei richtigem Hinsehen, Hinhören und Nachdenken werden die Absichten der Menschen deutlich, die diese Sprache sprechen, man lernt sie kennen. Oder wie sind Äußerungen zu verstehen wie „Unser Land ist überaltert" oder Forderungen nach einer „rationalen Ethik" in Beziehung zum „Fetozid" und „Euthanasie geistig Behinderter"? Auch „Überfremdung" meint in der Intention die gleiche Bedeutung des Begriffes „Überalterung".

Als rassistische Un-Worte können die synonymen Bezeichnungen Mongolismus oder Down-Syndrom für die mit einer Trisomie 21 geborenen Menschen erlebt werden. Durch das klinische Symptom der schrägen Augenstellung wird die in Europa tief verwurzelte Angst vor östlichen Menschen verbunden. Aber auch der englischsprechende Laie verbindet mit der eher positiven Nennung des Namens des erstbeschreibenden Arztes John L. D. Down (London, 1828 – 1896) die eher diskriminierenden Begriffe wie „unten", „nieder", „herunter". Zudem prägte Down den Begriff Mongolismus und die Ursache der Behinderung im Rahmen einer Rassentheorie. Diese Pseudotheorie ging in fälschlicher Anlehnung an die Darwinsche Evolutionstheorie davon aus, daß die Gattungsgeschichte der Menschheit sich über Rassenstufen entwickelt. Die asiatische Menschenrasse soll dabei am niedrigsten entwickelt sein. Die Geburt eines Kindes mit dieser „mongoloiden Idiotie" in einer europäischen Familie stellte nach dieser Theorie ein Rückfall in eine weit zurückliegende Entwicklungsstufe dar. Auch wenn durch die pränatale Diagnostik die Chancen für die Geburt eines solch behinderten Lebewesens immer geringer wird, soll die Entwicklungsperspektive von „men with special needs" nicht unnötig durch die Bezeichnung eingeschränkt werden.

12.3.4 Berufssprache als Euphemismus

In euphemistischer, beschönigender Absicht (vielleicht als Tarnvokabular?) werden viele neue Begriffe in unsere Berufssprache, aber auch umgangssprachlich eingeführt. Beispiele dafür sind: „Arbeitskräfte werden freigesetzt", es werden also nicht Menschen entlassen und in die Arbeitslosigkeit geschickt. Ein Politiker lügt heute nicht, sondern er spricht von „unzureichender Tatsachenfeststellung, persönlicher Fehleinschätzung" oder „er hat es nicht so gemeint". Versprach doch einer ganz treuherzig vor einem Bundestagsuntersuchungsausschuß: „Ich lüge Sie nicht an, auch nicht ein bißchen".

Der Begriff Krankenkasse ist mit häßlichen Erinnerungen verbunden, deshalb wird er ausgemustert: Es wird das hygienische und sympathische Wort „Gesundheitskasse" gewählt. Nun haben wir es auch noch mit der „nachlassenden Sterbefreudigkeit" der älteren Mitbürger in der Bundesrepublik zu tun.

Umweltschutz[19] ist ein Feld, auf dem wir eine Reihe von beschönigenden Modewörter antreffen z. B. „Entsorgen". Mit diesem Wort aus der Amtssprache wird, wenn wir andere Begriffe mit „ent..." betrachten (ent-schwinden, ent-schlacken, ent-schärfen) suggeriert, daß wir von etwas befreit werden, daß etwas beseitigt wird. Hier zeigt sich die Beziehung zur Moral. Eine Tat hat ihre Folgen. Eine Tat kann nie ungeschehen werden. Müll bleibt immer Materie, es gibt kein ent"sorgen", die Sorgen beginnen erst auf der Deponie oder mit den Filterstäuben, der Schlacke aus der Müllverbrennungsanlage. Das Testgelände für Atomwaffenversuche in Nevada wird heute als „Forschungspark für Umweltfragen" bezeichnet. Bei einem „Entsorgungspark" muß man an Vögel, Wiesen und Bäume denken, es ist aber eine Müll-Deponie. Es wird vom „Restrisiko" der Atomenergieproduktion gesprochen. Und das einzig kompakte – also scheinbar moderne kleine – am „Kompaktlager" ist das dichtere Anhäufeln des atomaren Abfalls. Als „Wertstoff" wird der Plastikmüll bezeichnet, obwohl auch er in der als „thermische Verwertung" aufgewerteten Müllverbrennung oder im Hochofen endet. Medizinische Ratschläge gegen das „Ozonloch" laufen darauf hinaus, mittags Kinder und alte Menschen nichts ins Freie zu lassen und im Freien Hautcreme und Kopfschutz zu nutzen. Wird damit unsere drohende Klimakatastrophe verhindert? Der „Störfall", der ursprünglich nur für technische Störungen in Atomkraftwerken reserviert war, wird zum ständig benutzten Wort der Verharmlosung, wenn es um die gehäuften Explosionen und Chemieunfälle bei der Hoechst AG in Frankfurt/Main geht. Sollen wir uns langsam an den mit einer bestimmten Wahrscheinlichkeit möglichen Super-GAU, also den größten anzunehmenden Unfall im Atomkraftwerk, gewöhnen? Ist es nicht richtiger, anstelle von „Umweltbelastung" von Umweltverbrauch oder Umweltzerstörung zu sprechen? Wie wird der Abriß von Atomkraftwerken genannt? Rückbau von Kernkraftwerken einschließlich Wiederherstellung der grünen Wiese! Wortwahl kann enttarnen, man sollte deshalb genau hinhören. Denn wer Kreide gegessen hat, muß sich fragen lassen, ob er vielleicht gar nicht die liebe Geißenmutter ist, sondern der böse Wolf.

12.3.5 Herrschaftssprache

An die Herrschaftssprache eines anderen Jahrhunderts erinnern heute noch viele Sprachregelungen in deutschen Krankenhäusern, wenn zum Beispiel von „Ärzten, Personal und anderen Beschäftigten" die Rede ist. Oder von wem wird gesprochen, wenn es „unser Personal" heißt? Ist vom mitdenkenden Mitarbeiter des 20. Jahrhunderts die Rede oder vom Dienstboten aus dem Jahr 1889?

Vorgesetzte benutzen gern die Mehrzahlform („Wir sitzen alle in einem Boot"), wenn sie von pflegerischen Aufgaben und ihrer Bewältigung sprechen. Das erinnert an jenen Mann, der während der schwierigen und schmerzhaften Niederkunft seiner Frau stellvertretend jede Linderung mit den Worten ablehnt: „**Wir** haben uns für die natürliche Geburt entschieden, und **wir** stehen das jetzt auch durch."

„Mir ist es wichtig, was meine Schwestern sagen": Hier wird die Macht des Mannes gegenüber der Frau deutlich zum **Ausspruch** gebracht.

Pflege „am" Patienten kann dem Patienten sicher hilfreich sein, schließt ihn aber als Persönlichkeit aus. Dazu wäre es erforderlich, die Pflege „mit" dem Patienten auszuführen.

Das Pflege-Wir kann zum Ausdenken wunderschöner kabarettistischer Geschichten anregen, wenn die Schwester zum Patienten sagt: Wir gehen jetzt ins Bett. Wir gehen jetzt in die Wanne. Wollen wir nicht noch etwas essen? Geht's uns gut heute? Pflegende benutzen die Mehrzahlform gegenüber Patienten, wollen dabei aber nicht wörtlich genommen werden. Es hört sich eher entwürdigend an, weil nicht mit einer Person die direkte Unterhaltung gepflegt wird (oder werden kann?). Kommunikationsmuster in Form einer kindlichen Umgangssprache gegenüber Erwachsenen, sie werden „secondary baby talk" genannt, zeichnen sich aus in der respektlosen Ansprache mit „Du", in häufigen Befehlsformen, Unterbrechungen, übertriebenen, belehrenden Wiederholungen und überhöhter Intonation. Sie werden oft gebraucht gegenüber alten, dementen Menschen und sind entwürdigend. Ebenso erkennbar ist dieses Phänomen an dem häufigen Gebrauch von sogenannten Verkleinerungssilben (Diminutivsuffix), wie -chen, -lein, -le auch in Verbindung mit Kosenamen: Omi-lein, Opi-chen, Mütter-le o. ä.

„Selbstmord" ist ein weitverbreitetes Un-Wort: Mörder ist laut Strafgesetzbuch, wer aus ...-Lust, ...-Trieb, Habgier oder sonst aus niedrigen Beweggründen (...) tötet. Der demonstrative Ausspruch „Soldaten sind Mörder" muß laut Verfassungsgericht immer wieder penibel darauf geprüft werden, ob es sich um straffreie Meinungsfreiheit oder eine Beleidigung handelt.

Wie steht es dann mit dem Menschen in oft ausweglos erscheinender Lage, der als Selbstmörder tituliert wird? Wer kann einem Menschen, der sich selbst tötet, niedrige Beweggründe zusprechen? Warum sprechen wir nicht von Suizidpatienten, von Selbsttötung oder Suizid, vielleicht auch von Freitod? Auch die eher alte Form des „Sich-entleibens" ist treffend. Spielen hier nicht (kirchen-)historische Verurteilungsformen in unsere Sprache hinein, die diesen Menschen die übliche Bestattung verwehrte?

12.3.6 Diagnostik- und Geheimdienstsprache

Viele Beispiele gibt es als Analogien zwischen der modernen medizinischen Diagnostik und den Machenschaften der Spionagedienste und der Geheimdiplomatie. Wie in der Spionage wird in der Medizin „sondiert", „engmaschig überwacht", „abgehorcht und beobachtet". Reflexe werden notiert. In den Körper werden Kameras und Sonden „eingeschleust". Mit Ehrgeiz werden „Informationen verschlüsselt", damit das „Objekt" nicht weiß, was man über es weiß. Das ist gelehrter Bluff und gezielte Verheimlichung aus „therapeuti-

schen" Gründen. Und welcher Aufwand und Ehrgeiz wird von Berufsanfängern aufge-
bracht, um bald mithalten zu können! Sie empfinden den Verheimlichungsjargon als
Sprachbarriere durch die mangelnde Kenntnis des verwendeten Zeichen- oder Regelvor-
rats. Dabei ist es nachzuvollziehen, daß zum Zusammenhalt und zur Solidarität die nur
dieser Gruppe eigene Sprache und Sprechweise notwendig ist, diese aber nicht durch Ausschließen des Patienten erfolgen darf. Das bedeutet[20] für die Praxis den Verzicht auf fachsprachliche Ausdrücke im Gespräch mit Hilfebedürftigen.

12.3.7 Berufssprache und Bürokratie

Die Bürokratie ist mit technokratischer „Macher-Semantik" erfinderisch und prägt unsere
gesellschaftliche Sprache und wird von uns in die Berufssprache übernommen.
  In der Diskussion um die Kürzung von Beamtengehältern und die Verringerung der Ar-
beitsplätze im öffentlichen Dienst spricht unser Bundesinnenminister von einer „Überlän-
ge der Personaldecke". *Er will damit sagen, daß wir in der Bundesrepublik zuviele Beamte
hätten.*
  „Überaltert" ist heute in der Republik ein geläufiges und vielbenutztes Wort, das aus
dem Sprachschatz der (Sozial-)Politiker in der Rentendiskussion allmählich Eingang in
die Berufswelt von Pflegenden findet. Wurde der Begriff zunächst gern von Statistikern
und Demographen benutzt, ist er heute in vielen Berichten zu den Themen Krankenhaus,
Sozialversicherung, Rationalisierung und Rationierung von medizinischen Leistungen
eingegangen. Eine Lapalie? Oder sind mit dieser technisierten, expertokratischen Sprach-
regelung Absichten verbunden?
  Es schwingt dabei die Forderung mit, es sei für die Alten an der Zeit, abzutreten und
Jüngeren Platz zu machen. Soll den Jungen das Feld allein überlassen werden? Die Zu-
sammensetzung von „über" (also zuviel) und „altern" ist jedoch eine negative Verbindung,.
Der Duden schreibt dazu, „...*daß das übliche Maß überschritten wird.*"
  Warum wird nicht konkret von einem veränderten Altersaufbau der Bevölkerung ge-
sprochen oder der demographischen Entwicklung, die dazu führe, daß es, verbunden
mit einer gesteigerten Lebenserwartung des Menschen, in Zukunft immer mehr alte Men-
schen geben werde? Warum sprechen wir, die wir alle älter werden, nicht davon, daß wir
„Gott sei Dank älter werden können"?
  „Wo ist denn die KPH?", kann man auf manchen Krankenhausfluren hören, wenn die
Kollegin mit der Krankenpflegehilfeausbildung gesucht wird. Oder: „Wo ist denn die
Schülerin?", heißt es ohne Nennung des Namens dieser Person, die zu unserem wichtigen
Berufsnachwuchs gehören soll.
  Bei der Patienten"abrechnung" in der Verwaltung wurde sicher nicht über die negative
Bedeutung des gewählten Begriffes nachgedacht. Man kann fragen: Nomen est omen[21]?
Wie heißt denn eine Abteilung in einem Krankenhaus, die dem Patienten eine Rechnung
für seine Behandlung ausfertigt? In einem von mir besuchten Verwaltungstrakt eines Krankenhaus scheint es noch mehr Probleme mit der Bezeichnung zu geben: An der Haustüre
zur Verwaltung und im Aufzug finden sich Schilder mit der Aufschrift: „Privat-Liquidation". Dabei gibt es nun einige sprachliche Stolpersteine: Zunächst kann man sich ja über
das ungewohnte „i" Gedanken machen. Zur Wortbedeutung, in freien Berufen für eine
erbrachte Leistung eine Rechnung auszustellen, also zu „liquidieren", gibt es im Duden[22]
mit seinen 500000 Angaben zur Bedeutung usw. kein Hauptwort. Also könnte vielleicht
„Liquidität" gemeint sein? Nein, das bedeutet ja die Fähigkeit eines Unternehmens, seine
Zahlungsverpflichtungen fristgerecht zu erfüllen. Und dafür gibt es ja nicht extra eine Pri-
vatabteilung. Aber, es wird doch nicht „Liquidation" gemeint sein? Denn das ist ja ein ganz

martialisches Wort, vor dem viele Angst haben müssen. Zunächst wird in dieser Wortbedeutung „aufgelöst", und es wird doch niemanden geben, der auf privatem Wege ein Krankenhaus auflösen will. Was soll denn dann mit den Mitarbeitern geschehen? Dann kann
man noch mit der Liquidation einen Nachlaß oder Inventar in flüssige Mittel umwandeln.
Das käme vielen Krankenhäusern in 1996 recht. Geld können sie immer viel brauchen. Soll
das mit diesem Abteilungshinweis gemeint sein?

Und eine schlimme Sache bedeutet Liquidation auch noch: jemanden, besonders aus
politischen Gründen, umbringen lassen. Daran hat es mich zuerst erinnert, und den Chefarzt würde es wohl sehr ärgern, wenn „seine" Privatpatienten liquidiert würden. Und deshalb frage ich, ob es wirklich dieser Assoziationen bedarf, um auszudrücken, daß eine
Krankenhausverwaltung an die Patienten, auch an die selbstzahlenden Patienten, Rechnun-
gen für eine hoffentlich gute Behandlung und Pflege schreibt und auf dieses Geld angewiesen ist? Zu diesem Thema soll es nicht heißen: Nomen est omen! Vielleicht kann es ja
eine „Rechnungsabteilung für Selbstzahler" geben?

Pflegefälle: Dieser überall benutzte Begriff ist beispielhaft für die Oberflächlichkeit
unserer sozialpolitischen Diskussion. **Den** Pflegefall gibt es nicht: Pflegebedürftigkeit
ist kein Zustand, sondern eine von vielen Faktoren abhängige menschliche Bedarfslage,
in der die Betroffenen und ihre Umgebung unterschiedlicher Art von Unterstützung bedürfen. Dabei stellt die Pflege niemals die alleinige Form der Unterstützung dar. Der Pflegefall ist eine Erfindung der Sozialversicherungsverwaltung. Im Alter gibt es drei Klassen
von Menschen:

1. gesunde, fitte oder rüstige alte Menschen mit hoher Kaufkraft,
2. kranke, von Ärzten Patienten genannte und,
3. „Pflegefälle" oder Pfleglinge genannte Pflegebedürftige.

Als „Fremdlast" wird die beitragsfreie Mitversicherung von Kindern in der gesetzlichen
Krankenversicherung bezeichnet!

12.3.8 Phrasen

Mit Phrasen unserer Zeit erleben wir eine weitere Form des Sprachsterbens. Eine neuere
Disziplin der Sprachwissenschaft, die Phraseologie, befaßt sich mit dieser „vorgefertigten"
Sprache.

Mit der locker hingeworfenen Floskel „alles psychisch" heißt es hinter mehr oder weniger vorgehaltener Hand der Mitarbeiter im Krankenhaus, daß die Klage eines Patienten
nicht ernst genommen wird. Aber auch Patienten benutzen Phrasen, wenn sie ihre Befindlichkeit beschreiben wollen, z. B.: „Danke, heute keinen Alkohol. Meine Leber schwächelt
mal wieder ein bißchen." Mit „schwächeln" wird umschrieben, daß Symptome wohl vorhanden sind, aber nicht so ernst genommen werden sollen, unter dem Motto: Alles easy[23].
Oder ist Ihnen noch nicht die inflationäre Verwendung des Begriffes „einfach" in jeder
noch so unpassend erscheinenden Lebenslage aufgefallen? Der Gedankensplitter „durch
Wortvergeudung verarmt das Volksvermögen, die Sprache"[24] paßt dazu. Wir finden Worthülsen in Hülle und Fülle und befürchten die Weltherrschaft der Phrase. Die Sehnsucht
nach der Präsenz der Wahrheit und des Menschen durch die Sprache bleibt. Aber auch
die Angst vor der Phrase wirkt weiter.

12.3.9 Sprachlosigkeit in der Pflege

Auch das gibt es in der Sprache der Pflegenden: Sprachlosigkeit für selbstverständliche Aufgaben im Beruf. Da gibt es die Praxis in einem westdeutschen Krankenhaus beim Transport eines Verstorbenen in die Obduktionsräume: dreimaliges Klopfen gegen die Fahrstuhltür. Das bedeutet: Aufzug frei machen für einen Leichentransport! Warum darf über das Sterben und den Tod an unseren institutionalisierten Sterbeorten nicht mehr gesprochen werden? Warum darf der Tote auf seinem letzten Weg niemandem mehr auf dem Flur begegnen? Wann werden die sogenannten Leichenhallen durch würdige Aufbahrungsräume abgelöst?

Eine Versachlichung[25] der Medizin und der Pflege kranker Menschen führt leicht dazu, das Vertrauensverhältnis von Betreuenden und Patienten selbst affektiv steril zu halten. Dies führt zu einem „Verzicht von zentraler Bedeutung, nämlich den Verzicht auf die Anwendung der Sprache". Es gibt die Sprachlosigkeit in der technisierten Medizin, wo die Medizin ins Inhumane abgleitet. *„Fünfzig Prozent der Patienten verstehen kein Wort bei der Visite, das gesagt wird."*[26] Die Pflegenden als Dolmetscher demonstrieren hier wieder einen Anachronismus einer Arztabhängigkeit, denn umkehrbar ist es nicht, daß der Arzt nämlich Übersetzer einer Pflegefachsprache ist.

Sachlichkeit gewinnt damit zwei Seiten: Einerseits garantiert sie fachgerechte, professionelle Hilfe, andererseits wirkt sich eine Krankenbetreuung ohne Aufmerksamkeit und Verständnis im Sinne persönlichen, auch verbalen Beistandes verarmend und sozial destruktiv aus. Deshalb muß bereits in der Ausbildung der Pflegenden die Möglichkeit bestehen, ein Selbstverständnis der eigenen beruflichen Kompetenz im Bereich der psychosozialen Unterstützung zu entwickeln. Formen der patientenzentrierten Bezugspflege[27] müssen die rein funktionale Pflege ablösen. In der Institution muß etwas geändert werden, damit der Fachjargon sich zu einer Fachsprache wandelt!

12.4 Was geschieht, wenn Worte[28] sterben?

Die Entwicklung der Sprache offenbart den Wandel der Art, in der Sprache Wahrheit erfaßt. Der gegenwärtig zu beobachtende Verfall der Sprachformen zur lärmenden Phrase, zum Schlagwort, zur nichtssagenden Floskel läßt die Frage stellen, wie die Sprache zu retten sei. Kann sie durch Schweigen, Zurücktreten in Stille verbessert werden? Ist es der tastende Gebrauch der Worte und das Hören hinter den Worten, die Hilfe bringen können? Kann eine Kultur des Redens und Zuhörens sowie der einfühlsamen Aufmerksamkeit für andere erzieherisch erreicht werden? Muß vielleicht zukünftig die Sprache nicht mehr dafür dasein, um **mich** mitteilbar zu machen? Kann es sein, daß es Aufgabe ist, **hören** zu lernen; also nicht das Sprechen verbessern, sondern ein neues Hören lernen und lehren?

Es gibt immer mehr Menschen[29], die unentwegt sprechen und vor sich hinreden, die alles, was sie sehen, und alles, was ihnen so durch den Sinn schießt, sofort verbal kommentieren müssen. Unter dem Einfluß der Medien ist das kein Wunder:

- Kaum ein Ort ist ohne Radio, Kassettenrecorder und/oder Fernseher.
- Kaum ein Gang ins Kaufhaus, in Einkaufspassagen, U-Bahnhöfe, Restaurants o. ä. ist möglich, bei dem nicht ständig leise Musik im Hintergrund tönt, unterbrochen von Ansagen.

Dadurch ist eine zweifache Wirkung zu beobachten:

1. Ohne Geräuschpegel kann man nicht mehr sein, der Mensch fühlt sich einsam ohne Hintergrundgeräusch (Medienabhängigkeit[30]).
2. Das richtige Zuhören wird verlernt.

12.5 Hören und Verändern

Mit richtigem Zuhören ist das Eingehen auf das Gehörte gemeint; ein Sich-mit-dem-Ge-
hörten-Verbinden, also eine innerlich aktive Zuwendung zum Anderen praktizieren. Angewendet wird das beim gemeinsamen Musizieren. Einmal ist es ein Hören auf die Har-
monien, andererseits muß der eigene Rhythmus auf den Rhythmus der Partner abgestimmt
werden. Damit ist es eine moderne soziale Praxis.

Mit der Förderung des Hörens tut sich ein weites Übungsfeld für die Ausbildung in
helfenden Berufen auf: die Fähigkeit des Zuhörens fördern, um das Gespräch mit dem
Gegenüber führen zu können.

Ich höre, was ich hören will – und nicht, was Du sagst! Mit diesem Satz soll angedeutet
werden, daß das Hören bei Sprache noch differenzierter als bei Geräuschen ist. Einerseits
hört man auf den mitgeteilten Inhalt, andererseits auf die Sprache des Sprechenden. Man
lernt zwischen den Worten zu hören. Wichtiges erfährt man oft nur aus Angedeutetem.
Beim feinen Hinhören werden die seelischen Nuancen deutlich – und gerade darauf kommt
es ja oft an. Der Inhalt der Worte kann ausgeblendet werden, und man sieht hinter den Sinn
der Sprache. Die Frage ist: Wer bist Du? Ja, was Du sagst ist ganz schön, kann überzeugen.
Aber tust Du auch? Es ist die Frage nach der moralischen Integrität des Sprechenden: Der
innerste Kern des Menschen wird erfahren. Das ist nicht die normale Sinnessphäre, die
damit angesprochen wird. Als literarisches Beispiel steht hier Jaques Lusseyran: Erst
der „Sprach- oder Wortsinn"[31] identifiziert das Gehörte als Sprache, auch wenn der Inhalt
noch nicht verstanden wird. Mit ihm nehmen wir etwas vom Innenleben des Sprechenden
wahr (seine Sprache ist bewegt, hart, verwaschen) oder vom Volkscharakter, wenn wir
mehrere Sprachen miteinander vergleichen (etwa das Französische oder das Russische).
Auch dieser Sinn kann verschieden hoch entwickelt sein. Der blinde Lusseyran[32] schildert,
wie er in der französischen Widerstandsbewegung an der Sprache die moralische Zuverläs-
sigkeit von Menschen erkannte: „(...) Seine Stimme brachte sein Wesen zum Ausdruck, und
manchmal verriet sie ihn."

Ein verarmter Sprachsinn nimmt wenig vom Inneren des anderen wahr. Damit verarmt
der Mensch aber selbst seelisch; er wird auch in seine eigene Sprache keine Nuancen mehr
einfließen lassen können. Der Sprachsinn aber muß geschult werden: Von sich aus kann ein
kleines Kind nicht Sprechen lernen. Bereits der Säugling lernt zu unterscheiden, ob seine
Mutter liebevoll und ruhig oder gereizt und nervös mit ihm spricht.

Ein anderer Sachverhalt wird im Beobachten der Aktivitäten beim Zuhören deutlich:
Wir neigen den Kopf und wenden ihn einem Sprechenden zu, um besser hören zu können.
Wir müssen tätig werden, um zu hören, und diese innere Aktivität hat Ruhe zur Voraus-
setzung. Man kann die Zeit vergessen. Man ist ruhevoll ganz dem Lauschen hingegeben.
Solche Augenblicke kommen nicht von selbst. Unser Leben ist so laut und voller Ablen-
kungen, daß wir uns solche Zeiten erringen müssen.

In der Nacht und dienstlich in der Nachtwache hören wir am besten. Nicht nur, weil es
dunkel ist und der Sehsinn zurücktritt, sondern weil es stiller ist als am lauten Tag. Leiseste
Geräusche, Töne, Stimmen, teilweise auch intuitive Eingebungen über Veränderungen bei
einem Patienten, sind dann wahrnehmbar. Dafür gibt es das Wort „lauschen". Mit
„Lauscher" werden die Ohren beim Rotwild und bei anderen Tieren bezeichnet, die
ein besonders fein ausgebildetes Gehör haben. Beispiele für das menschliche Lauschen.
Wir lauschen:

- auf den niederprasselnden Regen,
- auf das Lied der Amsel am Abend,
- ob die Kinder eingeschlafen sind,
- oder auf die Erzählung eines Menschen.

Immer ist bei diesem Lauschen Stille erforderlich.

„Aufmerksamkeit ist Leben", behauptet Goethe in seinem Werk „Wilhelm Meister" und bedeutet damit unsere Notwendigkeit, wieder auf den anderen Menschen hinlauschen zu lernen, erfassen zu lernen, was ihn innerlich bewegt und erfüllt. Die Qualität des Zusammenlebens der Menschen und des Verhältnisses zur natürlichen Umwelt wird wesentlich von der Fähigkeit des Erlebens im Hören und des Gewahrwerdens der Wunder abhängen, die uns über das Ohr erreichen.

Man kann sich ja vornehmen: Morgen mache ich alles anders. Besonders schwierig ist es jedoch, bei sich selber Dinge zu entdecken, die im argen liegen. Und: Denken Sie an die Macht der Worte. Sprache hofft auf Hören und Verstehen. Ihre Kraft liegt in der Macht der Worte. In ihr werden, wenn sie ehrlich gemeint ist, Denken und Gesinnung deutlich. Sicher ist nicht jedes „Un-Wort" in einer Institution, in einer bestimmten Situation benutzt, ein Un-Wort. Es ist wichtig, den Konsens mit dem Klienten bzw. Patienten zu beachten. Vielleicht gelingt es uns in der professionellen Pflege einmal, zu den Un-Worten auch ein Verzeichnis der „Wohl-" oder „Gut-Worte" zu schaffen, als Wörterbuch des Pflegeberufes?

Ein Bericht über die BZE-Tagung zur Pflegesprache ist überschrieben: *„Worte schaffen Wirklichkeit"*[33]. Daran ist unsere Sprache immer zu messen:

- Frau und Mann müssen „sehen"', ob die Worte stimmen.
- Mann und Frau müssen „hören", ob die Worte das sagen, was sie zu sagen vorgeben; auf das Hören hinter den Worten kommt es an.
- Sie müssen empfinden lernen, ob alles leer ist, wenn die Worte leer sind und nur so klappern.
- Sie müssen sich bemühen, das leere Stroh unserer Worte nicht weiterzudreschen.

Wir können uns sensibel dafür machen, wie unsere Sprache sich aus"drückt" und welche Ein- und Aus"wirkungen" sie hat: Wie reagieren der Kranke, der alte Mensch, der Mitarbeiter auf diese, meist unbeabsichtigten, unbedachten Äußerungen? Das verlangt eine bewußtere Begegnung mit Sprache. Sprache – ein Privileg menschlicher Kommunikation mit dem Ziel der Begegnung in Wärme und Aufgeschlossenheit.

Worte
Die Worte werden beliebig,
wenn man sie oft genug spricht,
und einige erst ergiebig,
wenn man sie schließlich bricht,

wenn man genug geheuchelt,
sie seien das A und das O.
Hat man sie endlich gemeuchelt,
braucht man sie nirgendwo.

Glaubt man sie lange vergessen,
tauchen sie wieder auf,
wird man an ihnen gemessen
im sterblichen Lebenslauf.

Karl Krolow

12.6   Und zum guten Schluß...

...sind am ehesten noch solche sprachlichen Undeutlichkeiten oder Fehler zu entschuldigen, bei denen es sich um Unwissen handelt. Beispielsweise wird in der Krankenhaushygiene oft vom „Einweichen" der Instrumente in eine Desinfektionslösung gesprochen. Man hat dabei aber nicht die Vorstellung, daß der hochwertige Stahl der Pinzetten oder Scheren aufgelockert werden soll, sondern man legt die Instrumente in eine Desinfektionslösung, um eine Keimverbreitung zu vermeiden.

Ähnlich verhält es sich mit der häufig unkorrekten Anwendung der Begriffe „Kontamination" und „Infektiosität". Die Bedeutungen von infektiös und kontaminiert werden oft vermischt. Beispielsweise werden die Lochien (der Wochenfluß) der entbundenen Frau als infektiös bezeichnet, obwohl sie lediglich kontaminiert sind. Kontamination stammt von dem lateinischen Wort contamino = besudeln, beflecken, verunreinigen ab. Es gibt verschiedene Wortbedeutungen des Wortes Kontamination:

- sprachwissenschaftlich: eine Vermengung von Wörtern, Wendungen, die zu einer Kontaminationsform führt, z. B. „Gebäulichkeiten" aus den beiden Wörtern: Gebäude und Baulichkeiten;
- in der Physik: eine Verunreinigung von Kernbrennstoff mit neutronenabsorbierenden Spaltprodukten;
- fachsprachlich z. B. in der Medizin, Biologie und beim Militär: (radioaktive) Verunreinigung, *Verschmutzung, Verseuchung.*

Eine beispielhafte Darstellung am Umweltproblem „Hundedreck" soll den sprachlichen Hintergrund der Begriffe Kontamination und Infektion verdeutlichen; der Unterschied wird drastisch geschildert:

Hundedreck in großer Nähe,	→ es riecht.
Mit einigem Abstand	→ besteht mit Zunahme der Entfernung kein Problem mehr; es wird unbedeutend.
Beim Hineintreten oder Hineintragen in das Auto	→ jedoch erfolgt eine Schmier„kontamination".
Hundekot auf dem Kopfsalat bedeutet eine hohe Kontamination, die durch mangelndes Waschen in den Körper aufgenommen wird	→ es kommt zum Überschreiten der Schwellendosis: → mit *infektiöser* → Inkorporation.

Im Blätterwald[34]. Nachsichtig können wir auch mit der Ausdrucksweise im Blätterwald umgehen, und nicht so bierernst sein, wenn medizinische Blüten so schön blühen:

- *„Mit leisem Stöhnen nahm er seinen Kopf zwischen die Hände und trug ihn vorsichtig ins Badezimmer."*
- *„Steffi Graf hatte Wadenkrämpfe im Oberschenkel."*
- *„Er war gelähmt. An seinem Todestag waren plötzlich sämtliche Beschwerden verschwunden."*

Medizinisches in Schulaufsätzen[35]. Noch etwas zum Schmunzeln für Nachsichtige: – *„Gegenüber vom Krankenhaus war ein Haus, wo die Mütter ihre Kinder gebären. Eine Gebärmutter schaute aus dem Fenster und winkte uns freudig zu."*

- *„Das Gift der Schwarzen Witwe zersetzt die roten Blutkörperchen. Man kann darauf warten, bis es vorbei ist."*
- *„Erfrieren ist ein leichtes Sterben. Die Leute setzen sich hin und schlafen ein, und wenn sie aufwachen, sind sie schon tot."*

Und das Neueste aus der Pflege. Kennen Sie schon den neuesten Begriff unserer Pflegefachsprache: „Verortung" der Pflegewissenschaft an den Hochschulen[36]? Hat er etwas mit dem Untertagebergbau, also mit der Bergmannssprache, zu tun? Oder damit, daß die Studiengänge an Universitäten in Städten, Flecken oder Dörfern eingerichtet werden sollen? Vielleicht meint er aber nur, daß man beim Studium der Pflegewissenschaften „vor Ort" ist, also direkt am Ort des Geschehens!?

Oder zum Beispiel die übersetzten Pflegediagnosen[37]: „Sinneswahrnehmungen, verändert, gustatorisch" oder „Aktivitätsintoleranz, potientielle". Sind solche Begriffe geeignet, in unsere Pflegedokumentation übernommen zu werden?

Anmerkungen und Literatur

1. In Teilen erschien der Beitrag in Die Schwester/Der Pfleger (1996)
2. Sitzmann, F.: Pflege in Freiheit und Verantwortung: Euthanasie in unserer Gesellschaft. RECOM Monitor 4, 32 – 34 (1989)
3. Remschmidt, H.: Zyklen der Gewalt: Anmerkungen zur Gewalttätigkeit junger Menschen. Dt. Ärzteblatt 90 A1, 2539 – 2544 (Heft 39) (1993)
4. Schmoll, H.: Gemeinsinn, soziale Verantwortung, Sprachkultur – Eine Studie über Gewalt in der Schule. In: Frankfurter Allgemeine Zeitung vom 31.1.95, Nr. 26, S. 3
5. Ein anschauliches Beispiel für das Eis in seinen vielfältigen Formen gibt Peter Hoeg in seinem Buch: Fräulein Smillas Gespür für den Schnee.
   C. Hanser Verlag, München, 1994, S. 426: frazil (Eisbrei), hiku (Festeis), Gletschereis, Meereis, hikuaq und puktaaq (Eisschollen unterschiedlicher Farbe), ivuniq (Oberfläche der Eisschollen), maniilaq (Eisbuckeln) u.v.a. So vielfältig beschreibt diese Sprache auch den Schnee.
6. SGB – Sozialgesetzbuch, BU – Berufsunfähigkeit, EU – Erwerbsunfähigkeit, LVA – Landesversicherungsanstalt, BfA – Bundesversicherungsanstalt für Angestellte
7. Lock, E.: Sprache, ein Instrument der Diskriminierung. Krankenpflege 12, 647 – 652 (1990)
8. Rittelmeyer, F.: Das Vaterunser, 6. Aufl. Urachhaus, Stuttgart, 1990, S. 21
9. Jeismann, M.: Großallergie – Über den neuen Haß. Frankfurter Allgemeine Zeitung vom 3.8.94, Nr. 178, S. N5
10. Walter, I.: Nur Schall und Rauch? Pflege 4, 285 – 286 (1995)
11. Entnommen aus Sitzmann, F.: Mit wachen Sinnen wahrnehmen und beobachten, Band 1: Grundlagen einer Schulung der Beobachtungsfähigkeit. RECOM, Basel/Eberswalde, 1995
12. Eine hintergründige Darstellung des Phänomens findet sich bei Patzlaff, R.: Sprachzerfall und Aggression. Verlag Freies Geistesleben, Stuttgart, 1994
13. Frankfurter Allgemeine Zeitung vom 19.1.96, S. 31
14. Steppe, H., Koch, F., Weisbrod-Frey, H.: Krankenpflege im Nationalsozialismus, 4. Auflage. Verlag Dr. Mabuse, Frankfurt/M., 1986
15. Muster 4, Paul Albrechts Verlag, Lütjensee, 7/1993
16. Paul, H.: Deutsches Wörterbuch, 9. Aufl. Max Niemeyer Verlag, Tübingen, 1992
17. Schützendorf, E.: Die alltägliche Gewalt in der Pflege. Die Schwester/Der Pfleger 1, 54 – 58, (1994)
18. Sitzmann, F.: Pflege in Freiheit und Verantwortung: Euthanasie in unserer Gesellschaft. RECOM Monitor 4, 32 – 34 (1989)
19. Sitzmann, F.: Abfallhandling im Klinikalltag. In: Bazan, M., Biedermann, H. (Hrsg.): Müll im Krankenhaus. Gustav Fischer Verlag, Stuttgart, Jena, 1996
20. Helmstaedter, C.: Wenn „Heiminsassen fertiggemacht" werden... Pro Alter 1/95

21. Der römische Komödiendichter Plautus (um 250 – 184 v. Chr.) verwendete in einem Stück die Formulierung „*nomen atque omen*", auf deutsch „Name und zugleich auch Vorbedeutung". Auf sie ist die heute gängige Redensart „nomen est omen" zurückzuführen. Man verwendet sie meist scherzhaft im Hinblick auf Sachen oder Personen, von denen man glaubt, daß allein ihr Name schon bezeichnend ist oder auf etwas ganz Bestimmtes hinweist.

22. Duden Deutsches Universal Wörterbuch A-Z, 2. Aufl., 1989

23. Schönfeld, E.: alles easy – Ein Wörterbuch des Neudeutschen. Verlag C.H. Beck, München, 1995

24. Lec, S.: Unfrisierte Gedanken. In: Dedecius, K. (Hrsg.): Bedenke, bevor du denkst. Suhrkamp Verlag, Frankfurt/M., 1995

25. Mitscherlich, A.: Der Patient – nur ein Werkstück? Der Spiegel, Nr. 38, 238 – 239 (1978)

26. Ossen, P.: Humanität auch in der Sprache. Das Krankenhaus 12, 650 – 651 (1989)

27. Sitzmann, F. (Hrsg.): Pflegehandbuch Herdecke, 2. Aufl. Springer Verlag, Berlin Heidelberg New York, 1995, S. 7 f.

28. Gedanken aus Diederich, K.: Das Leben der Sprache als Werden und Vergehen. In: Die Drei 2/ 1994, S. 114 – 122

29. Aus der folgenden Arbeit wurden mehrfach Teile übernommen: Sitzmann, F.: Mit wachen Sinnen wahrnehmen und beobachten. Band 1: Grundlagen einer Schulung der Beobachtungs- fähigkeit, Band 2: Beobachtung von gesunden und veränderten Lebensprozessen des Menschen (erscheint 1996). RECOM, Basel/Eberswalde, 1995

30. Kimpfler, A.: Zum Verständnis der Medienabhängigkeit. Fakten und Anregungen zur Be- urteilung der Medien 7, 4 – 6 (1993)

31. Erläutert bei Sitzmann, F.: Teil 1, a.a.O., S. 123

32. Lusseyran, J.: Der Blinde in der Gesellschaft, 5. Aufl. Verlag Freies Geistesleben, Stuttgart, 1984, S. 33

33. Forum Sozialstation 8/95

34. Gesehen im Dt. Ärzteblatt 92, Heft 46 vom 17.11.1995

35. Gesehen im Dt. Ärzteblatt 92, Heft 21 vom 26.5.1995

36. Gesehen in der Denkschrift „Pflegewissenschaft – Grundlegung für Lehre, Forschung und Praxis". Robert Bosch Stiftung, Bleicher Verlag, Stuttgart, Jan. 1996

37. Walter, I.: Editorial: Nur Schall und Rauch? Pflege 4, 285 – 286 (1995)

Notizen

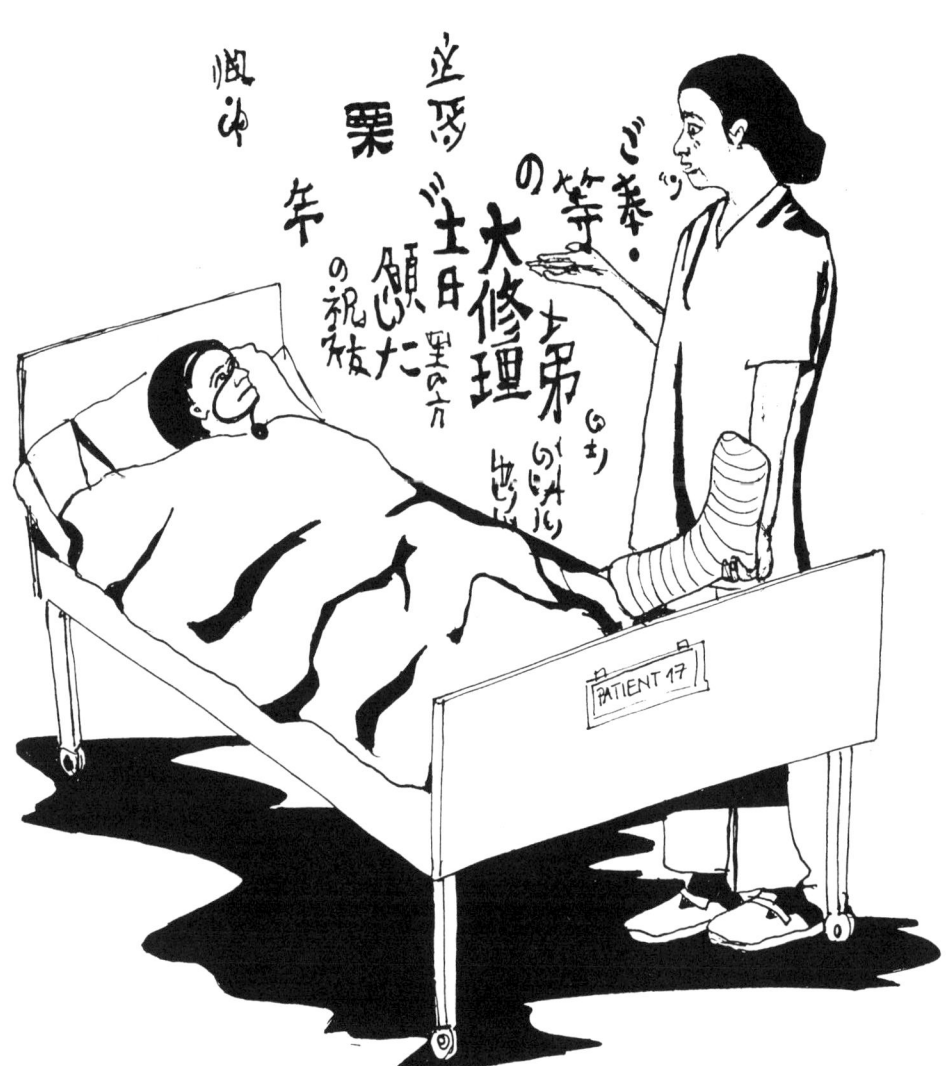

13 „Abgeklatscht und fertiggemacht" – Was verstehen Patienten unter pflegerischen Fachausdrücken?

von Rudolf Müller

13.1 Einleitung

Der bekannte Kommunikationspsychologe Paul Watzlawick hat einige Kernaussagen zur menschlichen Kommunikation formuliert, die er als „Axiome" bezeichnet. Ein Axiom ist ein unmittelbar einleuchtender Grundsatz, der keines Beweises bedarf, aber auch nicht bewiesen werden kann – bekanntestes Beispiel aus der Geometrie: Die kürzeste Verbindung zwischen zwei Punkten ist eine Gerade. Jedem, der zwei Punkte auf ein Blatt Papier malt, wird die Wahrheit dieser Behauptung sofort klar. Beweisbar ist sie jedoch nicht, denn dazu wäre es nötig, eine unendlich große Anzahl von krummen Verbindungslinien auszumessen und mit der Geraden zu vergleichen.

Watzlawicks berühmtestes Axiom lautet: „Es ist unmöglich, **nicht** zu kommunizieren!" Ein anderes heißt: „Jeder geht von seinem Standpunkt aus." Etwas wissenschaftlicher ausgedrückt: Die Natur einer Beziehung ist durch die Interpunktion der Kommunikationsabläufe seitens der Partner bedingt. Der Ausdruck „Interpunktion" kommt aus der Sprachwissenschaft und bedeutet ursprünglich soviel wie Zeichensetzung.

Zur Erläuterung eine Episode aus dem vorletzten Bundestagswahlkampf: Bekanntlich wollte Oskar Lafontaine damals Bundeskanzler werden und Helmut Kohl ablösen. Die SPD ließ Plakate mit dem Konterfei Lafontaines drucken und dachte sich eine aus ihrer Sicht zündende Unterschrift aus: LAFONTAINE – DER NEUE WEG!

Gleich nach der Wahl tauchten verschiedentlich Plakate auf, die eine zunächst unwesentlich erscheinende Veränderung aufwiesen. Bekennende CDU-Anhänger im Siegesrausch hatten mit dicken Filzstiften interpunktiert. Die Unterschrift lautete nun: LAFONTAINE – DER NEUE: WEG!

Der sprichwörtliche kleine Unterschied bringt eine gänzlich andere Sichtweise zur Geltung. Durch den Doppelpunkt wird die Aussage in Abschnitte zerlegt, deren Bedeutung ganz und gar nicht im Sinne des Erfinders liegt.

Welchen Einfluß die Interpunktion auf Ablauf und Rückmeldung im Rahmen von Kommunikationsprozessen haben kann, dafür gibt Watzlawick selbst ein hübsches Beispiel aus dem (eigenen?) Eheleben. Auch hier wird Kommunikation in Abschnitte zerlegt. Jeder hört auf, nachdem sein Abschnitt zu Ende ist: Eine Ehefrau nörgelt an ihren Mann herum, weil er zu oft ins Wirtshaus geht. Von ihrem Standpunkt aus ist das Nörgeln berechtigt, weil sie häufig alleine zu Hause bleiben muß. Warum aber geht der Mann so oft ins Wirtshaus? Weil seine Frau an ihm herumnörgelt! Von seinem Standpunkt aus ist die Stammtischbegeisterung berechtigt, denn er will sich nicht ständig anmosern lassen. Vermutlich wird sich die Ehefrau beim Kaffeekränzchen über die Rücksichtslosigkeit ihres Angetrauten beklagen, während er den Stammtischbrüdern von der Xanthippe daheim erzählt.

Fazit: Die beiden verstehen sich nicht! Sie verstehen sich nicht, weil sie die Bewertung der Ereignisse in bloß subjektiv verstehbare Abschnitte aufteilen. Die unterschiedliche Interpunktion wirkt sich auf das Kommunikationsverhalten aus und macht die beiden unfähig, eine gemeisame Basis zu finden, die es ihnen erlauben würde, sich auszusprechen und miteinander eine Lösung des Problems anzusteuern.

Weil es sich bei dem Satz über die Interpunktion um ein Axiom handelt, beansprucht er allgemeine Gültigkeit. Trifft dies jedoch zu, folgt daraus, daß nicht nur dieses Ehepaar, sondern zum Beispiel auch Pflegepersonal von der eigenen Warte ausgeht, wenn es kommuniziert. Diese Warte ist unter anderem durch den Umgang mit pflegerischen Fachausdrücken gekennzeichnet. Dem Pflegepersonal ist klar, was damit gemeint ist, wie steht es aber mit unbedarften Patienten? Professionelle Kommunikation heißt aber: Beim anderen sein. Die Sichtweise des anderen muß in die eigenen Überlegungen einbezogen werden. Nur so ist es möglich, den Zeichenvorrat aufeinander abzustimmen und zu einem gemeinsamen zu formen.

Aufgabe eines Kommunikationsprofis ist es demnach, sich zu vergewissern, ob ein gemeinsamer Zeichenvorrat besteht, bevor er etwas sagt – er muß den Anfang machen und über seinen Abschnitt hinausdenken. Patienten sind gewöhnlich keine Kommunikationsprofis. Und Pflegekräfte? Ohne Zweifel bemühen sich die meisten, aber dennoch sind auch sie in ihre berufliche Sichtweise eingebunden. Diese Sichtweise ist jedoch mitgeprägt durch den täglichen Umgang mit Worten, deren Bedeutung anderen häufig verschlossen bleibt. Dem Vernehmen nach geschieht es nicht selten, daß Patienten mit Ausdrücken konfrontiert werden, die wie selbstverständlich verständlich erscheinen, es aber – von einer anderen Warte aus gesehen – durchaus nicht sind.

Solche und ähnliche Überlegungen veranlaßten einen Kurs angehender Lehrkräfte für Kranken- und Altenpflege am Berufsfortbildungswerk des DGB in Frankfurt/M., die Leute einmal zu fragen, ob sie mit pflegerischen Fachausdrücken etwas anfangen können – und wenn ja, was.

Die Studie erhebt (im Gegensatz zu Watzlawicks Axiomen) keineswegs den Anspruch auf Allgemeingültigkeit. Selbstverständlich (!) sind die Ergebnisse mit der gebotenen Bescheidenheit vorzutragen und zu bewerten. Trotzdem: Das eine oder andere mag zum Nachdenken Anlaß geben.

13.2   Aufbau der Studie

Insgesamt 120 Personen erhielten 17 Ausdrücke oder sprachliche Wendungen vorgelegt, wie sie im pflegerischen Berufsalltag häufig vorkommen. Die Befragten sollten erläutern, was sie darunter verstehen. Dabei wurde auf Items verzichtet, die nur hausintern definiert sind. So ist dem Verfasser z. B. eine Klinik bekannt, in der der Ausdruck „Wege machen" allgemein gebräuchlich ist. Darunter wird die Erledigung von Dienstgängen, wie das Aufsuchen des Labors oder die Weitergabe von Patientenunterlagen, verstanden. Die Pflegekräfte anderer Kliniken kennen diese Redewendung nicht. Typische medizinische Fachausdrücke wie zum Beispiel „Gamma-GT-Wert" wurden ebenfalls nicht in die Studie aufgenommen.

Zur Erläuterung des Begriffs „Item" (sprich: Aitem): In der sozialwissenschaftlichen Fachsprache heißen die einzelnen Fragen eines Fragebogens Item. Kontroll-Item: Inwieweit wirft die Verwendung dieses Ausdrucks das Problem der Interpunktion (s. Abschn. 13.1) auf?

Über eine Instruktion zu Beginn der Befragung wurden die Items in einen pflegerischen Kontext eingebunden. Damit sollte klargestellt werden, daß es sich um Ausdrücke handelt, die im Rahmen der Pflege eine ganz bestimmte Bedeutung besitzen.

Die Instruktion lautete: „Stellen Sie sich vor, Sie liegen in Ihrem Bett im Krankenhaus, befinden sich auf dem Wege der Genesung und dösen vor sich hin. Zwei Pflegekräfte betreten das Zimmer und machen sich an dem unbenutzten Bett neben Ihnen zu schaffen. Die beiden glauben, daß Sie schlafen und unterhalten sich leise über ihre pflegerischen Aufgaben. Die folgenden Ausdrücke und Wendungen kommen in dem Gespräch vor. Was bedeuten sie?"

Die Interviewer hatten Anweisung, darauf zu achten, daß die Befragten mindestens 18 Jahre alt waren und nicht aus dem „Dunstkreis" der Pflege kamen. Ergänzend wurden einige demographische Daten erhoben.

Die Gesamtstichprobe bestand aus 67 Frauen und 53 Männern; 31 der TeilnehmerInnen waren unter 31 Jahre alt, 89 TeilnehmerInnen waren 30 Jahre und älter. Schon einmal im Krankenhaus waren 100, noch nie im Krankenhaus waren 20 der TeilnehmerInnen.

Bei einigen Items wurde überprüft, ob sich Geschlecht, Alter oder Krankenhauserfahrung auf die Beantwortung auswirkten.

Wegen des vorläufigen Charakters der Studie wurde auf Signifikanzberechnungen verzichtet. Über Signifikanzberechnungen könnte auf der Grundlage der Wahrscheinlichkeitsrechnung festgestellt werden, ob ein Unterschied, z. B. zwischen jüngeren und älteren Befragten) tatsächlich als Unterschied interpretiert werden darf, oder ob das Ergebnis auf einem Zufall beruht. Voraussetzung dafür ist allerdings, daß die Daten sorgfältiger erhoben werden, als dies bei der vorliegenden Studie der Fall war. Im übrigen stellt sich auch bei diesem Fachbegriff wieder das Problem der Interpunktion.

Vier Items gingen nicht in die Auswertung ein, weil offensichtlich keinerlei Verständnisschwierigkeiten vorlagen. Es handelte sich dabei um „abführen" (Item 1), „Druck messen" (Item 10), „Schnabeltasse" (Item 14) und die Abkürzung „OP" für „Operation" (Item 17). Item 4 („einen Patienten umlegen") wurde ebenfalls nicht ausgewertet, weil es allzuoft zu humoristischen Äußerungen Anlaß gab.

Die Beurteilung der Antworten erfolgte nach vier Kategorien, die im folgenden beschrieben werden.

1. **Typisch richtige Antworten.** Als typisch richtig wurde eine Antwort klassifiziert, wenn sie öfter vorkam und im Wesentlichen dem entsprach, was Pflegekräfte unter dem betreffenden Ausdruck verstehen. Hinsichtlich der Präzision der Erklärungen wurde dabei großzügig verfahren;
   Beispiel: Item 12 („nüchtern sein"). Zwar gehört zum Nüchternsein strenggenommen auch die Definition der eigenen Person als temporär rauchfreie Zone. Es wäre aber unserer Auffassung nach vom Laien zuviel verlangt, wenn nur Antworten akzeptiert würden, die diesen Umstand berücksichtigen.
2. **Typisch falsche Antworten.** Auch hier war das Klassifikationskriterium die Häufigkeit des Auftretens. Es kam dabei nicht darauf an, wie weit die Erklärung vom Richtigen entfernt war; Beispiel: Item 6 („jemanden abklatschen"). Antworten wie „einen Ohnmächtigen aufwecken" sind zwar sehr weit vom Tatsächlichen entfernt (tatsächlich?), wegen der großen Häufigkeit jedoch typisch.
3. **Originelle Antworten.** Originelle Antworten sind solche, die selten vorkamen und gleichzeitig falsch sind. Sie müssen nicht originell im Sinne von kreativ sein; Beispiel: Item 11 („Blasentrainig durchführen"). Die Gleichsetzung von Blasentraining und Blasenuntersuchung ist keineswegs kreativ. Weil sie aber selten vorkam, wurde sie als originell eingestuft. Manche der Antworten weisen jedoch trotzdem auf ein erhebliches Kreativitätspotential der Befragten hin.
4. **Weiß-nicht-Antworten.** Antworten wie „ist mir unbekannt", „weiß ich nicht", „keine Ahnung" wurden als falsch gezählt.

13.3   Ergebnisse

Item 2: Mammaoperation

1. Richtig beantwortet: 44. Typische richtige Antworten: Brustoperation (bei Krebs).
2. Falsch/weiß nicht: 76. Typische falsche Antworten: Unterleibsoperation; Operation bei der Geburt; Kaiserschnitt.
3. Originelle Antworten: künstliche Befruchtung; Mutter wird operiert; Bauchnabeloperation.

Item 3: In die Kurve schauen

1. Richtig beantwortet: 77. Typische richtige Antworten: In der Fieberkurve nachschauen; im Krankenblatt nachschauen.
2. Falsch/weiß nicht: 43. Typische falsche Antworten: ein EKG abnehmen; Fiebermessen.
3. Originelle Antworten: heimlich Alkohol trinken; der Schwester in den Ausschnitt gukken.

Verteilung der richtigen Antworten nach Geschlecht und Krankenhauserfahrung (KH):

*   Frauen richtig: 45, Männer richtig: 32;
*   mit KH richtig: 65, ohne KH richtig: 10.

Verteilungsabhängige Unterschiede sind nicht festzutellen.

Item 5: Das machen wir in lokaler

1. Richtig beantwortet: 61. Typische richtige Antworten: etwas unter örtlicher Betäubung durchführen; Patient ist bei Bewußtsein.
2. Falsch/weiß nicht: 59. Typische falsche Antworten: etwas in einem speziellen Untersuchungszimmer durchführen; kann im Krankenzimmer durchgeführt werden.
3. Originelle Antworten: das erledigen wir am Kiosk; das machen wir unter uns aus.

Verteilung der richtigen Antwortern nach Geschlecht, Alter und Krankenhauserfahrung (KH):

*   Frauen richtig: 35, Männer richtig: 26;
*   unter 30 richtig: 17, ab 30 richtig: 44;
*   mit KH richtig: 54, ohne KH richtig: 7.

Geschlechts- und Altersunterschiede sind nicht feststellbar, jedoch antworten Befragte mit Krankenhauserfahrung im Verhältnis gesehen etwas häufiger richtig.

Item 6: Jemanden abklatschen

1. Richtig beantwortet: 22. Typische richtige Antworten: mit Franzbranntwein oder Spiritus einreiben, massieren.
2. Falsch/weiß nicht: 98. Typische falsche Antworten: nach Ohnmacht, Narkose wieder aufwecken; zur Lungenkräftigung, Atmungsanregung; auf den Rücken klopfen, um Husten zu erleichtern.

3. Originelle Antworten: bei einer Party im Krankenhaus Patienten beim Tanzen abklatschen; bei Babys nach der Geburt; damit sich nach der OP die Lungenhärchen wieder stellen; ein leichter Fall, den man nebenher machen kann; schauen, ob der Patient noch lebt; freundliche Begrüßung bei gut bekannten Patienten; am Bauch abtasten; dosierte Schläge auf das Gesäß mit einem nassen Handtuch; abfühlen, ob alles heil ist; Schwester möchte vor Wut jemandem eine geben; einen Klaps auf den Hintern geben; nach der Geburt das Baby schlagen, damit es schreit.

Item 7: Übergabe

1. Richtig beantwortet: 77. Typische richtige Antworten: Informationsweitergabe bei Schichtwechsel, Dienstwechsel; Übergabe des Dienstes.
2. Falsch/weiß nicht: 43. Typische falsche Antworten: von einem Arzt zum anderen, von einer Pflegekraft zur anderen weitergegeben werden; Patienten an eine andere Station übergeben.
3. Originelle Antworten: Erbrechen; Materialübergabe bei pflegerischer Verordnung.

Verteilung der richtigen Antworten nach Geschlecht, Alter und Krankenhauserfahrung (KH):

- Frauen richtig: 43, Männer richtig: 34;
- unter 30 richtig: 24, ab 30 richtig: 53;
- mit KH richtig: 65, ohne KH richtig: 12.

Verteilungsabhängige Antwortmuster sind nicht festzustellen.

Item 8: Einen Zugang legen

1. Richtig beantwortet: 45. Typische richtige Antworten: eine Kanüle legen; jemanden an einen Schlauch anschließen.
2. Falsch/weiß nicht: 75. Typische falsche Antworten: einen neuen Patienten aufnehmen; ein Neuzugang kommt ins Zimmer; einen Katheter legen; eine Sonde legen.
3. Originelle Antworten: ein Klistier; Herzschrittmacher einsetzen; Luftröhrenschnitt; künstlicher Darmausgang.

Item 9: Eine Blutkultur machen

1. Richtig beantwortet: 42. Typische richtige Antworten: (bei Entzündungen) eine spezielle Blutuntersuchung durchführen.
2. Falsch/weiß nicht: 78. Typisch falsche Antworten: ein Blutbild erstellen; Blut abnehmen; Blutgruppe feststellen.
3. Originelle Antworten: klingt wie im Horrorfilm; nach Kulturschock zur Ader lassen.

Item 11: Blasentraining durchführen

1. Richtig beantwortet: 37. Typische richtige Antworten: Blase, Blasenmuskel trainieren.
2. Falsch/weiß nicht: 83. Typische falsche Antworten: viel trinken; nach OP in die Flasche pinkeln; Blasenuntersuchung; Gymnastik durchführen.

3. Originelle Antworten: für Schwangere; Blase durch Medikamente ruhigstellen; Messen der Urinmenge; Blase abklopfen; künstlicher Ausgang der Blase.

Item 12: Nüchtern sein

1. Richtig beantwortet: 69. Typische richtige Antworten: nichts essen und trinken; nichts essen, trinken und rauchen.
2. Falsch/weiß nicht: 51. Typische falsche Antworten: nichts essen; nichts trinken; keinen Alkohol zu sich nehmen.
3. Originelle Antworten: bei Verstoß ohne Nachtisch ins Bett; im Bett bleiben und nicht bewegen.

Verteilung der richtigen Antworten:

- Frauen richtig: 42, Männer richtig: 27;
- mit KH richtig: 60, ohne KH richtig: 9;
- unter 30 richtig: 18, ab 30 richtig: 51.

Verteilungsabhängige Antwortmuster lassen sich nicht feststellen.

Item 13: Jemanden fixieren

1. Richtig beantwortet: 36. Typische richtige Antworten: festbinden; ans Bett schnallen.
2. Falsch/weiß nicht: 84. Typische falsche Antworten: jemanden anschauen, bis er reagiert; im Auge behalten und anstarren; zur OP vorbereiten.
3. Originelle Antworten: jemanden bedrohen; zum Zweck einer Diagnose anschauen.

Verteilung der richtigen Antworten:

- Männer richtig: 16, Frauen richtig: 20;
- mit KH richtig: 29, ohne KH richtig: 7;
- unter 30 richtig: 13, ab 30 richtig: 23.

Verteilungsabhängige Unterschiede sind nicht feststellbar.

Item 15: Ein Tagesprofil erstellen

1. Richtig beantwortet: 15. Typische richtige Antworten: Untersuchung bei Zuckerkranken.
2. Falsch/weiß nicht: 105. Typische falsche Antworten: Patientenzustand über einen Tag verfolgen; Tagesablauf im KH; Einstellung mit Medikamenten.
3. Originelle Antworten: Seitenansicht des Patienten vor und nach der Mahlzeit; jemandem den ganzen Tag nachrennen; Leistungskurve erstellen; Stundenplan machen; Essensplan machen; Therapiebesprechung.

Item 16: Einen Patienten fertigmachen

1. Richtig beantwortet: 104. Typische richtige Antworten: zur Operation fertigmachen; einen Patienten zu einem bestimmten Zweck waschen, pflegen etc.
2. Falsch/weiß nicht: 16. Typische falsche Antworten: zur Rede stellen nach Verstoß; Psychofolter, beschimpfen.
3. Originelle Antworten: Ruhigstellen des Patienten durch Injektion; soweit präparieren, daß er sich in sein Los fügt.

Verteilung der richtigen Antworten nach Geschlecht:

- Frauen richtig: 60, Männer richtig: 44.

Es lassen sich keine Unterschiede feststellen.

13.4 Zusammenfassende Bewertung der Ergebnisse

Die Bewertung der Ergebnisse hat mit Vorsicht zu geschehen und soll deshalb auf ein Mindestmaß beschränkt werden. Weiterführende Gedanken seien den Leserinnen und Lesern überlassen.

Viele der vorgelegten pflegerischen Termini (Mehrzahl von Terminus), d. h. wohldefinierten Fachausdrücke besitzen in der Alltagssprache doppeldeutigen Charakter. In Anbetracht dieses Umstandes zeigten sich die Befragten recht gut informiert. Der Prozentsatz an richtigen Antworten liegt meist im mittleren Bereich.

Eine deutliche Ausnahme davon bildet Item 16 („einen Patienten fertigmachen") mit 104 richtigen Antworten. Die Wendung „fertigmachen" besitzt zwar in der Alltagssprache Doppeldeutigkeit, der pflegerische Kontext jedoch verweist auf die Bedeutung „für etwas vorbereiten". Dies entspricht alltagssprachlichen Wendungen wie „sich zum Ausgehen fertigmachen" etc. Der Sprachgebrauch außerhalb und innerhalb des Krankenhauses stimmt damit in seinem Bedeutungsgehalt grundsätzlich überein.

Dies ist völlig anders bei den Items 6 und 15 („abklatschen" und „Tagesprofil"). Bei Item 6 wurde nur 22mal, bei Item 15 nur 15mal richtig geantwortet. Der Begriff „Abklatschen" kann von Befragten, denen er unbekannt ist, offensichtlich nicht mit einem Sinn ausgestattet werden, der es erlauben würde, ihn im Rahmen pflegerischen Handelns anzusiedeln. Alltagssprache und pflegerische „Fachsprache" besitzen in diesem Fall keine gleichbedeutenden Komponenten.

Bei Item 15 („Tagesprofil") handelt es sich um eine Bezeichnung, die außerhalb der Pflege kaum Sinn macht. Falls sie nicht bekannt ist, bestehen keine Chancen, diesen Ausdruck richtig zu interpretieren. Vorstellungen, die sich auf „Tagesablauf" oder „Profil" in alltagssprachlicher Bedeutung beziehen, nützen nichts.

Was die Abhängigkeit der Antwortmuster vom demographischen Hintergrund anbelangt, so überrascht, daß zumindest dort, wo er mit in die Auswertung einging, kaum Zusammenhänge erkennbar waren. Weder zeigen sich Unterschiede bezüglich der Geschlechtszugehörigkeit, noch wissen Ältere eher Bescheid als Jüngere oder umgekehrt. Nicht einmal die Krankenhauserfahrung scheint Einfluß auszuüben.

Eine Ausnahme bildet allerdings Item 5 („das machen wir in lokaler"). Befragte, die schon einmal im Krankenhaus waren, antworten geringfügig genauer als solche, denen dies noch nicht vergönnt war. Diese Tendenz dürfte jedoch, wenn überhaupt, nur knapp über der Signifikanzgrenze liegen.

Wieso Krankenhauserfahrene gerade hier einen Wissensvorsprung besitzen, kann aus den vorliegenden Daten nicht erschlossen werden.

Literatur

Watzlawick, Paul et al.: Menschliche Kommunikation. Huber, Bern 1974

Notizen

14 Über Pflege gekonnt informieren – Informationen, Tips und Arbeitshilfen für Fachbeiträge und Pressearbeit

von Uschi Grieshaber

14.1 Einleitung

Die Erfahrungen, die Pflegende im Umgang mit „der Presse" machen, sind häufig negativ. Der Versuch, in der regionalen Tageszeitung einen Termin für eine Veranstaltung unterzubringen, scheitert gelegentlich ebenso wie der, die Fachpresse für ein bestimmtes Thema zu erwärmen. Gekürzte Beiträge, unkorrekte Wiedergabe der Informationen, nicht abgesprochene Änderungen im Text führen zu Frust und Ärger derer, die oft viel Zeit in eine Pressemeldung oder in einen Fachbeitrag gesteckt haben. Die Redaktionen argumentieren mit Platzmangel im Blatt oder führen den verpaßten Redaktionsschluß ins Feld. Dabei sind beide Seiten aufeinander angewiesen: Die Medien brauchen Informationen, und Pflegedienste, Verbände, Institute und andere soziale Einrichtungen sind daran interessiert, ihre Informationen einer breiten Öffentlichkeit vorzustellen. Den Ärger über scheinbar desinteressierte Pressevertreter oder eine schlechte, fehlerhafte Veröffentlichung kann man sich häufig sparen, wenn man einige Aspekte redaktioneller Arbeit berücksichtigt. Der Erfolg von Fachautoren und denjenigen, die für ihre Einrichtung die Pressearbeit betreiben, hängt nicht zuletzt davon ab, ob das formale „Handwerkszeugs" stimmt. Dieses Kapitel gibt sowohl Informationen und Tips zum Schreiben von Beiträgen für die Fachpresse als auch zahlreiche Arbeitshilfen für eine gekonnte Pressearbeit.

14.2 Fachbeiträge

14.2.1 Leistung für den Leser

Zeitungen und Zeitschriften müssen ihr Produkt verkaufen. Ziel redaktioneller Arbeit ist es deshalb, erstens mit Blick darauf zu schreiben, was die Leserschaft der jeweiligen Publikation speziell interessiert und zweitens Beiträge so zu präsentieren, daß sie zum Lesen anregen. Das klingt einfacher, als es ist. Ein Beitrag ist dann gut präsentiert, wenn er durch seine inhaltliche und äußerliche Gestaltung Aufmerksamkeit weckt und das Verstehen des Themas erleichtert: durch übersichtliche Textblöcke, Hervorheben des Wesentlichen, Vorspänne, Zwischenüberschriften, Ergänzungen durch Illustrationen usw. Die für das jeweilige Medium geeignete Präsentation muß für jeden Beitrag entschieden werden, sowohl für die Texte der Redakteure selbst als auch für die Artikel von Fremdautoren, mit denen es die Fachpresse hauptsächlich zu tun hat. Gute Fachzeitschriften werden bei eingereichten Texten deshalb nicht nur die Inhalte prüfen und die Sachverhalte recherchieren, sondern die Manuskripte auch hinsichtlich der Präsentation sprachlich überarbeiten. Das ist keine Mißachtung der Fachautoren, sondern eine Leistung für die LeserInnen.

14.2.2 Auf den Einstieg kommt es an

Für Beiträge in Zeitungen und Zeitschriften gilt uneingeschränkt: Der Leser – nicht der Autor, auch nicht das Thema – steht im Mittelpunkt. Vor allem der Einstieg in einen Text dient daher ausschließlich dem Ziel, den Leser zu fesseln. Nur was den Leser interessiert, zählt beim Einstieg. Damit unterscheiden sich Zeitschriftenbeiträge in ihrem Aufbau grundsätzlich von den Publikationen, deren Ziel es beispielsweise ist, Wissen überprüfbar darlegen und möglichst alle Aspekte eines Themas zu berücksichtigen. Der charakteristische Unterschied zwischen redaktionellen Texten und zum Beispiel wissenschaftlichen Aufsätzen, amtlichen Informationen, verbandlichen Handreichungen, aber auch literarischen Texten besteht darin, daß dort meist das Wichtigste am Schluß steht: die Synthese, die Zusammenfassung, die Schlußfolgerungen oder den Höhepunkt des Stückes erfährt der Leser erst, nachdem er sich durch den gesamten Text gearbeitet hat.

Redaktionelle Texte orientieren sich stattdessen an der menschlichen Kommunikation: Wer etwas Wichtiges zu erzählen hat und daran interessiert ist, daß andere ihm zuhören, wird sich nicht ans Thema anschleichen, sondern sofort zur Sache kommen. Kommunikation verläuft nach dem Prinzip: zuerst die Neuigkeit, dann die Einzelheiten. Anders gesagt: Wer sich ans Thema anschleicht, langweilt den Leser. Für Zeitschriftenbeiträge gilt im Unterschied zu anderen Textaufbauten deshalb die umgekehrte „Dramaturgie": Zuerst die Zusammenfassung, die wichtigsten Ergebnisse, dann die Details. Zum Einstieg in einen längeren Themenbeitrag eignen sich verschiedene Formen:

- die wichtigsten Fakten, erste Ergebnisse, zentrale Aussage;
- ein Aufmerksamkeitswecker (scheinbarer Widerspruch, Glosse etc.);
- die Beschreibung einer Szene (findet Verwendung bei Reportagen);
- eine Frage, die das Thema auf den Punkt bringt;
- ein Zitat: macht den Einstieg glaubwürdig, neutral (Ausspruch eines Dritten), bringt Atmosphäre und Authentizität.

14.3   Pressearbeit

14.3.1 Gekonnt informieren

Pressearbeit ist kein Luxus, sondern eine Notwendigkeit, wenn man in der Öffentlichkeit präsent sein will. Sie ist ein zentrales Instrument des sozialen Marketings. Presse- und Öffentlichkeitsarbeit kann man nicht nebenbei und schon gar nicht ohne geeignetes Handwerkszeug erledigen. Sie kostet Zeit und läßt sich nicht aus dem Ärmel schütteln. Nicht selten scheitern Versuche, in der Tages- oder Fachpresse ein Thema in der gewünschten Form unterzubringen am fehlenden Gewußt-wie: Was ist eine Pressemitteilung? Was muß drinstehen? Wozu dient sie? Wann ist eine Pressekonferenz angesagt, und wie wird sie gestaltet?

Presseinformationen jeder Art sind Angebote, über deren Veröffentlichung die Redaktionen entscheiden. Aktualität, Informationswert und Exklusivität der Nachricht sind die wichtigsten Gesichtspunkte, nach denen entschieden wird: kurze Meldung? – längerer Beitrag? – oder Papierkorb! Das heißt: Die Redaktion – und nicht die anvisierte Öffentlichkeit! – ist das Gegenüber, das zuallererst von der Wichtigkeit der Information überzeugt werden muß.

Zu den Aufgaben von Journalisten gehört es, komplexe Informationen verständlich zu formulieren und in kürzester Zeit „zu Papier" zu bringen. Trotzdem ist die Arbeit von

Redakteuren ein ständiger Wettlauf mit der Zeit. Der Redaktionsschluß ist die unnachgiebige Grenze, bis wann ein Text oder ein ganzes Heft von der Überschrift bis zum letzten Punkt stehen muß. Die Nase vorn haben deshalb die Presseinformationen, die gut vorbereitet sind. Je professioneller die Information angeboten wird, um so besser kann sie von den Redaktionen umgesetzt werden.

14.3.2 Checkliste für Fachbeiträge

Grundsätzlich gilt:

- Den Text von jemandem gegenlesen lassen, der Distanz zum Thema hat.
- Die Stelle, bei der der Gegenlesende die Stirn runzelt, ist in jedem Fall überarbeitungsbedürftig.
- Auf den Einstieg kommt es an: Nur was den Leser interessiert, zählt beim Einstieg in einem längeren Fachbeitrag. Oder anders gesagt: Der Köder muß dem Fisch schmecken, nicht dem Angler.

Fachbeiträge sind besser lesbar, wenn man folgendes beachtet
(siehe auch Beispiele I und II):

- Aus einem Satz, der mehr als 20 Worte hat, zwei Sätze machen („Komma durch Punkt ersetzen").
- Worte wie also, auch, dazu, denn, ganz, gar, hier, nämlich, noch, nun, nur, schon und so sind meist Füllwörter, die man vermeiden kann.
- Adjektive sind Nebelwerfer, deshalb durch Fakten ersetzen. Statt: „Die Pflegekassen schließen niedrige Verträge ab" besser: „Die Pflegekassen zahlen 30 DM für den Einsatz".
- Substantivierungen sind der Tod jedes Textes: „...die Erbringung von Leistungen...". Sätze in aktive Form umwandeln: „...die Mitarbeiter leisten...".
- (Texte in Klammern) behindern den Lesefluß. Besser ist es – zur Erklärung – Hinweise in Gedankenstriche zu setzen.
- Abk. i. lfd. Text stören beim Lesen, deshalb alle Worte ausschreiben.
- Bei Zahlenangaben gilt die Faustregel: Null bis zwölf ausschreiben, ab 13 als Ziffer nennen.
- Den fortlaufenden Text nicht durch Quellen- und Literaturhinweise unterbrechen, sondern am Schluß des Beitrags alle Angaben nennen.

Bei Pressemeldungen zusätzlich checken:

- Sind die sechs „W" berücksichtigt: wer (tut) was wann wo warum wie?
- Sind Namensangaben, Funktionen etc. korrekt und vollständig angegeben?
- Fremdwörter und Fachausdrücke erklären oder die deutsche Bezeichnung verwenden.

14.3.2.1 Beispiel I
Vorher: Originalmanuskript
Professionelle Familienpflege ist in erster Linie zuständig für Aufgaben innerhalb der ganzheitlichen häuslichen Betreuung (Unterstützung häuslicher Pflege und hauswirtschaftlicher Versorgung) von hilfe- bzw. unterstützungsbedürftigen Menschen (Familien, Alleinerziehenden, Rekonvaleszenten, Kindern und Jugendlichen, Behinderten, Senioren u. a.). Im Zentrum steht die ganzheitliche Hilfe, das heißt die Unterstützung und Beratung für Familien oder Lebens- und Wohngemeinschaften in Krisensituationen. Professionelle Familienpflege trägt durch entsprechende Dienstleistungsangebote dem

Vorrang ambulanter vor stationärer Hilfen sowie dem Vorrang von Prävention vor der Pflege in vollem Umfang Rechnung.
(702 Zeichen)

Nachher: Die für einen Zeitschriftenbeitrag redigierte Fassung

Professionelle Familienpflege leistet ganzheitliche häusliche Betreuung in Krisensituationen. Sie unterstützt die häusliche Pflege und bietet hauswirtschaftliche Versorgung für Familien, Alleinerziehende, Rekonvaleszenten, Kinder und Jugendliche, Behinderte und Senioren. Für die Dienstleistungen der Familienpflege gilt grundsätzlich: ambulant vor stationär und Prävention vor Pflege.
(386 Zeichen)

14.3.2.2. Beispiel II

Vorher: Originalmanuskript

Vor dem Hintergrund, daß in unserer Gesellschaft die Nachfrage nach außerstationärer Betreuung und Versorgung von unterstützungsbedürftigen Menschen zukünftig zunehmen wird, hat das Hessische Kultusministerium 1992 entschieden, die für dieses Aufgabenfeld notwendigen MitarbeiterInnen über zweijährige Fachschulen für Familienpflege zu qualifizieren.
(351 Zeichen)

Nachher: Die für einen Zeitschriftenbeitrag redigierte Fassung

Die Nachfrage nach außerstationärer Versorgung nimmt zu, die Familienpflege gewinnt an Bedeutung. Seit 1992 bieten hessische Fachschulen für Familienpflege eine zweijährige Ausbildung an.
(188 Zeichen)

14.3.3 Wie erreicht man die Presse?

Adressen

* Adressen von Fachzeitschriften, regionalen und überregionalen Tages- und Wochenzeitungen, Nachrichtenagenturen, regionalen und überregionalen Rundfunk- und Fernsehanstalten zusammenstellen.

Kontakte

* Kontaktaufnahme mit zuständigem Redakteur, nicht mit freien Mitarbeitern;
* Gesprächspartner aus der eigenen Einrichtung anbieten: mit Angaben von Vor- und Nachname, Dienstanschrift, Telefondurchwahl, Fax-Nummer;
* Kontakte pflegen.

Termine

* Termine für Redaktionsschluß erfragen;
* Termine für bestimmte Rubriken erfragen (Veranstaltungshinweise etc.).

Informationen

* Interviews zu bestimmten Themen anbieten;
* Pressemitteilungen ggf. gezielt für bestimmte Rubriken (Termine, Notizen, Lokales etc.) anbieten;
* mit wiederholten, aktualisierten Pressemitteilungen Aufmerksamkeit erzielen;
* der Fachpresse Beiträge zu bestimmten Themen anbieten (bei Tageszeitungen etc. werden Beiträge im Regelfall von den Redakteuren selbst geschrieben).

14.3.4 Pressemitteilung (synonym: Presseinformation, -meldung, -erklärung, -notiz)

Ziel

- Presse über ein Vorhaben, ein Ergebnis, einen Sachverhalt oder eine Stellungnahme in Kenntnis setzen;
- durch einheitliche und einprägsame Aufmachung der Mitteilungen auf sich aufmerksam machen.

Vorgehen

- Informationen so ausführlich wie nötig und so knapp wie möglich geben;
- ggf. eine Kurz- sowie eine Langfassung der Information erstellen;
- Aufmerksamkeit für konkreten Anlaß erhöhen, indem man mit einer aktualisierten Pressemitteilung an den anberaumten Termin erinnert;
- per Fax und/oder per Post zustellen;
- breit streuen;
- Datum nicht vergessen: undatierte Pressemitteilungen sind wertlos.

Hinweise

- der Abdruck von Pressemitteilungen ist honorarfrei;
- Pressemitteilungen können ohne Rücksprache von der Redaktion ergänzt, gekürzt und sprachlich verändert werden.

Aufbau der Pressemitteilung

- Logo und Name des Absenders (optimale Fax-Wiedergabe prüfen);
- Ort, Datum;
- Hinweis „Pressemitteilung";
- griffige Schlagzeile;
- erklärende Unterzeile (worum geht es? Terminhinweis, etc.);
- *Text, formale Kriterien*
- große Schrift (14 Punkt/Fax-Lesbarkeit prüfen!),
- für Hinweis „Pressemitteilung" größere Schrift wählen (24 – 48 Punkt),
- alle Personen mit ausgeschriebenem Vor- und Nachnamen nennen,
- Namen von Einrichtungen, Parteien, Gruppen etc. beim ersten Mal korrekt in voller Länge, die Abkürzung in Klammern , danach wird nur die Abkürzung verwendet,
- sonst keine Worte abkürzen,
- Text in Absätze unterteilen,
- Länge: eine Seite (weckt Interesse, begrenzt Fax- und Portokosten),
- oder getrennte Kurz- und Langfassung,
- Foto(s) auf der Rückseite mit Aufkleber versehen.
- *Text, inhaltliche Kriterien*
- die Neuigkeit, das Besondere, das Wichtigste zuerst („der Köder muß dem Fisch schmecken, nicht dem Angler!"),
- danach Sachverhalt erklären,
- klare, knappe Sätze verwenden,
- Fachsprache und Bürokratendeutsch vermeiden,
- Termine hervorheben;
- zum Abschluß: Kontaktadresse mit Telefondurchwahl/Fax-Nummer angeben

14.3.5 Pressekonferenz , Pressegespräch (kleinerer Rahmen als Pressekonferenz).

Ziel

- vertiefende Informationen über einen Sachverhalt etc., für die eine Pressemitteilung nicht ausreicht.

Vorgehen

- Einladung durch Pressemitteilung + Presseeinladung;
- Thema benennen (siehe Angaben unter Abschn.14.3.4)
- Ort: Haus des Veranstalters, Ort des Ereignisses, Presseclub, Hotel;
- Uhrzeit: später Vormittag;
- Dauer: ca. 1 Stunde;
- Bewirtung: Kanapees, Auswahl an Kaltgetränken, Kaffee und Tee reichen
- Pressemappen vor Beginn der Konferenz verteilen;
- Teilnehmerliste auslegen (Rubriken: Name des Redakteurs, Name der Zeitung/Zeitschrift/Rundfunk-/Fernsehanstalt);
- Podium:
– nicht mehr als fünf Personen,
– gut lesbare Namensschilder für alle Podiumsteilnehmer.

Ablauf

- Moderator: stellt Informanten vor, führt ins Thema ein, koordiniert Fragen der Journalisten, beendet die Konferenz;
- Informanten: Statements zu ihrem Thema (nicht länger als je fünf Minuten);
- Fragen der Journalisten beantworten.

14.3.6 Pressemappe

Ziel

- Informationsmaterial für Pressevertreter als Unterlage für Pressekonferenz/Pressegespräch zu bestimmtem Anlaß (Tagung etc.);
- Selbstdarstellung des Veranstalters;
- Mappen sollten praktisch (mit Einschlagklappen), aber nicht aufwendig sein: nachdem ihr Inhalt sicher auf dem Redaktionsschreibtisch liegt, wandert die Mappe in den Papierkorb.

Vorgehen /Pressemappen

- liegen aus bei Veranstaltungen (Pressetisch), Pressegesprächen, Pressekonferenzen,
- werden den Pressevertretern, die nicht anwesend sind, zugeschickt.

Inhalt

- Einladungsschreiben,
- Pressemitteilung in Kurz- und Langform,
- Statements zur Pressekonferenz/zum Pressegespräch,
- Redemanuskripte (bei Tagungen), Fotos (z. B. von Referenten),
- andere Informationen zum Thema,
- außerdem evtl. Prospekte, Visitenkarten, Aufkleber, Werbematerialien, Stadtpläne etc.,
- weißes Papier, Stift.

14.4   Fotos – „Ein Bild sagt mehr als tausend Worte"

Wenn Sie Bildmaterial anbieten können, die den Inhalt Ihres Beitrags oder Ihrer Presse-mitteilung illustrieren, erfragen Sie möglichst vorher, ob die Redaktion Schwarzweiß- oder Farbfotos, Dias oder Papierbilder bevorzugt (die technische Verarbeitung von Dias ist meist teurer).

Bis ein Beitrag „steht" und gedruckt werden kann, gehen miteingesandte Fotos meist durch viele Hände. Sie erleichtern der Redaktion die Arbeit und können eher damit rech-nen, Ihre Fotos auch wieder zurückzuerhalten, wenn Sie folgendes berücksichtigen:

- Fotos auf der Rückseite mit vorher beschrifteten Etiketten (Thema, Name des Fotogra-fen, Rücksendeadresse, Angaben zur Honorierung) versehen

(nicht auf dem Foto schreiben, weil sich die Schrift durchdrückt und die Qualität des Fotos beeinträchtigt).

- Etiketten nicht mit Kuli oder Tinte beschriften, weil diese Materialen, wenn die Bilder übereinander liegen, auf das nächste Bild abfärben können.
- Am besten: Fotos mit Etiketten beschriften, jedes Foto einzeln auf ein Blatt Papier kleben und Angaben des Etiketts unter dem Foto wiederholen.

14.5   Das Heft in der Hand behalten

- Wenn Sie einen Themenbeitrag für die Fachpresse schreiben, sollten Sie sich vorbe-halten, Ihren Text gegenlesen zu können, bevor er gedruckt wird.
- Auch Interviews sollten Sie erst freigeben, wenn Sie den gesamten Text, der zur Ver-öffentlichung vorgesehen ist, gelesen haben.
- Tageszeitungen beschäftigen Bildredakteure. Ihrem Können kann man meist vertrauen. Anders sieht das mit Journalisten aus, die zwar schreiben, jedoch nicht unbedingt foto-grafieren können, es aber dennoch tun. Überlassen Sie nichts dem Zufall und bieten Sie lieber von sich aus Bilder an, von deren Qualität sie überzeugt sind.

Literatur:

Lindner, Wilfried: Taschenbuch Pressearbeit. Sauer-Verlag, Heidelberg, 1994
La Roche, Walther von: Einführung in den praktischen Journalismus, List Verlag, München, 1988
Grieshaber, Uschi: Gekonnt Informieren, in FORUM SOZIALSTATION, Magazin für ambulante Pflege, Bonn, Nr. 78/1996
Grieshaber, Uschi: Unveröffentlichte Seminarunterlagen. Bonn, 1996

15 Klassifikationssysteme in der Pflege

von Jürgen Georg

„If we cannot name it, we cannot control it, finance it, research it, teach it, or put it into public policy." (June Clark; Norma Lang 1992)

15.1 Ausgangslage

Dieser Satz von June Clark und Norma Lang beschreibt ein Problem der heutigen Pflege, das immer offener zu Tage tritt – das Problem der Unsichtbarkeit pflegerischer Probleme, Handlungen und Handlungsergebnisse. Welchen Beitrag leisten eigentlich Pflegende zur Gesunderhaltung und Genesung von Patienten und Klienten in unserem heutigen Gesundheitswesen? Vielfach ist unklar, was Pflegende tun, aufgrund welcher menschlichen Bedürfnisse sie dies tun und welche Ergebnisse sie damit erzielen. Der Entwicklung einer eigenen Pflegefachsprache mit einer Benennung von Pflegediagnosen, Pflegeinterventionen und Pflegeergebnissen wird daher vom Weltbund der Krankenschwestern und -pfleger (ICN) hohe Priorität eingeräumt.

Die Pflege braucht demnach:

- Instrumente zur Beschreibung und Dokumentation der Pflegepraxis.
- Eine Wissensbasis für klinische Entscheidungsfindungen.
- Begriffe und ein Klassifikationssystem zur Integration von pflegerischen Informationen in Informationsverarbeitungssysteme, um bei gesundheitspolitischen Entscheidungen und gesetzgebenden Verfahren Berücksichtigung zu finden.
- Pflegebezogene Datenbanken zur Bereitstellung essentieller Informationen für Pflegeforschung, Lehre, Management und die Implementierung einer kosteneffektiven, qualitativ hochwertigen Pflege (ICN 1996).

15.2 Rahmenbedingungen

Die Dringlichkeit der Entwicklung von pflegebezogenen Klassifikationssystemen wird nach Ausführungen des ICN (1996) deutlich aufgrund weltweiter Entwicklungen in den Bereichen:

- *Informationstechnologie.* Weltweit werden im Gesundheitswesen immer häufiger Computer zur Verarbeitung von Informationen eingesetzt. Sie unterstützen Entscheidungsfindungsprozesse in Management und Praxis. Computer ordnen, klassifizieren und verarbeiten Daten. Sie brauchen eindeutige Regeln, um eingehende Informationen zu bestimmen und einzuordnen. Wenn pflegerische Informationen nicht in diese gesundheitsbezogenen Datenbestände aufgenommen werden, bleibt die Pflege in ihrer Bedeutung unerkannt, unsichtbar und unbezahlt.

- *Kosteneinsparungen.* Leistungen im Gesundheitswesen werden aktuell und zukünftig immer stärker an ihrem Ergebnis, ihrer Effektivität und Effizienz gemessen. Pflegende müssen daher Instrumente entwickeln, um ihrer Leistungen und Handlungsergebnisse transparent zu machen.
- *Verläßliche gesundheitsbezogene Daten für gesundheitspolitische Entscheidungen.* Für zukünftige Entscheidungen über die Struktur und Finanzierung der gesundheitlichen Versorgung sind verläßliche gesundheitsbezogene Daten von allen Gesundheitsberufen, also auch den Pflegeberufen, notwendig.
- *Qualitätsmanagement und Effizienzsteigerung.* Ein ergebnisorientiertes Qualitätsmanagement benötigt Daten über die Bedürfnisse der Patienten, die Leistungen der Pflegenden und die Effekte der geleisteten Pflege.
- *Medizinische und gesundheitsbezogene Klassifikationssysteme.* Die Internationale Klassifikation der Erkrankungen (ICD) sowie fall- und diagnosebezogene Klassifikations- und Eingruppierungssysteme (DRGs, Fallpauschalen) werden zunehmend zur inhaltlichen und formalen Strukturierung von Informationssystemen verwendet Ohne ein pflegebezogenes Klassifikationssystem würden zukünftige gesundheitspolitische Entscheidungen nur auf Daten einer Diziplin, mit einer krankheitsbezogenen, ausschließlich medizinischen Orientierung, basieren.
- *Pflegerische Selbstbestimmung.* Die Pflege als weltweite größte Berufsgruppe im Gesundheitswesen muß zur Wahrung ihrer professionellen Autonomie, Kontrolle über pflegerische Informationen, Leistungserfassungssysteme, Standards und Richtlinien behalten.

15.3   Pflegebezogene Klassifikationssysteme

Pflegebezogene Klassifikationssysteme versuchen zu benennen, zu ordnen, Beziehungen herzustellen zwischen dem was Pflegende tun, aufgrund welcher menschlichen Bedürf-

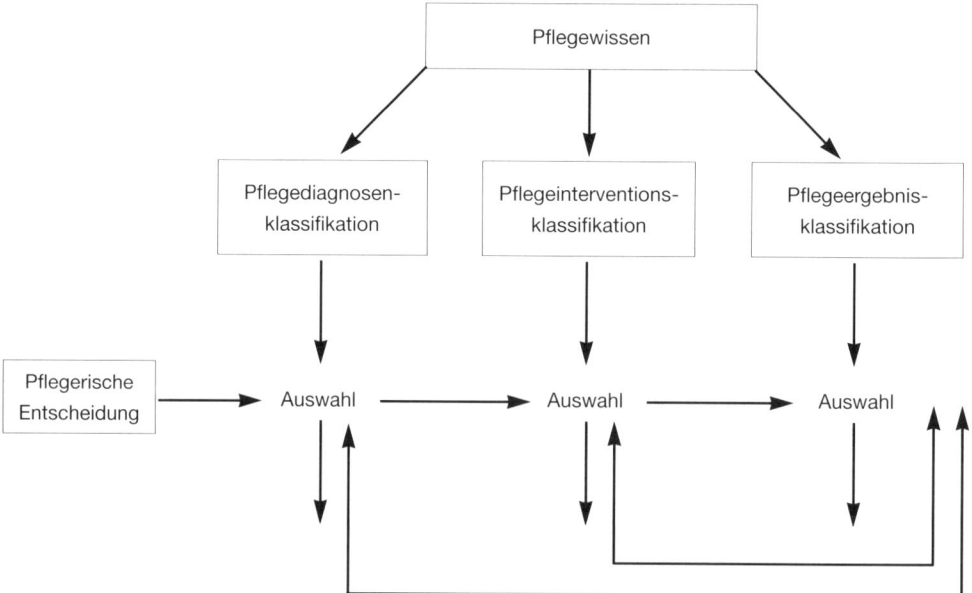

Abb. 15 – 1:   **Zusammenhang zwischen Pflegewissen, Pflegeklassifikationen und pflegerischen Entscheidungen. Aus: McCloskey, J.C.; Bulechek, G. M. [Hrsg.] (1996): Nursing Interventions Classification (NIC). Mosby-Year Book Inc., St. Louis**

nisse sie dies tun und welche Ergebnisse sie damit erzielen. Gegenstand pflegerischer Klassifikationsysteme sind demnach Pflegediagnosen (nursing diagnoses), Pflegeinterventionen (nursing interventions) und Pflegeergebnisse (nursing outcomes). Die Abb. 15–1 verdeutlicht den Zusammenhang zwischen Pflegewissen, Pflegeklassifikationen und pflegerischen Entscheidungen.

In den letzten Jahren sind einige Pflegeklassifikationssysteme entstanden. Der amerikanische Berufsverband für Pflegepersonen (ANA) fördert nachdrücklich deren Entwicklung. So haben z. B. die Pflegediagnosenklassifikation der Nordamerikanischen Pflegediagnosenorganisation (NANDA 1996) die Pflegeinterventionsklassifikation – NIC (McCloskey u. Bulechek 1996), die Pflegeergebnisklassifikation – NOC (Johnson u. Maas 1997) nationale Anerkennung gefunden. Außerdem noch die Home Health Care Classification – HHCC von Virginia Saba (1992) und das sogenannte OMAHA-System (Martin u. Scheet 1992) für die ambulante Pflege. In Belgien findet ein Mindestdatenbestand für die Pflege, der sog. Nursing Minimum Data Set mit 23 Pflegeinterventionen, Anwendung bei der Bestimmung von Krankenhausbudgets (Sermeus et al 1994). Pflegende in den Niederlanden arbeiten an der Entwicklung eines Pflegeklassifikationssystems auf der Basis der Internationalen Klassifikation für Schädigungen, Fähigkeitsstörungen und Beeinträchtigungen – ICIDH (WHO 1995). Im Rahmen des TELENURSE-Projektes der Europäischen Union wird die Internationale Klassifikation der Pflegepraxis – ICNP des ICN (1996) maßgeblich mit entwickelt und dessen Verbreitung gefördert. Die nachfolgende Darstellung stellt exemplarisch einige der o.g. Klassifikationssysteme vor.

15.3.1 Pflegediagnosenklassifikation

Das am weitesten verbreitete Klassifikationsystem für Pflegediagnosen ist das der Nordamerikanischen Pflegediagnosenorganisation (NANDA 1996). Es umfaßt 129 Pflegediagnosen, die nach einer Taxonomie der sog. „9 menschlichen Reaktionsmuster" (human response patterns) geordnet sind. Pflegediagnosen werden als eine „klinische Beurteilung der Reaktion von Individuen, Familien und sozialen Gemeinschaften auf aktuelle und potentielle Gesundheitsprobleme oder Lebensprozesse" definiert. Pflegediagnosen bilden demnach „die Grundlage für die Auswahl von Pflegeinterventionen zur Erreichung von Pflegeergebnissen, wofür die Pflegeperson verantwortlich ist." Vier Formen von Pflegediagnosen werden unterschieden: aktuelle, Risiko-, Wellness- und Syndromdiagnosen.

Aktuelle Pflegediagnosen beschreiben menschliche Reaktionen auf Gesundheitsprobleme/Lebensprozesse von Individuen, Familien oder sozialen Gemeinschaften. Sie sind durch das Vorliegen von Haupt- und Nebenkennzeichen erkennbar und werden durch beeinflussende oder ätiologische Faktoren beeinflußt.

Risikodiagnosen beschreiben menschliche Reaktionen auf Gesundheitsprobleme/Lebensprozesse, die bei anfälligen Individuen, Familien oder sozialen Gemeinschaften auftreten könnten. Sie sind durch Risikofaktoren gekennzeichnet, die die höhere Anfälligkeit oder Vulnerabilität begründen.

Wellness-Diagnosen beschreiben menschliche Reaktionen auf einen Gesundheitszustand von Individuen, Familien oder sozialen Gemeinschaften, die die Möglichkeit und den Wunsch haben, ein höheres Gesundheitsniveau zu erreichen.

Syndromdiagnosen kennzeichen Ansammlungen mehrer aktueller oder Risikodiagnosen, die als menschliche Reaktion auf Gesundheitsprobleme/Lebensprozesse von Individuen, Familien oder sozialen Gemeinschaften auftreten können.

Bestandteile einer Pflegediagnosen sind Titel, Definition, Kennzeichen, beeinflussende Faktoren oder Risikofaktoren. *Pflegediagnosentitel* sind knappe Begriffe, die der Diagnose einen Namen geben und die Kennzeichen der betreffenden Pflegediagnose widerspiegeln. Diese Begriffe können durch sie spezifizierende Attribute, sog. „qualifiers", ergänzt werden. Beispiele dieser Attribute sind Begriffe wie „akut", „chronisch", „verändert", „Defizit", „ineffektiv", „beeinträchtigt" u. a. *Definitionen* stellen eine klare, genaue Beschreibung und Bedeutungszuweisung für eine Pflegediagnose und ihre Unterscheidung von anderen Diagnosen dar. *Kennzeichen* sind beobachtbare Anzeichen und Symptome für das Vorliegen einer Pflegediagnose. Sie werden in Haupt- und Nebenkennzeichen differenziert, wobei Hauptkennzeichen entscheidende Belege für das Vorliegen einer Pflegediagnose sind. *Beeinflussende Faktoren* sind Zustände oder Umstände, die zur Entwicklung/Aufrechterhaltung einer Pflegediagnose beitragen. *Risikofaktoren* sind umgebungsbezogene, physiologische, psychologische, genetische oder physikalisch-chemische

---

Schluckstörung

Definition
Die verminderte Fähigkeit, willentlich Flüssigkeiten und/oder feste Nahrungsmittel vom Mund in den Magen zu befördern.

Hauptkennzeichen

- Beobachtete oder berichtete Schwierigkeiten beim Schlucken wie:
1. Verbleib von Nahrungsbestandteilen in der Mundhöhle (Wangentaschen)
2. Husten oder Würgen beim Schlucken

Nebenkennzeichen
- Aspirationszeichen

Ätiologische oder beeinflussende Faktoren
- Nicht kompensierte perzeptorische oder motorische Störungen oder Verluste
- Erschöpfung
- Eingeschränktes Bewußtsein

Abb. 15–2:   **Pflegediagnose: Schluckstörung. Aus: Gordon, M.: Handbuch Pflegediagnosen. Ullstein Mosby, Berlin/Wiesbaden 1997**

Faktoren, die die Anfälligkeit oder Vulnerabilität eines Individuums, einer Familie oder einer sozialen Gemeinschaft für ein gesundheitsschädigendes Ereignis erhöhen. Die folgende Diagnose „Schluckstörung" stellt eine aktuelle Pflegediagnose dar.

Im Zentrum der offiziellen Klassifikation der NANDA-Diagnosen, also der systematischen Anordnung von Phänomenen in Gruppen oder Kategorien entsprechend anerkannter Kriterien oder basierend auf Beziehungen der Phänomene untereinander, stehen die sog. „9 menschlichen Reaktionsmuster" (human response patterns). Der Bezugsrahmen der Pflegediagnosenklassifikation wurde von einer Gruppe von Pflegetheoretikerinnen auf der Grundlage von Martha Rogers Modell des Menschen als unteilbare Einheit (unitary man) entwickelt.

A. Gegenstand der Pflege: Der Mensch als unteilbare Einheit (unitary man)

B. Annahmen über den Menschen als unteilbare Einheit, als ein integriertes Muster einer Interaktion zwischen Person und menschlicher Umgebung

   1. Energiefeld: Die grundlegende Einheit alles Existierenden belebt und unbelebt.

   2. Person und menschliche Umgebung: Miteinander interagierende Energiefelder mit willkürlichen Grenzen.

   3. Interaktion zwischen Person und menschlicher Umgebung: Negentrope menschliche Reaktionsmuster.

C. Typologie der menschlichen Reaktionsmuster

• Interaktion

   1. *Austauschen:* Austausch von Materie und Energie zwischen Personen und deren menschlicher Umgebung; gegenseitiges Geben und Nehmen

   2. *Kommunizieren:* Austausch von Informationen zwischen Personen und deren menschlicher Umgebung; das Senden von Botschaften

   3. *In Beziehung treten:* Sich mit anderen Personen oder Objekten verbinden; Bindungen eingehen

• Aktion

   4. *Wertschätzen:* Jemandem oder etwas einen relativen Wert zuschreiben

   5. *Wählen:* Die Selektion aus einer oder mehreren Alternativen

   6. *Sich bewegen:* Aktivität innerhalb der menschlichen Umgebung

• Bewußtsein

   7. *Wahrnehmen:* Das Empfangen von Informationen

   8. *Fühlen:* Die Qualität einer Empfindung oder Stimmung; das subjektive Gewahrwerden (awareness) einer Information

   9. *Wissen:* Sinn und Bedeutung erkennen in Verbindung mit einer Weltsicht oder Information

D. Annahmen über Gesundheit als ein integriertes Muster der Interaktion zwischen Person und menschlicher Umgebung

   1. *Gesundheit:* Ein rhythmisches Muster des Energieaustausches, das sich gegenseitig fördert und zum Ausdruck aller dem Leben innewohnenden Potentiale führt

   2. *Gesundheit* ist ein Wert an sich

E. Annahmen über Pflegediagnosen als eine Beurteilung der Gesundheit

   1. *Pflegediagnosen:* Manifestationen des Wissens

   2. *Pflegediagnosen:* Zusammenfassende Aussage über ein Lebensmuster oder menschliche Reaktionsmuster

F. Ziel der Pflege: Maximale Förderung aller gesundheitsbezogenen Potentiale

G. Pflegerische Dienstleistung: besteht darin, Menschen dabei zu unterstützen ihre gesundheitsbezogenen Potentiale auszuschöpfen mit Hilfe des Selbst, allgemeinwissenschaftlicher Kenntnisse und speziellem Pflegewissen.

Abb. 15–3:   **Bezugsrahmen für eine Klassifikation der Pflegediagnosen.**
Aus: Fitzpatrick, J. J.; Whall, A. L.: Conceptual Models of Nursing. Appleton & Lange, Stanford 1996

Die Zuordnung der einzelnen Pflegediagnosen erfolgt entsprechend dem jeweiligen menschlichen Reaktionsmuster mit weitergehenden Differenzierungen je nach Abstraktionsgrad.

Austauschen

1.1.2.1	Nahrungsaufnahme, verändert: mehr als der Nährstoffbedarf
1.1.2.2	Nahrungsaufnahme, verändert: geringer als der Nährstoffbedarf
1.1.2.3	Nahrungsaufnahme, verändert: Gefahr der Überernährung oder Adipositasgefahr
1.2.1.1	Infektionsgefahr
1.2.2.1	Gefahr einer veränderten Körpertemperatur
1.2.2.2	Hypothermie
1.2.2.3	Hyperthermie
1.2.2.4	Ineffektive Wärmeregulation
1.2.3.1	Dysreflexie
1.3.1.1	Obstipation
1.3.1.1.1	Kolonobstipation
1.3.1.1.2	Subjektive Obstipation
1.3.1.2	Diarrhoe
1.3.1.3	Stuhlinkontinenz
1.3.2	Veränderte Urinausscheidung
1.3.2.1.1	Streßinkontinenz
1.3.2.1.2	Reflexinkontinenz
1.3.2.1.3	Dranginkontinenz
1.3.2.1.4	Funktionelle Inkontinenz
1.3.2.1.5	Totale Inkontinenz
1.3.2.2	Harnverhalt
1.4.1.1	Veränderte Gewebedurchblutung
1.4.1.2.1	Flüssigkeitsüberschuß
1.4.1.2.2.1	Flüssigkeitsdefizit
1.4.1.2.2.2	Gefahr eines Flüssigkeitsdefizits
1.4.2.1	Verminderte Herzleistung
1.5.1.1	Beeinträchtigter Gasaustausch
1.5.1.2	Ineffektive Reinigungsfähigkeit der Atemwege
1.5.1.3	Ineffektiver Atemvorgang
1.5.1.3.1	Unfähigkeit zur Aufrechterhaltung der Spontanatmung
1.5.1.3.2	Gestörte Beatmungsentwöhnung
1.6.1	Verletzungsgefahr
1.6.1.1	Erstickungsgefahr
1.6.1.2	Vergiftungsgefahr
1.6.1.3	Unfallgefahr
1.6.1.4	Aspirationsgefahr
1.6.1.5	Gefahr eines Inaktivitätssyndroms
1.6.2	Veränderter Selbstschutz
1.6.2.1	Gewebeschädigung
1.6.2.1.1	Beeinträchtigte Mundschleimhaut
1.6.2.1.2.1	Beeinträchtigter Hautzustand
1.6.2.1.2.2	Gefahr eines beeinträchtigten Hautzustandes
1.7.1	Verminderte intrakranielle Anpassungsfähigkeit
1.8	Energiefeldstörung

Abb. 15–4: **Klassifikation von NANDA-Pflegediagnosen nach menschlichen Reaktionsmustern (Auszug)**

Neben dieser Klassifikation, die mehr für taxonomische Zwecke als für die unmittelbare praktische Anwendung geeignet ist, hat sich in den USA noch eine weitere Klassifikation etabliert, die von der Pflegewissenschaftlerin Marjory Gordon (1997) entwickelt wurde. Gordons 11 funktionelle Verhaltensmuster wurden in unterschiedlichsten Praxisfeldern bei diversen Patientengruppen erprobt und bieten eine Reihe von Vorteilen bei der Anamneseerstellung:

- Funktionelle Verhaltensmuster müssen nicht ständig neu erlernt werden.
- Sie führen direkt zu Pflegediagnosen.
- Sie bieten einen ganzheitlichen Ansatz, der in jedem Setting, für jede Altersgruppe, und auf jedem Punkt des Gesundheits-Krankheitskontinuums anwendbar ist.
- Sie schließen das Zusammenspiel von Patient und Umwelt mit ein, sie berücksichtigen altersentsprechende Entwicklungsstufen, sie gehen von einem Gesundheits-Krankheitskontinuum aus und sie berücksichtigen das Konzept Kultur als Einflußfaktor.
- Sie strukturieren die Informationssammlung über die Lebenswelt des Patienten, seine Erfahrungen und Probleme in Verbindung mit Gesundheit und Gesundheitsmanagement.

Die 11 funktionellen Verhaltensmuster umfassen folgende Komponenten:

1. Wahrnehmung und Umgang mit der eigenen Gesundheit
2. Ernährung und Stoffwechsel
3. Ausscheidung
4. Aktivität und Bewegung
5. Schlaf und Ruhe
6. Kognition und Perzeption
7. Selbstwahrnehmung und Selbstkonzept
8. Rolle und Beziehung
9. Sexualität und Reproduktion
10. Bewältigungsverhalten und Streßtoleranz
11. Werte und Überzeugungen

15.3.2 Pflegeinterventionsklassifikation

Die umfassendste Klassifikation für Pflegeinterventionen – NIC wurde 1996 in einer erweiterten Fassung von Pflegeforscherinnen der Universität Iowa vorgelegt (McCloskey u. Bulechek, 1996). NIC beinhaltet 433 Pflegeinterventionen mit den dazugehörigen Titeln, Definition und Pflegemaßnahmen. Pflegeintervention sind Tätigkeiten, die eine professionelle Pflegeperson auf der Grundlage einer klinischen Beurteilung und pflegerischen Wissens ausübt, um die gemeinsamen Ziele des Patienten und der Pflege zu erreichen, um die Unabhängigkeit des Patienten zu erhalten, zu fördern oder zu befähigen und um zum Wiedererlangen von Wohlbefinden und Unabhängigkeit beizutragen. Im Rahmen von Pflegeinterventionen handeln Pflegende für Patienten, sie führen und leiten diese, sorgen für eine entwicklungsfördernde Umgebung, unterstützen und fördern Patienten, sie beraten und unterrichten Patienten und leiten sie an. Pflegeinterventionen umfassen direkte und indirekte, pflege- und arztinitiierte Tätigkeiten. *Direkte Tätigkeiten* sind pflegerische Handlungen, die durch eine unmittelbare Interaktion mit dem Patienten auf körperbezogener (body to body) oder psychosozialer (face to face) Ebene erfolgen. *Indirekte Tätigkeiten* sind patientenferne Handlungen, die im Interesse des Patienten ausgeübt werden. Sie dienen der gesundheitsförderlichen Beeinflussung der Patientenumgebung und der Organisation und Koordination der interdiziplinären Zusammenarbeit. Indirekte Tätigkeiten unterstützen die Effektivität direkter Tätigkeiten. *Pflegeinitiierte Tätigkeiten* sind unabhängige Handlungen, die von einer professionellen Pflegeperson auf der Basis von Pflegediagnosen eingeleitet werden und der Erreichung eines gesetzten Pflegeziels dienen. *Arztinitiierte Tätigkeiten* sind diagnostische und therapeutischen Handlungen, die von einem Arzt aufgrund oder zur Feststellung einer medizinschen Diagnose angeordnet werden und von Pflegenden in abhängiger Funktion ausgeführt werden.

Bulecheck und McCloskey führen zur Begründung einer Pflegeinterventionsklassifikation folgende Punkte an. Pflegeinterventionen dienen:

- der Vermehrung des Wissens über inhaltliche Verbindungen zwischen Pflegediagnosen, Pflegeinterventionen und Pflegeergebnissen
- der Entwicklung von Pflege- und Gesundheitsinformationssystemen
- der Lehre und Vermittlung von Prozessen zur Entscheidungsfindung an Schüler und Studenten
- der Leistungs- und Kostenberechnung pflegerischer Dienstleistungen
- der Ressourcenplanung in der Pflegepraxis
- der Entwicklung einer Fachsprache, um die einzigartige Funktion der Pflege kommunizierbar zu machen
- der Artikulation pflegerischer Leistungen gegenüber anderen Klassifikationssystemen im Gesundheitswesen wie die ICD-10 oder DSM

Die Klassifikation der Pflegeinterventionen umfaßt 6 Bereiche, 26 Klassen und 433 Interventionen. Jede Pflegeintervention besteht aus einem Titel, einer Definition und einzelnen Pflegemaßnahmen. Zu den 6 Bereichen pflegerischen Handelns gehören:

1. *Physiologische Basispflegeinterventionen.* Sie unterstützen körperliche Funktionen. Zu Ihnen gehören Aktivitäts-, Bewegungs-, Ausscheidungs- und Immobilitätsmanagement, Ernährungsunterstützung, Förderung körperlichen Wohlbefindens und Selbstversorgungserleichterung.
2. *Physiologisch-komplexe Pflegeinterventionen.* Sie unterstützen homöostatische Regulationsprozesse wie Elektrolyt- und Säure-Basen-Management, Medikamenten-Management, neurologisches Management, perioperative Pflege, respiratorisches Management, Haut- und Wundmanagement, Wärmeregulation, Gewebeperfusionsmanagement.
3. *Verhaltensbezogene Pflegeinterventionen.* Sie unterstützen psychosoziales Funktionieren und erleichtern Veränderungen im Lebensstil. Zu ihnen gehören Verhaltenstherapie, kognitive Therapie, Kommunikationsförderung, Coping-Unterstützung, Patientenedukation, Förderung des psychischen Wohlbefindens.
4. *Sicherheitsbezogene Pflegeinterventionen.* Sie unterstützen Schutzmaßnahmen gegen externe und interne Bedrohungen. Zu ihnen gehören Krisen- und Risikomanagement.
5. *Familienbezogene Pflegeinterventionen* dienen der Unterstützung der Familie. Sie umfassen die geburtshilfliche Pflege und die auf die Lebensspanne bezogene Pflege.
6. *Gesundheitssystembezoge Pflegeinterventionen* unterstützen einen effektiven Gebrauch des Gesundheitswesens und seiner Institutionen. Sie umfassen Gesundheitssystem-Vermittlung, Gesundheitssystem-Management und Informationsmanagement.

Zur Klasse der selbstversorgungserleichternden Interventionen gehören z. B. die Pflegeinterventionen:

- Baden
- Kontaktlinsenpflege
- Kleiden
- Ohren-, Augen-, Fuß-, Nagel- und Haarpflege
- Intimpflege
- Mundpflege
- Postmortale Pflege
- Prothesenpflege
- Selbstversorgungsunterstützung: Baden/Körperpflegen
- Selbstversorgungsunterstützung: Kleiden/Pflegen der äußeren Erscheinung
- Selbstversorgungsunterstützung: Essen
- Selbstversorgungsunterstützung: Ausscheiden
- Schlafförderung
- Schlucktraining
- Sondenpflege

Die Struktur der einzelnen Pflegeinterventionen wird exemplarisch aus der Pflegeintervention „Schlafförderung" ersichtlich.

Schlafförderung

Definition: Förderung regelmäßiger Schlaf-/Wachzyklen

Pflegemaßnahmen
- Bestimmen des Schlaf- und Aktivitätsmusters des Patienten
- Erklären der Bedeutung eines angemessenen Schlafes während Schwangerschaft, Krankheit, psychosozialem Streß u. a.
- Bestimmen der Effekte von Medikamenten des Patienten auf dessen Schlaf- muster
- Beobachten und dokumentieren des Schlafmusters und der Schlafdauer des Patienten
- Beobachten des Schlafmusters des Patienten hinsichtlich physiologischer (z. B. Schlafapnoe, Atemwegsobstruktionen, Schnarchen, Schmerzen/Mißbehagen, Miktionsfrequenz) und/oder psychologischer Umstände (z. B. Furcht oder Angst), die den Schlaf unterbrechen
- Beobachten von erschöpfenden Aktivitäten während der Wachperioden, um Übermüdung zu verhindern
- Anpassen der Umgebung (z. B. Licht, Lärm, Temperatur, Matratze und Bett) zur Schlafförderung
- Ermuntern des Patienten ein Einschlafritual zu entwickeln, um den Übergang vom Wachzustand zum Einschlafen zu erleichtern
- Erleichtern der Beibehaltung von Einschlafroutinen (z. B. für Kinder eine Lieb- lingsdecke, gehalten werden, Schnuller, Geschichten erzählen; für Erwachsene ein Buch lesen etc.)
- Unterstützen des Patienten, von belastenden Situationen vor dem Einschlafen, abschalten zu können
- Beobachten der Aufnahme von Nahrungsmitteln vor dem Einschlafen, die den Schlaf fördern oder stören könnten.

- Anleiten des Patienten, keine den Schlaf störenden Nahrungsmittel vor dem Einschlafen zu sich zu nehmen
- Unterstützen des Patienten, Schlafperioden während des Tages zu reduzieren durch Aktivitäten, die die Wachheit fördern
- Anleiten des Patienten zur progressiven Muskelentspannung oder anderen nichtpharmakologischen Einschlafhilfen
- Durchführen von Maßnahmen zur Steigerung des Wohlbefindens wie Massagen, Lagerungen, und wohlwollenden Berührungen
- Fördern der Schlafdauer falls erforderlich
- Vermeiden von „Schläfchen" während des Tages falls erforderlich, um den nächtlichen Schlafbedarf decken zu können.
- Bündeln von Pflegemaßnahmen, um ein häufiges Aufwecken zu vermeiden; Schlafzyklen von mindestens 90 Minuten ermöglichen
- Schulen des Patienten und seiner Angehörigen im Hinblick auf Faktoren, die zu einer Schlafstörung beitragen
- Ermuntern zur Einnahme von Schlafmitteln, die nicht die REM-Phasen unterdrücken
- Regulieren von Umweltreizen, um normale Tag-Nacht-Zyklen aufrechtzuerhalten
- Besprechen von Maßnahmen zur Förderung des Wohlbefindens, schlaffördernden Techniken und Veränderungen des Lebensstil, die zu einem optimalen Schlaf beitragen

Abb. 15–5: **Pflegeintervention „Schlafförderung". Aus: McCloskey, J.C.; Bulechek, G. M. [Hrsg.] (1996): Nursing Interventions Classification (NIC). Mosby-Year Book Inc., St. Louis**

15.3.3 Pflegeergebnisklassifikation

Die aktuellste Neuerung auf dem Gebiet der Pflegeklassifikationen stellt die Entwicklung einer Pflegeergebnisklassifikation dar. Nachdem Waltz und Strickland (1988) bereits in den 80er Jahren die Grundlagen zur Forschung über Pflegeergebnisse gelegt hatten, publizieren wiederum Pflegeforscherinnen der Universität Iowa, im Frühjahr 1997, eine Pflegeergebnisklassifikation – NOC (nursing outcome classification).

Johnson und Maas (1997) definieren „Nursing sensitive Patient Outcomes" als „einen meßbaren Zustand, ein Verhalten oder eine Wahrnehmung eines Patienten oder einer Familie, der/die/das als eine Variable konzeptualisiert werden kann und im größeren Umfang beeinflußbar und empfänglich für Pflegeinterventionen ist. Ein der Pflege zugängliches Patientenergebnis ist ein Begriff mittleren Abstraktionsgrades. Um gemessen werden zu können, müssen eine Reihe von spezifischeren Indikatoren identifiziert werden. „Nursing sensitive Patient Outcomes" kennzeichnen eine allgemeinen Zustand, ein Verhalten oder eine Wahrnehmung eines Patienten, der/die/das aus einer Pflegeintervention resultiert."

Als Gründe für eine Standardisierung von Pflegeergebnissen führen Johnson und Mass folgende Punkte an. Eine Pflegeergebnisklassifikation dient:

- der Schaffung einer gemeinsamen Pflegefachsprache
- der Schaffung von computerisierten Pflegeinformationssystemen
- der Schaffung einheitlicher Datenbestände in der Pflege
- dem Aufbau nationaler gesundheitsbezogener Datenbanken

Schlaf

Definition: Ausmaß und Muster des Schlafes zur geistigen und körperlichen Erholung

Schlaf	extrem beein-trächtigt 1	substantiell beein-trächtigt 2	moderat beein-trächtigt 3	leicht beein-trächtigt 4	nicht beein-trächtigt 5
Indikatoren					
Schlafdauer	1	2	3	4	5
Beobachtete Schlafdauer	1	2	3	4	5
Schlafmuster	1	2	3	4	5
Schlafqualität	1	2	3	4	5
Schlafeffizienz (Verhältnis von Schlafdauer zu Einschlafdauer)	1	2	3	4	5
Ununterbrochener Schlaf	1	2	3	4	5
Schlafroutine	1	2	3	4	5
Gefühl des Erholtseins nach dem Aufwachen	1	2	3	4	5
altersentsprechende „Schläfchen"	1	2	3	4	5
Wachheit zu angemessenen Zeiten	1	2	3	4	5
Vitalzeichen	1	2	3	4	5
EEG	1	2	3	4	5
EMG	1	2	3	4	5
EOG	1	2	3	4	5

Abb. 15–6: **Pflegeergebnis „Schlaf". Aus: Johnson, M.; Maas, M. (1997): Nursing Outcomes Classification (NOC). Mosby-Year Book Inc., St. Louis**

- der Evaluation der Pflegequalität
- der Evaluation von Neuerungen in der Pflege und
- leistet einen Beitrag zur Wissensentwicklung in der Pflege

Die Klassifikation der Pflegeergebnisse umfaßt bislang 190 sog. „Nursing sensitive Patient Outcomes" mit ihren Titeln, Definitionen, Indikatoren und Meßskalen.

Ein *Indikator* ist „eine spezifische Variable, die sich auf ein pflegerisch beinflußbares Patientenergebnis bezieht, welches sensibel für Pflegeinterventionen ist. Ein Indikator ist eine beobachtbarer Zustand, ein Verhalten, eine geäußerte Wahrnehmung, oder eine Bewertung eines Patienten. Indikatoren kennzeichnen einen Patientenzustand mit einem niedrigen Abstraktionsgrad.

Eine *Meßskala* dient zur genauen Beschreibung welcher Indikator, wie gemessen und quantifiziert werden soll.

Die Struktur der einzelnen Ergebnisse wird exemplarisch an dem pflegerisch zugänglichen Ergebnis „Schlaf" deutlich.

15.3.4 Internationale Klassifikation der Pflegepraxis (ICNP)

Das wohl ergeizigste und umfassendste Projekt zur Entwicklung einer Klassifikation der Pflegepraxis stellt die vom ICN entwickelte Klassifikation der Pflegepraxis – ICNP dar. Der Entschluß eine solche Klassifikation, die sowohl Pflegediagnosen (Pflegephänomene), Pflegeinterventionen als auch Pflegeergebnisse umfaßt, zu entwickeln, wurde 1989 in Seoul gefaßt. Im Jahr 1996 legte der ICN nach umfangreicher Literaturrecherche unter Berücksichtigung aller bislang publizierten Pflegeklassifikationssysteme einen weiteren Entwurf der ICNP, die sog. „alpha version" vor, in der bislang nur Pflegephänomene (Pflegediagnosen) und Pflegeinterventionen erfaßt wurden. Die Arbeiten zur Entwicklung von Pflegeergebnissen sind noch im Gang. Die Gründe für die Entwicklung einer ICNP wurden bereits eingangs erläutert. Erklärtes Ziel der ICNP (1996) ist:

- die Schaffung einer gemeinsamen Fachsprache zur Beschreibung der Pflegepraxis, zur Verbesserung der Kommunikation unter Pflegenden und zwischen Pflegenden und anderen Gesundheitsberufen.
- die Beschreibung der pflegerischen Versorgung von Menschen, seien es Individuen, Familien oder soziale Gemeinschaften in unterschiedlichsten institutionellen oder nichtinstitutionellen Settings.
- die Schaffung der Möglichkeit pflegerische Daten zwischen einzelnen klinischen Populationen, Settings, geographischen Zonen und Zeiten zu vergleichen
- das Aufzeigen oder Vorhersagen von Trends in der pflegerischn Versorgung und die Ressourcenplanung für Patienten gemäß ihren Bedürfnissen, basierend auf den festgestellten Pflegediagnosen.
- die Förderung der Pflegeforschung durch Zugang zu und Entwicklung von Pflegeinformationssystemen und Gesundheitsinformationssystemen.
- die Bereitstellung von Daten über die Pflegepraxis, zur Beeinflussung gesundheitspolitischer Entscheidungen.

Die vorliegende Klassifikation der Pflegephänomene (Pflegediagnosen) umfaßt bislang nur die Titel der Pflegephänomene und deren Definition. Kennzeichen und beeinflussende Faktoren fehlen noch und müssen neben der Klärung der Begriffe noch erarbeitet werden. Diesbezüglich ist ein Kooperationsprojekt mit der WHO geplant.

Die Pflegeinterventionen der ICNP sind in 6 Achsen mit weiteren Aufgliederungen unterteilt. Die 6 Achsen umfassen:

1. Handlungen (actions) wie beobachten, managen, sorgen, informieren.
2. Objekte (objects), die aufgegliedert sind in Interventionen mit Pflegephänomenen als Objekt oder Interventionen mit anderen Objekten.
3. Ansätze (approaches), die aufgegliedert sind in (nicht)regelgeleitete Interventionen.
4. Mittel (means), die aufgegliedert sind in Interventionen die Hilfsmittel benutzen und Interventionen, die menschliche Ressourcen nutzen.
5. Körperbereiche, d. h. Interventionen an einzelnen Körperbereichen.
6. Zeit/Ort, d. h. Interventionen, die durch Zeit und Ort spezifiziert sind.

Exemplarisch kann sich eine solche Pflegeintervention wie folgt zusammensetzen

Handlungstyp:	Baden
Körperbereich:	der Körperoberfläche
Objekt:	des Patienten
Ansatz:	nach einer bestimmten Richtlinie
Mittel:	mit warmem Wasser
Ort:	im Bett

Abb. 15–7: **Pflegeintervention im Rahmen der ICNP. Aus: International Council of Nurses (1996): The International Classification for Nursing Practice (ICNP): A unifying framework. The Alpha Version. ICN, Geneva**

Die im Herbst vorgelegte Alphaversion der ICNP versteht sich als ein erster noch unausgereifter, aber wichtiger Entwicklungschritt zu einer umfassenden Klassifikation der pflegerischen Praxis an deren Ziel vielleicht einmal der Spruch steht „*as we have named it we can control it, finance it, research it, teach it, and put it into public policy*".

Literatur

Bulechek, G. M.; McCloskey, J.C. (1992): Nursing Interventions. Essential Nursing treatments. W. B. Saunders, Philadelphia

Bulechek, G. M.; McCloskey, J.C. (1994): Nursing Interventions Classification (NIC). Defining Nursing Care. Mosby-Year Book Inc., St. Louis. In: McCloskey, J.; Grace, H. [ed.] Current Issues in Nursing. Mosby-Year Book Inc., St. Louis

Clark, J.; Lang, N. (1992): Nursing's next advance: An international classification for nursing practice. International nursing review, 39 4: 109–112

Clark, J. (1994): The International Classification of nursing. In: McCloskey, J.; Grace, H. [ed.] Current Issues in Nursing. Mosby-Year Book Inc., St. Louis

England, M.; Magnan, M. A. G. (1996): Nursing Diagnosis Paradigm. In: Fitzpatrick, J. J.; Whall, A. L.: Conceptual Models of Nursing – Analysis and application. Appleton & Lange, Stamford, Connecticut

International Council of Nurses (1993): Nursing's next advance: Development of an International Classification for Nursing Practice (ICNP): A working paper. ICN, Geneva

International Council of Nurses (1996): The International Classification for Nursing Practice (ICNP): A unifying framework. The Alpha Version. ICN, Geneva

Johnson, M.; Maas.; Maas, M. (1994): Nursing Focussed Patient Classification. Challenge for the nineties. In: McCloskey, J.; Grace, H. [ed.] Current Issues in Nursing. Mosby-Year Book Inc., St. Louis

Johnson, M.; Maas, M. (1997): Nursing Outcomes Classification (NOC). Mosby-Year Book Inc., St. Louis

Martin, K. S.; Scheet, N. J. (1992): The Omaha system: Applications for community health nursing. Lippincott, Philadelphia, PA

McCloskey, J.C.; Bulechek, G. M. [Hrsg.] (1996): Nursing Interventions Classification (NIC). Mosby-Year Book Inc., St. Louis

McFarland, G., K.; McFarlane, E. A. 1997: Nursing Diagnosis: Evolving Issues and Trends. In: Nursing Diagnosis and Intervention – Planning for Patient Care. Mosby-Year Book, St. Louis

Mortensen, R. [Hrsg.] (1996): The International Classification for Nursing Practice: With TELE-NURSE Introduction. Danish Institute of Health and Nursing research. Copenhagen, Denmark

NANDA – North American Nursing Diagnosis Association (1996): Nursing Diagnoses: Definitions & Classification 1997–1998. Philadelphia

Saba, V. K. (1992): The Classification of home health care nursing. Caring, 11 3: 50–57

Sermeus, W.; Delesie, L.; Van Landuyt, Wuyts, Y.; Vanden Boer, G.; Manna, M. (1994): The Nursing Minimum Data Set in Belgium: a basic tool for the tomorrow's health care management. Leuven, Belgium, Centre for Health service Research, Katholieke Universiteit Leuven.

Snyder, M. (1992): Independent Nursing Interventions. Delmar Publishers, Albany, N.Y.

Snyder, M.; Egan, E. C.; Nojima, Y. (1996): Defining Nursing Interventions. Image 28 2 137–141

Stevens Barnum, B. (1994): Theory building with the nursing process. In: Nursing Theory – Analysis, Application, Evaluation. J. B. Lippincott, Philadelphia

Waltz, C.F.; Strickland, O. L. (1988): Measurement of Nursing outcomes. Vol. 1: Measuring client outcomes. Ursula Springer Publ., New York

Waltz, C.F.; Strickland, O. L. (1988): Measurement of Nursing outcomes. Vol. 2: Measuring nursing performance: Practice, Education and Research. Ursula Springer Publ., New York

Waltz, C.F.; Strickland, O. L. (1990): Measurement of Nursing outcomes. Vol. 3: Measuring clinical skills and professional development in education and practice. Ursula Springer Publ., New York

Waltz, C.F.; Strickland, O. L. (1990): Measurement of Nursing outcomes. Vol. 4: Measuring client self-care and coping skills. Ursula Springer Publ., New York

Warren, J. J. (1994): Nursing Diagnosis Taxonomy Development: Overview and Issues. In: In: McCloskey, J.; Grace, H. [ed.] Current Issues in Nursing. Mosby-Year Book Inc., St. Louis

Werley, H. H.; Ryan, P.; Zorn, C. R.; Devine, E. (1994): Why the Nursing Minimum Data Set (NMDS)? In: McCloskey, J.; Grace, H. [ed.] Current Issues in Nursing. Mosby-Year Book Inc., St. Louis

WHO (1995): ICIDH International Classification of Impairments, Disabilities and Handicaps. Deutsch: Matthesius, R.-G.; Jochheim, K.-A.; Barolin, G. S.; Heinz, Ch. (Hrsg.): ICIDH. Ullstein Mosby, Berlin/Wiesbaden

16 Workshop „Sprachliche Implikationen eines multikulturellen Pflegeteams"

von Yvonne Ford

16.1 Bedeutung der Sprache für die Pflege

„Linguistic dispossession is a sufficient motive for violence, for it is close to the dispossession of one's self (...) and if one is perpetually without words (...) that condition itself is bound to be an enraging frustration." (E. Hoffman)

Die Bedeutung der Sprache für die Pflege ist seit einigen Jahren zunehmend ein Thema in Fachkreisen und wird aus den unterschiedlichsten Interessen und von unterschiedlichsten Standpunkten aus diskutiert. Bisher standen vor allem die Wortwahl sowie die Ausdrucksweise im Mittelpunkt der Diskussion. Es wurde dabei vor allem an den informellen Bereich gedacht, wie etwa bei der mündlichen Aussprache über Patienten und deren Krankheitsbild und an die Dokumentation. Auch Äußerungen von Gefühlen der Pflegekräfte gegenüber den Patienten, den Ärzten und untereinander wurden thematisiert. Aber auch auf die Rolle der berufsbezogenen Sprache als Instrument zur internen Verständigung und damit als Weg zur Professionalisierung wurde durchaus aufmerksam gemacht.

Die Diskussion verlief dabei jedoch aus der Perspektive der deutschen Pflegepersonen. Die Bevölkerung hat sich aber hier in Deutschland und insbesondere in den Ballungszentren wie in Frankfurt durch den Zuzug vieler Menschen aus anderen Ländern und Kontinenten nicht nur in ihrer Quantität, sondern auch in ihrer kulturellen Qualität in den letzten 20 Jahren entscheidend verändert. Diese Veränderung beeinflußt sämtliche Bereiche unserer Gesellschaft und somit auch den Gesundheitsbereich. Es erscheint daher unausweichlich, das Thema um diese neue Situation zu erweitern.

16.2 Stellenwert der ausländischen Pflegenden

In den Frankfurter Krankenhäusern sind etwa 25 % aller Pflegenden im Ausland geboren und ausgebildet worden. In manchen Krankenhäusern sind es sogar bis zu 35 % aller Pflegekräfte, die aus einem anderen Land kommen. Es wird geschätzt, daß in der Altenpflege fast die Hälfte des Pflegepersonals ausländischer Herkunft ist. Ein Teil der Pflegekräfte lebt und arbeitet hier in Deutschland schon seit über 20 Jahren. Manche haben bereits ihr 25jähriges Arbeitsjubiläum hier gefeiert.

Viele andere Pflegekräfte, die in einem Altenheim, in einem Krankenhaus oder in einer anderen Gesundheitseinrichtung arbeiten, sind weniger als 5 Jahre hier in Deutschland. Diese kommen meist aus dem früheren Jugoslawien und anderen europäischen Ländern.

Alle haben in der Regel in ihrem Heimatland eine sehr gute Krankenpflegeausbildung genossen und bringen eine sehr positive, professionelle und selbstbewußte Einstellung zu ihrem Beruf mit.

16.3   Interkulturelle Zusammenarbeit

Diese Pflegekräfte beeinflussen die Arbeit und die Haltung auch der deutschen KollegInnen an ihrem Arbeitsplatz. Die Pflege und insbesondere die moderne Pflegewissenschaft braucht immer neue Anregungen und Erfahrungen. Die Zusammenarbeit der deutschen und ausländischen Pflegekräfte in ihrer jeweils anders gewichteten Ausbildung und Kenntnissen sollte als Chance für einen Dialog mit der Möglichkeit voneinander zu lernen gesehen werden. Auffallend ist hingegen, daß nicht nur die Pflegepersonen, die erst seit einem oder zwei Jahren hier leben und arbeiten, Schwierigkeiten mit Kommunikation haben, sondern daß oft auch solche Pflegekräfte noch erhebliche Defizite in der Verständigung haben, die bereits seit vielen Jahren hier in Deutschland wohnen und arbeiten.

Der belebende Einfluß interkultureller Zusammenarbeit kommt in vielen Stituationen aus folgenden Gründen nicht an: Die ausländischen Pflegekräfte sind auf ihr Leben und auf die Arbeit hier in Deutschland nicht vorbereitet worden. Andererseits sind die deutschen KollegInnen nicht darauf vorbereitet worden, mit Mitarbeitern aus fremdsprachigen Ländern und den unterschiedlichsten Kulturen als Team zusammenzuarbeiten. Zudem, wie schon erwähnt, hat sich auch die Population der zu Pflegenden geändert. Sie kommen, wie auch die Pflegekräfte, aus den unterschiedlichsten Kulturen und Sprachgebieten.

16.4   Einfluß von Sprache

Sprache ist nicht nur ein verbales Instrument, mit dem wir uns verständigen. Sprache ist mehr als Vokabular. Sprache bedeutet, kommunikative Fähigkeiten herzustellen, Sensibilität für sprachliche Unterschiede und ihre kulturellen Hintergründe zu entwickeln und Gefühle zu vermitteln. Fremdsprachen lernen sollte eine Auseinandersetzung mit der Kultur, Geschichte und Mentalität der Menschen des jeweiligen Sprachraums bedeuten.

Sprache in der Pflege ist aber auch ein Mittel, das therapeutische Wirkung haben kann. Es ist ein Unterschied, ob dem Kranken gegenüber eine freundliche oder eine unbedachte, negative Bemerkung gemacht wird. Es ist wichtig, daß die Sprechenden die Wirkung ihrer Worte kennen. Das können sie naturgemäß erst dann, wenn sie mit der Sprache genügend vertraut sind.

16.5   Angebote von Sprachkursen

Im Geschäftsleben und in der Wirtschaft wurde das Problem der mangelnden Fachsprachkenntnisse schon viel früher erkannt, und den ausländischen MitarbeiterInnen wurden entsprechende Kurse angeboten: zunächst Intensivkurse zum Einstieg und später berufsbegleitende Sprachkurse, die sich an den beruflichen Aufgaben orientieren. Die Firmen in Handel und Wirtschaft schätzen das Wissen und die Erfahrung der ausländischen Mitarbeiter sehr wohl. Sie haben die Kosten für die Sprachkurse getragen und die sprachliche Weiterbildung in gut geführtem Gruppen- und Einzelunterricht unterstützt. Für den Sprachunterricht wurden stets qualifizierte SprachlehrerInnen mit entsprechenden Fachkenntnissen ausgewählt.

16.6   Wie war (ist) es in der Pflege?

Obwohl seit mehr als 20 Jahren ausländisches Pflegepersonal in deutschen Krankenhäusern tätig ist, gab es nur mangelnde Angebote. In vielen Fällen wurden ausländische Pflegekräfte ohne einführenden Sprachkurs in der Pflege eingesetzt. Daran hat sich bis heute nicht viel geändert. Wenn es Kurse gab, waren sie zu kurz und wurden von Lehrpersonen gehalten, die keinerlei Erfahrungen oder Kenntnisse aus der Krankenpflege mitbrachten. Zum Teil wurden auch Lehrer und Lehrerinnen für diese Kurse ausgewählt, die keine spezielle Ausbildung oder Erfahrung als Lehrerin bzw. als Lehrer für Deutsch als Fremdsprache hatten. Meist war die Anzahl der Kursteilnehmer zu hoch. Es gab kaum berufsbegleitende Kurse, in denen die KursteilnehmerInnen mit dem deutschen Gesundheitswesen und dem Berufsbild „Krankenpflege" vertraut gemacht wurden. Die Rolle der Pflegenden in deutschen Krankenhäusern und anderen Gesundheitseinrichtungen, sowie die kulturellen Hintergründe unserer Patienten und der KollegInnen waren weder in den Sprachkursen, noch in den Einarbeitungskriterien berücksichtigt worden. Die Kosten der Kurse gingen oft zu Lasten der TeilnehmerInnen.

16.7   Konsequenzen der sprachlichen Kommunikations-defizite

Die unzureichende sprachliche, berufliche und kulturelle Vorbereitung der ausländischen Pflegepersonen führt immer wieder zu Problemen. Besonders auffällig sind die Kommunikationsdefizite mit Patienten und deren Angehörigen, mit anderen Pflegekräften im Team, mit Vorgesetzten sowie mit anderen Personen, die auf der Station und im Krankenhaus tätig sind.

Schwierig ist auch die schriftliche Dokumentation, die oft fehlerhaft und unvollständig ausgeführt wird. Wegen der mangelnden Sprachkenntnisse scheuen sich die ausländischen Pflegepersonen oft vor der schriftlichen Dokumentation, weil sie keine Fehler machen und sich nicht blamieren wollen.

Das fehlende sprachliche und kulturelle Verständnis untereinander, das auch immer wieder zu Kränkungen und Mißverständnissen führt, beeinträchtigt die Haltung, die psychische Verfassung der Beteiligten und stört das Betriebsklima. Vertrauensvolle Mit- und Zusammenarbeit wird erschwert, und es kommt nicht selten zur Resignation. Die Qualität der Pflege leidet darunter, und es entstehen gefährliche Situationen, die schwerwiegende Konsequenzen sowohl für die Patienten als auch für die MitarbeiterInnen und die jeweilige Gesundheitseinrichtung haben können.

Folgende Aussagen ausländischer Pflegekräfte zeigen diese Schwierigkeiten sehr deutlich:

„Ich bin vor ungefähr zwei Jahren nach Deutschland gekommen. Ich sprach kaum Deutsch. Nach vier Wochen machte ich mit einer Praktikantin alleine auf einer chirurgischen Station Dienst."

„Die Anerkennung als Krankenschwester können Sie erst bekommen, wenn Sie alleine Nachtdienst übernehmen."

„Weil mein Deutsch schlecht ist, glauben die andere Krankenschwestern, daß ich fachlich schlecht bin."

„Wenn unser Stationsarzt Visite macht, fragt er direkt nach einer deutschen Krankenschwester.

„Als ich auf der Station dem Oberarzt vorgestellt wurde, sagte er: Wann bekommen wir auch einmal eine deutsche Krankenschwester?"

„Wenn ich etwas nicht verstehe, weil es zu schnell war, bitte ich meine Kolleginnen, es zu wiederholen. Das machen sie nicht."

„Anfangs war es sehr schlimm. Ich sprach kaum ein Wort Deutsch. Ich durfte nur auf Anordnung Patienten waschen und füttern. Bei den Visiten durfte ich nicht mitgehen. Schüler durften mehr machen als ich, obwohl ich über vier Jahre Krankenpflege in meinem Land studierte und über fünf Jahre als Krankenschwester auf einer chirurgischen Station gearbeitet hatte."

„Meine Pflegedienstleitung sagte, ich solle erst einmal richtig Deutsch lernen, bevor ich Wünsche äußern könnte."

„Ich kenne die deutschen Medikamente nicht, obwohl ich täglich den Patienten oral und intravenös Medikamente verabreiche."

16.8   Zukunftsorientierte Empfehlungen

Um diese nachteiligen Konsequenzen zu verhindern, ist es wichtig, pflegespezifische Kurse anzubieten. Das Lehrmaterial muß auf die besonderen Belange des Pflegepersonals zugeschnitten sein. Dazu gehören sowohl Bücher und Informationstexte als auch Anschauungsmaterial und moderne Tonträger. Besonders wichtig erscheint die Auswahl der Lehrpersonen. Sie müssen mit der Kommunikationsatmosphäre des beruflichen Alltags ihrer KursteilnehmerInnen vertraut sein. Auch die Vermittlung der deutschen Sprache mit ihrem kulturellen Hintergrund an Menschen aus den verschiedenen Sprach- und Kulturräumen muß in kompetente Hände gelegt werden.

Ein Charakteristikum solcher Kurse ist eine ermutigende Grundhaltung im Unterricht, die von den Lehrpersonen ausgestrahlt wird, so daß die Lernenden die vorhandenen Berufserfahrungen und -kenntnisse in kreativer Weise in die für sie neue Berufssituation einbeziehen können.

Die Kurse müssen lang genug sein, und die Gruppengröße muß so sein, daß ein effektiver Lernprozeß ermöglicht wird. Es muß gewährleistet sein, daß innerhalb der jeweiligen Gruppen Kleingruppen gebildet werden können, um so situationengerecht und wirklichkeitsnah Szenen aus dem Berufsalltag nachbilden zu können.

Die Dauer der Kurse, die Anzahl der KursteilnehmerInnen und die besonders geschulte und erfahrene Lehrkraft, sowie die entsprechende Didaktik und die Lehrmedien bestimmen die Qualität der erworbenen Sprachkenntnisse und die Fähigkeit, diese im Berufsalltag einzusetzen.

Sprachkurse für Pflegekräfte müssen analog der Vokabeln, Grammatik und Aussprache auch die unterschiedlichen kulturellen Hintergründe beinhalten und vermitteln. Gleichzeitig ist es notwendig, daß die deutschen MitarbeiterInnen in den Gesundheitseinrichtungen ebenfalls auf die veränderte Situation (Umgang mit ausländischen KollegInnen) entsprechend vorbereitet werden.

16.9   Centre for Communication in Health Care

In meinem Sprachzentrum, dem „Centre for Communication in Health Care", erfuhr ich in den 80er Jahren bereits von den Problemen, die sich im Gesundheitsbereich, insbesondere im Krankenhaus, ergaben. Als Sprachlehrerin für Englisch hatte ich bereits 1982 spezielle Sprachkurse „Medical English" in Frankfurt/M. entwickelt und durchgeführt. Während meiner vielen Unterrichtsstunden mit (deutschen) Pflegekräften und Ärzten erfuhr ich nach und nach über die Hintergründe der entstandenen und entstehenden Probleme, die sich aus Sprachschwierigkeiten und unterschiedlicher kultureller Herkunft ergaben. Aus diesen Gründen haben wir in unserem Sprachzentrum spezielle Kurse für ausländische Pflegekräfte entwickelt. Die Kurse wurden auf der Basis moderner Fremdsprachendidaktik kreiert, kombiniert mit aktuellen Themen aus der Pflege. Die ersten Kurse fanden im Frühjahr 1990 statt. In 1994 wurden wir vom Hessischen Ministerium für Umwelt, Energie, Jugend, Familie und Gesundheit beauftragt, ein Curriculum eines Sprachkurses für die Zielgruppe „Ausländische Pflegefachpersonen" zu entwickeln. Dieser Kurs wurde als Aufbaukurs konzipiert und sollte als Intensivkurs (5-Tage/Bildungsurlaub) stattfinden.

16.10 Modellprojekt 1994

Während der Modellphase wurde dieser Kurs 8mal durchgeführt. Insgesamt nahmen 92 Krankenschwestern und -pfleger aus 25 verschiedenen Ländern daran teil. Die KursteilnehmerInnen kamen aus 15 Krankenhäusern und 4 Altenheimen. Das Alter lag zwischen 20 und 50 Jahren. Die Teilnehmerzahl lag zwischen zehn und 15 Personen. Voraussetzung für die Teilnahme an dem Kurs war, daß die jeweilige Pflegekraft bereits seit einem Jahr in einem deutschen Krankenhaus oder einer anderen Gesundheitseinrichtung beschäftigt war und die Zulassung als Krankenschwester/-pfleger hatte.

In Auswertungsgesprächen wurde deutlich, daß in den fünf Unterrichtstagen (40 Unterrichtsstunden) die Sprachdefizite bei weitem nicht beseitigt werden können. Besonders bei der schriftlichen Dokumentation und bei der korrekten Satzformulierung hatten fast alle weiterhin große Probleme. Jedoch konnten wir die KursteilnehmerInnen für ihre sprachlichen Lücken nicht nur sensibilisieren, wir konnten sie durch den Sprachunterricht in die deutsche Denkweise einführen. Dadurch ist es gelungen, den ausländischen Pflegekräften zu helfen, über ihre eigene Kultur zu reflektieren und diese mit einzubringen. Der so entstandene Erfahrungsaustausch hat eine aufbauende und verbindende Funktion übernommen.

Der Fünftagekurs ist ein guter Beginn, kann aber bei weitem nicht bedarfsdeckend sein. Nach der Modellphase fanden auch 1995 regelmäßig Fünftagekurse statt, die natürlich auch 1996 und später von meiner Schule angeboten werden.

16.11 Sprache – Bestandteil zur Qualitätssicherung in der Pflege

Aufgrund der veränderten Situation im Gesundheitsbereich wird viel über die Qualitätssicherung in der Pflege gesprochen und geschrieben. Ein wesentlicher Bestandteil der Qualitätssicherung setzt die Umsetzung des Pflegeprozesses mit der Fähigkeit voraus, die einzelnen Schritte des Pflegeprozesses zu verstehen, durchzuführen und die Ergebnisse mitzuteilen, sowohl schriftlich als auch mündlich. Pflegekräfte, die die Sprache nicht adäquat beherrschen, sind nicht in der Lage, den Pflegeprozeß entsprechend umzusetzen. Dies hat negative Folgen auf die Einhaltung der Qualitätssicherung und bedeutet gleichzeitig eine Gesundheitsgefahr für die Patienten und ein betriebswirtschaftliches Risiko für die Gesundheitseinrichtung.

In diesem Sinne haben wir, gemeinsam mit der Pflegedienstleitung und der Leiterin für innerbetriebliche Fortbildung am Stadtkrankenhaus Hanau ein Sprach- und Fortbildungsprogramm entwickelt und durchgeführt. Dieser Kurs dauerte 26 Tage (mit 216 Std.) und erstreckte sich über einen Zeitraum von 6 Monaten.

16.12 Schlußbemerkung

Die Veränderung in unserer Gesellschaft und der Mangel an qualifizierten Pflegekräften machte es erforderlich, daß in Deutschland Pflegekräfte aus dem Ausland angeworben wurden. Auf Grund dieses Notstandes wurden diese Pflegekräfte mit mangelnden Kenntnissen der deutschen Sprache in Krankenhäusern und Altenheimen eingesetzt, weil sie als Arbeitskräfte gebraucht wurden, um die Patienten versorgen zu können. Dabei wurden deren Bedürfnisse unterschätzt, und die notwendige Vorbereitung auf ihre neue Arbeits- und Lebenssituation wurde oft vernachlässigt. Es wurde auch nicht daran gedacht, die deutschen KollegInnen auf diese neue Situation vorzubereiten und zu unterstützen.

Das Wissen und die Erfahrungen der ausländischen Pflegekräfte blieb weitestgehend unbekannt, weil deren Sprache, Ausbildung und Kultur nicht verstanden wurden, und weil umgekehrt die ausländischen Pflegekräfte sich nicht mitteilen konnten und unser Gesundheitssystem und unsere Sprache und Kultur ebenfalls unzureichend verstanden haben.

Es ist nicht zu spät, diese Versäumnisse aufzuarbeiten. Mit berufsorientierten Sprachkursen und einer adäquaten Einführung in unser System geben wir den ausländischen Pflegekräften die Möglichkeit, sich hier schneller zu integrieren und erhalten selbst die Chance, von deren Erfahrungen zu profitieren.

Literatur

Ford, Y. et al.: Curriculum eines Sprachkurses für die Zielgruppe Ausländische Pflegefachperson. Hessisches Ministerium für Umwelt, Energie, Jugend, Familie und Gesundheit, Wiesbaden, 1995
Hoffman, E.: Lost in Translation. William Heinemann Ltd., London, 1989

17 „Transfer in der Pflegesprache, Englisch-Deutsch" – Zusammenfassung eines Workshops

von Yvonne Ford

17.1 Context and Workshop Aim

In the past many significant works by English-speaking nurse theorists, researchers and practitioners were virtually unknown in German nursing circles because they were only available in English. Although many German nurses speak at least some English, the difficulty of the texts made them hard to read and understand.

Translators working for a number of publishing companies have been working feverishly in the last several years to translate important works. Professional translators not familiar with the field of nursing have found the challenge of creating a translation that has the same meaning as the English original to be quite formidable. Even when German nurses are involved in the translations it is not easy in many cases to find an appropriate translation into German.

This workshop was not designed for those who are specialists in translation although that might be worthwhile; such a translators' forum could assist in generating consensus concerning the terms and expressions in the language of nursing. This workshop was designed to give nurses an insight into the difficulties faced in translation. The purpose of the workshop was to let participants reflect on the way in which language reflects a particular culture and to provide a basis for them to become more aware of their own and others' use of language.

17.2 1st Translation Exercise

As an introduction to the topic, participants were given a paragraph in German to consider how it could be translated into English. The paragraph was taken from Hilde Steppes paper „Nursing under Totalitarian Regimes: the Case of National Socialism" which was presented at the conference „Nursing, Women's History and the Politics of Welfare", held in Nottingham, England, in July 1993.

The original text in German was as follows:

„Die humanistische und christliche Tradition einer Heilkunst, welche die Gesundheit des Einzelnen in den Mittelpunkt stellt, wurde zugunsten eines am ganzen Volkskörper orientierten Gesundheitsbegriffs aufgegeben. Der Wert des einzelnen Menschen bestimmte sich nur noch über seine Leistung für die Gemeinschaft (Frei, 1991, Seite 7). Wenn diese Leistung nicht erbracht werden konnte, existierte kein Recht auf Versorgung durch die Gemeinschaft, sondern diese hatte das Recht und sogar die Pflicht der Ausgrenzung der 'gemeinschaftsunfähigen Teile' des Volkskörpers, um das Ganze gesund zu erhalten. Die gesundheitspolitischen Schlagworte des Nationalsozialismus waren dann auch ganz folgerichtig 'Vorsorge statt Fürsorge' und 'Volksgesundheit statt Humanitätsduselei.'"

As this text concerning the socio-political developments in Nazi Germany clearly shows, translation is more than a simple question of identifying words in the target language which are equivalents of words in the original language (for example, the sort of translation one can produce by using pocket translators.)

A good translation must be based on knowledge of the material being translated in both cultures. When there are no direct parallels for a specific phenomenon (such as the Nazi era) then translation must allow the reader to imagine the situation. A good translation should also permit the reader to feel some of the emotion (for example, shock and revulsion) that the German reader experiences in confronting this text.

Workshop members discussed the text focusing on particular words that would be difficult to translate and tried to find ways to preserve the spirit of the text. The slogans proved to be particularly difficult to translate since they included rhyming words and were based on vocabulary which had had negative connotations in that historic period.

My translation of this passage into English for presentation at the conference was as follows:

> „*The humanistic and Christian healing tradition in which the focus was on the individual was sacrificed for an image of the health of the whole nation. The individual was now valued only for his contribution to the whole (Frei, 1991, p.7). If an individual could not contribute to the whole, then this individual had no right to care by society; on the contrary, society had the right and the duty to banish this socially unfit person in order to preserve the health of all. The slogan for public health was 'Vorsorge statt Fürsorge' or 'cure not care' and 'public health not sentimental humanitarianism.'*"

In the printed form of the text the translator's note was inserted allowing the reader to be aware of the difficulties involved and to read more critically. The note reads: „*It is difficult to capture the feeling or connotation associated with words, phrases and slogans that had a specific meaning in the Nazi era. Even today Germans cannot use these words nor hear them without a shiver. The words are tainted with the whole history of the 3rd Reich.*"

17.3 2nd Translation Exercise

The next task in the workshop was carried out in small working groups. Participants were given a text in English which they were to translate into German.

The first text was taken from the **Manual of Nursing Diagnosis 1993 – 1994** by Marjory Gordon, published by the Mosby Publishing Company in 1993. The text, describing one the of the nursing diagnoses, was as follows:

> „*caregiver role strain – is a state in which a caregiver perceives difficulty in performing the family caregiver role.*
>
> *Defining characteristics*
> *The caregiver reports:*
> • *inadequate resources to provide required care*
> • *difficulty providing specific caregiving activities*
> • *worry about the care receiver*
> • *the feeling that caregiving interferes with other important roles in the caregiver's life*"

The group spent some time wrestling with the words which proved difficult to translate. These included:

• „care" and the related words „carer" and „caregiver"
• the difference between „caring" and „nursing"
• the distinction among various uses of the word „to nurse".

Use was made of various dictionaries. The limitations of working with an English-German dictionary alone soon became apparent. The necessity of consulting English-English dictionaries, both general dictionaries and special medical and nursing dictionaries was expressed.

The translation of this text taken from „Pflegediagnosen" by Marjory Gordon, published in 1994 by Ullstein Mosby, translated by Jürgen Georg, Hans Jürgen Milhan and Volker Gußmann-Ford, is as follows:

> *„Rollenbelastung pflegender Angehöriger/Laien*
>
> *Definition: Der Zustand, in dem der pflegende Angehörige/Laie Schwierigkeiten in der Ausübung der familiären Fürsorgerolle empfindet.*
> *Kennzeichen:*
> *Pflegende Angehörige/Laien berichten über:*
> * *Unzureichende Ressourcen für die Durchführung der erforderlichen Pflege*
> * *Schwierigkeiten bei der Durchführung spezifischer pflegerischer Maßnahmen*
> * *Die Sorge um den zu Pflegenden*
> * *Das Gefühl, daß die Pflege des Anghörigen sich auf andere wichtige Rollen im Leben des Pflegenden störend auswirkt".*

In comparing the two texts it becomes apparent that the translation of „care-giver" and „care" with the German words „Pflegende" and „Pflege" would be less than ideal and so the rather awkward phrase „pflegende Angehöriger/Laie" is used. In English, the word care is not associated with the profession of nursing but is a word which lay persons use in contexts such as „I'll take care of you, take care! (when persons are saying farewell), day care (used to refer to a care for children in a kindergarten or nursery setting), etc. In hearing the word „Pflegende" the German reader would automatically think of nurses, not family members or friends.

The participants brainstormed further English words which have proven difficult to translate. Some of these are:

* names of nursing positions, such as health visitor (England), advanced practice nurse, nurse practitioner, nurse manager, sister, charge nurse
* functional health patterns (of a patient), dysfunctional health patterns
* nursing assessment
* patient outcomes
* care plans
* the difference between accountability and responsibility.

Finally, participants discussed the consequences of inaccurate translations which include mis-representing the systems of nursing in another country or mis-interpreting the thought of the author. The fact that a text has been translated into German means that for most readers the need to consult the original is eliminated so that comparison between the original and the translation rarely occurs. These translations are then quoted in further work so that the inaccuracy becomes a part of the body of nursing literature until such time as someone points out the problem or another translation is made of the same work.

In his introduction to the „Dictionary of Psychoanalysis" Charles Rycroft writes: *„Unfortunately ideas cannot be transported bodily from one language to another simply by translating them word by word and the possibility has to be seriously envisaged that something significant happens to an idea or a theory when it is translated into another language... It is not only single words that cause difficulties. It is also linguistic structure and the habits of thought that are both engendered and reflected by it."*

Students of nursing, especially in degree programmes at university level, should be advised not to rely blindly on translations. Although the time and effort involved is considerable, students should be encouraged to read the original work in order to be sure that its full scope and depth is appreciated.

Sensitivity to these issues would help nursing students and nursing teachers to participate creatively in developing the language and discourse style for nursing research and theory in Germany in dialogue with writers in other countries.

Bibliography

Gordon, M.: Pflegediagnosen. Ullstein Mosby, Wiesbaden, 1994
Gordon, M.: Manual of Nursing Diagnosis 1993–1994. Mosby-Year Book Inc., St. Louis, 1993
Rycroft, C.: Dictionary of Psychoanalysis. Penguin Books, London, 1968, 1995
Steppe, H.. Nursing Under Totalitarian Regimes: the Case of National Sozialism. Conference Papers, „Nursing, Women's History and the Politics of Welfare", Nottingham, England, 1993

18   Sprache und Kultur – Ein Workshop

von Wilfried Schnepp

18.1   Einleitung

Die schriftliche Wiedergabe dessen, was in einem Workshop gesagt und getan wurde, ist ein schwieriges und problematisches Vorhaben. Im Gegensatz zu einem Schriftstück lebt ein Workshop von gegenseitigem Austausch und von der Diskussion: kurzum von Interaktion. Diese Interaktion festzuhalten, um sie später zu schriftlich zu fassen, ist kaum möglich, besonders deshalb nicht, weil derjenige, der den Workshop hält, keine Zeit hat, die Interaktion zu dokumentieren. Somit ist dieses Kapitel keine genaue Wiedergabe des Workshops „Sprache und Kultur", sondern beruht auf dessen Entwurf, der aber im Workshop selbst nicht vollständig zur Sprache kam. Ich hoffe auf das Verständnis ehemaliger TeilnehmerInnen, wenn sie sich und ihre Äußerungen, die den Workshop belebten, in diesem Kapitel nicht wiederfinden. Auf eine umfassende Darstellung der empirischen Befunde meiner Forschungsarbeit wird weitestgehend verzichtet, da sie an anderer Stelle publiziert werden. Somit gilt dieses Kapitel dem Zusammenhang von Sprache, Kultur und Forschung.

18.2   Grundsätzliche methodologische Überlegungen

Pflegeforschungen mit einem ethnographischen Design sind weder eine Neuigkeit noch eine Seltenheit, sondern gehen zurück bis in die Anfänge der amerikanischen Pflegeforschung, wobei sich einige KollegInnen zur Beantwortung ihrer Forschungsfragen offensichtlich auf ethnographische Methoden spezialisiert haben. Auf die Frage, welche Methode für ein spezifisches Forschungsprojekt ausgewählt werden sollte, erhält man in aller Regel die Antwort: „Die Frage bestimmt die Methode." Diese Antwort ist sicher sehr idealistisch, denn nicht selten führt ein methodologisches Interesse zur Entwicklung von Fragen – oder haben Sie schon einmal erlebt, daß quantifizierende Forscher qualitative Methoden auswählen, um Antworten auf ihre Forschungsfragen zu finden? Diese Antwort ist eigentlich keine Antwort, sondern eine Aufforderung, sich mit der Art der Frage auseinanderzusetzen. Das heißt, daß eine epistemologische Analyse der eigenen Fragestellung vor der Auswahl der Methode durchgeführt werden sollte.

Vor jeder ausformulierten Forschungsfrage besteht bereits ein mehr oder weniger deutliches Erkenntnisinteresse, welches das Forschungsobjekt im Licht bestehender Wissenschaftstheorien bestimmt. Diese Theorien haben einen Einfluß auf die Art der Fragestellung und die auszuwählenden Methoden, womit nicht gemeint ist, daß es ausschließlich um theorietestende Forschung im Sinne hypothesentestender Forschung geht.

18.3   Methodologische Entscheidungen

Das erkenntnistheoretische Interesse in dem vorliegendem Projekt (Schnepp, 1995) bestand darin, Einsichten in die Bedeutungen und Praktiken des Pflegens und Sorgens rußlanddeutscher Familien in Westdeutschland zu erhalten. Grundlagen für dieses Interesse waren:

- die persönliche Erfahrung, daß sich die Pflege rußlanddeutscher Patienten als schwierig gestaltet;
- die Überzeugung, daß ein Verständnis für diese Menschen erst dann entwickelt werden kann, wenn wir wissen, wie sie selber die Welt sehen;
- eine pflegewissenschaftliche Perspektive, die davon ausgeht, daß Patienten bzw. Klienten im Kontext, also im Rahmen ihrer Alltagswelt, das Handeln der Pflegekunde als professionelle Disziplin zu bestimmen haben, und nicht umgekehrt.

Durch das Forschungsinteresse an einer „Kulturgruppe", die der eigenen fremd ist, war eine Auseinandersetzung mit der Ethnographie als Methodologie erforderlich, da die primäre erkenntnistheoretische Absicht der (klassischen) Ethnographie darin besteht, Werte, Überzeugungen und Handlungen von Gruppen zu beschreiben und auch zu erklären. Außerdem wurde sehr schnell deutlich, daß ethnographische Methoden über Techniken verfügen, die verhindern, daß der Forscher ausgehend von seiner eigenen kulturellen und ideologischen Weltsicht den Forschungsgegenstand betrachtet und die Ergebnisse auf diese Weise beeinflußt. Auf diese Art beeinflußte Ergebnisse würden Erkenntnisse darüber liefern, wie ein Wissenschaftler die Werte, Überzeugungen und Handlungen einer Gruppe von Menschen deutet, sie sagen aber nichts über die Deutungen der Gruppe selber. Wir berühren hier ein generelles Problem sozialwissenschaftlicher Forschung, das aus Zeitgründen nicht vertieft werden kann.

Die wohl wichtigste methodologische Entscheidung in diesem Projekt war die Frage, welche der verschiedenen ethnographischen Methoden ausgewählt werden sollte. Üblicherweise werden in ethnographischen Feldforschungen langdauernde partizipierende Observationen und gleichzeitig Interviews durchgeführt. Aber üblicherweise ist dies für einen Studenten im Rahmen einer „Lernforschung" zumindest in einem „Master of Science in Nursing Course" nicht möglich. Soweit mir bekannt ist, trifft dies noch mehr für deutsche Studiengänge zu, in denen für die Anfertigung einer Diplomarbeit noch weniger Zeit zur Verfügung steht. Bei der Auswahl der Methode war der Faktor Zeit sehr auschlaggebend. Für die Durchführung dieser Forschungsarbeit stand ein Jahr zur Verfügung. In dieser Zeit mußte das Forschungsproposal entworfen und von der Universität genehmigt werden, der Zugang zum Feld mußte geschaffen werden, und die Daten mußten erhoben, analysiert und interpretiert werden. Außerdem war klar, daß die Anfertigung und Gestaltung (in Wales liebt man es in rotem Leder gebunden mit Goldprägung) der Dissertation einige Zeit in Anspruch nehmen würde. Es waren also sehr praktische Dinge, die die Methodendiskussion beeinflußt haben. Unter diesen Bedingungen fiel die Wahl auf das ethnographische Interview und die oben erwähnte Analysemethode, da diese Methode es erlaubt, auch bei Verzicht auf partizipierende Observationen zu kulturspezifischen Erkenntnissen zu kommen. Allerdings ist diese Methode kein Ersatz für partizipierende Observationen. So wurde aus der anfänglichen Idee, eine Ethographie zu erstellen, eine qualitative Pflegeforschung mit ethnographischem Ansatz.

18.4   Developmental Research Sequence

Die Developmental Research Sequence (DRS) ist eine ethnographische Forschungsmethode, mit der systematisch und nachvollziehbar in ansonsten eher offenen qualitativen Forschungsprojekten empirische Erkenntnisse zuverlässig produziert werden können. Entscheidend für die Wahl der DRS ist das erkenntnistheoretische Interesse, welches jeder Forschung zugrunde liegt. Der Nachteil der Methode liegt im Grad ihrer Komplexität, sofern dies überhaupt ein Nachteil ist. Parfitt (1994) merkt an, daß die Gefahr besteht, sich bei Anwendung der DRS im Prozeß zu verlieren. Das, was in der Beschreibung zur Analyse von Domänen als logisch und nachvollziehbar erscheint, bedarf an manchen Stellen in der praktischen Umsetzung einer näheren Beschreibung (Schnepp, 1995). Die Auseinandersetzung mit der in der Alltagswelt von Menschen verwendeten Sprache ermöglicht tiefe Einblicke in eben diese Alltagswelt. Interessierten wird empfohlen, sich mit dieser Methode auseinanderzusetzen und sie selber anzuwenden. Dazu reichen die Ausführungen in diesem Kapitel jedoch nicht aus, da sie zwangsläufig die Methode sehr verkürzt und nur in ihren Grundzügen beschreibend darstellen.

Da jede Methode das Ergebnis einer bestimmten erkenntnistheoretischen Perspektive ist, war eine erneute methodologische Auseinandersetzung erforderlich, auch um zu überprüfen, ob Methode und Forschungsobjekt zusammenpassen.

In der wissenschaftlichen Perspektive, die der Developmental Research Sequence zugrunde liegt, wird davon ausgefangen, daß die Bedeutungen kulturellen Wissens in Symbolen verborgen liegen. Das wohl mächtigste und umfassenste Symbol jeder kulturellen Gruppe ist ihre Sprache. Hiermit ist nicht ausschließlich Sprache im Sinne von Nationalsprachen gemeint. Es geht um Sprache, wie Menschen sie verwenden: ihre Alltagssprache. Wesentlich ist, daß diese Sprache nicht in eine Wissenschaftsprache übersetzt wird, sondern während der gesamten Analyse in ihrer urspünglichen Form bleibt. Jeder weiß, daß Jugendliche sich zuweilen einer anderen Sprache bedienen als ihre Eltern, was auch auf Studentinnen und Studenten sowie ProfessorInnen zutrifft. Betrachten wir beispielsweise HochschulprofessorInnen als eine kulturelle Gruppe, so können wir über die Analyse von „ProfessorInnen-Sprache" Einblick in die Kultur dieser in besonderem Maße priveligierten LehrerInnen erhalten. Wenn man etwas über die Macht kultureller Systeme weiß, wird deutlich, warum einige KollegInnen aus dem Hochschulbereich so eindringlich fordern, daß die Pflegewissenschaft nun endlich über eine eigene Fachsprache verfügen muß, um ungehindert kommunizieren zu können. Das vermutlich unbewußte Motiv dieser Forderung ist wohl eher im Wunsch nach dem Eigenen zu finden, als im Kommunikationsinteresse.

Wenn kulturelle Bedeutungen in Symbolen kodiert sind, in diesem Fall in Sprache, so besteht die Aufgabe in der Forschung darin, sich analytisch mit den Symbolen zu beschäftigen. Grundlage für diesen Dekodierungsprozeß ist die Erkenntnis, daß die Bedeutung eines Symbols in seiner Beziehung zu allen anderen Symbolen liegt. Systeme kultureller Bedeutungen können also durch die Analyse der Beziehungen, die zwischen den Symbolen bestehen, aufgedeckt werden. Dies klingt komplizierter, als es ist. Das Wort „Patientenzimmer" hat für uns alle deshalb eine Bedeutung, weil wir z. B. wissen, daß ein Patientenzimmer „ein Ort/Platz" in einem Krankenhaus ist. Wir könnten auch sagen:

X (Patientenzimmer) ist ein Ort/Platz in Y (Krankenhaus).

Wir wissen auch, wie wir uns als Patient in einem Patientenzimmer zu verhalten haben, wozu auch „unerwünschtes Verhalten" gehört:

X (Patientenzimmer) ist ein Grund für Y (bestimmtes Verhalten).

Die Bedeutung liegt nicht in „Patientenzimmer" und „bestimmtes Verhalten", sondern in der semantischen Beziehung: „ist ein Grund für". Insgesamt werden in der Developmental Research Sequence neun universelle semantische Beziehungen vorgestellt, die es ForscherInnen erlauben, ihre Daten zu analysieren. Zwar sind die semantischen Beziehungen universell, aber die „X" und „Y" werden in verschiedenen Gruppen unterschiedlich verwendet (Spradley, 1979, S. 108, ff.).

18.5   Analyse von Domänen

Der erste Analyseschritt besteht darin, Domänen zu analysieren. Eine Domäne ist ein analysiertes kulturelles Bedeutungsystem. Eine Domäne besteht aus einem „cover term", „included terms" und der semantischen Beziehung, die beide verbindet. In der Studie zum Pflegen und Sorgen in rußlanddeutschen Familien war der bedeutenste Cover-term: Alles tun. In den rußlanddeutschen Familien wird dieser Begriff verwendet, wenn über die Pflege eines Familienangehörigen gesprochen wird. Included-terms von „Alles tun" sind: Aufpassen, helfen, „bekimmern", medizinische Pflege. Verbunden sind Cover-term und Included-terms durch die semantische Beziehung „is a way to do". Wesentlich in der Analyse ist die Suche nach der Grenze: Was gehört nicht mehr zu „Alles tun"? Bei diesem Vorgehen stößt man erfahrungsgemäß auf eine Fülle von Begriffen. Bei der Domäne „Alles tun" waren es 27, die innerhalb der Domäne geordnet werden mußten, entsprechend ihrer Verwendung in der kulturellen Gruppe. Dies geschieht mittels einer taxonomischen Analyse.

18.6   Taxonomische Analyse

Menschliches Wissen ist strukturiertes Wissen. Wäre dies nicht so, so wären wir vermutlich handlungsunfähig. Eine Taxonomie ist ein Set von Kategorien, welche durch eine semantische Beziehung organisiert werden (Spradley, 1979, S. 137). Durch diese Organisation entsteht die interne Struktur einer Domäne. „Alles tun" ist als Cover-term von größerer Reichweite als z. B. bekimmern. Bekimmern selber beinhaltet Begriffe, die von noch geringerer Reichweite sind als bekimmern, wie: jedem sagen, was er tun soll, Dokumente ausfüllen, Absprachen treffen, den Arzt anrufen. Es wird deutlich, daß die Begriffe immer feiner gefaßt werden, indem in Domänen nach dem Set von Kategorien gesucht wird und in den Kategorien nach Sub-Sets. Auf diese Weise entsteht eine komplexe Struktur kultureller Bedeutungssysteme. Zu diesem Zeitpunkt kennen ForscherInnen die einzelnen Domänen und ihre interne Struktur, aber noch nicht ihre verschiedenen Eigenschaften. Um diese zu analysieren, bedarf es weiterer Prozeduren.

18.7   Komponentenanalyse

In einer Komponentenanalyse wird systematisch nach den Attributen kultureller Bedeutungsysteme gesucht. Spradley (1979, S.174) versteht unter Attribut jegliche Informationselemente, die mit einem Symbol assoziiert werden. Attribute sind den kulturellen Bedeutungssystemen durch zusätzliche semantische Beziehungen verbunden. Dies bedeutet, daß die Domäne neu nach „Terms" und semantischen Beziehungen durchsucht werden muß. Da hier die Gefahr besteht, daß die gesamte Analyse unübersichtlich wird, ist es ratsam, daß alle Terms in einer Matrix in Beziehung gesetzt werden. So kommen „Ja/

Nein", „Positiv/Negativ" usw. zustande. Kontrastieren, sortieren und gruppieren von Attributen führen zu den unterschiedlichsten Dimensionen einer Domäne. So konnte festgestellt werden, daß es zu „Alles tun" in den verschiedenen Included-terms Komponenten gab, die die Anwendung der Domäne bestimmten: Zeit, Kraft, Scham, tun, was der Mensch will, Frauenarbeit. Diese Komponenten regulierten die Praktiken von „Alles tun", wodurch deutlich wurde, warum welche Familienmitglieder bei der Pflege eines Angehörigen etwas tun oder lassen. Ist dieser aufwendige Analyseschritt bewältigt, besteht die Möglichkeit, kulturelle Themen zu entdecken.

18.8   Die Entdeckung kultureller Themen

Unter kulturellen Themen versteht Spradley (1979, S. 186) jedes kognitive Prinzip, welches in oder zwischen mehreren Domänen als semantische Beziehung dient. Dies kann explizit oder auch eher verborgen sein. Kulturelle Themen haben eine weitaus größere Reichweite als Domänen, wodurch sie besser für Generalisationen geeignet sind. Bei geglückter Analyse lassen sich sogar „Gesetzmäßigkeiten" entwickeln. Kulturelle Themen zu entdecken erfordert nicht nur einen abstrakteren Grad der Analyse, sondern eine gehörige Portion Kreativität und Offenheit. Häufig sind die kulturellen Themen in jenen Selbstverständlichkeiten verborgen, die von Informanten nicht ohne weiteres mitgeteilt oder aber von den ForscherInnen als unwichtig übersehen werden. „Going native" bedeutet für ForscherInnen, daß sie genau diese Selbstverständlichkeiten erlernen, vorzugsweise sogar in sie hinein sozialisiert werden wollen. Sprichworte und häufig wiederkehrende Begriffe sind ebenso gute Anhaltspunkte wie die Aussage von Informanten, das sei doch nichts Besonderes, das sei normal für sie, das täten sie eben so. Die Suche nach kulturellen Themen bedeutet auch, daß die Transkripte immer wieder durchgelesen werden, selbst wenn man meint, schon längst alles zu wissen. Auf diese Weise konnten in der Forschung zum Pflegen und Sorgen in rußlanddeutschen Familien drei kulturelle Themen entdeckt werden: Menschlichkeit, Sauberkeit, hart arbeiten. Es sind diese kulturellen Themen, die in Beziehung zu bestehenden Theorien gesetzt werden. Diese Vorgehensweise ermöglicht einen sinnvollen Umgang mit den empirischen Erkenntnissen. In dem hier beschriebenen Projekt ist dies in ersten Ansätzen gelungen.

18.9   Zusammenfassung

Im Zuge der Professionalisierung und Akademisierung der Pflegekunde in Deutschland kann ein zunehmendes Interesse an den kulturellen Faktoren von Pflege und Sorge festgestellt werden. In ersten Forschungsarbeiten wurde der Frage nachgegangen, zu welchen Problemen es in der Pflege kulturell verschiedener Patienten kommt (Gätschenberger, 1992; Giesen, 1992) und welche Probleme ausländische Pflegekräfte in Deutschland haben (Wilhelm und Wippermann, 1993). Im Sinne einer individuellen Pflege (Schröck, 1988) gilt es darüber hinaus dringend zu untersuchen, was Pflegen und Sorgen für Menschen aus verschiedenen Kulturen bedeutet und zu welchen Handlungen dies führt (Leininger, 1985, 1991). Wie aber können Bedeutungen und Handlungen verschiedener Kulturgruppen systematisch erforscht werden? Wie organisieren und systematisieren Kulturgruppen ihr Wissen?

Die Antwort in diesem Workshop lautete: durch Sprache. Hiermit ist keinesfalls Sprache im Sinne von Fremdsprache gemeint, sondern die Aufmerksamkeit gilt der Alltagssprache von Menschen verschiedener Herkunft im Kontext ihrer Alltagswelt.

Am Beispiel einer transkulturellen Pflegeforschung (Schnepp, 1995) wird die Developmental Research Sequence (DRS) als Interviewtechnik und Analyseinstrument vorgestellt (Spradley, 1979), die als ethnosemantische Forschungsmethode Bedeutungen und Handlungen verschiedener Kulturgruppen durch systematische Analyse der Alltagssprache erforscht. Die Teilnehmer dieses Workshops hatten Gelegenheit, mit einer Forschungsmethode Bekanntschaft zu machen, die in der europäischen Pflegeforschung an Bedeutung gewinnt (Parfitt, 1994).

Literatur

Gätschenberger, G.: Nursing Patients From Different Cultures. Master Dissertation, University of Wales, unpub. (1992)

Giesen, D.: Die Pflege von Patienten mit unterschiedlichen kulturellen Hintergründen. Diplomarbeit Rijksuniversitcit Limburg, Fachhochschule Osnabrück, unveröff. (1992)

Leininger, M. M.: Ethnography and Ethnonursing: Modells and Modes of Qualitative Data Analysis. In: Leininger, M. M. (ed.): Qualitative Research Methods in Nursing. Grune and Stratton Inc., London, 1985

Leininger, M. M.: The Theory of Cultural Care Diversity and Universality. In: Leininger, M. M. (ed.): Cultural Care Diversity and Universality: A Theory of Nursing. National League for Nursing, New York, 1992

Parfitt, B.: Expatriate Nurses in developing Countries. Unpublished Thesis, Manchester University, England (1994)

Schnepp, W.: Meanings and Practices of Care in Russian-German Families in Germany. Master Dissertation, University of Wales, unpub. (1995)

Schröck, R.: Forschung in der Krankenpflege: Methodologische Probleme. Pflege, Band 2, Heft 1, 5 – 8 (1988)

Spradley, J. P.: The ethnographic Interview. Holt, Rinehart and Winston Inc., 1979

Wilhelm, M., Wippermann, U.: Die Einarbeitung von ausländischen MitarbeiterInnen. Pflege aktuell 10, 610 – 613 (1993)

19 Sprachpflege, Abgänge und andere Verstrickungen – Über einige metaphorische Modelle des Helfens.

von Rudolf Schmitt

19.1 Einleitung

Sprachpflege – was bedeutet das? Ist die Sprache denn ein Patient? Diese Übertragung von konkreten Erfahrungseinheiten (z. B. Krankenpflege) auf abstrakte Zusammenhänge (Kritik und Weiterentwicklung von Sprache und Denken) ist eine Metapher; denn natürlich ist die Sprache kein Patient. In den Diskussionen um die Sprache in der Pflege ist dennoch oft zu hören, daß sie krank ist, und Sprachpflege wird gefordert. Bewußte Eingriffe in die Sprache haben jedoch in Deutschland eine schwierige Tradition; sie beginnen mit den Sprachgesellschaften des 17. und 18. Jahrhunderts, die „Gesichtserker" statt „Nase" durchsetzen wollten, um die deutsche Sprache von Fremdwörtern und undeutschen Gesinnungen zu „reinigen". Die Ungeduld in den Pflegewissenschaften mit der vorgefundenen Sprache ist jedoch verständlich. Wenn es heißt: „wir hatten zwei Abgänge", damit aber gemeint ist, daß zwei Menschen auf der Station gestorben sind, und wenn man hört: „das Heim hat hundert Betten belegt", jedoch hundert durchaus auch gehfähige Bewohner gemeint sind, dann werden die von diesen Formulierungen Betroffenen zu passiven Gegenständen reduziert, und man versteht den Eifer, im Sinne einer political correctness solche Formulierungen „aufräumen" und sie durch moralisch einwandfreie ersetzen zu wollen. Der folgende Bericht einer Untersuchung mit HelferInnen unterschiedlicher psychosozialer Berufe (Schmitt, 1995) legt jedoch die Skepsis nahe, daß es mit dem Ersetzen einiger Wörter und dem Denunzieren eines alten Ungeists nicht getan ist. Die Untersuchung ergab einige Sprachbilder, d. h. Metaphern, die tief in unserem Erleben und unserer Kultur verankert sind. Ihre Analyse kann jedoch auf Stärken und Schwächen von einigen Formulierungen hinweisen und uns ermuntern, vielfältiger zu sprechen – und damit auch vielfältiger zu denken.

Der Linguist George Lakoff und der Philosoph Mark Johnson haben seit 1980 die Diskussion über Metaphern wesentlich beeinflußt. Lakoff und Johnson gehen davon aus,

- daß Metaphern Übertragungen aus einfachen und sinnlich wahrnehmbaren Erfahrungseinheiten auf komplexe und abstrakte Begriffe sind – das ist nichts Neues.
- Sie legen aber auch nahe, daß Metaphern unser Denken und Handeln prägen und nicht nur rhetorischer Schmuck sind; ich werde einige dieser Sprachbilder für die alltägliche helfende Arbeit mit psychisch oder körperlich kranken Menschen benennen.
- Bei der Art, wie Metaphern unser Denken und Handeln prägen, spielen die Prozesse von „Highlighting" und „Hiding" eine Rolle: Lakoff und Johnson meinen damit die besondere Qualität, wie Metaphern bestimmte Aspekte menschlicher Verhältnisse herausheben und verdeutlichen können (Highlighting) und andere Aspekte vernachlässigen oder sogar ihre Wahrnehmung blockieren (Hiding).

Diese Kennzeichen werden im folgenden an drei unterschiedlichen Metaphertypen, wie sie von den beiden Forschern beschrieben wurden, vertieft: Sie unterscheiden konzeptuelle, orientierende und vergegenständlichende Metaphern.

19.2   Helfen ist „auf den Weg bringen"

Die strukturierenden bzw. konzeptuellen Metaphern sind dem klassischen Begriff der Metapher am nächsten. Sie bilden einen abstrakten Begriff (z. B. „Leben") in Worten eines anderen Erfahrungsbereiches (z. B. „Weg") ab, um eine sinnfälligere Bezeichnung zu erreichen: „Lebensweg" – eine Metapher, die so alltäglich geworden ist, daß sie abgeschliffen und ohne Auswirkungen zu sein scheint. Aber gerade diese sogenannten toten Metaphern prägen und strukturieren unser Denken: im Leben „weiterkommen", ein „Ziel erreichen", gut „in Fahrt" sein, bei jemand schlecht „ankommen", seinen „Weg finden", eine „verfahrene" Situation, einen „Lebenslauf" schreiben. Sie kennen die Formulierungen, jemand sei „bewandert" oder „erfahren" für Menschen, die bestimmte Abschnitte des Lebenswegs gegangen sind, Sie kennen auch die Redewendung, jemand sei „von uns gegangen" als Metapher für das Sterben; das obengenannte Wort „Abgänge" gehört hierhin. Das Alter selbst wird als „vorgerücktes" Alter im gleichen Bild beschworen, und in dem Spruch: „ein alter Mann ist doch kein D-Zug" wird ebenfalls die Vielfalt altersbedingter kognitiver, emotionaler und körperlicher Veränderungen in dieser Metaphorik des Wegs und der Fortbewegung konzentriert.

Die umgangssprachliche Bezeichnung psychischer Krankheiten nutzt ebenfalls diese Bilder, in denen ein Mensch sich auf seinem Weg entweder zu langsam bewegt oder gar nicht auf dem richtigen Weg geht („weggetreten", „Rückfall", „irre(n)", „neben sich stehen", „neben der Spur" sein) oder zu schnell ist (dem „gehen die Nerven durch", sich „in eine Sache verrennen", ein psychotischer „Schub", „zerfahren" oder „fahrig" sein). Dennoch überraschten die Häufigkeit und Präsenz dieser Metaphorik: Es schien keinem der Helfenden möglich, auf diese Bildlichkeit zu verzichten.

In den Interviews wurde die Situation der KlientInnen in ihrem sozialen Umfeld als Ausgangspunkt der Hilfe meist durch „Unbeweglichkeit" und „Enge" umschrieben. Die Metaphorik bebildert, daß Fortbewegung behindert wird: es „geht nicht", jemand traut sich „nicht einen Schritt", denn es stehen „zuviel Hindernisse im Weg", und man kommt dann nicht „weiter". Mag sein, daß ein Angehöriger „bremst", aber vielleicht „steht man sich da selbst im Weg". In diesen Bildern werden sowohl Kinder, Alte wie auch psychiatrische Patienten beschrieben.

Beeindruckend war die Formulierung, ein betreutes Mädchen sei „wie ein Mädchen auf einer grünen Wiese, das von einer schönen Blume zur nächsten geht und darüber so wie Rotkäppchen den Weg verliert". Ein weiterer, hyperaktiver Junge war „immer unterwegs", was nicht nur räumlich-buchstäblich gemeint war. Eine ältere Klientin beschrieb, daß ihre Psychose sie immer wieder „anfällt"; sie nannte sie „der Tiger", ein Bild heftigster Bewegung.

Wenn der Ausgangsort als „unmöglicher" Ort konstruiert wird, kann das Ende der Arbeit als lebenswerter Ort geschildert werden; so sind „Ziel" und „Richtung" die räumlichen Metaphern, die häufig wiederkehren. Im Gegensatz zur konkreten Sinnlichkeit bedrückender Ausgangszustände sind die Zielbilder abstrakter und gehören zu dem wenig aussagefähigen psychosozialen Jargon. Das Pathos selbstbestimmter Bewegung ist zu finden; so konstruiert diese Metaphorik eine neue Welt: Eine Helferin hatte versucht, der Klientin „ein Experimentierfeld überlassen", sie ermutigt, sich „einen Freiraum zu erobern" und „eigene Schritte zu tun", sie wollte auf eine psychische „Verselbständigung" „hinaus";

eine andere wollte, daß ihr Klient „herauskommt auf eine gute Art". Bewegungsmetaphern waren auch in der Form zu finden, daß manchmal „ein kleiner Schubs" notwendig schien, um wieder einen „kleinen Schritt vorwärts" zu kommen. Wir können also die Funktion der Metaphorik als „affektiv-kognitive Strategie der Komplexitätsreduktion" (Buchholz, v. Kleist, 1995) beschreiben, die es den HelferInnen ermöglicht, die vielfältige Beanspruchung und Wahrnehmung zu einem Bildfeld zu ordnen.

Entsprechend der Unwegsamkeit der Ausgangsorte ist nicht zu erwarten, daß die Arbeit als Spaziergang metaphorisiert wird; es dominieren die Metaphern des schwierigen Weges: So mußte eine Helferin „eine Riesen-Grätsche" machen, um der Spannbreite von Anforderungen in einer Familie gerecht zu werden, sie beschrieb dies auch als „Gratwanderung" und „Durststrecke"; sie kommentierte später: „Das ging gar nicht." Manche Probleme waren schon „ziemlich festgefahren", da war schon einiges „schiefgelaufen", und einige „Rückfälle" waren mehr als nur gelegentliche „Ausrutscher". In manchen Familien „kamen" die HelferInnen „auf keinen grünen Zweig" und fanden es wenig sinnvoll, noch irgendwas „in die Wege zu leiten". Sie formulierten, daß man „nie einen festen Boden unter den Füßen" habe, daß sie manchmal „naiv an die Probleme herangegangen" seien, oft nicht gewußt hätten, wie man damit „umgeht", und sich zu Supervisoren und Ärzten „flüchteten". Der soziale und psychische Bewegungsspielraum wird als unsicher beschrieben, als „bewandert" oder „erfahren" erleben sie sich selten. Diese metaphorischen Äußerungen zeigen eine weitere, „evaluative" Funktion der Metaphorik: Sie erlaubt es, Bewertungen und Gefühle zu kommunizieren (Buchholz, von Kleist, 1995).

Mit dieser Strukturierung durch einen „engen Ausgangsort", einen schwierigen „Weg" und einem „weiten Freiraum" als Ziel geben die HelferInnen ihrer Arbeit einen normativen Hintergrund, dessen epistemologische Implikationen zunächst nicht auffallen; es scheint nach der Logik der Bilder selbstverständlich, warum diese Reihenfolge zu wählen ist. In dieser „operativen" Funktion (Buchholz, v. Kleist, 1995) steuert die Metaphorik also Situations- und Selbstdefinition der HelferInnen wie auch die Rollen der KlientInnen, die „auf den Weg gebracht" werden müssen.

Ein Ausschnitt dieser Metaphorik beinhaltet explizit ein Beziehungsgeschehen zwischen HelferInnen und KlientInnen. Bamberg (1982, S. 51 ff.) hat darauf hingewiesen, wie Beziehungen durch räumliche Relationen charakterisiert werden: „nahe" Verwandte (vs. „entfernte"), sie sind sich „nahe gekommen"; sie hat mich „verlassen", wir haben uns „getrennt", „auf Distanz gehen", „aus dem Weg gehen". In den Interviews wird geschildert, wie man bei den KlientInnen „ankommt", sie „erreicht", „miteinander umgeht" oder aber diese „ausweichen". Allerdings wird auch formuliert, daß Nähe bedrohlich werden kann, weil Klienten „wenig Distanz halten". Damit zeigt sich der Orientierungswert dieser Metaphorik für die HelferInnen: Es ist gut, „einen gemeinsamen Weg zu finden", bei den KlientInnen „anzukommen", notfalls auch zu versuchen, „Brücken zu bauen", aber es darf nicht zu „nah" sein. Die Beziehungskalibrierung geschieht als Einpendeln auf einem imaginären Metermaß, bei dem das Optimum des Begleitens offenbar in einer „nicht zu großen Nähe" zu den KlientInnen markiert ist.

19.3 Hilfe knüpft Bindungen

Beziehung wird oft als „Verbindung" im Wortsinn, als „Bindung", „Band" und „Strick" gedacht, mit denen man eine Person an sich „binden", „fesseln", „umgarnen" oder „verstricken" kann. Das Wort „Beziehung" hat als Verbstamm „ziehen"; „hängen" bezeugt ebenfalls die durch ein Band verknüpfte Beziehung und hat den weiten Bildbereich von „abhängig" sein, an jemand „hängen", bis zum affektiv neutralen kognitiven „Zusammenhang". Linguistische Untersuchungen (Brünner, 1987, S. 104; Bamberg, Lindenberger, 1984, S. 24) weisen daraufhin, daß die Metaphorik des Webens einen wesentlichen Anteil der Bilder darstellt, mit denen wir das Reden über Kommunikation konstruieren: ein „Gesprächsfaden", der „abreißen", den man „aufnehmen" und an den man „anknüpfen" kann, um noch etwas „einzuflechten"; man „verhaspelt" und „verheddert" sich oder „strickt" die Argumentationen nach dem gleichen „Muster". Sehr wertend fallen dagegen Bilder für psychische Auffälligkeiten aus: Jemand ist „versponnen", „hat einen Webfehler" oder ist „schief gewickelt". Die aus dem technischen Bereich auf menschliche Beziehungen zurückübertragene Bildlichkeit des „Schließens von Kontakten" leitet sich von der im Umkreis der Elektrizität wirksamen Metaphorik von Kabel und Leitung ab („eine lange Leitung haben", es „funkte" zwischen uns). Auch die Bindungsmetaphorik läßt sich in fast allen Interviews finden: Vor allem Kinder „hängen" an ihren BetreuerInnen, ältere KlientInnen „ziehen" sich zurück und sind „isoliert", sie lassen sich „hängen" und „entziehen" sich.

Die entsprechende und positiv konnotierende Metaphorik der Arbeit wird dann formuliert als „Kontakte knüpfen", „in Verbindung setzen" und „einbinden" (oder „anbinden" an Institutionen), wenn die KlientInnen sich aus „Verflechtungen", „Verstrickungen" und „Verwicklungen" „lösen" oder „ablösen" können. Die Pflege kennt als fachsprachliche Variante die „Bezugspflege". Die implizite Moral dieser Metaphorik lautet, daß das „Isolieren" nicht, aber das „Schließen von Kontakten" jedoch erwünscht wird; umgekehrt dürfen „Verbindungen" nicht zu „Verwicklungen" führen. Ähnlich der Begleitungsmetaphorik wird auch hier für die helfende Beziehung ein Interaktionsmodell der „mittleren Nähe" sprachlich bereitgestellt.

19.4   Helfen als Durchblicken und Klären

Zu den Schemata zählt Johnson das Hell-Dunkel-Schema (Johnson, 1987, S. 125 f.). In der Alltagssprache nutzen Wendungen wie „Licht ins Dunkel bringen", „wir müssen das klären", „wir wollen sehen, wie es weitergeht" und „Klarheit schaffen" dieses Schema. Licht gilt als traditionelle Metaphorik von Wahrheit (Blumenberg, 1960, S. 26 f.), man spricht von einem „hellen Kopf" oder einer „Erleuchtung". Das Gegenteil stellen „dunkle" Geschehnisse dar: Man kann sich „dunkel erinnern", das Mittelalter gilt als „dunkel", man sprach von einem „umnachteten" (psychotischen oder dementen) Menschen, und Politiker haben unter bestimmten Umständen einen „black-out". Ob letztere regelmäßig „unterbelichtet" sind, eine „Mattscheibe" oder einen „Knick in der Optik" haben, kann hier nicht untersucht werden, verweist aber auf die Fülle visueller Metaphern für psychische Phänomene. In den Interviews wird die zu erwartende Polarisierung und die implizite Handlungsanweisung dieser Bilder deutlich: Die Geschichte eines Falls und die Motive sind meistens „dunkel", und die Helfenden wollen „klären". Die visuelle Metaphorik dient drei Funktionen:

- Die vieldeutige Situation, ihre Protagonisten und deren Ab- und Einsichten werden sehr oft in der Polarität von Hell und Dunkel bzw. Klar und Unklar geschildert (metaphorische Reduktion von Komplexität, s.o.). Das Sehen wird intensiv metaphorisch genutzt, um eigene und fremde Auffassungen der Situation darzustellen. Darunter fallen Formulierungen wie „es war alles unklar" bis zu „es gibt eine Sichtweise des Amtes", die Situation sei „unübersichtlich" gewesen und man hätte sich gewünscht, „den Blick doch etwas geschulter zu haben". Diese Liste ließe sich endlos fortsetzen mit folgenden und ähnlichen Wendungen: „sie war sehr zuversichtlich" oder „einsichtig", ein Familienmitglied sei „die dunkle Kehrseite der Medaille" und ein anderer Helfer „sieht in jedem Tick gleich eine schwere Neurose".

- Die zeitliche Dimension des kognitiven Raums, also die Entwicklung der Arbeit mit dem Kind oder der Familie, nutzt die Metaphern einer Bildbeschreibung; die Rede vom „Hintergrund" (z. B. einer familiären Situation) steht für die Vergangenheit, der „Vordergrund" für eine gegenwärtige Situation und die „Perspektive" (lat. perspicio: hindurchsehen, genau betrachten) für Zukunft. Auch die Verben „klären" und „überschatten" übertragen in der Veränderung der Helligkeit die Wandlungen der helfenden Arbeit. Weitere Beispiele: „es ist mir so klar geworden", „nach vier Monaten sind ... schon Schritte zu sehen", „daß es irgendwann nicht mehr zu übersehen war".

- Als dritte Funktion dienen diese Bilder der inhaltlichen Beschreibung der Arbeit. Zunächst fällt ein „Gucken" oder „Anschauen" auf, das meistens gemeinsame Wahrnehmungsprozesse verschiedenster Phänomene beschreibt; dann findet sich oft das autoritäre Diktum, jemandem etwas „klar zu machen", und natürlich müssen diverse Zusammenhänge „geklärt" werden. Diese Metaphern verdeutlichen die Kommunikation zwischen den Helfenden und ihren KlientInnen. Es werden „Beobachtungen" gemacht, manche HelferInnen „tappen im Dunklen", und in der Kommunikation versuchen manche, bestimmte Themen zu „widerspiegeln".

19.5   Hilfe ist Entlasten und Unterstützen

Die Wegemetaphorik wird oft begleitet von Bildern der „schweren" „Belastung", welche die KlientInnen „tragen", „unter" der sie leiden, da sie „Symptomträger" sind, weil ihnen die Angehörigen zuviel „draufpacken", bis sie es nicht mehr „aushalten" und „zusammenbrechen". Die Metapher der Last bezieht ihre Einprägsamkeit von der ebenfalls räumlichen Oben-Unten-Dichotomie, dem Up-down-Schema (Lakoff, Johnson, 1980, S. 14 ff.), was sich in den entsprechenden präpositionalen Komposita „auf-", „über-", „nieder-" und „unter-" zeigt. Dieses Oben-Unten-Schema bildet den Hintergrund der Metaphorik von emotionalen „Hochs" und „Tiefs", sozialem „Auf-" und „Abstieg", moralischem „Hochstehen" und „Gefallensein". Wer „abhebt" und dann „im siebten Himmel schwebt", hat den „Boden unter den Füßen verloren". Das Gegenteil solcher euphorischen Verfassungen sind depressive Zustände der „Schwermut" und „Bedrückung". Diese Tiefe wird durch eine quasi auf den Schultern liegende „Last" bebildert; in den Interviews zu findende Formulierungen waren: „sie leidet da auch drunter", „die hat es unheimlich schwer", „er ist der Symptomträger", „sie kann das nicht mehr aushalten". Wir finden in der Wendung, „viele Jahre auf dem Buckel" zu haben, und in der feststehenden Verknüpfung der Adjektive „alt und gebeugt" das physisch-psychische Kondensat der Erfahrung, das Leben insgesamt als eine Last zu empfinden. Typischer ist jedoch die Rede vom „Abbau", „Altersabbau" oder gar vom „dementiellen Abbau". Das Präfix „Ab-" deutet die Richtung in die Tiefe an, dem sich das euphemistische „Auf-" als „Aufbau" seltener als im übrigen psychosozialen Bereich entgegenstellen kann.

Auch diese Metaphorik zeigt eine implizite Norm: Hilfe führt zur „Erleichterung" und holt Klienten aus der Tiefe (dem „Loch") heraus. Die entsprechenden Metaphoriken der Hilfe sind das (Mit-) Tragen von Last, (Unter-) Stützen und das Erleichtern: „ich habe mit ihr eine Menge Konflikte auch getragen", „indem ich sie da unterstützt habe", „sie war selber so erleichtert", „sie braucht auch ... die Entlastung von der Halbschwester".

19.6   Hilfe ist Nachhilfe

Nicht nur Helfende, die mit schulpflichtigen Kindern arbeiten, drücken sich oft in Bildern aus, die schulische Vorgehens- und Denkweisen zum Vorbild hatten. Psychosoziales Helfen konzentriert sich dann also nicht nur auf Schulprobleme, sondern übernimmt auch schulische Denk- und Handlungsweisen auf andere Gebiete. Wir kennen das Wort noch im übertragenen Sinn, jemandem ein bißchen „Nachhilfe" bei der Reinlichkeit etc. zu geben; so geht es in schultypischen Metaphern auch in anderen Lebensabschnitten um „Übungen", „Pensum", „Rückstand" und „regelmäßiges Vorgehen" beim Einüben neuer Verhaltensweisen. Im sozialpsychiatrischen Lehrbüchern ist die Rede von ungelösten „Aufgaben" im Lebenslauf, und nicht nur im autogenen „Training" geht es um das „Üben". Es darf nicht übersehen werden, daß psychische Phänomene oft auch dadurch erklärt werden, daß man „lernen" muß, wie man z. B. mit Emotionen und Schicksalsschlägen umgehen kann: „sie hat es in der Klinik wieder verlernt, mit sich zurecht zu kommen". Dies betrifft nicht nur naive umgangssprachliche Selbstkonzeptualisierungen von Psychotherapieklienten (v. Kleist, 1987), sondern auch die Verhaltenstherapie als „Lerntheorie". Dieses Muster: „Wir lernen für das Leben" ist in ihr dominierend: „Lerntheorie", ein Verhalten „verlernen" oder „erlernen"; „Lob" und „Tadel" sind dort in die Terminologie von „Verstärker" und „aversiver Reiz" nur übersetzt und ausdifferenziert. Damit betont diese Metaphorik die optimistische Haltung, durch systematisches Üben Veränderungen herbeiführen zu können. In den Interviews ließ sich jedoch zeigen, daß die Konzentration der Hilfe auf den Gedanken des Lernens ohne Eingehen auf die psychischen und sozialen Eigenarten der KlientInnen erfolgsarm und frustrierend wird; diese Phänomene werden in dieser Metapher ausgeblendet. Die Metapher „Hilfe ist Nachhilfe" ist die konkreteste der bisher gefundenen und stellt am reinsten den Typus der konzeptuellen Metapher dar: Ein Begriff (hier: psychosoziale Hilfe) wird in Bildern eines anderen (hier: Schule) beschrieben und übernimmt die dort gültigen Idealvorstellungen und Handlungsanleitungen.

19.7   Hilfe als Produktion

Eine Metaphorik, die zunächst so sehr „tot" zu sein scheint, daß sie nicht auffällt, findet sich in Redeweisen vom „arbeiten", „machen", „tun": „ich habe im Krankenhaus gearbeitet", „was die Arbeit anbelangt", „wir haben keine Hausbesuche zu machen". Diese Worte scheinen so neutral, daß sie kaum als Bilder zu begreifen sind: Wie sollte man diese „Arbeit" sprachlich anders fassen? Auffälliger wird der Bildcharakter erst in folgenden Formulierungen, daß Kontakte und Beziehungen „hergestellt" wurden, bestimmte Bedingungen „produktiv" oder „kontraproduktiv" waren und Konflikte „bearbeitet" wurden. An diesen Formulierungen wird dann deutlich, daß ein handwerklicher Produktionsprozeß als Wahrnehmungsfolie über die helfende soziale Interaktion gelegt wird. Gehe ich von dieser Interpretation aus, so verliert das „Machen" von Hausbesuchen und das „an Konflikten arbeiten" seinen buchstäblich-realen Schein und wird als bestimmtes Wahrnehmungsmuster deutlich: Hilfe stellt sich auch als (gemeinsames) Herstellen von Objekten dar. Es ist gar nicht alles aufzählbar, was „gemacht" wird: Spaß, Psychologie, Erfahrungen, Studium, Einzelfallhilfe, Hausaufgaben, die Schotten dicht und eine Krise durch, eine Situation klar und Auseinandersetzungen transparent, Therapie und traumatische Erfahrungen, das Leben schwer oder die Arbeit leicht, das Fernsehen aus und die Geschwister fertig, Supervision und Sinn: Alles wird „gemacht". Arbeiten zeigt mit einer Fülle präpositionaler Komposita die Reichweite dieses Musters: nacharbeiten, aufarbeiten, bearbeiten, hinarbeiten auf, zusammenarbeiten, durcharbeiten, Konflikte verarbeiten und sich an Einstellungen abarbeiten. Ist der Blick so für das Handwerk geschärft, erinnert man sich auch an Bilder für Verrücktheiten, die den Menschen einer defekten Maschine gleichsetzen: Jemand „tickt nicht richtig", „rastet aus", hat „ein Rad ab", vielleicht ist auch nur „eine Schraube locker", auf jeden Fall hat er eine „Panne". Selbstverständlich erscheint der Helfer in Gestalt des „Seelen-" oder „Psychoklempners" in dieser handfesten Metaphorik der „Behandlung". Die im Pflegebereich üblichen Wendungen: „Patient X muß noch fertig gemacht werden!" und auch die „Behandlungspflege" haben hier ihre Wurzeln. Die implizite Handlungslogik dieser Bilder ist einfach und klar: vom „unbearbeiteten" zum „durchgearbeiteten" Problem, vom Material zum Endprodukt. Hier finden sich auch viele umgangssprachliche Formulierungen für das Alter: „klapprig" oder „verschlissen" sein, „zum alten Eisen gehören", „eingerostet" oder „gebrechlich" sein. Die konzeptionelle Metapher dahinter heißt: Leben ist Arbeit, und der Mensch ist eine Maschine oder ein Werkzeug. Das ist eine Konsequenz einer Kultur, in der Arbeiten eine so bedeutende Rolle im Selbstbild der Menschen spielt.

19.8   Helfen ist Einmischen und Abgrenzen

Ein weiteres Schema greift auf das tiefverwurzelte Muster der abgeschlossenen Körperganzheit, das „Container"-Schema zurück. Der Mensch wird damit als relativ abgeschlossener Behälter aufgefaßt; so kann Interaktion als „sich öffnen" oder „sich verschließen" begriffen werden. Übertragene Formulierungen wie „verletzen" und „Grenzen ziehen" machen deutlich, daß wir das Erlebnis des körperlichen Raums auf soziale Verhältnisse übertragen. Am drastischsten wirkt diese Metaphorik zur Bezeichnung psychischer Krisen, wenn formuliert wird, jemand sei „nicht ganz dicht", habe „einen Sprung in der Schüssel" oder gar einen „Ausbruch": Das Behälterschema konstruiert psychische Ganzheit als (relative) Abgeschlossenheit.

Auch diese Metaphorik bietet eine Norm des Helfens an: Wer „verschlossen" ist und „zu", dem kann man helfen, „offener" zu werden; wer aber „keine Grenzen" kennt oder gar unter „fließenden Ich-Grenzen" leidet, dem müssen „Grenzen gezogen werden" oder er braucht einen „festen Rahmen". Psychisch und sozial integriert scheint eine Person, die als „halboffener Raum" beschrieben werden kann. Die Metaphern, in denen KlientInnen und ihr Umfeld wahrgenommen wurden, oszillieren daher zwischen fehlender Grenze und Verschlossenheit. Zunächst die Bilder für „verschlossene" KlientInnen und Familien: „er rückte erstmal gar nicht so genau raus, was Sache ist", „sie hat ja ständig abgeblockt", „er war bis zum Hals zugeschnürt", „J. hat ganz schnell die Schotten dicht gemacht", „daß die Eltern so die Jungs gegen die böse Außenwelt ... immer schützen wollen ... daß sich die Familie so einen Schutzpanzer zugelegt hat", „das hat sie nicht sehr offen gemacht".

Die gegenteiligen Metaphern sind positiv gemeint, wenn es darum geht, „aufgeschlossen" zu sein; eine negative Färbung bekommen sie, wenn eine Person aus einer Familie „herausfällt" oder sonst „keine Grenzen" kennt oder hat, sich z. B. in psychotischer Weise nicht gegen Halluzinationen („Stimmen") abgrenzen kann: „während der Kleine keine Grenzen kennt", „die Stimmen der Frau reden ihr ja auch ein, Rabenmutter zu sein", „sie hat dann die ganze Zeit erzählt und gesprudelt", „sie ist jetzt offener", „er kann also sehr aufgeschlossen allem gegenüber sein", „daß sie so ein Ventil hat", „daß der immer wieder ein Stück aufgemacht hat".

Die Helfenden in dieser Studie beschreiben ihre Arbeit oft als „Einmischen", besonders dann, wenn KlientInnen „verschlossen" sind; sie „intervenieren" (lat.: hineingehen) und versuchen sich „einzubringen". Grenzen werden da gezogen, wo Helfenden sich zu sehr „hineingezogen" fühlen oder die Betroffenen „sich nicht abgrenzen können". Die körpernahen Bilder vermitteln die Heftigkeit der beteiligten Emotionen beim Überschreiten persönlicher Grenzen: „deswegen finde ich es wichtig, daß er Grenzen erfährt", „daß man sich hier zurückhalten sollte", „da kann ich mich auch in vielen Sachen schwer abgrenzen", „von daher sträuben sich meine Nackenhaare", „versucht, sich die Frau irgendwie vom Hals zu schaffen", „man wird trotzdem einfach so von der Familie aufgesaugt".

Diese Metaphorik des Behälters hat, wie die anderen Metaphern, eine wesentliche Funktion für das Denken: Sie reduziert die Komplexität psychischer Erscheinungen und Gefühle, die ja primär außerhalb und vor der Sprache entstehen, zu einleuchtenden und klar strukturierten Sprach-Bildern; sie vermittelt darüber hinaus durch die Sprachtradition ein Gerüst, auch das Unfaßliche in Worte fassen zu können. Jede Reduktion dieser Komplexität zieht jedoch zwei Erscheinungen nach sich, die Lakoff und Johnson „Highlighting" und „Hiding" nennen. „Highlighting" meint ein Hervorheben bestimmter Eigenschaften und Merkmale; in unserem Beispiel forciert die Behältermetaphorik, uns als abgegrenzte Einheit, als „Ich" zu empfinden; gleichzeitig blendet diese Metaphorik den Verlauf in der Zeit aus, man ist entweder „dicht" oder „nicht dicht", „offen" oder „verschlossen". So wird ein ahistorisches, tendenziell unsoziales Wesen konstruiert, denn die Dimension der Zeit kommt in diesen Metaphern nicht vor, und Beziehungen lassen sich nur sehr ärmlich, als „eindringen" oder „sich verschließen" konzeptualisieren. Diesen Effekt bezeichnen Lakoff und Johnson als „hiding", als Verstecken. Der Verlauf in der Zeit – „Ver-lauf" deutet es an – läßt sich besser in der Wegmetaphorik beschreiben; selbst in der abstrakten Formulierung vom „abweichenden" Verhalten ist das Geschehen noch als Prozeß zu rekonstruieren. Beziehungen sind mit dieser Metaphorik der Bewegung und damit unterschiedlicher Nähe besser zu beschreiben: Man „geht aufeinander zu", erste Verliebtheiten gelten als „die beiden gehen miteinander", und irgendwann „geht das auseinander" – soweit die kürzeste und dennoch vollständige Geschichte solcher Wege. Wir wären daher sehr beschränkt, blieben wir in einer Metaphorik, um uns, unsere Arbeit und unser Leben zu beschreiben – das belegen auch Pollio et al. (1977, S. 90 f.) in ihrer Untersuchung, daß kognitive und soziale Flexibilität und ein breites aktives und passives Vokabular an Metaphern korrelieren.

19.9   Helfen ist Geben und Nehmen

Eine Metaphorik, die den metaphorischen Mechanismus der Vergegenständlichung extensiv nutzt, ist die des „Gebens und Nehmens". Das konkrete Geben und Nehmen wird dabei übertragen auf Immaterielles: Oft wollen HelferInnen den KlientInnen Hilfen „anbieten", während diese „wenig haben" vom Leben, Unterstützung „fehlt" oder die KlientInnen etwas „ganz anderes wollen", „kriegen" und „bekommen". Die Vergegenständlichung besteht darin, daß komplexe Teile unserer Erfahrung als einfache Objekte identifiziert werden, daß wir z. B. „Zuwendung" als diskrete Entität behandeln. Verdinglichende Metaphern des Gebens und Nehmens erlauben uns, physische und psychische Erfahrungen des intersubjektiven Austausches zu benennen und bestimmte Aspekte aus diffusem Erleben zu isolieren. Wir finden also Quantifizierung z. B. der Zuwendung (eine Menge, viel, wenig) und substantivierte Beschreibung derselben („sie wollte 'die Liebe' ihrer Mutter").

Diese Metaphorik dominiert die öffentliche Diskussion über psychosoziale „Versorgung": Den Betroffenen „fehlt" X, und die Helfer „versorgen" sie mit diesen fehlenden X. Damit wird ein normierendes Ziel des Hilfeprozesses im „Auffüllen des Defizits" durch das Bild vorgegeben. Allerdings ist auch zu beobachten, daß die Metaphorik des Gebens und Nehmens im Zusammenhang mit Defizitvorstellungen die Hilfe zu einem „Faß ohne Boden" werden läßt; der in dieser Metaphorik angelegte „Ausgleich" ist nicht erreichbar, wenn die KlientInnen als „defizitär" wahrgenommen werden, die HelferInnen fühlen sich bald ebenfalls „leer" und verschlissen. Zur Beschreibung des „Helfersyndroms" nutzt Schmidbauer (1977) diese pathologische Entgleisung der Geben-Nehmen-Metaphorik. Das dabei gezeigte Defizitmodell bestimmt den Diskurs über psychische Krankheiten ebenfalls: Wer „nicht mehr alle Tassen im Schrank", nicht mehr „seine Sinne beisammen" oder den Verstand „verloren" hat, dem ist psychische Gesundheit wie ein zu besitzender Gegenstand abhanden gekommen. Psychosoziale Hilfe wird dann zum Versorgungs- und Tauschgeschäft: „da biete ich ihr dann an", „die Mutter möchte gerne Verantwortung abgeben, sie möchte gerne Austausch, ... sie möchte eigentlich ganz viel, sie möchte ganz viel Unterstützung, ... sie möchte ... Verständnis, manchmal auch ganz praktische Dinge", „daß er auch was anderes mitkriegt", „es bringt eben nichts", „das hat der Sozialarbeiterin das eine oder andere graue Haar gekostet", „in welchem Amt Hilfsangebote sind", „das Mädchen hat heute auch eine Menge gekriegt", „diese ganze Zuwendung fehlt".

19.10 Der Raum des Redens – Hilfe als Ansprechen und Reden über...

Die Metaphern des Redens herauszufinden heißt, sich auf die mit den Verben des Sprechens verbundenen Präpositionen (mit, über, an-, von, aus-) zu konzentrieren, um die damit verbundenen Bilder herauszufinden. Bamberg (1982) verweist darauf, daß das „Reden mit" und das „Reden über" zusammengehörige, wenn auch analytisch trennbare Bestandteile einer jeden Sprechhandlung sind. Diese Unterscheidung, sehr ähnlich derjenigen, die von Watzlawick et. al. (1982, S. 53 f.) zwischen Beziehungs- und Inhaltsaspekt jeder Kommunikation vorgenommen wird, läßt sich anhand der genannten Präpositionen belegen. Sie erzeugen räumliche Schemata, auf die sich Beziehungserfahrungen projizieren lassen. Im folgenden sind daher mehrere Metaphern des Redens zusammengefaßt, denen der Rückgriff auf Raumvorstellungen gemeinsam ist.

Das „Reden mit" impliziert das Verbindungsschema im Sinne der obigen Beispiele (s. Abschn. 19.3). Am deutlichsten wird dies jedoch in der Redewendung, ein Gespräch „anzuknüpfen" oder diese „Verbindung" wieder zu „unterbrechen". Häufiger ist jedoch das unbestimmte „mit". In diesem Sinne bezeichnet „Reden mit" eine Arbeit an der Beziehung auf der gleichen räumlichen Ebene ohne Über- und Unterordnung: „Er wollte mit der Rektorin reden", die Mädchen „haben mit irgendwelchen Jungens geredet", „dann habe ich mit der Gruppenerzieherin gesprochen".

Das „Reden über" stellt eine andere Situation her: Während das gemeinsame Interesse der Kommunizierenden hier implizit ist, stellt die Präposition „über" eine räumliche Ordnung her: Das Thema wird „unter"geordnet, was besonders deutlich wird, wenn „über" andere Menschen geredet wird. Das „Reden-über" kennzeichnet einen Diskurs, in dem nicht erzählt, sondern unterschiedliche Standpunkte verhandelt werden. Die Distanzierung vom Objekt, „über" das geredet wird, ist deutlicher als im „Reden mit". Diese Metaphorik strukturiert Interaktionen und macht deutlich, daß anders als in einer Therapie nicht „von" und nicht „viel" erzählt wird, sondern „über" praktische Probleme und den Umgang mit ihnen, wobei die HelferInnen meistens nicht therapeutisch-neutral sind.

„Ansprechen" verdeutlicht eine andere Beziehungsqualität: Zunächst ist eine deutlichere Unterscheidung der Sprechenden zu finden als beim gemeinsamen „Reden über"; hier geht es weniger um ein Drittes, „von" dem oder „über" das erzählt wird, als um einen „Anspruch" von einem der Sprechenden an den Anderen. So ist im „An-sprechen" eine Beziehung impliziert, in der ein/e SprecherIn anderes will als der/die Zuhörende und die Rollen von ZuhörerIn und ErzählerIn klar strukturiert sind: „Ich habe versucht, ihn darauf anzusprechen." Die Substantivierung des Ansprechens zum „Anspruch" zeigt einen weiteren Bedeutungsbereich im Sinne weitergehender Erwartungen an sich und die Anderen: „Den Anspruch habe ich immer noch", „ich stelle auch gar keine Ansprüche an sie, außer daß sie ein bißchen mitübt".

Eine davon völlig verschiedene Situation stellt sich dar, wenn „um" etwas „herumgeredet" wird, weil es sich um adversive soziale Kontexte handelt: Man „redet sich heraus". Die Sprechenden werden räumlich auf die gleiche Ebene geholt und stehen nicht mehr „darüber", dem „Ansprechen" der Helfenden begegnen die KlientInnen mit „Fortreden", „daß der Patient irgendeine Ausrede, eine Entschuldigung, ein Ausweichen verbal vorbringt", „er redet an mir vorbei", „er geht sofort zum nächsten Thema". Das „Herum-" und „Heraus-reden" ist so das ausweichende komplementäre Beziehungsverhalten zum eingreifenderen „Ansprechen".

Eine deutliche Idealvorstellung oder Norm des Handelns ist nicht zu finden; das Ziel des Redens scheint in sich selbst zu liegen, in der gelingenden Kommunikation, wenn es gelungen ist, „über" etwas „mit" den KlientInnen zu sprechen und schwierige Themen „anzusprechen", ohne daß diese sich „herausreden".

19.11 Kundenorientierung in der Pflege

Wir reden neuerdings von „Nutzerinnen" und „Nutzern", die Pflege ist „angebotsorientiert" oder „nachfrageorientiert", wir „erbringen Leistungen", haben eine dementsprechende „Personalbemessung", die jedoch den „Bedarf nicht deckt". Bei unseren Patientinnen und Patienten, pardon: „Kundinnen" und „Kunden" wollen wir „Ressourcen aktivieren": Vielleicht erinnern wir uns: „Ressource" meint im 18. Jahrhundert, als das Wort aus dem Französischen in die deutsche Sprache übernommen wird, den Bestand an Naturprodukten wie an Geldmitteln, das Wort ist im kaufmännischen Bereich zu Hause. Was meinen wir nun, wenn wir von „Kundinnen" und „Kunden" reden, uns als „Dienstleistende" sehen und auf unsere „Nutzerorientierung" stolz sind? Welche Vorteile und Nachteile haben nun die Metaphern der Marktwirtschaft am Krankenbett und im Altenheim (vgl. Jöllenbeck, 1994)?

Vorteile

- Die Betroffenen werden eher als gleichwertiger Verhandlungspartner ernstgenommen, wenn man dies mit den Worten „Klienten" und gar „Patienten" vergleicht; sie haben in dieser Metaphorik ein virtuelles Reklamationsrecht, und der Dienstleistungsanbieter muß sich vorstellen können, in einem Heft der Stiftung Warentest sich beschrieben zu finden. Dieses Ernstnehmen einer Selbständigkeit und der Rechte der Betroffen ist prinzipiell anzuerkennen.
- Die eigene Dienstleistung ist genauer zu benennen. Man kann sich dadurch besser abgrenzen von anderen Dienstleistern, z. B. den SozialarbeiterInnen oder den ErgotherapeutInnen. Vor allem im Pflegebereich sehe ich Möglichkeiten, die Profession aufzuwerten.
- Die Kosten der Dienstleistung sind gegenüber den Kostenträgern weniger affektgeladen präsentierbar, denn psychosoziale Hilfe hat ja auch immer die mitschwingenden Beiklänge, daß man noch nicht genug getan hat und mehr tun könnte, wenn es nur finanziert werden würde, wobei dieses „noch nicht genug" und das „mehr" oft in einer diffusen Wolke kaum verhohlenen Vorwurfs gehüllt sind, in der genauere Inhalte nicht immer zu sehen sind.

- Thomas Klie (1996) hat sehr differenziert darauf hingewiesen, daß der strategische Wert dieser Metaphorik in der vielleicht überfälligen Modernisierung der Strukturen von öffentlicher und privater Wohlfahrt liegt.

Nachteile

Diese Metaphorik hat natürlich auch Nachteile und blinde Flecken, die immer da auftauchen, wo Professionalisierung und helfende Interaktion aufeinander treffen:

- PatientInnen und BewohnerInnen von Altenheimen sind emotional belastet; die Auseinandersetzung mit Begrenzungen des Lebens und Erlebens erzeugt verschieden ausgedrückte Hilflosigkeit. Und die daher notwendige emotional stützende Rolle wird von der durch die Metapher vorgegaukelten Gleichwertigkeit wenig zugelassen und reduziert sich in dieser Metaphorik zur Freundlichkeit des Verkäufers vor dem König Kunde. Die Pflege wird dadurch zum emotional neutralen Kundendienst und Pflegeservice.
- Krankheit und Alter macht einem immer auch zum Kind: Auch die pädagogische Aufgabe, zu einem angemessenen Umgang mit der eigenen Erkrankung oder dem Alter zu verhelfen, daß ein Patient weder bagatellisiert noch grübelt oder dramatisiert, werden in der Dienstleistungsmetapher ausgeblendet. Psychosoziale HelferInnen und Pflegende haben partiell (!) auch eine Elternrolle, die in dieser Metaphorik unthematisiert bleibt. Beide Teilrollen, die emotional stützende wie die pädagogische, sind überall, im Langzeitbereich eines Krankenhauses wie in der Ambulanz einer Tagesklinik notwendig, um die Lebensqualität für Betroffene wie dort Arbeitende zu verbessern.
- PatientInnen und BewohnerInnen von Altenheimen wie Pflegebedürftige zu Hause sind de facto abhängig von der Institution und können sie nicht einfach gegen etwas besseres austauschen: Die institutionelle Machtstruktur läßt sich hinter diesen Metaphern von der Dienstleistung verschleiern, damit wird diese Metaphorik auch ideologisch mißbrauchbar.
- Klie (1996) hat deutlich gemacht, daß die Kunden- und damit die Konsumentenorientierung die Partizipation der Betroffenen als Bürger an sozialpolitischen Entscheidungen ausblendet; Mitbestimmung über den Geldbeutel, durch die Auswahl konkurrierender Dienste und Krankenhäuser, ist zu wenig.

Man könnte nun diese Metaphorik als postmoderne Sprachkosmetik für die ökonomische Durchdringung auch der sozialen Bereiche bezeichnen, als weiteren Beleg für die Kolonialisierung der Lebenswelt durch die Marktwirtschaft. Aber auch hier gilt, daß diese Metaphorik einiges auch genauer benennbar und kritisierbar macht, und es sollte uns nicht hindern, den emanzipatorischen Gehalt dieser Metapher auch zu nutzen, ohne blind für ihre Schattenseiten zu sein.

19.12 Anmerkungen und Aussichten

Die Metaphernanalyse ist als sozialwissenschaftliches Handwerkszeug noch nicht so entwickelt, daß ihre Ergebnisse und deren Reichweite sicher einzuordnen sind. Ihre Nähe zu den Konzeptionen von „Alltagstheorien" (Laucken, 1974), „subjektiven Theorien" (Groeben, 1988), dem sozialen Konstruktivismus (Gergen, 1996) bzw. der „Sicht des Subjekts" (Bergold, Flick, 1987) ist deutlich. Wichtiger als die Diskussion des Verhältnisses zu diesen Theorien scheinen mir praktische Implikationen der vorgestellten Ergebnisse.

Zunächst ist noch einmal zu betonen, daß jede/r HelferIn mehrere Metaphernfelder benutzte; meist dominierte eines davon. Ich habe bereits auf die Ergebnisse der Untersuchungen von Pollio et al. (1977, S. 92 f.) hingewiesen, daß kognitive Flexibilität und Meta-
pherngebrauch korrelieren: Wer über viele Bilder zur Einordnung des Geschehens in
der Umwelt verfügt, besitzt offenbar auch effektivere Handlungsstrategien.

Metaphern können auch für die Supervision psychosozialer Arbeit bedeutsam werden:
Konflikte zwischen Klienten und Professionellen können in der Unvereinbarkeit der jeweiligen metaphorischen Vorstellung von der Form der Hilfe („Prozeßphantasien", Buchholz, 1993) liegen, wie auch die Konflikte in Supervisionsgruppen auf eine unterschiedliche metaphorische Konzeptualisierung des Problems zurückgeführt werden können. Für
therapeutisches Arbeiten schließlich verweisen Pollio et al. (1977) sowie Gordon (1985)
darauf, daß sowohl das Einführen einer neuen Metapher, aber besonders das Entfalten der
Implikationen einer von KlientInnen gebrauchten Metapher therapeutisch wirksam sein
können.

Die hier gezeigten Metaphern des Helfens sind breiter als die spezialisierten Bildange-
bote z. B. bestimmter therapeutischer Ansätze. Thommen, Ammann und v. Cranach (1988)
haben gezeigt, daß zwischen der gelernten Theorie und der praktischen Durchführung von
Therapien eine Kluft existiert. Dieses Ergebnis läßt sich vielleicht auch so interpretieren:
Ausbildungen knüpfen an ein vorhandenes Repertoire von Interaktionskompetenzen an
und systematisieren bestimmte Denk- und Handlungsmuster bzw. -bilder; neben diesen
und in ihnen wird der lebensweltlich erworbene Bildvorrat immer wirksam bleiben. V.
Kleist (1987) geht davon aus, daß dieser Bildvorrat die Lücken zwischen theoretischem
Wissen und erlebter Praxis füllt. Metaphernanalyse versucht, diese Ressourcen zur Sprache
und zum Bewußtsein zu bringen.

Literatur

Bamberg, Michael: Metapher, Sprache, Intersubjektivität. In: Muttersprache, 92. Jahrgang, 1982, S.
    49 – 62
Bamberg, Michael; Lindenberger, Ulman: Zur Metaphorik des Sprechens. Mit der Metapher zu einer
    Alltagstheorie der Sprache. In: Sprache und Literatur in Wissenschaft und Unterricht. 15. Jahr-
    gang, Band 53, 1984, S. 18- 33
Bergold, Jarg. B., Flick, Uwe. (Hrsg.): Einsichten. Zugänge zur Sicht des Subjekts mittels qualita-
    tiver Forschung. Tübingen 1987
Blumenberg, Hans: Paradigmen zu einer Metaphorologie. In: Archiv für Begriffsgeschichte, Band 6,
    Bonn, 1960, S.7- 142
Brünner, Gisela: Metaphern für Sprache und Kommunikation in Alltag und Wissenschaft. In: Dis-
    kussion Deutsch, 1987, 18. Jahrgang, S. 100 – 119
Buchholz, Michael B.: Die Rolle der Prozeßphantasie in der stationären Psychotherapie. In: Journal
    für Psychologie, Jahrgang 1, Heft 4, November 1993
Buchholz, Michael B., Kleist, Cornelia von: Metaphernanalyse eines Therapiegespräches. Unver-
    öffentlichtes Manuskript März 1995
Flick, Uwe; Kardorff, Ernst von; Keupp, Heiner; Rosenstiel, Lutz von; Wolff, Stephan: Handbuch
    qualitative Sozialforschung. Grundlagen, Konzepte, Methoden und Anwendungen. München,
    1991
Gergen, Kenneth J.: Das übersättigte Selbst. Identitätsprobleme im heutigen Leben. Auer-Verlag,
    Heidelberg, 1996
Gordon, D.: Therapeutische Metaphern. Paderborn, 1985
Johnson, Mark: The Body in the Mind. The Bodily Basis of Meaning, Imagination, and Reason. The
    University of Chicago Press, 1987

Jöllenbeck, Klaus: Der Gedanke des Dienstleistungsunternehmens. In: Aktion psychisch Kranke (Hrsg.), Personalbemessung im ambulanten Bereich – von der institutions- zur personenbezogenen Behandlung und Rehabilitation. Selbstverlag Aktion psychisch Kranke, Bonn, 1994

Kleist, Cornelia von: Zur Verwendung von Metaphern in den Selbstdarstellungen von Psychotherapieklienten. In: Bergold, Flick, 1987, S. 115 – 124

Klie, Thomas: Paradigmenwechsel? Patient-Klient-Kunde-Bürger. Vortrag auf dem 3. Kongreß der Deutschen Gesellschaft für Gerontologie und Geriatrie, 20.9.1996, Leipzig

Lakoff, George; Johnson, Mark: Metaphors We Live By. Chicago, 1980

Lakoff, George: Woman, Fire and Dangerous Things. What Categories Reveal about the Mind. Chicago, 1987

Laucken, Uwe: Naive Verhaltenstheorie. Stuttgart, 1974

Pollio, Howard R.; Barlow, Jack M.; Fine, Harold J.; Pollio, Marilyn R.: Psychology and the Poetics of Growth. Figurative Language in Psychology, Psychotherapy, and Education. Hilsdale, 1977

Schmidbauer, Wolfgang: Die hilflosen Helfer. Hamburg, 1977

Schmitt, Rudolf: Metaphern des Helfens. Beltz Verlag, Weinheim, 1995

Schmitt, Rudolf: Metaphernanalyse und die Repräsentation biographischer Konstrukte. In: Journal für Psychologie, Asanger-Verlag, Heidelberg, Doppelheft 4/1995 – 1/1996, S. 47 – 63

Schmitt, Rudolf: Kollektive Metaphern des psychosozialen Helfens. In: report psychologie, Bonn, Doppelheft 5 – 6/1996, S. 389 – 408

Thommen, Beat; Ammann, Rolf; Cranach, Mario von: Handlungsorganisation durch soziale Repräsentationen. Welchen Einfluß haben therapeutische Schulen auf das Handeln ihrer Mitglieder? Bern, 1988

Watzlawick, Paul; Beavin, Janet H.; Jackson, Don D.: Menschliche Kommunikation. Formen, Störungen, Paradoxien. Bern, 1982

---

1 Überarbeiteter Vortrag auf dem 3. Kongreß der Deutschen Gesellschaft für Gerontologie und Geriatrie September 1996 in Leipzig

20 Sprache der Pflege – Pädagogische Ideen zur Förderung professioneller Sprache

von Helga Kirchner

20.1 Sprache und Sprechen

Welche Bedeutung hat die Sprache bzw. das Sprechen, für die Pflege kranker Menschen? Zur Beantwortung dieser Frage muß zunächst der Unterschied zwischen Sprache und Sprechen kurz erläutert werden:

- Mit der Sprache sind die Worte, also der Inhalt der Worte gemeint,
- während mit Sprechen die Aktivität verbunden ist.

Diese Aktivität macht durch die Intonation und Modulation der Sprache die besondere Bedeutung bestimmter Inhalte erst verständlich. So kann eine Schwester zum Patienten folgendes sagen: „Schließen Sie die Tür?!" Die Nachricht ist eindeutig und verständlich. Die Modulation jedoch weist uns an, wie wir diesen Satz verstehen sollen. Liegt die Betonung auf dem zweiten Wort „Sie" ist unmißverständlich die angesprochene Person gemeint – ist die Betonung auf „die Tür" gelegt, dann kann man davon ausgehen, daß vielleicht eine zweite Tür im Raum ist und eine ganz bestimmte, nämlich **diese** Tür, gemeint ist. Wenn zwei Menschen sich miteinander unterhalten, ist dieses Gespräch immer eingebettet in eine Sprechhandlung. Als Sprechhandlung bezeichnet man Situationen, in der die Aktivität der Sprechenden erst in einem Gesamtzusammenhang sinnhaft gedeutet und verstanden werden kann.

Wenn wir uns nun professionell mit Sprache in der Pflege beschäftigen wollen, dann müssen wir die Betrachtungsebenen Sprachinhalt, Sprechverständnis und Sprechhandeln (vgl. Kirchner, 1981) näher untersuchen. Neben diesen sprach- und sprechwissenschaftlichen Aspekten hat unsere Sprache noch weitere Bedeutungen, die erst im gesellschaftlichen Kontext der Sprechhandlung verständlich werden. Eine Aussage von Oscar Wilde zeigt diesen Zusammenhang von Sprachinhalt, Sprechverständnis und Sprechhandeln auf:

> *„Frauen sind ein ganz dekoratives Geschlecht. Niemals haben sie etwas zu sagen, aber das bringen Sie ganz reizend heraus."* (Oscar Wilde)

Aus diesem Spruch geht ein typisches stereotypes Bild von Frauen hervor, weil Wilde einen Aspekt herausgreift, der mit „Frau sein", „reizend sein" verbunden ist. Gleichzeitig drückt der Sprachinhalt auch eine unterstellte Inkompetenz von Frauen aus, weil er sagt, daß Frauen niemals etwas zu sagen haben; sie sind ganz dekorativ, reden viel, aber im Prinzip kommt dabei doch nichts heraus.

Das Sprechverständnis, also das, was wir verstehen, zeigt uns in diesem Zusammenhang, daß Wilde eine ganz bestimmte Vorstellung von Frauen hat. Für ihn sind sie Schmuck und Beiwerk, aber keine kompetenten Gesprächspartnerinnen. Frauen sind für Wilde reizend, aber ihre Äußerungen haben keine Konsequenzen, was den Handlungsaspekt der Sprache ausmacht. Anscheinend betrachtet er Frauen als nicht gleichberechtigte Partner.

Diese stereotypen Vorstellungen über Frauen finden sich in vielen Äußerungen von Männern wieder und können erst dann entschlüsselt werden, wenn die dahinterliegenden Vorstellungen im gesellschaftlichen Kontext analysiert werden. Befragt man Teilnehmer in Fortbildungsveranstaltungen, so heißt es häufig, Frauen diskutierten emotional, Männer dagegen rational. Diese Vorurteile sind Teil gesellschaftlicher Erwartungen und Klischees, die sowohl von Männern als auch von Frauen unreflektiert übernommen werden. Daher kann Sprache nur im gesellschaftlichen Umfeld, also eingebettet in Sprechhandlungssituationen, sinnvoll interpretiert werden.

20.2   Sprechhandlungen in unserer Gesellschaft

Die Frage stellt sich nun, ob in unserer Gesellschaft dieses Stereotyp im besonderen Maße dann zutrifft, wenn eine starke Hierarchie innerhalb einer Organisation, wie z. B. in einem Krankenhaus, vorhanden ist und Schlüsselpositionen im medizinischen und Verwaltungsbereich überwiegend von Männern besetzt sind oder werden. Die Pflege hat in den letzten Jahren an Selbständigkeit gewonnen und fordert nun ihren Anspruch auf Gleichberechtigung, ganzheitliche und professionelle Pflege ein. Sie will sich vom medizinisch-funktionalen Weltbild lösen und eigenständig theoriegeleitet agieren und nicht mehr reagieren. Dies drückt sich auch darin aus, daß das Interesse der Pflegenden an Pflegewissenschaften, Pflegetheorien, Pflegemodellen oder Pflegepädagogik auch hier in Deutschland wächst.

Gleichzeitig wird deutlich, daß Pflegende keine isolierte Berufsgruppe sind, vielmehr setzt eine professionelle Pflege eine gute Zusammenarbeit mit den anderen Berufsgruppen voraus. So sieht Roy (1989, S. 17) beispielsweise den medizinischen Bereich als primär dem Arzt vorbehalten an, während die Pflegenden die Verordnungen und Anordnungen ausführen. Pflegende haben danach die Aufgabe, den Patienten so zu unterstützen, daß er sich an Krankheit und Gesundheit anpassen kann.

Die Umsetzung von eigenständig erarbeiteten Pflegezielen ist daher bei manchen Ärzten und Verwaltungsfachleuten, aber auch bei anderen im Krankenhaus beschäftigten Berufsgruppen, wie den Medizinisch-technischen Assistentinnen und Assistenten, den Logopädinnen und Logopäden oder den Psychologinnen und Psychologen mit verdeckter Konkurrenz verbunden, manchmal auch mit offener Gegnerschaft. Sprechhandlungen zwischen verschiedenen Berufsgruppen haben daher auch immer etwas mit Konkurrenz, Kompetenz und Macht zu tun. In den Sprechhandlungen wird nämlich deutlich, welche gesellschaftlichen Realitäten sich im Miteinander widerspiegeln. Dies kann sich durch die Geschlechterrollen äußern, aber auch durch das veränderte Selbstbild der Pflege.

Der Erfolg von Sprechhandlungen hängt maßgeblich davon ab, welche stereotypgeleiteten Erwartungen Personen anderer Berufsgruppen an die Rolle und die Funktion der Pflegenden stellen. Immer noch arbeiten bei uns in Deutschland überwiegend Frauen in der Pflege. Für Sprechhandlungen bedeutet das, daß sie den ganzen gesellschaftlichen Ballast von Vorurteilen in einem männlich dominierten medizinischen Bereich einbringen und austragen müssen.

Die Rollenzuschreibung für Frauen sorgt daher für einen ganz spezifischen Interaktionszusammenhang. Frauen müssen in einigen Situationen mit grundsätzlichen Formen von Widerstand rechnen (vgl. Thimm, 1995, S. 122), der für Männer in dieser klassischen Form weniger relevant ist. Hinzu kommt das Bedürfnis der Frauen nach Ausgleich und Harmonie, während ein eher männliches Element Kampf und Wettbewerb als Mittel der Auseinandersetzung verstanden wird. Eine Analyse von Sprechhandlungen im klinischen Bereich ist aus diesem Grunde ohne die organisatorische und gesellschaftliche Einbindung gar nicht möglich.

20.3   Sprechhandlungen aus pädagogischer Sicht

Aus pädagogischer Sicht ist es daher notwendig, das geschlechtsspezifische Rollenverhalten in verschiedenen Arbeitssituationen mit Pflegenden zu thematisieren und hierfür sowohl Männer als auch Frauen zu sensibilisieren. Dies kann auf ganz unterschiedliche Art und Weise geschehen. Voraussetzung ist jedoch, daß Frauen und Männer in einer Gruppe zusammenarbeiten und bereit sind, ihr Rollenverhalten zu betrachten.

Ein Beispiel soll das Vorgehen verdeutlichen. In einer Fortbildungsveranstaltung für Führungskräfte gelingt die Reflexion der geschlechtsspezifischen Rollenwahrnehmung recht gut, wenn die Teilnehmer nach Geschlecht in unterschiedliche Gruppen aufgeteilt werden.

Was qualifiziert Sie zur Führungskraft?

Typische Anworten von Frauen:

* Soziale Kompetenz
* Hohe verbale Fähigkeiten
* Konfliktfähigkeit
* Wärme, Echtheit
* Soziales Engagement

Typische Anworten von Männern:

* Fachkompetenz
* Sagen, wo es langgeht,
* Leitplanken setzen
* Durchsetzungsvermögen

ACG Unternehmensberatung   MBO
Dr. Helga Kirchner

Abb. 20–1:   **Geschlechtspezifische Antworten zu Führungsqualitäten**

Die Antworten zwischen den Geschlechtern fallen meist unterschiedlich aus, sowohl in der Gewichtung als auch in der Reihenfolge der genannten Aspekte. Geht es z. B. darum, eine Führungsposition zu besetzen, fragen Frauen in einem Beratungs- und Fördergespräch viel eher danach, ob die Pflegedienstleitung **glaubt**, daß sie als Mitarbeiterinnen diese neue Aufgabe auch bewältigen können, während Männer ihre Kompetenz gar nicht in Frage stellen. Vielleicht tun sie es gedanklich, aber sie reden nicht so schnell darüber. Typische Antworten der Männer sind daher „Ich bekomme das schon in den Griff!"oder „Ich werde mir die Station einmal ansehen!" Das heißt, sie sind in ihren Äußerungen eher handlungsorientiert, während Frauen mehr selbstaufmerksam sind und ihre Befindlichkeit in dieser Situation reflektieren wollen (vgl. Moir und Jessel, 1990).

Ein weiterer Beleg für diese geschlechtsspezifischen Stereotype ist beispielsweise bei Burgoon, Birk und Hall (1991) zu finden, die bezüglich des Kriteriums „verbal intensity" als Relevanz für die Durchsetzungsstrategien von Frauen und Männern herausgefunden haben, daß Männern eine höhere Intensität des Ausdrucks als effektiv für die Durchsetzung ihrer Meinung gestattet wird, z. B. durch Komparative und Positionsausdrücke wie „sehr", „besonders" oder Verben wie „behaupten", „feststellen" und „urteilen". Frauen dagegen sind erfolgreicher, wenn sie eine weniger intensive, neutralere bzw. schwächere Formulierungsweise für die Durchsetzung ihrer Vorstellung benutzen.

20.4   Reflexion von Sprechhandlungen

Für die pädagogische Förderung des professionellen Sprechhandelns von MitarbeiterInnen in der Pflege ist es daher von Bedeutung, diese Unterschiede zu kennen und in Sprechhandlungssituationen zu reflektieren. Dies kann nur aktiv geübt werden. Fragt man beispielsweise Weiterbildungsteilnehmer, die eine neue Führungsaufgabe übernommen haben, welche Lernziele sie in einem Seminar für Mitarbeiterführung erwarten, dann werden folgende Aspekte genannt:

- Durchsetzungsvermögen lernen,
- andere überzeugen,
- kooperieren können,
- Konfliktfähigkeit verbessern,
- rhetorische Fähigkeiten entwickeln u. a. mehr.

Auf die Frage, was mit Durchsetzungsvermögen gemeint ist, kommt häufig die Antwort: „Ich will meine Vorstellungen den Mitarbeitern verständlich machen!" Im Sprechhandlungsverständnis heißt dies jedoch nichts anderes als: „Ihr sollt das tun, was ich will!" Schließlich wollen Führungskräfte andere Mitarbeiter für ihre Ideen begeistern oder sie von einer Idee überzeugen. Die jungen Führungskräfte nennen dann Ziele wie: „Wenn ich zu meiner Station zurückgehe, will ich wissen, wie ich Bereichspflege einführen kann!". Oder: „Wie kann ich einen neuen Arbeitsablauf mit den MitarbeiterInnen auf der Station erarbeiten?". Führungskräfte wollen in der Regel ihre MitarbeiterInnen an Entwicklungsprozessen beteiligen und brauchen dazu Kommunikationsstrategien, mit denen sie als Führungskräfte ihre Zielvorstellungen überzeugend darlegen können.

Die weibliche Sprechweise unterscheidet sich darüber hinaus nicht nur in den Kommunikationsstrategien (Intensität des angestrebten Kommunikationsziels), sondern auch in der Stimmhöhe und ihrer Sprechgeschwindigkeit als Ausdruck gesellschaftlicher Stereotype. So schreibt Slembek (1995), daß die geschlechtsspezifische Übernahme von Rollen oft eine Legitimation dafür ist, daß Frauen so sind: Etwa die biologische Tatsache, Frauen gebären und stillen, dies wird verbunden mit der Wahrnehmung von Wärme, Emotionalität. Frauen werden aus den beruflichen Feldern ausgegrenzt, weil sie ihre natürliche Aufgabe in der Pflege und Erziehung der Kinder haben, später dann in der Pflege der alten oder kranken Menschen. Die hohe, helle Stimme von Frauen und Kindern wird intuitiv mit Machtlosigkeit gleichgesetzt und das schnelle Sprechen mit der Sorge, daß die anderen dann nicht mehr hinhören werden.

Gelingt eine Identifikation mit der geschlechtsspezifischen Rolle nicht, so werden Frauen sehr schnell als „Mannweiber" und Männer als „weibisch" oder „Memmen" etikettiert. Beide müssen mit Sanktionen rechnen, weil sie die Rollenerwartungen der gesellschaftlich bedeutsamen Stereotype nicht erfüllen. Selbst eine Frau mit einer tiefen Stimme entspricht nicht der gesellschaftlichen Vorstellung von „Frausein" und wird sowohl von Männern als auch von Frauen als dominant und männlich bezeichnet.

Für eine Analyse von Sprechhandlungssituationen bedeutet das, daß die geschlechtsspezifischen Unterschiede berücksichtigt werden müssen. Schließlich gibt es eine Reihe von Frauen **und** Männern, die diese Arbeitsteilung (Frau ins Haus, Mann ins feindliche Leben) nie akzeptiert haben (vgl. Slembek, 1995, S. 108). Frauen mit einer hochqualifizierten Ausbildung sind oft bereit, eine verantwortungsvolle Position zu übernehmen und hierfür zu kämpfen. Diese Problematik ist besonders in Führungssituationen relevant und muß reflektiert werden, wenn Frauen eine Führungsrolle übernehmen. Nicht nur Männer rebellieren innerlich gegen diese gesellschaftlich noch nicht voll akzeptierte Rolle, auch Frauen machen es den neuen Führungskräften schwer.

20.5   Professionelles Handeln in Sprechsituationen

Professionelles Handeln in Sprechsituationen bedeutet, die mit einer neuen Rolle verbundenen Konflikte zu analysieren und hierfür geeignete Handlungsstrategien zu entwickeln. Der erste Rollenkonflikt für Führungskräfte entsteht, wenn sie nicht mehr gleichberechtigte Mitglieder in einem Team sind. Ihre Aufgaben ändern sich sowohl in ihrem Schwerpunkt als auch in ihrem Umfang. Dies drücken die Mitarbeiter in den verschiedenen Sprechhandlungssituationen aus, indem sie im Teamgespräch, bei der Dienstübergabe oder in kritischen Situationen sehr sensibel ihre/n Vorgesetzte/n beobachten und neue Stereotype über sein/ihr Verhalten entwickeln.

So erwarten die MitarbeiterInnen im Teamgespräch plötzlich Antworten von ihrer/m „Vorgesetzten", in der Hoffnung, das sie/er alle ihre Probleme im Handumdrehen löst. Schließlich hat sie/er als Vorgesetzte/r die Verantwortung für die Station! In dem Wort „Verantwortung" ist das Wort „Antwort" enthalten. Sprechhandlungssituationen mit Mitarbeitern sind häufig davon geprägt, daß Vorgesetzte die Verantwortung haben und damit auf alle Probleme „Antworten" geben sollen. Fällt die Führungskraft auf diese Erwartungs-

Führungskonzeptionen

Überholter Führungsstil
als **Bestrafungskultur**

Neue Erfordernisse
in einer **Vertrauenskultur**

- der Mitarbeiter = **Fehlersuche**

- überstarke Anpassung
- weiß alles
- kann alles
- Befehl und Gehorsam

- **Alleinentscheidung des Vorgesetzten**

• Fehler /Probleme =
Herausforderung

• Mit-entwicklung

• Mit-denken
• flexibel und kreativ

• **Mit-Entscheidung
der Mit-Arbeiter**

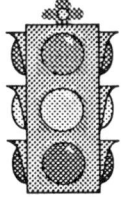

ACG Unternehmensberatung
Dr. Helga Kirchner   MBO

Abb. 20–2:   **Führungskonzeptionen, die bei der Reflexion über eigenes Führungsverhalten beachtet werden sollten**

falle herein, steht sie, wenn es nicht funktioniert, als Sündenbock da: „Schließlich hat sie ja gesagt...! (...) Wir sollen die Dokumentation ausführlicher und genauer vornehmen als bisher." Gibt die/der Vorgesetzte keine Ziele oder Grenzen vor, heißt es: „Die/der Vorgesetzte weiß überhaupt nicht was sie/er will!" Ist die Führungskraft eine Frau, und reagiert sie männlich-dominant, wird sie schnell zum „Mannweib". Ist die Führungskraft ein Mann, und reagiert er weiblich-kommunikativ ist sie ein „Softy".

Professionalität bedeutet, Sprechhandlungssituationen immer im Kontext zu analysieren und für sich selber Klarheit zu gewinnen, welche Führungskonzeption Sie realisieren wollen. Hierfür ist es notwendig, eigenes Führungsverhalten zu reflektieren und sich für einen bevorzugten Führungsstil zu entscheiden.

In einer Bestrafungskultur (s. Abb. 20–1) sind Sprechhandlungssituationen geprägt durch Fehlersuche, weil das Vertrauen in die Fähigkeiten der Mitarbeiter noch nicht stark genug ausgeprägt ist. In dem Wort „Ver**trau**en" ist das Wort trauen enthalten. Es bedeutet, ich traue mir bestimmte Arbeiten zu, oder ich traue mich, bestimmte Dinge zu tun. Fehler sind dann eher Herausforderungen, weil sie nicht als Bedrohung des eigenen Ichs angesehen werden, sondern als Möglichkeit, etwas besser zu machen. Dieses Sprechhandlungsklima hat entscheidenden Einfluß darauf, wie Sprechhandlungssituationen von den Beteiligten verstanden werden und wie sich die Mitarbeiter in Zukunft im Team engagieren werden.

Eine Führungskraft, die diesen Zusammenhang nicht sieht, läuft schnell Gefahr, für die MitarbeiterInnen mitzudenken. Sie weiß dann alles und kann auch alles. Die Komplexität des menschlichen Miteinanders erfordert jedoch selbstbewußte, mitdenkende Mit-Arbeiter. Die Führungskraft muß sich von der Rollenerwartung lösen, eine Übermutter oder ein Übervater zu sein. Diese verinnerlichten Rollen müssen bewußt gemacht werden und können dann zu neuen Handlungsmustern führen, die sich in den verschiedenen Sprechanlässen bewähren.

Schließlich gilt nicht allein **was** man sagt, sondern, **wonach man handelt**. Allein die Kenntnis von theoriegeleitetem Wissen führt noch nicht automatisch zu theoriegeleitetem Handeln. Gesagt ist schnell etwas – aber dies auch in Sprechhandlungssituationen beizubehalten, ist die Norm oder der Standard, an dem die Führungskraft in Zukunft gemessen wird.

20.6   Pädagogische Ideen zur Förderung professioneller Sprache

Da jeder Mensch von seiner soziokulturellen Umwelt beeinflußt wird und viele verschiedene Faktoren den Erfolg eines professionellen Umgangs mit Sprache in Sprechsituationen ausmachen, gibt es kein Patentrezept für eine erfolgreiche Kommunikation mit anderen Menschen. Ein paar Spielregeln können jedoch helfen, professioneller mit Sprache und deren Wirkung auf andere umzugehen.

Da in der Berufsgruppe der Pflegenden viele Frauen beschäftigt sind, bedeutet das für Sprechhandlungssituationen, daß die geschlechtsspezifischen Unterschiede, aber auch die verschiedenen Erwartungen, die mit der einzelnen Rolle verbunden sind, unter dem Aspekt der Sprechhandlungssituation reflektiert werden müssen. Die Rolle und die hiermit verbundenen Erwartungen an die MitarbeiterInnen, die Führungskräfte oder an Mitarbeiter anderer Berufsgruppen in der Klinik, zum Beispiel den EDV-Koordinator, den/die SupervisorIn oder den/die Qualitätsbeauftragte(n), bilden die Grundlage für eine erfolgreiche oder erfolglose Kommunikation. Diese verschiedenen Rollen bedingen einerseits Kenntnis über die Erwartungen, die an die jeweilige Rolle geknüpft sind, andererseits müssen hierfür unterschiedliche Kommunikationsstrategien geübt werden, damit der einzelne flexibel in den verschiedenen Sprechsituationen handeln kann.

Doch hier beginnt auch gleichzeitig der Konflikt für Lehrer und Lerner in der Erwachsenenbildung. Die meisten Mitarbeiter in der Pflege hätten gerne eine Antwort auf die Frage, mit welchen Kommunikationsstrategien sie in Sprechhandlungssituationen erfolgreich ihre Vorstellungen darlegen können, und zwar:

- in ihrer **eigenen** Berufsgruppe?
- mit Personen **anderer** Berufsgruppen?
- in ihrer Organisation und den hiermit verbundenen **gesellschaftlichen** Rahmenbedingungen (Organisationshierarchie und Machtstrukturen)?
- mit **Patienten** und **Angehörigen**?

Eine Möglichkeit, verschiedene Kommunikationsstrategien zu üben, um in der eigenen Berufsgruppe professioneller zu handeln, werden von Kindler (1988, S. 38) beschrieben. Kindler (1988) hat einen Fragebogen entwickelt, das ModiTM-Self-System (Management of Differences Inventoryä), mit dem der bevorzugte Kommunikationsstil in Sprechhandlungssituationen herausgefunden werden kann. Er beschreibt insgesamt neun Kommunikationsstile, die in der Praxis von den meisten Menschen verwandt werden. Jeder Kommunikationsstil kann in der Dimension waagerecht und senkrecht eingeordnet werden:

- Auf der senkrechten Achse ist die Intensität der Interaktion, bezogen auf die Sprechhandlung, von „unpersönlich" bis „in hohem Maß persönlich" formuliert.
- Auf der waagerechten Achse ist die Dimension Flexibilität des Standpunktes, von „bestimmt" bis „flexibel" im Umgang mit Problemen wiedergegeben (s. Tab. 20–1).

Nach Kindler (1988) bevorzugt jeder Mensch einen ganz bestimmten Kommunikationsstil, weil er diesen erfolgreich in den verschiedenen Sprechhandlungssituationen eingesetzt hat. Da jedoch die Sprechwirkung von ganz verschiedenen Aspekten beeinflußt wird, ist es notwendig, den eigenen Kommunikationsstil zu kennen und hier mehr Flexibilität für Sprechhandlungssituationen zu trainieren.

Ein professioneller Umgang mit Sprache und ihrer Wirkung auf andere kann gefördert werden, indem die Lerner in verschiedenen Rollenspielen angeleitet werden, alle neun Kommunikationsstile in schwierigen Sprechhandlungssituationen zu üben. Dies geht nur in einer Gruppe, in der die Lerner aktiv üben können. Hierbei erkennen sie sehr schnell, welcher Kommunikationsstil ihnen flüssig von den Lippen geht und welcher Kommunikationsstil eher ungewohnt ist.

Mit Hilfe verschiedener Rollenspielvorlagen und einem Beobachtungsraster für die Sprechhandlungssituation, können die Lerner neue Handlungsmuster erlernen und sie in ihren Arbeitsalltag übertragen. Ausführliche Übungen und Beispiele finden sich in der Publikation von Kindler (1988).

Eine andere Möglichkeit, professioneller in Sprechsituationen zu handeln, ist die gezielte Wahrnehmung von Sprache. So können Sprechsituationen durch ganz bestimmte Normen beeinflußt werden. Eine dieser Normen in einer Gruppe kann sein, niemals einen Vorschlag von einem anderen zu akzeptieren. An dieser Stelle nur ein paar Beispiele für solche Killerphrasen:

- Das kann man so nicht machen!
- Das ist alles nur vom grünen Tisch aus gedacht!
- Das haben wir noch nie so gemacht!

Diese Sprechhandlungskultur kann durch passiv-negative Äußerungen verstärkt werden, indem Personen dann autoritär handeln, wie z. B.: „Jetzt ist aber Schluß!" Oder: „Dann sind die Fehlzeiten eben so hoch!"

Tab. 20–1:

Neun strategische Stile nach Kindler 1988, S. 38

	Stil 3 Dominanz	Stil 6 Feilschen	Stil 9 Zusammenarbeit
in hohem Maß persönlich	Sie regen einseitig an, überzeugen, erzwingen Zustimmung oder leisten Widerstand	Sie suchen gemein- sam Möglichkeiten, um sich auf halbem Weg zu einigen, schließen Kompro- misse oder wechseln einander ab	Sie suchen gemeinsam nach Problemlösungen, um die verschiedenen Sichtweisen mitein- ander zu kombinieren
	Stil 2 **Beschwichtigung**	**Stil 5** **Koexistenz**	**Stil 8** **Freistellen**
mäßig persönlich	Sie akzentuieren einseitig Ähnlichkeiten und spielen Differenzen herunter	Sie finden gemeinsam eine Basis, auf der beide Seiten ihre unterschiedlichen Positionen beibehal- ten können	Sie geben die Angelegenheit ab, setzen allfällige Gren- zen fest und bieten die nötige Unterstützung
	Stil 1 **Aufrechterhaltung**	**Stil 4** **Spielregeln**	**Stil 7** **Nachgeben**
unpersönlich	Sie vermeiden einseitig die Auseinandersetzung mit Differenzen oder zögern die Durch- führung von Änderungen hinaus	Sie legen gemeinsam objektive Regeln fest, die bestimmen, wie Differenzen gehandhabt werden sollen	Sie setzen den Sichtweisen der anderen Partei keinen Widerstand entgegen, sondern unternehmen konzertierte Anstrengungen
	bestimmt	mäßig flexibel	flexibel

Beide Aussagen beenden die Sprechsituation, führen jedoch nicht zu einer Lösung des Problems. Die erste Aussage beendet das Gespräch dominant: „Keine Widerworte...!" Die zweite Aussage beinhaltet resignative Züge: „Ich kann ja doch nichts bewirken!" Aktiv-positive Formulierungen würden in dieser Sprechsituation helfen, die Situation und damit die Beziehung der Sprechpartner zueinander zu klären. Das bedeutet jedoch, daß die indirekten Normen, die dieser Sprechhandlung zugrunde liegen, benannt und reflektiert werden.

Eine Möglichkeit, dies zu tun, besteht darin, die geringe Zustimmung der Gesprächspartner zu thematisieren: „*Wir haben jetzt eine Weile darüber gesprochen, welche Schwierigkeiten sich für Ihre Arbeit auf der Station ergeben. Bei jedem Lösungsansatz wird von Ihnen die Undurchführbarkeit der gedachten Maßnahme angesprochen. Ihre fortwährende Ablehnung macht mir sehr zu schaffen. Wie stellen Sie sich denn eine Lösung vor?"*. Weitere Übungen zur Formulierung von Rückmeldungen in schwierigen Sprechsituationen finden sich bei Kirchner (1996, S. 87 ff.).

Die vorgenannten Übungen helfen natürlich auch, mit anderen Berufsgruppen professioneller zu kommunizieren. Da jede Berufsgruppe in Sprechsituationen eigene Normen entwickelt, sollten Pflegekräfte darüber hinaus über Moderationsmethoden verfügen, die ihnen helfen, ihr Anliegen sachlich und fachlich einwandfrei zu kommunizieren. Die richtige Fragetechnik anzuwenden und einzusetzen, ist für das Gelingen von Sprechhandlungssituationen von entscheidender Bedeutung.

Besonders bei den MitarbeiterInnen aus der Pflege ist eine problemorientierte Reflexion von Sprechsituationen sehr beliebt. Sie erläutern geradezu mit großer Lust, welche Schwierigkeiten sie im Umgang mit der Verwaltung, den Angehörigen oder den Ärzten haben. Die Reflexion dieser Probleme kann zu einer psychischen Entlastung der Betroffenen beitragen, ist jedoch zur Lösung von Problemen weniger geeignet. Besonders andere Berufsgruppen reagieren hierauf sensibel bis verärgert.

Mit Hilfe von Metaplantechnik kann ein Problem in eine lösungsorientierte Fragestellung umgewandelt werden, die dazu motiviert, Handlungsalternativen zu entwickeln. Ein Beispiel soll die Vorgehensweise kurz demonstrieren:

- Reflektierende Fragen: Ursachen in der Vergangenheit und die hiermit verbundenen Probleme werden reflektiert! Welche Ursachen (Gründe, Probleme) haben dazu geführt, daß die Zusammenarbeit mit dem Labor (Ärzten, Apotheke, MTA usw.) nicht funktioniert?
- Gegenwartsorientierte Fragen: Fragen, die tätigkeitsorientiert sind und die aktuellen Aufgaben betreffen! Welche Ursachen (Gründe, Probleme) sehen Sie, die eine Zusammenarbeit mit dem Labor (Ärzten, Apotheke, MTA usw.) erschweren?
- Zukunftsorientierte Fragen: Fragen, die ein Ziel zum Inhalt und damit handlungs-orientierenden Charakter haben! Wie können wir in Zukunft die Zusammenarbeit mit dem Labor (Ärzten, Apotheke, MTA usw.) intensivieren oder verbessern?

Die möglichen Antworten und Alternativen werden von den Mitarbeitern in dieser Arbeitsgruppe mit Hilfe von Karten an eine Metaplanwand geheftet. Die Lösungsvorschläge werden im allgemeinen sachlicher diskutiert, da hier bestimmte Machtverhältnisse oder auch gut eingeübte Normen (Killerphrasen) keine Chance haben. Bei dieser Methode muß der Moderator darauf achten, daß nicht einzelne Personen im Vordergrund stehen, sondern ausschließlich die Sache verhandelt wird. Dies gelingt leichter, wenn ein neutraler Moderator hilft, die verschiedenen Ansichten systematisch und strukturiert zu erfassen und Handlungsalternativen mit den Betroffenen zu erarbeiten.

Für Sprechsituationen mit Patienten und Angehörigen sind verschiedene therapeutische Methoden der Gesprächsführung hilfreich. Das aktive Zuhören ist eine Methode, Patienten und Angehörigen, die durch Krankheit betroffen sind, in einer kritischen Lebenssituation Beistand zu leisten. Aktiv Zuhören bedeutet, den anderen ernst nehmen und ihn so zu nehmen, wie er ist. Das Spiegeln von Gefühlen erfordert von der Pflegekraft ein Mindestmaß an Übung und wird auch nur dann als hilfreich empfunden, wenn diese Spiegelung als echte Teilnahme empfunden wird. Das Wiederholen und Paraphrasieren von Äußerungen ohne echte Anteilnahme sollten professionell arbeitende Pflegekräfte bei sich selber erkennen und lieber nicht anwenden.

Als Übung für professionellen Umgang mit Angehörigen und Patienten soll das folgende Fallbeispiel (Tab. 20–2) aufzeigen, wie mit Pflegenden diese Sprechproblematik im Vorfeld geübt werden kann: Eine Patientin fühlt, daß sie bald sterben wird. Sie sagt zu ihrer Tochter:

„Sag mir: Muß ich sterben?" Die Tochter geht zu Schwester Monika und fragt: „Wie soll ich mit meiner Mutter umgehen, was soll ich sagen?"

Bitte begründen Sie Ihre Bewertungen:
Diese und weitere Aussagen von Angehörigen können unter dem Aspekt hilfreicher Kommunikation in Sprechhandlungszusammenhänge eingebettet und geübt werden. Die Bewußtmachung solcher Aussagen, wie: „Nun mach Dir doch keine Sorgen!" führt bei den betroffenen Pflegenden manchmal zu Abwehrreaktionen. Bei Angehörigen sind solche Reaktionen zu beobachten, während Pflegende sich von diesen Aussagen oft distanzieren.

Tab. 20–2: **Übung für professionellen Umgang mit Angehörigen und Patienten**
(Erläuterung im Text)

Bewertung der Aussage durch Pflegende	sehr gut					sehr schlecht
Aussagen von Angehörigen	1.	2.	3.	4.	5.	6.
1. Selbstverständlich mußt Du sterben, wir müssen alle sterben!						
2. Und wenn es so wäre?						
3. Warum fragst Du das?						
4. Soweit ich den Arzt verstanden habe, bleibt Dir nur noch wenig Zeit.						
5. Die Frage Deines Todes beschäftigt Dich wohl sehr!						
6. Eigentlich sollte man als Christ immer auf das Sterben vorbereitet sein.						
7. Du hast über diese Fragen in letzter Zeit viel nachgedacht.						
8. Nun mach Dir doch darüber keine Sorgen – denk' lieber ans Gesundwerden!						

Für den Pädagogen ist daher die Auseinandersetzung mit dieser Thematik nur sehr einfühlsam und vorsichtig vorzunehmen. Eine Spiegelung des eigenen Verhaltens durch Rollenspiele in einer ersten Reflexionsphase ist für die Betroffenen nicht förderlich und führt dazu, sich nicht mit der Wirkung der Sprache auseinanderzusetzen. Weitere Übungen und Hilfen sind bei Weber zu finden.

20.7 Zusammenfassung und Ausblick

Professionelle Sprache ist die Voraussetzung für professionelles Sprechen. Das Sprechen kann jedoch nicht aus der Sprechhandlung herausgelöst werden, weil die Situation und die beteiligten Personen Einfluß auf den Sinn der gesprochenen Worte nehmen.

Die geschlechtsspezifischen Aspekte von Sprechhandlungen zeigen, daß Frauen und Männer unterschiedliche Kommunikationsstrategien wählen, um ihren Standpunkt in einer Sache zu verdeutlichen. Diese Unterschiede führen immer wieder zu Mißverständnissen, die nur dann aufgelöst werden können, wenn beide Rollen im gesellschaftlichen Kontext analysiert und den Betroffenen bewußt gemacht werden. Viele gute Ideen werden durch das Konkurrenzdenken der Geschlechter, aber auch zwischen den verschiedenen Berufsgruppen nicht realisiert. Eine Ergänzung der unterschiedlichen Fähigkeiten von Männern und Frauen wäre im Prinzip einfach.

Aus pädagogischer Sicht müssen diese Themen in Aus- und Fortbildungsveranstaltungen reflektiert und bewußt gemacht werden. Professionelles Handeln in Sprechsituationen bedeutet, daß der Sprecher sich vor einer wichtigen Sprechhandlungssituation darüber Gedanken macht, welche Erwartungen die anderen an seine Rolle stellen. Transparenz und Klarheit hierüber hilft, positiv-aktive Kommunikationsstrategien zu entwickeln, die auch dem Betroffenen helfen, an der Lösung von Problemen mitzuarbeiten.

Alleine das Wissen hierüber hilft den meisten Menschen nicht. Sie müssen eine angstfreie Umgebung haben, um neue Kommunikationsstrategien für sich zu entdecken und diese mit anderen Menschen zu trainieren.

Literatur

Burgoon, Birk und Hall: Compliance gaining and satisfaction with physician-patient communication: an expectancy theory interpretation of gender difference. Human Communication Research 18, 177 − 208 (1991)

Kindler, Herbert, S.: Konflikte konstruktiv lösen. Ueberreuter, Wien, 1988

Kirchner, H.: Sprechwissenschaftliche Analyse einer Podiumsdiskussion. In: Grundlagen der Sprecherziehung. Schwann, Düsseldorf, 1981, S. 60 − 68

Kirchner, H.: Gespräche im Pflegeteam. Georg Thieme Verlag, Stuttgart, 1996

Moir, A., Jessel, D.: Brainsex. Econ, Düsseldorf, 1990

Roy, Callista: The Roy Adaptation Model: Zitiert nach Aggelton, P., Chalmers und Hasucha: Pflegemodelle und Pflegeprozeß. In: Deutsche Krankenpflegezeitschrift, Heft 5, 15 − 20 (1989)

Slembek, E.: Frauenstimmen in den Medien. In: Heilmann, Ch. (Hrsg.): Frauensprechen – Männersprechen; Geschlechtsspezifisches Sprechverhalten. Ernst Reinhardt Verlag, München, 1995

Thimm, Caja: Durchsetzungsstrategien von Frauen und Männern: Sprachliche Unterschiede oder stereotype Erwartungen? In: Heilmann, Ch. (Hrsg.): Frauensprechen – Männersprechen; Geschlechtsspezifisches Sprechverhalten. Ernst Reinhardt Verlag, München, 1995

21 Sprecherziehung in der Pflege

von Waltraut Marschke

21.1 Einleitung

Ein Selbsterziehungs- und Schulungsweg ist der Weg über die Arbeit an und mit dem Wort. Die Sprachpflege ist Pflege unseres Menschseins. Wieviel Sorgfalt legt der Mensch unserer heutigen Zivilisation auf die Pflege des Leibes, und wie wenig Einsatzbereitschaft ist vorhanden, wenn es um die seelische Hygiene geht. Eine morgendliche „Atemreinigung", ein Beweglichmachen und Beseelen der Sprachwerkzeuge durch entsprechende Sprechübungen könnten so zu einer Seelenpflege gehören, die sowohl dem einzelnen wie der Gemeinschaft zugute kommen würde. Entschließt sich der Mensch, sich nicht nur erkennend und fühlend der Sprache zu nähern, sondern an seinem Sprechen zu arbeiten und seine Lautbildung, Stimme und Atmung so umzuwandeln, daß sie Ausdruck eines wahren Menschseins werden kann, so bedarf dieses einer Anleitung. Eine Korrektur von außen ist notwendig, bis im inneren Sich-selber-Zuhören eine Sicherheit entstanden ist. Alle Schulung geht über das Ohr, und es ist von großer Wichtigkeit, daß wir ein künstlerisch geschultes Sprechen zum Vorbild nehmen und nachahmen können. Ohne Hilfe ist eine Umwandlung der Atmung, in der wir ja selber als Seele leben, kaum möglich. Die Motivation für ein Arbeiten an der Sprache kann unterschiedlich sein. Freude am schöpferischen Sprachgeschehen und ein Erlebnis der anregenden, ordnenden und befreienden Sprachkräfte können ein Grund sein, sich im Rahmen einer Gruppenarbeit oder in Einzelstunden sprachkünstlerisch zu schulen und so zum Diener des Wortes zu werden. Interesse für das andere Ich, Mitgefühl und Liebe sind die eigentlichen Erkenntnisorgane, um den Zusammenhang von Sprache und Mensch hörend erleben zu lernen. Ein in dieser Weise geschultes Ohr wird bis zum Wesenskern vordringen, der bei jedem Menschen gleich schön, erhaben und liebenswert ist. Den Menschen wirklich über das Ohr **sehen** zu lernen, ist eine Übung des Herzens. Hier gilt der Satz von Antoine de Saint-Exupéry: *„Man sieht nur mit dem Herzen gut, alles Wesentliche ist dem Auge unsichtbar"*. Die ganze menschliche Entwicklung kann im Hinblick auf Stimmentfaltung, Atmung und Artikulation wie eine sprachliche Menschenkunde erlebt werden. Eingebettet in das Wortwesen verläuft die Inkarnation nach Gesetzmäßigkeiten der Sprache, die den Menschen leiblich, seelisch und geistig vom ersten Schrei bis zum letzten Atemzug begleiten.

Durch die Evangelien, d. h. Botschaft der Engel erhalten wir praktische Anleitung für unser pflegerisches Tun. Durch die einzelnen pflegerischen Tätigkeiten, im Sinne des Prologes zum Johannes-Evangelium, „Im Urbeginne war das Wort" und der „Fußwaschung" (Joh. 13, 1–9) kann in jedem Menschen der eigentliche Mensch gefunden werden.

Die Pflege im Sinne der Evangelienbeispiele wie „Die Fußwaschung" (Joh. 13, 1–9), „Die Salbung, Ölung" (Lukas 7, 36–49), „Der barmherzige Samariter" (Lukas 10, 26–36), mag verdeutlichen helfen, was Sprecherziehung in der Pflege, was ein Selbsterziehungs- und Schulungsweg an der Sprache, an und mit dem Wort für die Pflegenden beinhalten

kann. Anhand des Beispiels vom barmherzigen Samariter kann uns aufgehen, daß die Begegnung, die Pflege, die Vermittlung, die Begleitung, die Nachsorge und Betreuung bis in
unsere Zeit hinein nichts an Aktualität verloren haben, sondern uns weit in die Zukunft
weisen. Daß ein Mensch den anderen Menschen tatkräftig, geistesgegenwärtig ein Helfer,
ein Hüter, ein Menschenbruder sein wird. Daß er aber um helfen zu können ein ständig
Übender sein muß.

Wie ist die Begegnung des Pflegenden mit dem Kranken? Wie ist seine Art zu sprechen?
Wie ist der Klang der Stimme? Macht er viele Worte? Bevormundet er den Kranken? Hat er
eine heilsame Zurückhaltung? Ist seine Berührung fragend, tastend wahrnehmend? Hat er
sich eine Herzenssprache erworben? Kann er die Körpersprache des Kranken wahrnehmen: den Gang, die Haltung, die Gebärde, die Mimik, den Blick, den Klang der Stimme?
Was drückt sich in der Körpersprache aus? Kann der Pflegende die Wahrnehmung formulieren? Hat er Worte für das Seelisch-Geistige, das Nonverbale?

Wir sind werdende Menschen und haben durch unseren Lebenslauf hindurch vom Mut-
terleibe an Todes- und Auferstehungserlebnisse durchzumachen. Er ist morgen schon ein
anderer, als der er im Heute war. Tod und Neugeburt wirken durch die ganze Biographie.
Das kann sich in der Schwerkranken- und Sterbepflege so komprimiert kundtun, daß Äußerungen und Bestimmungen, z. B. beim Aufnahmegespräch, von einem Moment zum anderen sich verändern können. Wie weit sind wir geschult, das Wort im und am anderen
Menschen lesen zu können?

21.2   Beispiele aus der Schwerkranken- und Sterbepflege

Zu den folgenden Beispielen soll gesagt sein, daß jegliche Pflege eine Pflege mit äußeren
Anwendungen ist. Diese sind: Ganzwaschungen, Teilwaschungen, Abreibungen, Einrei-
bungen, Teilbäder, Vollbäder (u. a. Öldispersionsbäder), Wundbäder, Verbände, Kompres-
sen, Wickel, Auflagen, Packungen, Spülungen, Einläufe.

Erstes Beispiel. Ein Patient (73 J.) wurde von der Tochter begleitet ins Krankenhaus
gebracht. Verdacht auf Darmlähmung. Über die Ambulanz wurde er auf die chirurgische
Station verlegt, zur Vorbereitung einer eventuellen Operation. Es stellte sich heraus, daß
die Grunderkrankung des Patienten die Parkinson-Krankheit ist. Er hatte drei Wochen keinen Stuhlgang und sich immer mehr in sich zusammengezogen; blieb im Bett; kein Auf-
stehen, Aufsitzen, Essen, Trinken usw. So auf der Seite liegend, zusammengezogen, Augen
zusammengekniffen, nichts sprechend (seit Tagen, so sagte die Tochter) traf ich ihn im
Patientenzimmer an. Meine Fragen an ihn beantwortete immer die Tochter. Ich bat sie,
auf dem Flur spazieren zu gehen, weil ich mit dem Patienten allein sprechen wollte.
Ich holte mir einen Stuhl zu ihm ans Bett, sprach ihn mit seinem Namen an, sagte, ich
könnte nur helfen, wenn er sich einverstanden erklärte. Ich möchte seine Stimme hören,
seine Augen sehen, und ich möchte, daß er mich anschaut, damit er sieht, wer mit ihm
spricht. Ich bitte ihn noch einmal mit Humor mich doch jetzt anzuschauen. Kurzes Zuk-
ken der Augenlider, ich lege meine Hand auf seine Hand und sage, ich würde nicht eher
etwas tun, bis ich von ihm Erlaubnis dazu habe, mit Stimme. Ich erzählte ihm, was ich vor
hätte zu tun: Rückeneinreibung, Baucheinreibung, Einlauf verabreichen, Fußbad. Ich
fragte, ob ich das jetzt tun dürfe und ob er mir dabei hülfe. Aus dem tiefsten Innern kommt
die Antwort: „Ja". Und ein kurzer Augenblick: Er sieht mich an. Ich freue mich, zeige ihm
meine Freude, er bewegt sich etwas. Jetzt beginne ich mit der Einreibung, ich spüre, er ist
dabei. Er hilft, sich auf den Rücken zu drehen. Wir sind im Gespräch, mehr mit der Hand,
wenig mit Worten. Ich sage ihm meine Hoffnung, daß er gut mitmacht bei der Einlauf-
verabreichung, erkläre und zeige ihm den Topfstuhl, damit er die Flüssigkeit besser ent-

leeren kann. Fazit: Der Patient hat bestens mitgemacht, hat wirklich bergeweise ausgeschieden. Tochter und Mitarbeiter waren höchst erstaunt. In der Folge brauchte er nicht operiert werden, wurde nach drei Wochen Mobilisierung auch mit Unterstützung der Krankengymnastin nach Hause entlassen und erhielt zu Hause noch einige Zeit Krankengymnastik.

Zweites Beispiel. Der amerikanische Patient (34 J.) mit Tumorerkrankung, Schauspieler, war von der Uni-Klinik zu uns verlegt worden. Zustand: Rechtes Bein bis oberhalb des Knies amputiert, Tumorauswuchs aus dem linken Rippenbogenbereich am hinteren Kopf über die Schädeldecke hinaus. Der Patient hatte in den verschiedensten Kliniken alle erdenklichen Behandlungen durchgemacht. In der Uni-Klinik war er mit schmerzstillenden Medikamenten in vierstündlichem Abstand eingestellt worden. In der zweiten Woche bei uns hatte seine Anforderung der Schmerzmedikation bis auf zweistündlich abgenommen. Die Mitarbeiter bekamen keinen Zugang zu ihm. In der Patientenbesprechung wurde der Entschluß gefaßt, daß ich mit einer Oberkursschülerin ihn betreuen sollte. In sein Zimmer kommend habe ich uns vorgestellt, mich zu ihm ans Bett gesetzt und erzählt, was zu tun notwendig wäre. Flachliegend hatte er eine Schirmmütze über dem Auswuchs am Kopf. Ein schönes Antlitz und braune Augen schauten uns an. Seit fünf Monaten lag er immer nur flach im Bett, war nie aus dem Bett herausgekommen. Auf seine hohen Temperaturen hin brauchte er Zitronenabwaschung, Fußbad mit Zitrone und Schafgarbe-Kamillentee-Einlauf. Während des Gesprächs kam die Arzt-Visite, der Arzt nahm freudig die Entwicklung auf und machte ihn aufmerksam auf das notwendige Kreislauftraining. Er begann, mit ihm langsam das Kopfende etwas höher zu stellen, zuerst ½ Minute, dann 1 Minute, dann 1½ Minuten. Der Patient reagierte mit einem Schweißausbruch, machte aber insgesamt sehr gut mit, auch nachdem die Visite vorbei war und wir mit den Pflegemaßnahmen begannen. Er hat seit dem nie mehr nach Schmerzmedikamenten gefragt. Er interessierte sich für uns, z. B. fragte er mich, wie mein Tagesablauf am Samstag/Sonntag sei. Ich erzählte ihm wahrheitsgemäß, daß ich am Samstag früh um acht Uhr vor der Menschenweihehandlung der Christengemeinschaft, die bei uns Verstorbenen der vergangenen Woche gilt, vorlesen und an der Handlung teilnehmen würde. Er sagte, er kenne die Christengemeinschaft nicht und ob er an der Sonntagshandlung und auch am Abendmahl teilnehmen könnte. Seine Mutter war aus Amerika zu Besuch und anwesend und sagte: „Aber P., du bist nicht getauft, das geht doch sicher nicht." Ich stellte ihnen die Pfarrerin der Christengemeinschaft vor, um kompetent die Fragen vor der Handlung beantwortet zu bekommen. Seine Freundin, auch Schauspielerin, und seine Mutter wollten beide auch teilnehmen. Ich holte ihn also am nächsten Sonntagmorgen mit Bett in die Kapelle des Hauses, und er bat mich, ihn zu wecken, ihn anzustoßen, wenn er einschlafen würde während der Handlung. Nach der Handlung brachte ich ihn ins Zimmer zurück, seine Angehörigen waren bei ihm. Ich wollte das Zimmer verlassen, er rief mich zurück und sagte: „Ich habe das alles nicht zum erstenmal erlebt, und die Menschen die da waren, kannte ich auch, nicht mit Namen aber... Glaubst du mir das?" Die weitere Entwicklung war so, daß P. zwar todkrank war, aber doch mehr und mehr qualitätvoll lebte. Viele Freunde besuchten ihn. P. konnte später sogar aus dem Bett in einen flach zu stellenden Rollstuhl gehoben und nach draußen gefahren werden. Es war Frühling, und es ging auf Pfingsten zu. Sein Bruder kam aus England. In seiner Anwesenheit fragte P.: „Was heißt eigentlich Himmelfahrt, was heißt Pfingsten?" Auch hier erhielt er kompetente Antwort. Er wünschte die letzte Ölung. P. ist an Pfingsten gestorben, nicht allein, und wurde in Rosen gebettet aufgebahrt. Drei Tage hielten Freunde Totenwache bei ihm. Die Schwerkrankenzeit und P.'s Sterben war für die Angehörigen und Freunde eine wichtige Zeit des Miterlebendürfens. So wurde uns im Nachgespräch in der Mitarbeiterrunde und auch schriftlich mitgeteilt.

Drittes Beispiel. Ein Patient (49 J.), verheiratet, zwei Kinder, Kaufmann, lebte seit seiner Karzinomerkrankung mehr und mehr von der Familie zurückgezogen. Gespräche fanden nicht mehr statt. Er kam schwerkrank zu uns, konnte aber die Körperpflege noch selbst durchführen und war mit dem Bettnachbar im Gespräch. Bald jedoch mußte er ein Einzelzimmer haben und brauchte Hilfe bei der Körperpflege. Sein Zustand verschlechterte sich rapide. Er konnte kaum noch Antwort geben, kaum den Unterkiefer anheben und die Augen schließen, er hatte die Ausscheidungsorgane nicht mehr unter Kontrolle. Eine Oberkursschülerin und ich übernahmen die Pflege. Am Nachmittag fragte ich den Patienten u. a., ob ich ihm die Pfarrerin der Christengemeinschaft vorstellen dürfte (er hatte beim Aufnahmegespräch keine Religionszugehörigkeit angegeben). Er bejahte, und wir vereinbarten einen Termin am späten Nachmittag. Anschließend sagte er mir, er wünsche die letzte Ölung. Ich wußte, seine Frau wollte ihn am Abend besuchen, und so fragte ich ihn, ob er möchte, daß seine Frau bei der Ölung anwesend sei. Er sagte: „Ich glaube nicht das sie das will." Ich fragte: „Darf ich sie fragen, ob sie dabei sein möchte?" Er sagte: „Ja". Ich erzählte seiner Frau bei ihm am Bett von der Entwicklung und fragte sie, ob sie dabei sein möchte. Sie sagte, „ja gerne", und fragte ihn ob er einverstanden sei. Somit fand dann am frühen Abend die letzte Ölung in Anwesenheit seiner Frau statt. Eine Stunde später hatte eine Kräftigung und Durchwärmung stattgefunden. Er hatte sich wieder unter Kontrolle, und ich fragte ihn, ob er möchte, daß seine Frau über Nacht bei ihm bliebe, ich könnte ein Bett neben sein Bett schieben. Er sagte: „Wenn sie es will." Sie wollte, und sie hatten ein gutes Gespräch. Am nächsten Morgen kamen wir in das Zimmer, und zwei frohe Menschen strahlten uns entgegen und erzählten, sie hätten noch keine so schöne Nacht wie diese zusammen erlebt. Am Tag ließ er seine eigene Matratze und ein von ihm geschätztes Bild von zu Hause kommen. Er hatte noch 21 gute Lebenstage, bis er verstarb.

Viertes Beispiel. Eine Frau (54 J.), verwitwet, ein Sohn, war wiederholt wegen einer Tumorerkrankung im Hause in Behandlung gewesen. Jetzt war sie im Endstadium. Beim Aufnahmegespräch waren keine Religionszugehörigkeit und kein Betreuungswunsch geäußert worden. Zu Beginn des jetzigen Aufenthaltes sagte sie, sie schaffe es allein. Die Patientin war wortkarg und verschlossen. Nach sechs Wochen ging sie offensichtlich der letzten Stunde entgegen. In Anwesenheit des Sohnes und der zukünftigen Schwiegertochter fragte ich sie, ob sie möchte, daß ich das Vaterunser spreche. Als Antwort fügte sie beide Hände zum Gebet, hauchte zum Schluß „Amen", und verschied. Für den Sohn und die Schwiegertochter war das Miterleben sehr wichtig, und sie erzählten uns im Sterbe-Nachgespräch in der Mitarbeiterrunde aus der Biographie der Mutter.

21.3   Resumée

Mit diesen Beispielen soll gezeigt werden, wie vielfältig und intim „das Wort", ja der ganze Mensch sich darlebt, auch in Schweigen, Zurückhaltung und Verborgenheit. Die Schwerkranken, Sterbenden und Verstorbenen sind uns Pflegenden Lehrmeister. Sie sagen uns, was wir tun müssen, wenn wir nur genügend vorbereitet und aufmerksam sind. Ein großer Meister der Dichtung, Christian Morgenstern, der nach einer schweren Erkrankung und unter dem Eindruck der Evangelienvorträge Rudolf Steiners seine Erfahrungen verarbeitet hat, teilt uns in seiner Gedichtsammlung „Wir fanden einen Pfad" mit:

> *„Faß es, was sich dir enthüllt! Ahne dich hinan zur Sonne! Ahne,*
> *welche Schöpfer-Wonne jedes Wesen dort erfüllt!*
> *Klimm empor dann dieser Geister Stufen bis zur höchsten Schar!*
> *Und dann endlich nimm ihn wahr: Aller dieser Geister Meister!*
> *Und dann komm mit ihm herab! Unter Menschen und Dämonen*
> *komm mit Ihm, den Leib bewohnen, den ein Mensch ihm fromm ergab.*
> *Faßt ein Herz des Opfers Größe? Mißt ein Geist dies Opfer ganz? – – –*
> *Wie ein Gott des Himmels Glanz tauscht um Menschennot und -blöße!"*

Literatur

Saint-Exupéry, A. de: Der kleine Prinz. Rauch, Düsseldorf 1988

Das Neue Testament In der Übersetzung von Emil Bock
Bücher und Vorträge von Rudolf Steiner
Wahrspruchworte Gesamtausgabe (GA) 40. Rudolf Steiner Verlag, Dornach

Sprachgestaltung und Dramatische Kunst
GA 282 Vortrag vom 22.9.24
Die Lautgestaltung als Offenbahrung der menschlichen Gestalt
Vortrag vom 23. 9.24
Das Wort als Gestalter

Methodik und Wesen der Sprachgestaltung GA 280
Gesundheit und Krankheit GA 348
Vortrag vom 23. 12. 22
Vom Leben der Seele im Atmungsprozeß

Die Kunst der Rezitation und Deklamation GA 281
Vortrag vom 29. 3. 23
Das Zusammenwirken von Atmung und Blutzirkulation

Gedichtsammlung von Christian Morgenstern
Wir fanden einen Pfad. Gesammelte Werke. Piper, München

„In gegenwärtiger Erdenzeit
Braucht der Mensch erneut
Geistigen Inhalt für die Worte seiner Rede;
Denn von der Sprache behalten Seele und Geist
Für die Zeit des schlafenden Weilends außer dem Leibe
Das vom Wort, was auf Geistiges weist.
Denn es müssen schlafende Menschen.
Bis zur Verständigung mit den Archangeloi kommen.
Die aber nehmen nur Geist-Inhalt,
Nicht Materien-Inhalt der Worte auf.
Fehlt dem Menschen diese Verständigung,
Nimmt er Schaden an seinem ganzen Wesen."

Aus: „Wahrspruchworte", von Rudolf Steiner

22 Ethik und Sprachlosigkeit

von Paul-Werner Schreiner

22.1 Einleitung

Ethik hat sei einigen Jahren Hochkonjunktur. Derjenige, der sich mit diesem Thema beschäftigt, ist kaum mehr in der Lage, die Publikationen zu ethischen Fragestellungen zur Kenntnis zu nehmen, geschweige denn, sie ordentlich zu studieren. Dies trifft sowohl für Publikationen zu, die sich mit Ethik allgemein beschäftigen, als auch – in einem noch stärkeren Maße – für solche, die Probleme aus sog. Fachethiken aufgreifen; eine Ethik der Gesundheitsberufe oder Ethik in der Medizin zählt zu diesen Fachethiken oder angewandten Ethiken. Zeichen der Hochkonjunktur ist auch, daß immer mehr dieser Fachethiken entstehen; so gibt es seit einiger Zeit eine Wirtschaftsethik, und immer, wenn wieder einmal ein Geiseldrama stattgefunden hat und in der Presse ausgeschlachtet wurde, wird der Ruf nach einer Presseethik laut – in der Akademie für Ethik in der Medizin wird seit den Ereignissen in Erlangen im Herbst 1992 über die Einrichtung einer Arbeitsgruppe „Ethik der Pressearbeit" nachgedacht.

Es wird also viel und eigentlich immer mehr über Ethik gesprochen; und wenn man die Anmeldungen zu einschlägigen Seminaren betrachtet, kann man unstrittig ein hohes Interesse konstatieren. Entsprechend bemühen sich die Initiatoren von Tagungen, Seminaren und ähnlichen Veranstaltungen immer öfter darum, auch einen Beitrag zur Ethik ins Programm aufzunehmen. Angesichts des nicht selten zu hörenden Argumentes, die Probleme unserer Zeit rührten daher, daß wir im Gegensatz zu früheren Zeiten keine rechte Ethik mehr hätten, muß dieser Befund eigentlich positiv stimmen; und die Überschrift dieses Kapitels mutet angesichts dessen doch etwas merkwürdig an.

Verfolgt man nun aber dieses Geschehen in und um die Ethik, und sei es auch nur in einem kleinen Bereich, kann man sich schwerlich der Erkenntnis entziehen, daß unter Ethik ganz Unterschiedliches verstanden wird. So ist derjenige, der sich an diesem Gespräch beteiligen will, gut beraten, zunächst zu skizzieren, was er unter Ethik versteht. Auch muß selbstverständlich, wer über Sprachlosigkeit sprechen will, sagen, was er unter Sprache versteht. In diesem Sinne werden kurze Erläuterungen zum Begriff „Ethik" sowie zum Zusammenhang von Sprache und Ethik den ersten Teil bilden. Im zweiten Teil wird dann an einigen Beispielen zu zeigen versucht, daß und inwiefern trotz vieler Worte über Ethik letztlich etwas zu konstatieren ist, das nur als Sprachlosigkeit bezeichnet werden kann.

22.2 Zum Begriff „Ethik"

Der Begriff „Ethik" ist mehrdeutig. Dies hat zum einen etwas mit seiner wortgeschicht-lichen Herkunft zu tun, zum anderen wird mit „Ethik" seit Aristoteles eine eigenständige philosophische Disziplin bezeichnet, wodurch vor allem seit dem Wiedererwachen des Interesses an Ethik in den 70er Jahren dieses Jahrhunderts informell ein Sprachgebrauch eingeführt wurde, der zwar von der Wortbedeutung her nicht zwingend, jedoch mit Blick auf eine begriffliche Klarheit hilfreich ist.

22.2.1 Wortgeschichtliche Herkunft

Der Begriff „Ethik" leitet sich von zwei griechischen Worten ab:
ἔθος steht für Sitte, Brauch, Gewohnheit. Damit sind all jene Regeln, Ge- und Verbote, kurze Werte und Normen gemeint, deren der Mensch als unspezialisiertes, nicht instinktgebundenes, weltoffenes Lebewesen bedarf, um sich in seiner Umwelt zu orientieren, vor allem aber, um mit anderen Menschen zusammenzuleben. Diese Regeln, Werte und Normen findet der Mensch, wenn er sich ihrer als Heranwachsender bewußt wird, immer schon vor. Er hat sie über die Sozialisation aufgenommen; sie bestimmen sein Handeln, ohne daß ihm dies im einzelnen bewußt sein muß. Regeln, Werte und Normen sind allerdings nichts statisches, auch kommt ihnen nicht das Attribut „objektiv wahr" oder „objektiv richtig" zu. Werte und Normen sind durchweg geschichtlich entstanden; mitunter haben sie einen rationalen Ausgangspunkt, der wegfallen kann, womit die Regel obsolet wird. In jedem Fall hängen Werte und Normen, die das menschliche Zusammenleben regeln, von dem jeweiligen Freiheitsverständnis des Menschen ab. So wie das Freiheitsverständnis des Menschen einem geschichtlichen Wandel unterliegt, ändern sich auch Werte und Normen. Damit sie für das Zusammenleben wirksam werden können, ist es stets notwendig, daß diejenigen, für die die Werte und Normen gelten sollen, diese auch anerkennen oder irgendwo eine Macht vorhanden ist, die die Anerkenntnis durchsetzen kann. Damit wird deutlich, daß Werte und Normen, vor allem aber Regeln, Ge- und Verbote immer auch Herrschaftsinstrumente sind, die sich nicht immer automatisch ändern; eine Änderung muß mitunter gegen massive Machtinteressen durchgesetzt werden.

Für diesen Aspekt der Bedeutung des Begriffes „Ethik" kennt die deutsche Sprache auch den Begriff „Moral". Dieser ist von dem lateinischen Wort „mos" bzw. von „mores", der Pluralform dieses Wortes abgeleitet; man kann daher durchaus sagen, daß der deutsche Begriff „Moral" immer eine pluralische Bedeutung hat.

ἦθος, das zweite griechische Wort, von dem der Begriff „Ethik" abgeleitet ist, bedeutet über den Bedeutungsgehalt von ἔθος hinaus Charakter, Gesinnung, Sinnesart, Denkweise; auch der Begriff „Tugend" gehört hierher. Mit ἦθος ist eine Haltung, die Qualität eines Handelns gemeint: Werte und Normen werden nicht nur deshalb beachtet bzw. Regeln eingehalten, weil sie eben bestehen oder weil bei Zuwiderhandlung Sanktionen drohen, sondern aus Einsicht, aus der Überzeugung heraus, daß die Regeln gut und richtig sind. Die deutsche Sprache kennt für diesen Bedeutungsaspekt von Ethik zwei Begriffe: „Sittlichkeit" und „Moralität". Sittlichkeit oder Moralität sind – nach Schmidt – einer Handlung dann eigen, wenn sie nicht bloß dem Sittengesetz entspricht, sondern aus der Idee der Pflicht (zum Guten) selbst entspringt.

Das lateinische „mos" umfaßt den Bedeutungsgehalt der beiden griechischen Begriffe ἔθος und ἦθος. Die Doppeldeutigkeit wird in dem Gebrauch der Adjektive „moralisch" und „sittlich" deutlich: Jemanden als moralischen Menschen zu bezeichnen, bedeutet entweder, daß sich dieser Mensch dem geltenden Moralkodex folgend verhält oder, daß er einen guten Charakter hat, bzw. natürlich auch beides zusammen. Von der Wortgeschichte her ist es also durchaus angemessen, die Begriffe „Ethik" und „Moral" bzw. „ethisch" und „moralisch" synonym zu verwenden.

Das Problem besteht nun darin, daß unterschiedliche Reflexionsniveaus berührt werden. Um diese schon im Vorfeld des Gesprächs auch sprachlich klar voneinander abzugrenzen, ist man in der seit den 70er Jahren dieses Jahrhunderts verstärkt einsetzenden Ethikdiskussion weitgehend übereingekommen, die im folgenden beschriebene Unterscheidung zu beachten.

22.2.2 Unterschiedliche Reflexionsniveaus

Ethik ist danach – so Annemarie Pieper in ihrer „Einführung in die Ethik" – als eine Disziplin der Philosophie die Wissenschaft vom moralischen Handeln. Sie untersucht die menschliche Praxis im Hinblick auf die Bedingungen ihrer Moralität und versucht den Begriff der Moralität zu begründen. Ethische Betrachtungen anzustellen, bedeutet also immer ein Sich-beschäftigen-Mit den wertmäßigen Grundlagen von Handeln, mit der Frage also, ob ein Handeln gut ist bzw. in welcher Weise gehandelt werden soll. Ziel ethischer Reflexion ist es, Handeln zu begründen, sei es im vorhinein im Sinne der Entscheidungsfindung auf einer Wertgrundlage oder im nachhinein in dem Sinne, daß Entscheidungen im Hinblick auf ihre wertmäßigen Anteile analysiert werden. In jedem Fall geht es darum, die in konkreten Sachentscheidungen enthaltenen Wertentscheidungen transparent zu machen. Ethik hat insofern immer eine kritische Funktion. Dies ist von nicht geringer Bedeutung, insofern Werte und Normen immer auch Herrschaftsinstrumente sind.

Wichtig zu beachten ist, daß eine wissenschaftlich ethische Reflexion einer Wertentscheidung nicht die Grundlage der Wertentscheidung hervorbringt, sondern sich lediglich mit ihr beschäftigt. Werte und Normen sind – so wiederum Annemarie Pieper – Elemente der Moral; sie sind durch gemeinsame Anerkennung als verbindlich gesetzt und appellieren in Form von Ge- und Verboten an die Gemeinschaft der Handelnden. Jede Moral ist ein geschichtlich entstandener und geschichtlich sich mit dem Freiheitsverständnis von Menschen verändernder Regelkanon.

Wenn im folgenden von Ethik gesprochen wird, dann im Sinne der dargelegten Differenzierung. Aus dieser Differenzierung ergibt sich nun, daß Ethik als Wissenschaft von jedem betrieben werden kann. Das heißt nicht, daß nur der Wissenschaftler, in diesem Fall der Ethiker, befugt wäre, über moralisches Handeln zu reden. Jeder kann es; der Ethiker wird vielleicht mehr über die Hintergründe wissen, auch wird er, wenn er sein Geschäft versteht, um die Probleme des logischen Argumentierens wissen. Da aber das Ergebnis seiner Reflexion immer von seiner eigenen Werthaltung abhängt, ist dieses Ergebnis in der Substanz in keiner Weise höher zu bewerten als die Entscheidung eines Menschen, der nicht über das Reflexions- und Argumentationsinstrumentarium des Ethikers verfügt. Schön zum Ausdruck kommt dies in jenem Wortspiel, daß ein guter Ethiker sehr wohl ein höchst unmoralischer Mensch sein kann und ein moralisch sehr integrer Mensch keine Ahnung von Ethik zu haben braucht.

22.3 Ethik und Sprache

Insofern Ethik eine Wissenschaft, nämlich die vom moralischen Handeln ist, hat sie etwas mit Denkarbeit, mit intellektueller Tätigkeit zu tun. Und Moral, auch wenn sie zunächst über die Sozialisation vermittelt wird und in letzter Konsequenz nicht rational begründbar ist, ist dem Denken zugänglich. Über den Zusammenhang von Sprache und Denken führt Wilhelm von Humboldt zu Beginn des zweiten Abschnitts seiner Abhandlung über die Verschiedenheiten des menschlichen Sprachbaus folgendes aus:

„Die Sprache ist das bildende Organ des Gedanken. Die intellektuelle Tätigkeit, durchaus geistig, durchaus innerlich und gewissermaßen spurlos vorübergehend, wird durch den Ton in der Rede äußerlich und wahrnehmbar für die Sinne, und erhält durch die Schrift einen bleibenden Körper. Das auf diese Weise erzeugte ist das Gesprochene und Aufgezeichnete aller Art, die Sprache aber der Inbegriff der durch die intellektuelle Tätigkeit auf diesem Wege hervorgebrachten und hervorzubringenden Laute, und der nach Gesetzen, Analogien und Gewohnheiten, die wiederum aus der Natur der intellektuellen Tätigkeit und des ihr entsprechenden Tonsystems hervorgehen, möglichen Verbindungen und Umgestaltungen derselben, so wie diese Laute, Verbindungen und Umgestaltungen in dem Ganzen alles Gesprochenen oder Aufgezeichneten enthalten sind. Die intellektuelle Tätigkeit des Geistes wird durch die Laute und Gesetze der Sprache bestimmt, und wirkt, indem es gleich wieder in die Sprache überhaupt übergeht, wieder bestimmend auf den Geist zurück. Die intellektuelle Tätigkeit ist an die Notwendigkeit geknüpft, eine Verbindung mit dem Ton einzugehen, das Denken kann sonst nicht zur Deutlichkeit gelangen, die Vorstellung nicht zum Begriff werden."

Soweit Wilhelm von Humboldt über den unauflöslichen Zusammenhang von Sprache und Denken.

Wenn also Sprachlosigkeit zu konstatieren ist, bedeutet dies, daß Denkaktionen nicht zu Ende durchgeführt wurden, entweder in Ermangelung der notwendigen Fähigkeit oder bewußt, weil Interessen damit verbunden sind, oder unbewußt, weil Ängste Denkblockaden bedingen.

22.4   Ethik in der modernen Gesellschaft

Es sind nun die Bedingungen zu bedenken, die für das Nachdenken über Moral in der modernen Gesellschaft bestimmend sind. Ich werde mich dabei auf die Ethik in der Medizin beschränken; nicht nur, weil ich mich hier am besten auskenne, sondern auch, weil ich davon ausgehe, daß dieser Bereich den Lesern, die sich mit dem Thema „Sprache und Pflege" beschäftigen, unmittelbar zugänglich ist.

Durch die Bemühungen, medizinisches Handeln zu begründen, ziehen sich zwei Schwierigkeiten hindurch:

1. Durch die Fortschritte in der medizinischen Erkenntnis und die damit verknüpften Möglichkeiten, in Lebensvorgänge manipulierend, korrigierend oder überbrückend einzugreifen, sind die Grenzen am Lebensanfang und Lebensende aufgeweicht worden. Es handelt sich dabei zwar nicht um einen Zustand, der plötzlich eingetreten wäre, sondern vielmehr um das vorläufige Ende eines Prozesses, der seit etwa drei Jahrhunderten anhält. Man wird aber, ohne Anspruch darauf, eine eindeutige Grenze zu beschreiben, sagen können, daß die Probleme in den letzten drei Jahrzehnten besonders augenfällig geworden sind.

2. Zeitgleich ist eine andere Entwicklung zu beobachten, und diese steht in wechselseitiger Beziehung zu der beschriebenen in der Medizin, nämlich die von einer geschlossenen hin zu einer offenen Gesellschaft. Ein wesentliches Charakteristikum der offenen Gesellschaft ist der sog. Wertepluralismus. Werte und Normen sind nicht nur geschichtlich entstanden und abhängig von den jeweils konkreten geschichtlichen Situationen, sie sind immer auch eine Gruppenmoral, für die nicht ohne weiteres über die Mitglieder der Gruppe hinaus Anspruch auf Gültigkeit erhoben werden kann. Es gibt in der modernen Gesellschaft nirgends eine Institution, die einen umfassenden Werte- und Normenkodex dekretieren und seine Umsetzung durchsetzen könnte; lediglich z. B. eine durch ein besonders legitimiertes Gremium niedergelegte und in der Verfassung verankerte, aber auch erst noch mit Inhalt zu füllende Verpflichtung, die Menschenwürde zu achten, ist denkbar. Die Werteorientierung wird individualisiert. Als Indizien für die Schwierig-

keiten, die sich infolge des so nicht mehr gegebenen sicheren Orientierungsrahmens für den Menschen ergeben, können das Entstehen fundamentalistischer Bewegungen und das Aufkommen von die Komplexität der Wirklichkeit reduzierenden politischen Ideologien und Programmen angesehen werden.

Beide Entwicklungen haben ohne Zweifel dazu beigetragen, daß Ethik allgemein und so auch das Bemühen um eine Ethik in der Medizin einen enormen Aufschwung erlebt haben und noch erleben. Von der Ethik wird das Erstellen eines Handlungsrahmens erwartet. Dabei entsteht die Gefahr, daß der Ethik eine Funktion zugewiesen wird, die ihr nicht zukommt, nämlich Werte und Normen zu setzen, nach denen gehandelt werden soll, statt das Handeln hinsichtlich seiner Wertbezüge transparent zu machen.

Die Individualisierung der Wertbezogenheit von Handeln ist von Sprachlosigkeit begleitet, wobei alle drei genannten Ursachen eine Rolle spielen dürften. Es ist seit einem Vierteljahrhundert ein Aufblühen der Diskussion über Ethik zu beobachten; dabei stehen die Auseinandersetzung über Diskursformen und das Nachdenken über auch erst noch mit Inhalt zu füllende Prinzipien des Handelns im Vordergrund. Negativ reziprok dazu verhält sich das Gespräch über Wertfragen, über Fragen des Menschenbildes, darüber, was Leben, das nach Meinung vieler geschützt werden sollte, angesichts der Möglichkeiten, es zu manipulieren, heißt. Ethik versteht sich als Wissenschaft; einige Vertreter dieser Disziplin bemühen sich geradezu darum, ihr Tun als weltanschaulich neutral darzustellen. Dabei ist es im Regelfall nicht schwer, hinter weltanschaulich vorgeblich neutralen Aussagen, so sie denn überhaupt eine Aussage enthalten, eine Werthaltung zu identifizieren. Es wird viel über Ethik geredet; der Begriff „Moral" scheint diskreditiert zu sein; vielleicht hat dies damit zu tun, daß Moral zu schnell mit den gelegentlichen Einlassungen der alten Herrn in Rom gleichgesetzt wird. Um nicht mißverstanden zu werden, an den Verlautbarungen des Vatikans sind nicht die darin gemachten Aussagen an sich das Problem – diese müssen erst auf ihre Plausibilität und Angemessenheit überprüft werden. Das primäre Problem ist zunächst der Anspruch, mit dem sie vorgetragen werden.

22.5   Sprachlosigkeit in Wertfragen

22.5.1 Der medizinethische Diskurs

Von der deutschen Medizinethikdiskussion wird gesagt, sie habe die Tendenz, ins Allgemeinethische, Grundsätzliche zu entfliehen, im Gesinnungshaften zu verharren, also gerade letzte Wertfragen nicht auszuklammern. Dieses Vorgehen hat vielfach Kritik erfahren – Odo Marquardt hat es einmal als *„transzendentales Wolkentreten"* bezeichnet; diese Kritik erfolgt nicht zu Unrecht. Ein weiteres Charakteristikum der deutschen Medizinethikdiskussion sei, ethische Fragen in der Medizin in geschlossenen Fachdiskussionen zu behandeln. Dem steht ein vor allem in Amerika seit Beginn der 70er Jahre entwickeltes Konzept einer Medizinethik gegenüber. Angesichts der rasant fortschreitenden wissenschaftlichen Erkenntnisse und Handlungsmöglichkeiten wird hier davon ausgegangen, daß über die vorhandenen ethischen Standeskodizes und allgemeinethischen Überlegungen hinaus eine kritische Diskussion der konkreten Sachverhalte – sei es in der Forschung oder in Therapie – notwendig ist. Diese kritische Diskussion muß zum einen die Analyse der Sachverhalte hinsichtlich ihrer ethischen Aspekte umfassen und zum anderen eine ethische Bewertung vornehmen. Beides ist von dem Arzt zu vertreten gegenüber dem Patienten, dem ein hohes Maß an Selbstbestimmungsrecht zugesprochen bzw. auch Selbstbestimmungspflicht zugemutet wird, gegenüber den Kollegen, mit denen über den konkreten Fall gesprochen wird, und gegenüber Politikern und Kostenträgern, wenn es darum geht, für ein bestimmtes Gesundheitsförderungsprogramm Gelder bewilligt zu bekommen. Von den Ärzten wird in diesem Konzept erwartet, daß sie Kompetenz sowohl in ethischer Analyse und Bewertung als auch darin erwerben, das Ergebnis angemessen darzustellen. In Amerika ist auf diesem Weg ein hohes Maß an ethischen „Know-how" entwickelt worden, was u. a. in einem breiten Aus- und Fortbildungsangebot seinen Niederschlag findet. Die Bemühungen, dieses Konzept in Deutschland zu etablieren, greifen langsam und sind zu begrüßen.

Bei allem Respekt, den man den amerikanischen Kollegen zollen muß, sind natürlich mit diesem in groben Zügen skizzierten Konzept keineswegs alle Probleme gelöst:

- Dem Problem des Wertepluralismus wird damit begegnet, daß auf die Wahrung der Autonomie des Patienten großer Wert gelegt wird, das heißt, die Entscheidung wird auf den betroffenen Patienten übertragen. Nun gibt es zum einen eine Vielzahl von Situationen, und gerade auch ethisch kritischer Situationen, in denen Patienten nicht, noch nicht oder nicht mehr entscheiden können; zudem sind grundsätzlich Fragen hinsichtlich der Möglichkeit einer autonomen Entscheidung angesichts von Notsituationen, Schmerzen usw. zu stellen. Zum anderen ist zu bedenken, daß der Patient nur nach angemessener Aufklärung entscheiden kann, daß aber eine objektive, wertfreie Aufklärung nicht möglich ist, es also entscheidend auf die wertgeleiteten Vorüberlegungen und Motivationen des Aufklärenden ankommt. Und schließlich ist zu bedenken, daß immer der Arzt eine Entscheidung trifft – und sei es nur für sich, im Vorfeld eines Aufklärungsgespräches – und diese immer ein Werturteil enthält.

- Um der Gefahr zu entgehen, sich in endlosen Grundsatzfragen über Letztbegründungen zu verlieren, womit nicht selten Lösungen für dringende Probleme blockiert werden, geht man in dem amerikanischen Konzept von sog. mittleren Werten aus, hinsichtlich deren ein Minimalkonsens erreicht werden kann. Dies folgt der Einsicht, daß es in einer offenen, wertepluralen Gesellschaft zwar durchaus differente Wertbegründungen gibt, diese jedoch Sache des einzelnen sind, daß es aber hinsichtlich der Wertdurchsetzung immer einer Übereinkunft, eines Konsenses bedarf. So hilfreich dies für viele Problemlösungen ist, so sehr muß man jedoch sehen, daß dieses Vorgehen auch in Amerika angesichts nicht weniger Probleme versagt; zu nennen wären hier etwa die Abtreibungsdebatte, Fragen der Euthanasie u. a.m.

- Charakteristikum einer auf Konsens hinsichtlich mittlerer Werte ausgerichteten Ethik ist, daß sie offen ist für jede Weiterentwicklung. Dies ist zunächst positiv zu bewerten, birgt aber auch Probleme. Da sie von letzten Begründungen absieht, sind dieser Ethik kategoriale Positionen fremd. Ein schönes Beispiel dafür ist die Gentherapie. Als vor einigen Jahren gentherapeutische Programme noch in weiter Ferne waren, bestand weithin Konsens darüber, daß gegen eine somatische Gentherapie keine grundsätzliche Einwände zu erheben seien, die Keimbahntherapie jedoch abzulehnen sei. Jetzt, da die ersten Gentherapien in der klinischen Erprobung sind, wird da und dort darüber nachgedacht, ob die Keimbahntherapie unter bestimmten Umständen nicht doch vertretbar sei – man denke nur an die Europäische Bioethik-Konvention, in der hier nicht zufällig ein Hintertürchen offen gelassen wird. Und man wird erwarten dürfen, daß es zur gegebenen Zeit auch ethische Begründungen für die Keimbahntherapie geben wird. Eine solche Ethik steht in Gefahr, technischen Entwicklungen hinterherzuhinken und im nachhinein ethische Begründungen für Zustände zu stabilisieren – wie im übrigen auf fundamentale Positionen rekurrierende Vorgehensweisen auch, da sie oft nicht zu konkreten Problemlösungen kommen. Eine solche Ethik begibt sich so weithin ihrer kritischen Funktion, bzw. diese wird auf die jeweils neuesten technischen Auswüchse beschränkt.

Angesichts der Schwierigkeiten, im Kontext des Wertepluralismus über Wertfragen zu sprechen, werden diese einfach weitgehend ausgeklammert – Sprachlosigkeit. Dafür wird großer Wert auf das Prozedere von Problemlösungen gelegt. Ethik wird damit professionalisiert. Der Handelnde, in unserem Fall der im Bereich der Medizin z.B. als Forscher oder Therapeut Tätige, verfügt nicht mehr über das dann notwendige Wissen; er befragt den Fachmann für Ethik. Mit ihm selbst hat dies nichts mehr zu tun. Die uneingeschränkt wichtige Arbeit von Ethikkommissionen ist unter diesem Gesichtspunkt durchaus auch kritisch zu betrachten; und das Entstehen kommerzieller Ethikinstitute kann hier als Indiz angesehen werden.

22.5.2 Der Diskurs über den Hirntod

Seit den Geschehnissen in Erlangen im Herbst 1992 haben wir in Deutschland eine kontroverse Debatte über die Hirntodkriterien. Es kann hier diese Diskussion mit ihren vielen Merkwürdigkeiten nicht nachgezeichnet werden; auch geht es hier nicht um meine persönliche Position in der Sache. Vielmehr soll darauf aufmerksam gemacht werden, was in dieser Diskussion sorgfältig ausgespart wird.

Unversöhnlich stehen sich in dieser Debatte zwei Lager gegenüber:

1. Auf der einen Seite stehen diejenigen, die in irgendeiner Weise in das Transplantationswesen involviert sind. Sie bestehen uneingeschränkt darauf, daß der Mensch, bei dem der Hirntod festgestellt wurde, tot ist, unbesehen der Tatsache, daß diese Position eine Fülle von Fragen offen läßt. Natürlich geht es den Akteuren um die leidenden Patienten, die dringend ein Organ benötigen, um zu überleben oder ein besseres Leben führen zu können. Daß mit dieser zunächst durchaus ehrenwerten Motivation durchaus auch wirtschaftliche Interessen verknüpft sind, mag hier einmal unbeachtet bleiben.
2. Auf der anderen Seite stehen diejenigen, die die Gleichsetzung „Hirntod = tot" kategorisch ablehnen, mit durchaus in Nuancen unterschiedlichen Begründungen. Auch dieser Gruppe sind durchweg ehrenwerte Motive zu unterstellen.

Interessant an dieser Diskussion sind nun nicht so sehr die gegensätzlichen und offensichtlich nicht konsensfähigen Argumentationen, sondern vielmehr das, was beide Positionen verbindet. Beide Gruppen diskutieren an keiner Stelle die eigentlich wichtige Frage, nämlich ob wir Organtransplantationen als Teil der Gesundheitsversorgung überhaupt wollen. Für die Vertreter des Transplantationswesens ist dies natürlich eine absolut ketzerische Frage. Aber auch Jürgen in der Schmitten, einem der namhaften Vertreter der Gegenposition, geht es um die Binnenprobleme der Definition des Hirntodes, unabhängig von der Frage nach Organtransplantationen. Dabei wird man schon einmal fragen müssen, inwieweit wir die Debatte über die Hirntodkriterien, wie sie seit 1992 geführt wird, überhaupt hätten, wenn es die Möglichkeit der Organtransplantation nicht gäbe, bzw. wir Organe tatsächlich Leichen entnehmen könnten, wie es der euphemistische Begriff „Leichenspende" suggeriert. Auch wäre es ein Akt der Redlichkeit, wenn seitens der Gegner der Hirntodkriterien erkannt und auch anerkannt würde, daß die Mitglieder der vielgeschmähten Ad-hoc-Kommission an der Medical School der Harvard University 1968 nach einer Übereinkunft, nach einer Lösung für Probleme gesucht haben, die durch die moderne Medizin, durch menschliches Handeln entstanden sind – und das war damals vor allem die seit einem Jahrzehnt etablierte Intensivmedizin, durch die die Grenze am Lebensende aufgeweicht worden war. Die Hirntoddefinition würde so gesehen auch dann noch eine Rolle spielen, wenn es die Möglichkeit der Organtransplantation und die Notwendigkeit, Organe von Lebenden zu bekommen, nicht geben würde, aber: Die Diskussion wäre eine andere; es würde nicht mehr die Notwendigkeit bestehen, einen Menschen, bei dem der Hirntod festgestellt worden ist, als tot zu bezeichnen, was im übrigen in Harvard auch niemand getan hat.

Darin, daß die Frage danach, ob wir Organtransplantation überhaupt wollen, ausgeklammert wird, bzw. so getan wird, als könne man diese Frage gar nicht stellen, wird Sprachlosigkeit deutlich. Würden wir diese Frage nämlich zulassen, würden wir Grunddogmen des Selbstverständnisses der modernen Medizin, aber auch nicht hinterfragte Erwartungen an die Institutionen der Medizin in Frage stellen. Indem wir uns über die Hirntodkriterien streiten, gelingt es uns, so zu tun, als hätte die hier anstehende Frage – unabhängig von der Frage der Organtransplantation – nicht sehr viel mit uns selbst zu tun.

22.6   Ein Beispiel aus der Herzchirurgie

Abschließend soll an einem Fallbeispiel aus einer herzchirurgischen Klinik Sprachlosigkeit auch im Klinikalltag verdeutlicht und dargelegt werden, welche Folgen dies unmittelbar und mittelbar für die in den Institutionen Tätigen hat.

Auf dem Operationsplan stand eine 80jährige Frau zum Mitralklappenreersatz. Als die Patientin in den Operationssaal gebracht wurde, konnte sich keiner der Beteiligten des Eindrucks erwehren, daß die Frau prämoribund war. Die Narkose konnte ohne Probleme eingeleitet werden; auch verlief die Operation zunächst ohne besondere Probleme. Einige Stunden nach der Operation verschlechterte sich der Zustand der Frau dramatisch, so daß man sich zur Rethorakotomie entschloß. Eine unmittelbare Ursache für die Verschlechterung konnte nicht gefunden werden, so daß angenommen wurde, daß der Herzmuskel nicht ausreichend mit Sauerstoff versorgt wird. Um die Durchblutung des Herzmuskels zu verbessern, entschloß man sich, einige aortokoronare Venenbypässe anzulegen. Technisch war dies kein Problem, jedoch war es nicht möglich, die Patientin von der Herz-Lungen-Maschine abzukoppeln; das Herz war nicht in der Lage, einen ausreichenden Kreislauf aufzubauen und zu gewährleisten. In diesen Situationen ist der Einsatz einer intraaortalen Gegenpulsationsballonpumpe die Ultima ratio – in Berlin wird derzeit in solchen Situationen mit dem passageren Einsatz eines Kunstherzes experimentiert. Für den Einsatz der intraaortalen Gegenpulsationsballonpumpe wird über die Leistenarterie ein Ballonkatheter in die Aorta bis vor das Herz geschoben. Der Ballon wird EKG-gesteuert aufgeblasen, und zwar so, daß immer, wenn das Herz das Blut in den großen Kreislauf austreibt, in der Aorta für einen kurzen Moment ein Stop entsteht, wodurch die Herzkranzgefäße mit einem höheren Druck und damit besser durchblutet werden können, wovon man sich eine Besserung der Pumpkraft des Herzens verspricht – nicht selten funktioniert dies auch. Das Problem in jener Nacht war nun, daß beide in der Klinik vorhandenen Pumpen in Betrieb waren. Ein Anruf in einer benachbarten herzchirurgischen Klinik ergab, daß die dort vorhandenen Pumpen nicht abkömmlich waren. Nun wurde erwogen, einen Hubschrauber zu bestellen, der von weither eine Pumpe hätte holen sollen. Von dieser Aktion sah man dann aber ab, weil sich dies ja doch bei der alten Frau nicht lohnen würde. Sie verstarb in tabula.

An dieser Fallgeschichte ist nun mancherlei interessant:

1. In der Entscheidung, diese alte Frau zur Operation vorzusehen, kommt zum Ausdruck, daß in unserer Gesellschaft für die Gesundheit wirklich alles getan wird. Gleichwohl empfindet jeder intuitiv, daß an dieser Geschichte etwas absurd ist; und man ist schnell geneigt, die Herzchirurgen dafür an den Pranger zu stellen, daß sie eine solche Patientin noch zur Operation vorsehen. Eine solche Sichtweise greift aber zu kurz: Vor der Entscheidung der Herzchirurgen steht die Entscheidung der Betroffenen und – wie man vor allem im vorliegenden Fall vermuten darf – die der Familie, angesichts des Prozesses, der für jedermann erkennbar auf den Tod der Frau zulaufen würde, Ärzte zu konsultieren.

Nun ist das Konsultieren eines Arztes in dieser Situation für sich genommen noch kein
Problem, es sei denn, mit diesem Konsultieren wird die heimliche Erwartung verknüpft,
daß der Arzt das sich Abzeichnende verhindert, bzw. das Problem lösen wird.

2. Nehmen wir nun an, daß der erste Arzt der über lange Jahre betreuende Hausarzt war. Er
   hätte es als seine vornehme Aufgabe ansehen können, die kranke alte Frau angemessen
   zu informieren, verbunden mit der Zusicherung, sie auf ihrem letzten Weg nicht alleine
   zu lassen, sie zu begleiten und auftretende Beschwernisse, z. B. Schmerzen oder Atem-
   not, zu lindern. Voraussetzung dafür wäre natürlich gewesen, daß über die Tatsache, daß
   die Frau sterben wird, gesprochen und ein Einvernehmen darüber hergestellt wird, daß
   dies seine Ordnung hat, ja – gut ist.

Der Arzt verhält sich aber der Logik des Systems folgend und überweist die alte Frau an
den Fachmann, der ihr – so das verbale oder nonverbale Signal – wird helfen können. Die
Reihe dieser Entscheidungen setzt sich nun fort, wobei angenommen werden darf, daß
jeder Beteiligte ganz genau weiß, was geschehen wird. Keinem, der an diesem Geschehen
beteiligt war, angefangen bei der Betroffenen, wobei in dem konkreten Fall vermutet werden darf, daß die Frau selbst wohl den geringsten Einfluß auf das Geschehen hatte, bis hin
zu dem indikationstellenden Herzchirurgen gelang es, die hier zu beobachtende Sprachlosigkeit zu überwinden. Keiner der Beteiligten wollte dies auf sich nehmen, getreu der
Devise des Altmeisters der Medizin, Wilhelm Hufeland, derzufolge den Tod bringt, wer
ihn verkündet – als ob dies in seiner Macht stünde. Folgerichtig stirbt diese Frau auch nicht,
weil sie alt und ihre Zeit gekommen ist, sondern weil keine intraaortale Gegenpulsballon-
pumpe vorhanden war, dabei hätte es ebenso gut fehlende Op-Kapazität, fehlendes Pflegepersonal oder ähnliches sein können.

3. Im Hinblick auf eine mögliche Begrenzung der zu verteilenden Gesundheitsleistungen ist
   an der Fallgeschichte und der darin deutlich werdenden Sprachlosigkeit nun noch etwas
   anderes wichtig, nämlich die Begründung dafür, nun doch nicht mit einem Hubschrauber
   eine Pumpe von weither zu holen: Dies sei ja nun doch bei der alten Frau übertrieben. Mit
   anderen Worten: Es lohnt sich nicht mehr. Als Kriterium dafür, daß sich etwas nicht mehr
   lohnt, ist natürlich nicht nur das Alter denkbar. Hier kommt eine schlimme Form von
   Lebenswertdiskussion zum Ausdruck; schlimm natürlich, weil sie überhaupt geführt
   wird, vor allem aber deshalb, weil sie klammheimlich daherkommt und im Einklang
   mit dem gesellschaftlichen, an Leistungsfähigkeit, Funktionstüchtigkeit und Jugendlich-
   keit orientierten Wertekodex steht, daher auch nicht problematisiert wird.

4. Man kann nun den vorgetragenen Fallbericht etwas modifizieren und weiterspinnen, um
   noch ein weiteres Problem aufzuzeigen, in das die Angehörigen der Gesundheitsberufe
   infolge der mit der gesellschaftlichen Werteordnung in Einklang stehenden Sprachlosigkeit involviert sind. Nehmen wir an, die Frau überlebt die Operation, wird aber ein
   Pflegefall, bei dem medizinisch nichts mehr gemacht werden kann, ein Ende aber nicht
   abzusehen ist – womöglich ist die Frau im Zuge der Operation schrittmacherbedürftig
   geworden und hat einen Herzschrittmacher implantiert bekommen.

Das Interesse der Medizin oder besser des Medizinsystems an dieser Frau wird enden, und
zwar in dem Moment, wo es offenkundig ist, daß nach der Logik des Systems nichts mehr
gemacht werden kann, bzw. in Zukunft vielleicht auch, weil der Betroffene eine noch denk-
bare Leistung nicht mehr bezahlen kann. Auch wird sich im Hinblick auf den Kostenträger
etwas ändern: Die Frau wird vom Behandlungsfall zum Pflegefall umdefiniert. Es ist dies
das Weiterdelegieren eines Falles, bei dem man nichts mehr machen kann; es ist letztlich
das Ausklammern von Sterben und Tod aus dem Klinikalltag, das Ausgrenzen der Aus-
gegrenzten: Der alte und/oder kranke und dann schließlich sterbende Mensch, den die Gesellschaft der Institution und den in ihr Tätigen überantwortet hat, weil er dem Leitbild von

Funktionalität und Leistungsfähigkeit nicht mehr entsprach, dieser Mensch darf, wenn seitens des Medizinsystems nichts mehr gemacht werden kann, den Wahn der Machbarkeit auch in der Institution Krankenhaus nicht stören.

Wird die Frau nun in einem Pflegeheim versorgt, kann es sein, daß entweder sie selbst ihr Leben in dieser Situation nicht mehr ertragen kann und den Wunsch äußert, sterben zu dürfen, ggf. auch unter Mithilfe eines Arztes. Oder die Angehörigen erleben das Dasein der alten Frau als menschenunwürdig, wobei man hier korrekter sagen sollte, als nicht mehr lebenswert – vielleicht auch, weil sie für die Pflegeheimkosten privat aufkommen müssen –, und stellen die Frage, ob man die alte Frau nicht erlösen könnte.

Mit der Vorstellung, daß Gesundheit machbar ist, korrespondiert der Wunsch nach einem schnellen Tod. Dies bedeutet: Wenn denn schon nichts mehr gemacht werden kann, soll es aber auch schnell gehen. Leiden – ohne dieses zu glorifizieren – als zum Leben gehörend ist ebensowenig vorgesehen wie – davon abhängig – das solidarische Begleiten des Leidenden. Dies kommt auch darin zum Ausdruck, daß die Finanzierung des Gesundheitswesens in unserer Gesellschaft so strukturiert ist, daß sich High-Tech-Kliniken, z. B. eine herzchirurgische Klinik, auch und gerade für private Träger rechnen, während die Institutionen, in denen Menschen versorgt werden, bei denen nichts mehr gemacht werden kann, zunehmend unter finanziellen Druck geraten, wobei der ambulante Bereich zu diesen Institutionen zu rechnen ist. Und es ist in der Logik dieses Systems nur folgerichtig, daß, wenn man Leiden nicht wegmachen kann, man bestrebt ist, den Leidenden zu eliminieren. Die Tatsache, daß in unserer Gesellschaft die Forderung nach Zulassung einer Tötung auf Verlangen doch auf eine nicht geringe Resonanz stößt, findet hier ihre Begründung. Daniel Callahan, der Präsident des Hastings Center für Ethikforschung in New York, hat dies kürzlich in Loccum treffend auf den Punkt gebracht: *„Viele praktische Gründe lassen Euthanasie und unterstützten Freitod anziehend erscheinen, besonders die Furcht, eine lange schleppende Krankheit könnte uns in ein geistiges und körperliches Wrack verwandeln. Doch ich sehe in Euthanasie und ärztlich unterstütztem Freitod das gleiche Virus auftauchen, das die moderne Medizin infiziert hat. Diese meinte, ihr größter Sieg könne die Kontrolle über Leben und Tod sein. Ihre größte Ambition ist es, unser Leben und Sterben so zu gestalten, daß wir es menschlich akzeptabel und tolerabel finden. Dahinter steckt der mächtige Wunsch nach umfassender Kontrolle und der Glaube, unser biologisches Schicksal beherrschen zu können. Das ist jedoch nicht möglich, so faszinierend der Gedanke auch sein mag. Wir verbessern die Lebensbedingungen, eröffnen den Menschen mehr Optionen, doch jeder stirbt, und viele sterben schlecht. Deshalb möchten manche durch Euthanasie und assistierten Freitod alles beenden, eine weitere Kontrolle zulassen, nämlich die der endgültigen Art. Dies ist der letzte Schritt in der Mission, Leben und Tod zu kontrollieren. "* (Callahan, 1995, S. 41)

Die Gesellschaft erwartet, dem gesellschaftlichen Leitbild von Funktionstüchtigkeit und Leistungsfähigkeit folgend, daß die in den Institutionen des Gesundheitsversorgungssystems Tätigen Gesundheit machen bzw., wenn dies nicht geht, dafür sorgen, daß das dadurch entstehende Problem unauffällig behandelt und ggf. der Mensch, der nun nicht mehr ein Problem hat, sondern ein Problem ist, entsorgt wird.

Der Ethik wird in dieser aus Sprachlosigkeit über die Grundfragen menschlichen Seins resultierenden Situation die Aufgabe zugewiesen, für das aufgezeigte Geschehen eine Legitimation zur Verfügung zu stellen, was letztlich bedeutet, das Anstößige an diesem Geschehen zu beseitigen. Und ich denke, eine Ethik in der Medizin ist gut beraten, dieses Ansinnen entschieden zurückzuweisen. Sie sollte vielmehr – eingedenk der ihr zukommenden kritischen Funktion – bemüht sein, die den auf den ersten Blick einleuchtenden Argumentationen zugrundeliegenden Wertaspekte deutlich zu machen und zu zeigen, an welcher Stelle die anstehenden Fragen beantwortet werden müssen, bzw. herauszuarbeiten, was notwendigerweise die Folgen sind, wenn dies nicht geschieht.

22.7 Schlußbemerkung

Es bleibt die Frage, wie die Sprachlosigkeit überwunden werden kann. Nach meinem Verständnis von Ethik kommt dieser gerade hier eine entscheidende Aufgabe zu, die allerdings nicht darin bestehen kann, den richtigen Weg zu weisen. Eine Ethik, in diesem Fall die Ethik in der Medizin, muß die theoretischen Grundlagen der Medizin als Wissenschaft sowie die Tatsache thematisieren, daß die Gesundheitsversorgung ein riesiger Wirtschaftsbetrieb ist, und beides nicht ohne Auswirkungen auf das Handeln und die Begründungsmuster für das Handeln in diesem Bereich ist. Dabei kann es nicht primäres Ziel sein, diesen Einfluß auszuschalten, Ziel muß vielmehr sein, diesen transparent zu machen. Eine Ethik in der Medizin hat im weiteren die Werteordnung der Gesellschaft und das Eingebundensein der Angehörigen der Gesundheitsberufe in diese zu bedenken, wiederum expressis verbis nicht mit dem Ziel, das Handeln in diesem Bereich wertfrei zu gestalten, sondern im Gegenteil mit dem Ziel, das Wertgebundensein von Handeln gerade auch in diesem Bereich herauszuarbeiten und darauf hinzuwirken, daß sich jeder in diesem Bereich Handelnde der sein Handeln leitenden Werteordnung bewußt ist. Hierfür ist es natürlich notwendig, die Ebene der mittleren Werte zu überschreiten und auch nach den tiefer gehenden Begründungen zu fragen. Dabei muß dem Verständnis von Leben eine besondere Bedeutung beigemessen werden. Es sei hier noch einmal Callahan zitiert, der sagt: *„Doch die wahre Arbeit muß in unserem Denken über den Tod geleistet werden, besonders in der Beziehung der Medizin zum Tod."* (Callahan, 1995, S. 41)

Dabei kann es nicht darum gehen, einen Moralkodex für das Handeln in der Medizin aufzustellen, sondern darum, der Tendenz entgegenzuwirken, daß über Letztbegründungen einfach nicht gesprochen wird, nur weil über diese keine Einigkeit zu erzielen ist. Der Diskurs über Letzbegründungen kann angesichts des Wertepluralismus nur in rechtverstandener Offenheit geführt werden. Rechtverstandene Offenheit vermeidet Gleichgültigkeit auf der einen und Intoleranz auf der anderen Seite; sie führt im Gegenteil zu Toleranz – und diese ist, so Herbst Viefhues, *„die Einnahme des eigenen Standpunktes bei distanzierter Akzeptanz anderer Standpunkte"* (Viefhues, 1989, S. 26). Ich denke, daß es ebenso wichtig ist, einen eigenen Standpunkt einzunehmen, wie den anderen Standpunkt zu akzeptieren. Mir scheint aber, daß wir im Akzeptieren des anderen Standpunktes inzwischen mehr Übung haben als darin, unseren eigenen Standpunkt nicht nur zu beziehen, sondern auch zu vertreten. So ist vielleicht die offene Einnahme eines eigenen Standpunktes das entscheidende Element einer Kultur, in der Sprachlosigkeit überwunden werden kann.

Literatur

Callahan, D.: Laßt sie sanfter entschlafen. Die Zeit, 22, 26. Mai 1995, S. 41

Hoff, J., in der Schmitten, J. (Hrsg.): Wann ist der Mensch tot? Organverpflanzung und Hirntodkriterium. Rowohlt Verlag GmbH, Reinbek bei Hamburg, 1994

Humboldt, W. v.: Über die Verschiedenheiten des menschlichen Sprachbaues. In: ders.: Werke. Band 3. Schriften zur Sprachphilosophie. Darmstadt, 1988, 6. Aufl., S. 144

Marquardt, Odo (Hrsg.): Möglichkeiten und Grenzen medizinischer Forschung und Behandlung. Blackwell Wissenschaftsverlag, Berlin, 1996

Nüchtern, M. (Hrsg.): Organspende. Aber: Wann ist ein Mensch tot? Herrenalber Protokolle, 102, 1994

Pieper, A.: Einführung in die Ethik, 2. Aufl., Tübingen, 1991

Schmidt, H.: Philosophisches Wörterbuch (Stichwort Moralität). Stuttgart, 1969

Viefhues, H.: Medizinische Ethik in einer offenen Gesellschaft. In: Sass, H.-M. (Hrsg.): Medizin und Ethik. Stuttgart, 1989, S. 17

Teil II

Impressionen des Forums

23 Sommerforum 1995 im Bildungszentrum Essen, eine Veranstaltung der besonderen Art – Bericht aus der Sicht zweier TeilnehmerInnen

von Monika Linhart und Peter Stumpf

23.1 Einleitung

„Sprache und Pflege" – schon allein die Überschrift der Vorankündigung des Sommerforums weckte unser Interesse, denn eine derartige Veranstaltung war unseres Wissens noch nie da gewesen. Unsere Neugierde wurde noch größer, als im Tagungsprogramm so verheißungsvolle Vortragstitel, wie „Nachdenken über Sprache – Professionalisierung der Pflege", „Pflegesprache – gibt es sie?" oder „Fachjargons – Konflikt im Krankenhaus" aufgelistet waren. Verlockend und neu war auch der angekündigte Rahmen – vier Tage gemeinsames Nachdenken über Sprache in der Pflege, und das auch noch interdisziplinär? Abendprogramm? Heitere Intermezzi, z. B. zum Thema „Pflegewirt"? – Als zukünftige Pflegewirte war spätestens hier der Entschluß gefallen, an dieser Fortbildung teilzunehmen.

In der folgenden Zeit kreisten unsere Gedanken immer wieder um diesen Titel: „Sprache und Pflege". Wo würden wohl die Zusammenhänge liegen? Gibt es überhaupt eine pflegerische Fachsprache, oder benutzen wir nicht nur medizinische Fachausdrücke? Auch gingen uns Episoden aus dem Pflegealltag durch den Kopf, die wohl die meisten in der Pflege Tätigen schon einmal erlebt haben dürften: Waren Sie nicht auch öfters verärgert, weil die Ärzte einigen Pflegetätigkeiten, wie z. B. dem Waschen eines Patienten nicht die gleiche Wichtigkeit beimaßen wie Sie, obwohl Sie heftig darauf hinwiesen. Oder hatten Sie nicht auch manchmal den Eindruck, daß ihre Patienten Sie schief ansahen, wenn Sie einer Kollegin quer über den Gang zuriefen: „Die Galle von 214 müssen wir noch umlegen"? Und haben Sie sich nicht auch des öfteren gefragt, warum eine Krankenschwester, im Gegensatz zu ihren männlichen Kollegen, in den meisten Fällen ganz selbstverständlich mit ihrem Vornamen angesprochen wird.

Neben all diesen Aspekten in der Verbindung mit der Pflegepraxis waren wir auch im Rahmen des Studiums mit „sprachlichen Problemen" konfrontiert. So war es uns zu Beginn des ersten Semesters kaum möglich auf die Frage „Was ist Pflege" eine konkrete Antwort zu geben. Auch hatten wir Schwierigkeiten KollegInnen zu beschreiben, was wir jetzt eigentlich studieren, denn die Abschlußbezeichnung „Pflegewirt" ist gleichermaßen verwirrend wie in den meisten Fällen unpassend.

Obwohl dieser Titel bundesweit den meisten FachhochschuldiplomandInnen verliehen werden soll, gibt er dennoch nicht wieder, welcher Studiengang eigentlich absolviert wurde. So wären wir z. B. nach Abschluß unseres Studiums beide Dipl.-Pflegewirte, obwohl wir vollkommen unterschiedliche Ausbildungen durchlaufen hätten.

Außer diesen Gesichtspunkten waren wir auch gespannt auf die interdisziplinäre Auseinandersetzung, da bei dieser Veranstaltung neben Pflegenden auch ganz andere Berufe als gewohnt teilnehmen würden: nicht Mediziner oder Physiotherapeuten, sondern Sprach- und Kommunikationswissenschaftler, Linguisten und Germanisten. Wie würden sich die Diskussionen gestalten? Was für Inhalte würden sich hinter den interessanten Vortragstiteln wirklich verbergen?

Angefüllt mit all diesen Fragen, kamen wir erwartungsvoll in Essen an und wurden vom Team des Bildungszentrums sogleich herzlich begrüßt.

Da in diesem Buch die meisten DozentInnen des Forums selbst zu Wort kommen, möchten wir uns darauf beschränken, die Momente und Augenblicke in chronologischer Reihenfolge zu beschreiben, die uns in Bezug auf diese Tagung am meisten beeindruckt haben und im Gedächtnis geblieben sind.

23.2   Erster Tag

Als Einführung in die Thematik wurde der Zusammenhang zwischen Sprache und Professionalisierung der Pflege erläutert. Hier wurde uns unter anderem klar, warum es so schwerfällt, anderen unsere Arbeit zu beschreiben und stichhaltige Argumente für die Professionalisierung unseres Berufes vorzubringen. Da viele inhaltliche Aspekte der Pflege auch den Pflegenden selbst noch „unsichtbar" sind und daher bislang kaum beschrieben, bzw. definiert wurden, ist es eigentlich kein Wunder, daß es so beschwerlich ist, die Entwicklung voranzutreiben.

Ganz deutlich wurde dies an den Begriffen der Grund- bzw. Behandlungspflege dargestellt. Die Tatsache, wie diese Bezeichnungen in den Sprachgebrauch der Pflege gelangt sind und welche Tragweite deren vor Jahren festgelegte Definitionen auch heute noch haben, zeigte uns, wie „sprachlos" bzw. „machtlos" wir waren und teilweise auch noch sind.

Die besondere Bedeutung einer Fachsprache, auch für die Aufwertung der Pflegeberufe, wurde im folgenden Vortrag noch unterstrichen, in dem die Merkmale und die Rolle der Fachsprache aus Sicht der Germanisten erläutert wurde. Hier hat uns vor allem beeindruckt, wie hoch die interaktiven und kommunikativen Anteile der pflegerischen Tätigkeit eingeschätzt wurden. Ein Umstand, der uns erst jetzt so richtig bewußt geworden ist. Die kommunikativen Fähigkeiten der Pflegenden werden eigentlich immer vorausgesetzt und erwartet, aber häufig werden gerade diese Anforderungen bei Tätigkeitsbeschreibungen oder Erhebungen der geleisteten Arbeit nicht angemessen erfaßt. Man denke in diesem Zusammenhang nur an die Pflegepersonalregelung.

Der Hinweis, daß andere Berufe, die speziell für diese „Gefühlsarbeit" ausgebildet wurden, sich diese auch teuer bezahlen lassen, war für uns insofern interessant, da in der Geschichte der Pflege als typischem Frauenberuf diese Fähigkeiten hauptsächlich der Empathie und Intuition der Schwestern zugeschrieben und als nicht erlernbar dargestellt wurden. Sollte sich hier eventuell eine Möglichkeit ergeben, wie dieser Einstellung entgegengewirkt werden könnte und sich daraus vielleicht auch Tätigkeitsbereiche ableiten lassen, für die die Pflege selbst verantwortlich ist? Ein möglicher weiterer Schritt hin zur Professionalisierung und weg vom ärztlichen Hilfsberuf?

Für den ersten Tag war das schon sehr viel Gesprächsstoff, der bei einem gemeinsamen Willkommenstrunk im Garten des BZE besprochen werden konnte – eine gute Gelegenheit, die anderen Teilnehmer näher kennen zu lernen. Aufgelockert wurde dieser Abend durch die Vorstellung eines Pantomimen, welche gleich zu Diskussionen anregte, inwieweit die Körpersprache bei dem Umgang mit Patienten eine Rolle spielt. Man merkte schon hier, daß alle von der Thematik begeistert waren und gespannt die folgenden Tage erwarteten.

23.3 Zweiter Tag

Der nächste Morgen wurde eingeleitet mit einer sehr aufschlußreichen Diplomarbeit aus der Schweiz, wobei es für uns interessant war, daß es den Dualismus der Grund- und Behandlungspflege auch dort gibt. Außerdem war es uns nicht bewußt gewesen, wieviele Wörter es im Zusammenhang mit „Pflege" gibt, bzw. wie unterschiedlich deren Gebrauch gehandhabt wird. Zudem verdeutlichte uns die Darstellung einer möglichen Gliederung der Pflegesprache in eine wissenschaftliche, eine fachliche Umgangssprache und eine PatientInnensprache, die bislang zu wenig beachtete Vielschichtigkeit unserer eigenen Fachsprache.

Nach dieser weiteren theoretischen Heranführung an die „Sprache" ging es nun das erstemal in die Workshops, die alle mit so attraktiven Inhalten lockten, daß die endgültige Auswahl sehr schwer fiel.

Besonders hervorheben möchten wir hier den Workshop „Unworte in der Pflege – zur Sprachhygiene", der einerseits zu allgemeiner Heiterkeit, andererseits aber auch zu einiger Betroffenheit beitrug. So war vielen von uns nicht bewußt gewesen, wieviele Unwörter unterschiedlichster Herkunft sich in unserem alltäglichen Sprachgebrauch eingenistet hatten. Meistens wurden Begriffe genannt, die uns ganz normal erschienen, die aber für Patienten befremdlich, unverständlich oder sogar beleidigend wirken könnten. Zum Beispiel „Fehlbelegung", „Pflege-Ei", „umlegen", „Patientengut", „füttern", um nur einige zu nennen. Wir wurden gar nicht müde, immer neue Wörter in die Runde einzubringen, denn so langsam waren wir in Bezug auf die Auseinandersetzung mit unserer eigenen pflegerischen Alltagssprache sensibilisiert worden. Viele, bislang unsichtbar gebliebene Zusammenhänge wurden langsam offensichtlich und faßbar.

Auch andere Gebiete wurden in den kleineren Gruppen näher beleuchtet. So war es sehr stimulierend, sich unter Anleitung, näher und bewußter mit der Pflegedokumentation auseinanderzusetzen. Erstaunlich, wieviel Informationen mit wissenschaftlichen Methoden bei der Auswertung z. B. der Pflegeberichte gewonnen werden konnten. Allerdings wurde auch in diesem Zusammenhang deutlich, wie hoch der Nachholbedarf bei der sprachlichen Entwicklung des Pflegepersonals ist. Zudem wiesen die Ergebnisse dieser Studie auf sehr unterschiedliche Kenntnisse bzgl. des Pflegeprozesses hin und unterstrichen die Notwendigkeit einer allgemeinverständlichen Fachsprache, die von allen Pflegekräften kontinuierlich genutzt wird. Damit könnte auch die Pflegedokumentation ihren Beitrag zur Professionalisierung leisten, indem sie, neben allen rechtlichen Aspekten, der Gesellschaft die pflegerische Arbeit überdies sichtbarer und nachvollziehbarer gestaltet.

Nach diesen an- und aufregenden Auseinandersetzungen rund um den pflegerischen Wortschatz, lernten wir vor dem Mittagessen noch eine neue Art der Kommunikation kennen. Der Kreistanz im Freien brachte unseren Kreislauf wieder in Schwung und trug auch positiv zum allgemeinen Kennenlernen bei. Grüppchen mischten sich fröhlich durcheinander, und so entstand langsam eine ganz eigene, sehr angenehme Atmosphäre. Unser gemeinsames Thema war „Sprache und Pflege", egal ob Pflegende oder GermanistIn, egal ob DozentIn oder StudentIn. Wir waren alle gleichermaßen begeistert und engagiert.

Die Mittagspause war dementsprechend angefüllt mit interessanten Gesprächen und Gedankenaustausch, so daß sie uns viel zu kurz erschien. Der Vortrag, der das Nachmittagsprogramm einleitete, stellte wiederum demonstrativ dar, wo neben der Mitarbeit bei Therapie und Diagnostik die Stärken und die Wichtigkeit der Pflege liegen. Nach Meinung des Dozenten unterstützt sie zum einen das Selbstheilungspotential des Patienten, und zum anderen liegt ihre besondere Fähigkeit in den Bereichen der Kommunikation.

Hervorzuheben ist hier, daß diese Meinung wieder von einem „Berufsfremden" geäu-ßert wurde, und zwar von einem Kommunikationswissenschaftler. Das machte uns Mut, vor allem da wir es nicht gewohnt waren, daß wir soviel Anerkennung und Zuspruch von Seiten einer anderen Wissenschaft bekamen.

Danach war es wieder Zeit für die Auseinandersetzung in kleineren Gruppen, wobei hier besonders die Tips hilfreich waren, die wir in Bezug auf das journalistische Arbeiten in der Pflege erhielten.

Die Märchenlesung am Abend stellte wieder einen kleinen Höhepunkt dar und bot eigentlich alles, was man sich nach so einem angefüllten Tag wünschen konnte. Wir wur-den von einer Vorleserin in eine andere Welt entführt, die geprägt war von dem Erleben, eine Geschichte nicht nur hören, sondern diese auch mit anderen Sinnen miterleben zu können. So wurde unsere Phantasie angeregt mit orientalischen Düften, dem Genuß von gutschmeckenden Kleinigkeiten und wundervollen Kostümen. Das war eine willkom-mene Entspannung für unsere „rauchenden" Köpfe. Außerdem war interessant, daß die Vortragende eine Bibliotherapeutin war, ein Beruf, der sich auf seine, uns noch unbekannte Weise mit der Förderung der seelischen Gesundung von Patienten beschäftigt.

An diesem Abend wurden noch sehr lange viele muntere Gespräche rund um das Tagungsthema geführt und viele neue Kontakte geknüpft.

23.4 Dritter Tag

Am nächsten Morgen lauschten wir gespannt dem Beitrag: „Fachjargons – Konflikt im Krankenhaus?". An manchen Stellen des Vortrags fühlten wir uns schlagartig in unseren Berufsalltag zurückversetzt, als die Dozentin ganz typische Situationen beschrieb, die nicht selten zu Streitgesprächen zwischen Pflegenden und Ärzten führen. So gibt es in der Pflege eine ganze Reihe von Pflegehandlungen, z. B. das „Waschen" von Patienten, denen jede Pflegekraft eine besondere Wertigkeit zumißt, aber häufig Probleme hat, diese gegenüber anderen Berufsgruppen „sichtbar" zu machen. Dies führt häufig zu gewisser-maßen vorprogrammierten und emotional geführten Diskussionen, die eigentlich das gan-ze Dilemma der Sprachlosigkeit der Pflege verdeutlichen. Somit waren wir wieder bei einer der am häufigsten getroffenen Aussagen dieser Tagung angelangt: Die Pflege verfügt zwar über einen Fachjargon, der allerdings meist noch unbewußt verwendet und von Au-ßenstehenden meistens nicht verstanden wird. Im Rahmen der Professionalisierung müß-ten hier die Pflegenden eine Fachsprache entwickeln, die aber noch allgemeinverständlich ist. Denn eines wurde auch hier wieder deutlich: Eine häufig unbeachtete, aber nicht un-wichtige Aufgabe der Pflege ist die Vermittlerrolle zwischen Patienten und anderen me-dizinischen Berufsgruppen. Wir wirken sozusagen als „Übersetzer" und tragen somit auch zum seelischen Wohlbefinden der Patienten bei.

Die Aha-Effekte bei uns hörten nicht auf, und langsam fragten wir uns, ob wir denn die vergangenen Jahre mit immer größer werdenden Scheuklappen durch die Gegend gelaufen sind. Viele Probleme und frustrierende Momente, die für uns mehr oder weniger unerklär-bar waren und mit der Zeit resigniert hingenommen wurden, erschienen nun in einem an-deren Licht. Und es entwickelte sich immer mehr eine hoffnungsvolle Stimmung. Sollte es uns vielleicht doch möglich sein, aus der Pflege eine „richtige" und anerkannte Profession zu machen?

Die folgenden Workshops gaben wieder einen umfassenden Einblick in die verschie-densten Möglichkeiten, sich mit „Sprache und Pflege" zu beschäftigen. So führte die ge-zielte Auseinandersetzung mit der Analyse von Gesprächsausschnitten zwischen Pflegen-den und Patienten zu einigen persönlichen Erleuchtungen. Demnach liegt es oftmals an uns selbst, daß ein Patient gerade dann nicht mehr aufhört sich mitzuteilen, wenn wir überhaupt keine Zeit für eine längere Unterhaltung haben. Das Zauberwort hieß „Befindlichkeitsfrage". Die Dozentin stellte uns sehr anschaulich dar, wie häufig es gerade im größten Zeitdruck passiert, daß man bei dem Betreten eines Zimmers die Patienten mit der Frage „Wie geht's Ihnen denn heute so?" begrüßt. Eine deutliche Aufforderung für sein Gegenüber, umfangreich darauf zu antworten, obwohl man selbst eigentlich gar keine Zeit zum Zuhören hat.

Der Kreistanz in der Sonne sorgte wiederum für angenehme Abwechslung, und es schien, daß die Mittagspause wie im Flug verging. Wir waren so sehr damit beschäftigt, uns mit den Teilnehmern der anderen Workshops auszutauschen oder die wachsende Anzahl der Mitteilungen auf der Pinnwand zu studieren.

Eine neuerliche Erweiterung unseres Horizonts erfolgte durch den Beitrag: „Feministische Aspekte der Sprache". Hier wurde sehr lebendig dargestellt, welche typischen Unterschiede es im Sprachgebrauch der Geschlechter gibt, und inwieweit sich diese auch auf den pflegerischen Alltag auswirken. Es wurde deutlich, daß die Sprachwissenschaft sich bislang viel zuwenig mit den Bereichen der Kommunikation in der Pflege beschäftigt hat, obwohl es gerade für die feministische Forschung ein sehr spannendes Gebiet ist. Die Pflege ist einerseits ein sogenannter typischer Frauenberuf, und andererseits dürften viele Probleme mit dem männlich dominierten Arztberuf, auch im Zusammenhang mit der unterschiedlichen sprachlichen Repräsentation stehen.

Man merkte so richtig, wie bei einigen KollegInnen Situationen aus dem Alltag vor dem inneren Auge abliefen und sie sich durch die Ausführungen der Dozentin verstanden fühlten.

Uns beschäftigte in diesem Zusammenhang besonders die Frage, ob diese Besonderheiten auch für die Gruppe der männlichen Pflegekräfte zutrifft. In der beruflichen Geschichte der Pflege werden viele Tätigkeiten mit den sogenannten weiblichen Qualitäten der Gefühlsarbeit in Verbindung gebracht. Wie wirkt sich das auf unsere Kollegen aus? Haben diese die gleichen Probleme bei der Kommunikation mit den Medizinern, oder haben sie andere Strategien entwickelt, um sich durchzusetzen? Fragen, die vor Ort nicht gelöst werden konnten, aber vielleicht Anlaß bieten, sich in Zukunft näher damit zu beschäftigen.

Sehr lebhaft ging es bei dem Workshop zu, wo u. a. auf eine besondere Neigung der Pflegenden eingegangen wurde: das Tragen von selbstgestalteten Namensschildern. Nach der Analyse einiger Beispiele mit Hilfe der objektiven Hermeneutik, wurde angeregt darüber diskutiert, welche Vorteile bzw. Nachteile sich für die Stellung des Pflegepersonals daraus ergeben. Die Argumente reichten von der Gewohnheit der Patienten, das Krankenpflegepersonal mit dem Vornamen anzusprechen, bis hin zu der Feststellung, daß man sich nicht wundern dürfe, wenn somit die Grenzen der persönlichen Distanz häufig übertreten würden. Interessant war hier die Beurteilung dieser Angewohnheit durch die Kommunikationswissenschaft. Somit würde durch ein derartiges Namensschild ohne Nachnamen, in einer formalen Institution wie einem Krankenhaus etwas Privates preisgegeben und ein eindeutiges Beziehungsangebot signalisiert. Die Frage war, inwieweit dies Konsequenzen für das Berufsverständnis und für das Streben nach einem eigenständigen Berufsbild haben könnte, zumal andere Berufsgruppen streng darauf achten, durch die Vorstellung mit Nachnamen ihre persönliche Distanz zu den zu betreuenden Patienten zu halten. Dem gegenüber standen Äußerungen, daß es den meisten Patienten und hier vor allem alten Menschen und Kindern erleichtert wird, eine Vertrauensbasis zum Pflegepersonal aufzubauen. Über diese unterschiedlichen Sichtweisen wurde noch lange nach Abschluß des Workshops diskutiert.

An diesem Abend folgte dann der „gesellschaftliche Höhepunkt" in Form eines optimalen Grillfestes mit anschließender Disco-Night. Das Wetter spielte mit, und das Team des Bildungszentrums verwöhnte uns rundherum, so daß die Stimmung von Anfang an ausgelassen war. Ein Highlight ganz besonderer Art war die Darbietung eines Sketches zum Thema „Studium, Professionalisierung und Pflegewirt". Diese Begegnung zweier „Pflegeprofessionalistinnen" strapazierte unsere Zwerchfelle derart, daß dadurch die ganze Anspannung von uns abfiel und danach bis tief in die Nacht hinein ausgelassen getanzt und gefeiert wurde.

23.5   Letzter Tag

Am nächsten Morgen saßen dann entsprechend müde Gesichter am Frühstückstisch, begleitet von der heftigen Suche nach Aspirin. Die restlichen Spuren der durchgefeierten Nacht verschwanden allerdings fast vollständig, als wir sehr anschaulich mit der Thematik „Sprache und Kommunikation im Alter" vertraut gemacht wurden. Schon die Tage zuvor waren uns einige Posterpräsentationen zu diesem Inhalt aufgefallen, die uns wiederum einen ganz neuen Ansatzpunkt für die wissenschaftliche Auseinandersetzung mit der Sprache in der Pflege nähergebracht hatten. So analysierte eine Studie Gesprächssituationen aus dem Bereich der Altenpflege. Wir waren teilweise sehr erschüttert, auf welchem sprachlichen Niveau sich hier das Personal bewegte, auf der anderen Seite deutete die Auswertung darauf hin, daß wohl aber auch ganz bestimmte Besonderheiten in der Kommunikation mit alten Menschen vorhanden sein dürften. Hier wäre es sicher sehr interessant, zusammen mit der Sprachwissenschaft Licht ins Dunkel zubringen, um den teilweise sehr schwierigen Umgang mit älteren Patienten für beide Seiten zu erleichtern.

In einem der letzten Workshops „Anrede 'Schwester' und Berufsverständnis" wurde dann noch einmal ein Thema aufgegriffen, das die vergangenen Tage eigentlich immer gegenwärtig war. Sehr interessant war die sehr unterschiedliche Einstellung der einzelnen SeminarteilnehmerInnen. Im Laufe der weiteren Diskussion wurde aber offensichtlich, daß diese Vielschichtigkeit durchaus typisch für die aktuelle Situation ist. Da es immer noch keine sinnvolle Alternative für die Berufsbezeichnungen „Krankenschwester" bzw. „Krankenpfleger" gibt und die persönliche Handhabung auch noch stark mit der beruflichen Sozialisation zusammenhängt, wird es sicher spannend werden, diesen Prozeß weiter zu beobachten. Anregungen, sich mit dieser Problematik auch in Hinblick auf die Professionalisierung auseinanderzusetzen, gab es in diesen Tagen wirklich reichlich.

Dieses wurde auch noch einmal in dem Abschlußreferat deutlich, in dem ein kurzer Rückblick über die meisten inhaltlichen Aspekte und deren berufspolitische Bedeutung gegeben wurde. Ebenso wurde im Zusammenhang mit der Entwicklung einer Fachsprache in der Pflege auf die mögliche Rolle der Pflegewissenschaft hingewiesen. Durch die Sichtweisen und Erkenntnisse der anderen, an dieser Tagung teilnehmenden interdisziplinären Wissenschaften war es gelungen, der Pflege noch nie gehörte Sichtweisen bzgl. der „Macht der Sprache" zu vermitteln und neue Wege der Professionalisierung aufzuzeigen.

Diesem treffenden Statement können wir uns nur anschließen. Insgesamt möchten wir feststellen, daß wir noch nie zuvor an einer derartigen pflegerischen Fortbildung teilgenommen hatten. Es war wirklich eine Veranstaltung der besonderen Art, ganz im Gegensatz zu den bislang überwiegend „handwerklich" geprägten Tagungen.

In diesen vier Tagen wurde uns ein inhaltlich sehr niveauvolles Programm geboten, das sich vor allem durch die Vielseitigkeit der Themen auszeichnete. Spannend war zudem die interdisziplinäre Auseinandersetzung, wobei uns speziell das Engagement der beteiligten DozentInnen beeindruckt hat. Diese waren jederzeit bereit, auf individuelle Nachfragen einzugehen und zeigten sich sehr interessiert an der weiteren gemeinsamen Arbeit an dem Phänomen der Sprache in der Pflege.

Ein weitere Besonderheit war vor allen Dingen die angenehme Atmosphäre, welche das gesamte Forum prägte. Die TeilnehmerInnen kamen nicht nur aus allen Fachbereichen der Pflege und vielen anderen Berufen, sondern auch aus dem In- und Ausland. Darunter waren zudem auch viele StudentInnen der aktuellen Pflegestudiengänge, so daß sich nebenbei auch noch ein lebhafter Austausch über die jeweilige Studiensituation entwickelte.

Da die Veranstaltung uns alle gleichermaßen begeisterte, fanden spätestens ab dem zweiten Tag, bei jeder möglichen Gelegenheit, rege Diskussionen statt, die trotz allen Engagements aber auch mit einer großen Portion Spaß und Humor geführt wurden. Aus unserer Sicht gab es eigentlich nur einen einzigen Wermutstropfen, und zwar, daß man aus zeitlichen Gründen nicht an allen Workshops teilnehmen konnte.

Das Gelingen dieser Tage haben wir sicherlich auch dem Team des Bildungszentrums zu verdanken, für dessen Gastfreundlichkeit wir uns an dieser Stelle noch einmal ganz herzlich bedanken wollen.

Besonderer Dank gebührt allerdings Frau Angelika Zegelin-Abt, der Hauptorganisatorin und „Vordenkerin" dieses Sommerforums, deren unermüdlicher Einsatz nicht genügend gewürdigt werden kann.

Wir haben viele bleibende Eindrücke aus diesen Tagen mitgenommen, viele neue Kontakte geknüpft und unseren Horizont ganz gewaltig erweitert. Viele bislang unsichtbare Aspekte der Pflegearbeit sind uns sichtbar geworden, was uns spürbar und nachhaltig gegenüber der Thematik „Sprache und Pflege" sensibilisierte.

24 Rückblick und Ausblick zum Sommerforum „Sprache und Pflege" – Eine ganz persönliche Betrachtung

von Hilde Steppe

24.1 Vorbemerkung

Ich stehe vor der ungemein schwierigen Aufgabe, am Ende des Werkes zu einer Tagung, auf der nicht nur viel gesprochen, sondern auch viel gesagt wurde und auf der auch noch über Sprache gesprochen, reflektiert und diskutiert wurde, einen Rückblick zu geben und einen Ausblick zu wagen.

Bei der ersten Vorbereitung auf dieses Kapitel lag das Sommerforum „Sprache und Pflege" noch vor mir, und so war es mir natürlich nicht möglich, über etwas zu reflektieren, was noch gar nicht geschehen war. Ich war also angewiesen auf meine Erwartungen, meine Neugier und meine Phantasie, die sich mit den angekündigten Themen verband. Im folgenden möchte ich also versuchen, meine sprachwissenschaftlich betrachtet quasi präprofessionellen, weil nämlich noch nicht durch Teilnahme an dieser Tagung gebildeten Gedanken zu verbinden mit dem postprofessionellen Zustand, den ich nun, nach vier Tagen, erschöpft aber zufrieden, mit viel Sprache im Kopf und im Herzen erreicht habe.

Dabei will ich jedoch nicht einen chronologischen Abriß der Tagung vornehmen, sondern anhand einiger Aspekte skizzieren, welche Wege und Richtungen sich für mich während der letzten Tage gezeigt haben.

24.2 Inhaltliche Aspekte des Umgangs mit Sprache in der Pflege

Ich habe viel gelernt über die Macht der gesprochenen Worte, über sprachwissenschaftliche Grundlagen und über die Pflegefachsprache, die auch von mir so oft gedankenlos eingesetzt wird, ohne ihre Wirkung zu bedenken – dieser vielschichtigen und faszinierenden Palette will ich zwei kleine Bilder, fast eher Miniaturen, hinzufügen, deren Bedeutung für die Pflege als professionelle, personenbezogene Dienstleistung, wie wir uns heute postmodern ausdrücken, um das Wort „dienen" zu vermeiden, für mich gegeben ist und die in ihrer Bedeutung in der Hektik des Berufsalltags oftmals übersehen werden.

24.2.1 Erstes Bild – Entfremdung durch Sprache im beruflichen Kontext

Das erste Bild, das sich für mich mit Sprache und Pflege verbindet, ist die Entfremdung durch Sprache im berufsfachlichen und berufspolitischen Kontext, wie sie sich schon bei einer Betrachtung der Entstehung der Pflege als Beruf darstellt.

Die historische Entwicklung der Pflege in Deutschland ist eingebettet in einen hoch-komplexen und komplizierten Prozeß der endgültigen Modernisierung der Gesellschaft, der sich schwerpunktmäßig im 19. Jahrhundert vollzieht. Im Zuge der Industrialisierung werden zunehmend ursprünglich familiale Leistungen, wie z. B. die Pflege im Familien- oder Gemeinschaftsverbund, ausgelagert und gesellschaftlich organisiert. Der Bedarf an spezieller Pflegeleistung, die in einer bestimmten Form angeboten werden muß, zeigt sich also immer in Zeiten des Umbruchs oder der Krisen. Dieser Bedarf wird dann in konkreten Qualifikationsmustern präzisiert, mit Erwartungen an die Erfüllung des Bedarfs verknüpft und in entsprechenden Formen institutionalisiert.

Gesundheit wird im 19. Jahrhundert in diesem Prozeß der sozialen und gesellschaftli-chen Veränderungen zu einem wertvollen Gemeinschaftsgut, denn nur eine gesunde Be-völkerung ist arbeitsfähig und somit ein Garant für eine prosperierende Wirtschaft, die wiederum Wohlstand, Reichtum und Macht verheißt.

Als Hüter dieses Gemeinschaftsgutes Gesundheit bietet sich eine Berufsgruppe an, die zwar auf eine lange Tradition, aber insgesamt auf eher bescheidene wissenschaftliche Er-folge und wenig angehäuften Reichtum zurückblicken kann: die Ärzteschaft. Sie orientiert sich nun zum einen endgültig und konsequent an den Kriterien der damals als echteste und wichtigste Wissenschaft geltenden Naturwissenschaft, zum anderen verbindet sie sich zu-nehmend mit dem Staat in der Wahrnehmung von Aufsichts- und Kontrollaufgaben im Zusammenhang mit der Gesunderhaltung bzw. der Behandlung von Krankheiten. Diese Funktion wird übrigens damals sehr deutlich mit „medizinische Polizei" bezeichnet.

Im Verlaufe dieses Prozesses, von dem ich hier nur einen winzigen Faden herauslösen und beschreiben will, wird der kranke Mensch zum Patienten, zum Laien, der seine Be-schwerden nur mehr ganz unwissenschaftlich und unbeholfen auszudrücken vermag, des-sen bildhafte Beschreibung seines Befindens unbarmherzig von der Fachsprache getrennt wird. Barbara Duden hat diesen Prozeß der Verkümmerung des kranken Menschen zum Körperbesitzer, dessen Sprache der wissenschaftlichen Sprache der Medizin nicht mehr folgen kann, faszinierend in ihrem Buch „Geschichte unter der Haut" (Stuttgart, 1987) beschrieben.

Noch der Mediziner des 18. Jahrhunderts ist auf das angewiesen, was ihm der kranke Mensch mitteilt, über sich sagt, und er nimmt dies als die Wahrheit über dessen Zustand und Befinden.

Die Ohren sausen, die Sinne schwinden, das Blut glüht, die Eingeweide grimmen, das Herz schlägt bis zum Halse, die Galle läuft über, das Blut schießt in den Kopf, die Knie wanken, der Leib zwickt, das Herz bricht – in bildhafter Sprache wird das beschrieben, was wir heute wissenschaftlich Hypertonus, Cholezystitis, vegetative Dystonie oder akutes Ab-domen nennen. Die naturwissenschaftliche Medizin benötigt den Patienten als Objekt, als definierbare und zerlegbare Maschine, als Summe einzelner Organsysteme, Gewebever-bände oder Zellansammlungen (heute sind es schon die unter gängigen Mikroskopen nicht mehr sichtbaren DNS-Ketten und Gene), als normierbares Wesen, dessen Zustand sich in möglichst exakten und verdichteten Begriffen fassen läßt.

Ein zentrales Moment dieses Entfremdungsprozesses ist die Entwicklung einer angeb-lich objektivierenden Fachterminologie, einer Fachsprache, die Kommunikation zwischen Experten über Kürzel erlaubt (über die medizinische Diagnose beispielsweise) – unter „Nephritis" können sich alle Fachpersonen etwas vorstellen, nur dem davon betroffenen Menschen, der die Beschwerden hat und darunter leidet, muß die Fachsprache erklärt und übersetzt werden.

Genauso wie die Wissenschaft insgesamt mit der Entwicklung des logischen Empiris-mus einer Utopie des möglichen neutralen Blicks auf die Welt huldigt, verbindet sich mit der Medikalisierung der Gesellschaft die Illusion, Gesundheit wäre durch das Entdecken der Krankheitsursachen und entsprechende Behandlung zu erreichen.

Nur im Kontext des Prozesses dieser auch sprachlichen Entfremdung des Menschen von sich selbst und seinem Befinden, von seinem Inneren, seinem Körper mit den Eingeweiden und seinen Erfahrungen läßt sich die spezifische historische Entwicklung der Pflege als Beruf verstehen und nachvollziehen. Der Bedarf an außerfamilialer Pflegeleistung entsteht u. a. genau im Rahmen dieser endgültigen und unumkehrbaren Verwissenschaftlichung der Medizin und weist der Pflege den Bereich zu, der nun aus Sicht der Wissenschaft irrelevant wird: das subjektive Empfinden, den Alltag, die Bedürfnisse, die Sorge um das leibliche und körperliche Wohl, das Sauberhalten, das bequeme Liegen usw.

Diese Arbeitsteilung muß natürlich normiert werden, um Übergriffe und Grenzüberschreitungen zu verhindern. Hier bietet sich nahezu ideal im 19. Jahrhundert das Konzept der geschlechtsspezifischen Arbeitsteilung an, welches durch die bürgerliche Familie repräsentiert wird. Der Arzt also der Vater, der Mann, der Rationalität, Entscheidungsbefugnis, Kultur und Produktion repräsentiert und der die schwere Last der Gesamtverantwortung für Staat, Wirtschaft und Gesellschaft trägt; die Schwester als Pflegende, die Frau, die Selbstlosigkeit, Demut, Reproduktion, Natur und Gehorsam verkörpert und der Patient schließlich das unmündige Kind, welches nicht weiß, was gut für ihn ist und deshalb versorgt und erzogen werden muß.

Auf sprachlicher Ebene wird die Entfremdung und Normierung geradezu unerbittlich vollzogen – die Veröffentlichungen des 19. Jahrhunderts zu den Eigenschaften und Merkmalen einer „guten Krankenschwester" sprechen hier im wahrsten Sinne des Wortes eine beredte Sprache.

Die Frau als Krankenschwester, von der Natur zur Unterwerfung und Selbstaufgabe bestimmt, wird so auf ihren Platz verwiesen, sprachlich so eindeutig beschrieben – und macht selbst diese Zuschreibungen noch zu ihrer eigenen Sache. Selbstaufgabe wird zum fachlichen Kriterium für eine gute Krankenpflege und bedeutet auch den Verzicht auf die eigenen Bedürfnisse, also letztlich eine Entfremdung von sich selbst.

Und darüber hinaus – quasi zwangsläufig in dieser Berufskonstruktion als Hilfskraft an den Arzt gefesselt – muß sich die gute Krankenschwester natürlich noch befleißigen, mit dem Arzt in seiner Sprache kommunizieren oder ihn wenigstens verstehen zu können.

Die Sprache der Medizin wird also so auch zur Fachsprache der Pflege – und das Dilemma der Pflegenden, sich zwischen Arzt und Patient zu entscheiden, wird gelöst durch den Aufbau eines geradezu monumentalen beruflichen Selbstverständnisses (immer nur Gutes zu tun, ständig nur das Beste zu wollen, immer unschuldiges Opfer zu sein), welches zwar immer Patientennähe und Fürsorglichkeit behauptet, aber eigentlich dem Arzt und später der Institution dient.

So entsteht eine ganz spezifische Symbiose zwischen Pflege und Medizin, die ich (in Dr. med. Mabuse, Nr. 69/1990) einmal ironisch „Szenen einer Ehe" genannt habe, weil es sehr viel mit einem Bund fürs Leben zu tun hat, als die Schwester damals dem Arzte ihr festes Jawort gibt, in guten und in bösen Tagen, und diese Beziehung auch mit vielen Gefühlen zueinander in all ihrer Ambivalenz verbunden ist. Noch heute kann man jede dröge Diskussion beleben, wenn der Arzt-Pflege-Konflikt angesprochen wird! Und erst heute, um im Bild der Ehe zu bleiben, hat die Pflege die Scheidung eingereicht und besteht auf Beteiligung am Zugewinn oder wenigstens auf Gütertrennung.

Jahrzehnte später also erst schickt die Pflege sich an, den Patienten (und manchmal auch sich selbst) wieder an die erste Stelle zu setzen, den Paradigmenwechsel zumindestens sprachlich von der Medizin- zur Patientenorientierung zu vollziehen. Wie weit er wirklich gelang, mag jede und jeder für sich selbst beantworten.

Die Normierung und den Drang zur Vereinheitlichung, die Standardisierung und die Begeisterung zur Operationalisierung hat die Pflege jedenfalls auch nach dem Paradigmenwechsel behalten. Ich denke hier zum Beispiel an die vielen detaillierten Checklisten, die jeden Handgriff akribisch beschreiben und die Illusion einheitlicher Qualität vermitteln.

Diese ganzen Instrumente orientieren sich heute meist nicht mehr an medizinischen Kriterien (obwohl es noch genügend Pflegestandards beispielsweise gibt, die an Krankheitsbildern statt an Pflegeproblemen ausgerichtet sind), wir haben längst unsere eigenen Normen und ungeschriebenen Gesetze entwickelt, wir sind patientenorientiert, ganzheitlich, individuell, wir sind im Management ebenso zu Hause wie in der Corporate-identity oder in der EDV, wir forschen und begründen, wir regeln und erlassen, wir fordern und klagen, nennen uns PDL oder PDLS, haben schon längst unsere eigene Geheimsprache entwickelt – und glauben oft auch fest daran, daß schon die Behauptung von Patientenorientierung diese sichert oder daß der Name schon den Status irgendwie regeln wird, wie dies beispielsweise bei Unterrichtsschwestern der Fall ist, die sich nun Lehrerinnen nennen oder bei einigen Weiterbildungsinstituten, die sich Hochschulen nannten und nennen.

Ja, auch heute haben wir die sprachlich festgeschriebene Norm der guten Pflegefachkraft: Sie ist jetzt nicht mehr ganz so demütig und gehorsam wie früher, sondern fachkompetent, eigenständig und eigenverantwortlich und beherrscht fließend die moderne Fachterminologie. Begriffe wie Strukturqualität, Prozeßqualität, Ergebnisqualität, Pflegequalitätssicherung, Pflegeprozeß, Pflegetheorien, Pflegemodelle, Pflegeforschung, Pflegewissenschaft, Metaparadigmen gehen ihr leicht und flüssig über die Lippen.

Dies soll wohlgemerkt kein Plädoyer gegen Normen jeder Art sein. Normen sind unverzichtbar zum Erhalt sozialer Strukturen, und sie sind auch zur Klärung und Grenzziehung für Berufsfelder und vor allem zum Schutz der den Professionellen ausgelieferten Menschen, in unserem Falle also der pflegebedürftigen Menschen notwendig. Da sind sie wichtig und haben ihren Platz, aber vielleicht wirklich nicht mehr auf der „Mikro-Mikro-Ebene" der Reglementierung einzelner pflegerischer Handlungsabläufe. Hier würde ich der Fachkompetenz der Pflegenden ein wenig mehr vertrauen.

Diese Ausführungen sind also zu verstehen als der Versuch, auch sprachliche Normierungen in ihrem Entstehungszusammenhang zu problematisieren und sie vor allem nicht mit den damit gewollten und erwünschten Inhalten gleichzusetzen, sondern zu ihrer Hinterfragung zu ermutigen.

24.2.2 Zweites Bild – Gewalt durch Sprache

Gewalt durch Sprache ist sowohl ein historisches als auch ein aktuelles Phänomen, das sich auch in der Pflege finden läßt. Sie findet sich in den Unworten der Pflege, über die wir auf dieser Tagung gehört haben, in der Reduzierung eines Menschen auf sein erkranktes Organ („der Schenkelhals", „der Blinddarm", „die Galle" von Zimmer 21), sie findet sich aber auch in der Alltagssprache, deren diskriminierende Elemente uns oftmals gar nicht bewußt sind. Ich nenne hier nur beispielhaft die Entindividualisierung von Menschen, wenn ich sie nicht mit ihrem Namen anspreche, sondern vielleicht mit „Oma" oder „Opa", obwohl sie nicht meine Großeltern sind, die meistens sehr stark reduzierte sprachliche Differenziertheit im Umgang mit ausländischen Menschen in Deutschland, als ob sie wenige laut gesprochene Worte besser verstehen würden („Du essen, verstehen?"), die Negierung von Frauen in der Behördensprache oder in der Sprache der Politik und Wissenschaft, die Charakterisierung von Menschen über hervorstechende Merkmale, wie die Hautfarbe oder soziale Rollen, „der Neger", „der Nigger", „der Kanacke", „der Knacki", „der Bulle", „der Bastard", „der Bettnässer", „der Verrückte", „der Penner", „die Arbeitsscheuen", „die Süchtigen", „die Kriminellen" etc.

Das vielleicht deutlichste und auch schrecklichste Beispiel für Gewalt, die mit sprachlicher Diskriminierung beginnt und mit Massenmord enden kann, hat der deutsche Nationalsozialismus gegeben, indem er Menschen zu Untermenschen erklärte, zu Ballastexistenzen, zu unwertem Leben, zu Schwachsinnigen, Idioten, Gemeinschaftsunfähigen, die auszurotten und auszumerzen sind, weil sie nicht dem Bild des guten Deutschen entsprachen oder Fremde in unserem Land waren. Vieles in unserer Alltagssprache trägt heute noch den Stempel von Herrschaft und Diskriminierung, wie beispielsweise die vielen Antisemitismen – es geht irgendwo zu „wie in der Judenschul'", die „Mischpoke" oder die im wahrsten Sinne des Wortes schreckliche Redewendung „...bis zur Vergasung". Ganz zu schweigen von den vielen sprachlichen Ausdrucksformen der Ausländerfeindlichkeit – „Spaghettifresser", „Knoblauchstinker", „Jugos", „Schlitzaugen", die „drohende Überfremdung unserer Gesellschaft", die „Gefahr des Niedergangs der deutschen Rasse", „die Wirtschaftsflüchtlinge" usw.

Sprache kann also nicht nur verdeutlichen, sondern auch verletzen, verschleiern oder verhindern, und sie kann ein Mittel zur Ausübung von Gewalt sein. Wir sollten also auch sehr behutsam mit ihr umgehen.

24.3 Berufspolitische Implikationen

Berufspolitische Implikationen ergeben sich vor allem aus den vielen inhaltlichen Diskussionen und Reflektionen des Sommerforums und sollen hier ganz kurz in Form von Forderungen formuliert werden.

Die wichtigste Forderung ist ganz sicher die nach Sprachgenauigkeit, derer sich die Pflege vor allem nach außen befleißigen sollte. Damit ist auch gemeint, daß es verschiedene sprachliche Ebenen sehr klar voneinander zu unterscheiden gilt und Inhalte und Strukturen nicht gleichgesetzt werden dürfen. Konkret soll dies heißen, daß sich nicht hinter jeder normativen Definition von Pflege, z. B. in Gesetzen oder Verordnungen, ein Angriff auf die berufliche Identität oder eine geringe Wertschätzung der Pflege verbirgt. Normative Begriffe sind z. B. Grundlage von Versicherungsleistungen und müssen Abgrenzungen und eindeutige Zuordnungen auch für Berufsfremde erlauben.

Wenn solche Begriffe also nach Meinung der Berufsangehörigen die Belange der Pflege nicht korrekt wiedergeben, müssen entsprechende präzise Formulierungen vorgeschlagen und politisch durchgesetzt werden. Dieses zu tun, ist eine originäre berufspolitische Aufgabe.

Beispiele für solche sinnvollen berufspolitischen Aktivitäten gibt es genug, wie die Suche nach einer versicherungsrechtlich korrekt zu handhabenden Alternative zur „Grund- und Behandlungspflege", einer Präzisierung der Ausbildungsziele im Krankenpflegegesetz, einer institutionellen Konkretisierung der „ganzheitlichen Pflege" in der Pflegepersonalregelung usw. zeigt.

24.4 Perspektiven der Pflegewissenschaft

Das Berufsfeld Pflege ist schon lange ein Forschungsfeld anderer Disziplinen. Jetzt aber, und dieses Forum hat das deutlich gezeigt, ist ein qualitativer Sprung festzustellen, insofern es nicht mehr nur um die Erforschung eines teilweise noch nach anachronistischen Regeln funktionierenden Berufsfeldes geht, sondern tatsächlich auch um den Gegenstand der Pflegewissenschaft selbst.

Als eine sehr wichtige Erkenntnis aus diesem Forum kann festgehalten werden, daß z. B. typische Probleme der Pflege auch von anderen verstanden werden können, und dies ist eine überaus wichtige Botschaft für die Angehörigen der Pflegeberufe.

Die deutsche Krankenschwester seufzt ja gerne tief auf bei der Frage „Was ist Pflege? „und sagt: „Das weiß ich ja auch nicht, keiner weiß es, wir haben doch kein abgegrenztes Berufsbild." Aber siehe da: Andere sehen es, und zwar auf sehr differenzierte Art und Weise. Viele der „pflegefremden" RednerInnen dieses Forums gestehen der Pflege völlig selbstverständlich einen eigenständigen Bereich zu, spiegeln also den Pflegenden ihre eigenständige Identität wider. Sie haben alle (jedenfalls auf diesem Forum) überhaupt nicht in Frage gestellt, ob Pflege sich als Wissenschaft überhaupt etablieren könnte oder sollte, und dies ist wahrlich mehr, als man von vielen Berufsangehörigen der Pflege selbst sagen kann!

Mit diesem Pfund gilt es, meine ich, schleunigst zu wuchern. Das soll heißen, die Kooperationsangebote zu nutzen, die notwendige Unterstützung einzufordern und die noch vorhandenen einschränkenden berufsständischen Relikte endlich, endlich zu verabschieden. Das ist quasi der Preis, der für die Etablierung des Pflegewissenschaft zu zahlen ist, wenn man so will – aber eigentlich ist das auch das „B", welches dem laut herausgerufenen „A" jetzt folgen muß

Kooperation und wechselseitige Zuarbeit auf gleichberechtigter Ebene ist auch ein ganz schöner Tausch für exklusiv erlittenes Elend – und daß die zu lösenden komplexen Aufgaben im Sozial- und Gesundheitswesen nur interdisziplinär angegangen werden können, ist so offensichtlich, daß es nicht mehr belegt werden muß.

Es wird sicher keine sehr leichte Aufgabe sein, im traditionell sehr konkurrenten Wissenschaftsbetrieb so etwas wie Netzwerke aufzubauen. Zu hoffen ist hier auch auf die Bereitschaft zur Zusammenarbeit von Seiten der interdisziplinären Frauenforschung oder anderen Bereichen, die sich dieser Form der Arbeit schon längst geöffnet haben. Die Pflege kommt ja auch durchaus nicht mit leeren Händen, sondern mit viel berufspraktischer Erfahrung, mit etlicher wissenschaftlicher Expertise und vor allem mit einem riesigen Topf voll Neugier und kritischen Fragen.

24.5 Macht durch Sprache

Als letztes Bild soll abschließend die Macht und Vielfalt der Sprache kurz angesprochen werden, die für uns, denen sie zur Verfügung steht, ein Instrument der Verständigung und des Verstehens ist, die aber natürlich auch eine Quelle von Mißverständnissen sein kann.

Bei Sprache denke ich meist an Worte, gesprochene oder geschriebene, aber Sprache ist natürlich viel mehr. Die lautlose Verständigung durch Gebärdensprache, die Körpersprache, die Gestik oder Mimik – wir haben so viele Möglichkeiten zu sprechen oder besser, uns etwas mitzuteilen, uns etwas zu sagen.

Die Sprache ohne Worte sind Laute, Töne, Klänge, Musik und Bewegung. Sie sind ein Teil unseres Umgangs mit Sprache – wir schmeicheln, bitten, drohen, flehen, strafen, loben, weisen zurück oder neigen uns zu – mit den gleichen Worten können wir uns nahe sein oder Grenzen errichten, wir können unseren Gefühlen mit Sprache Ausdruck verleihen oder sie hinter den Worten verstecken.

Die Macht der Sprache erfahren wir in Gedichten, Romanen oder Dramen, die uns heute noch anrühren, auch wenn sie vor Jahrhunderten oder Jahrtausenden geschrieben wurden, die uns betroffen machen, lachen oder weinen lassen.

Ausdruck von Sprache sind auch Kinderreime, Liebesbriefe, Lieder, das Stammeln des Schwerkranken, das Lallen des Betrunkenen, das Fabulieren oder das Schreien der Desorientierten. Sprache kann inhaltsleer (viel reden und nichts sagen) oder bedeutend sein, wie das erste Wort eines Kleinkindes oder der letzte Satz eines geliebten Menschen.

Sprache drückt sich auch aus in unserer Stimme, die hell sein kann oder heiser, dunkel, erotisch, fremd oder vertraut, blechern oder melodisch, grell oder nur noch leises Geflüster, starr und langweilig oder lebendig und voll. Wir drücken unsere Fröhlichkeit, unseren Ärger, unsere Trauer oder unsere Verzweiflung aus mit unserer Stimme und unserer Sprache, wir lassen den anderen sprachlos oder informiert zurück.

Das Thema „Sprache und Pflege" hat also nahezu unendlich viele Facetten: vom Verständnis des stimmbildenden Apparats über die Physiologie des Klangs, die Bedeutung der Sprache in einem bestimmten Kontext, in den sie eingebettet ist, bis hin zu den durch sie vermittelten Inhalten, vom Sprechenlernen bis zur Sprache ohne Worte, vom Flüstern zum Schreien, von der individuellen Bedeutung, die bestimmte Worte in ihrer sprachlichen Ausdrucksform für uns haben, bis hin zur Gewalt der Sprache in der Diskriminierung von Menschen, der Meinungsmache über Medien, der Vereinnahmung oder dem Einsatz von Sprache für berufspolitische Ziele. Sprache verbindet und grenzt aus, sie teilt auf und führt zusammen, sie ist ein Instrument der Kommunikation und kann diese bewußt oder unbewußt behindern.

Vieles von dieser Vielfalt ist in den vier Tagen dieses Sommerforums sichtbar geworden, in Sprache gefaßt und in Kopf und Herz angekommen. Angesichts der Fülle von Themen, die sich damit noch verbinden lassen, möchte ich das für mich ganz persönlich Wichtigste zusammenfassen in den Wunsch, daß wir alle sensibler geworden sind für den Umgang mit und die Bedeutung von Sprache im Zusammenhang mit unserem Beruf, also die Macht der Sprache zu achten, die Gewalt der Sprache zu fürchten, mit den Möglichkeiten der Sprache zu spielen und uns unserer Sprachlosigkeit bewußt zu werden, die auch ein Teil unserer Sprache und unserer Wirklichkeit ist.

25 Zum guten Schluß...

von Rudolf Müller

25.1 Einleitung

Folgende Geschichte geht um in Pflegeland: Eine Schwesternschülerin (es kann auch ein Schüler sein) arbeitet auf einer geriatrischen Station. Eines Tages bekommt sie den Auftrag, bei den Patienten Mundpflege durchzuführen. Sie überlegt sich, wie sie die Angelegenheit am zeitsparendsten erledigen kann. Daraufhin nimmt sie den Patienten die Gebisse aus dem Mund und legt sie alle zusammen in ein geeignetes Gefäß. Sorgfältig säubert sie die Gebisse mit einer Bürste. Als die Arbeit vollbracht ist, steht sie verwundert und hilflos vor der Aufgabe, das richtige Gebiß wieder an den richtigen Platz zu bringen.

Diese Geschichte wurde mir während meiner Tätigkeit als Psychologie-Dozent im Pflegebereich schon mindestens zehnmal erzählt. Zumeist war der Bericht mit der Frage verbunden, wie man so doof sein kann.

Ein Teilnehmer an einem Stationsleitungslehrgang schwor, der Vorfall habe sich in einem Krankenhaus in Minden ereignet, und zwar auf der benachbarten Station, das wisse er ganz genau. Als ich die Geschichte einmal während des Unterrichts an einer Frankfurter Altenpflegeschule erwähnte, berichtete der Kurs frohgemut, just in der Stunde zuvor habe eine Lehrkraft genau diese Begebenheit erzählt. Sie sei im Altenheim nebenan passiert, und der „Held" sei ein Schüler aus dem vorigen Kurs gewesen, der dort ein Praktikum ableistete.

25.2 Was ist eine Wandersage?

Bei dem Bericht vom Zahnputzdesaster handelt es sich offensichtlich um eine sogenannte „Wandersage". Diese Bezeichnung bringt erstens zum Ausdruck, daß die Geschichte wandert. Sie wird verschiedenen Orten und Personen zu verschiedenen Zeiten zugewiesen. Zweitens handelt es sich im kommunikationshistorischen Sinn um eine Sage: Sie wird mündlich weitergegeben und – das ist das wichtigste – für wahr gehalten. Auch die alten Sagen von Siegfried oder Ödipus wurden mündlich überliefert und geglaubt, obwohl sie niemals geschehen sind.

Eine andere Bezeichnung für Wandersagen ist „foaf tales". Dieser Ausdruck ist die Abkürzung für „a friend of a friend (told me)". Hier liegt der Schwerpunkt auf einer weiteren kennzeichnenden Eigenschaft: Erzähler oder Erzählerin haben die Begebenheit niemals selbst erlebt, sondern berichten, was ihnen der „Freund eines Freundes" erzählt hat.

Häufig handeln Foaf-tales von (angeblicher) menschlicher Ungeschicklichkeit, ekelhaften Vorfällen oder geheimnisvollen, scheinbar unerklärlichen Begebenheiten. Mehr oder weniger offen schwingen Ekelgefühle, verborgene Schuldzuschreibungen, Ängste und Vorurteile mit. Sie werden für wahr gehalten, weil und wenn sie die Gefühlswelt desjenigen widerspiegeln, dem sie erzählt werden.

Zur Veranschaulichung eine der bekanntesten Wandersagen: Eine junge Frau macht Urlaub in Tunesien. Kurz nach der Rückkehr wird sie zu einer Party eingeladen. Sie will sich für den Abend schön machen und setzt sich, nur mit der Unterwäsche bekleidet, vor den Spiegel. Da bemerkt sie eine kleine Beule auf ihrer Schulter. Sie drückt ein wenig daran herum, und plötzlich öffnet sich die Beule. Eine unübersehbare Zahl winziger Spinnen krabbelt heraus (nach Brednich, 1990).

Da ist alles drin: Ekel vor Spinnen, verschleierte Schuldzuschreibung wegen Eitelkeit, Vorurteile und Ängste bezüglich der hygienischen Zustände in südlichen Urlaubsländern.

Auch in der Geschichte von den Zähnen sind vergleichbare Komponenten zu finden:

- Wer putzt schon gerne fremde Zähne? (Ekel)
- Wer hat sich nicht schon mal dumm angestellt? (Versagensangst)
- Welche Pflegekraft weiß nichts über ungeschickte SchülerInnen? (Vorurteile).

Wer mehr über die Funktion von Wandersagen erfahren will und außerdem einiges von dem, was er bisher geglaubt hat, einer Korrektur unterziehen möchte, dem seien die Bücher des Professors für Volkskunde und Foaf-tale-Forschers Rolf Wilhelm Brednich empfohlen. Sie enthalten eine umfangreiche Sammlung von Foaf-tales mit Angaben über Wanderungsbewegungen sowie kenntnisreiche Erläuterungen zum psychologischen Hintergrund ihrer Entstehung.

25.3   Ein paar Beispiele

Im Laufe meiner Tätigkeit als Dozent sind mir eine Reihe von Wandersagen oder zumindest wandersagenverdächtigen Geschichten aus dem Pflegebereich begegnet. Einige davon wurden mir erzählt, andere fand ich in Büchern oder Artikeln – hier eine Auswahl.

Nummer 1

In einem kleineren Krankenhaus in der Provinz erhält ein Pfleger den Auftrag, einen Verstorbenen in die Leichenhalle zu transportieren. Die Leichenhalle befindet sich hinter dem Klinikgebäude auf einer kleinen Anhöhe. Es herrscht Glatteis. Der Pfleger schiebt die Trage mit der Leiche bergauf, rutscht aus und läßt los. Die Trage rollt zurück, wird immer schneller und saust durch die noch offenstehende Tür ins Klinikgebäude hinein. Zielstrebig fährt sie einen langen Gang entlang und kommt erst im Eingangsbereich des Krankenhauses wieder zu Stehen. Weil gerade Besuchszeit ist, landet die Leiche mitten in einer Gruppe von Besuchern.

Anmerkung
Die Geschichte wurde von einem Teilnehmer an einem Stationsleitungslehrgang erzählt; andere TeilnehmerInnen kannten noch weitere Geschichten von entwischten Leichen.

Nummer 2

In Erlangen, einer Universitätsstadt nördlich von Nürnberg, steht ein großes psychiatrisches Krankenhaus mit einem weitläufigen Park. Im Untergeschoß des Gebäudes befinden sich Labors, in denen angehende Ärzte üben können. Einer davon übt das Schienen und

Eingipsen gebrochener Gelenke. Zu diesem Zweck hat er einem Huhn unter Narkose ein Bein gebrochen und es danach schulmäßig mit Gips ummantelt. Als er sein Werk stolz begutachtet, wird das Huhn plötzlich wach und flattert aus dem offenstehenden Kellerfenster. Der Jungmediziner springt hinterher. Suchend läuft er durch den Park und ruft: „Puttputt, puttputtputt!"

Bald nähern sich zwei stämmige, weißgekleidete Gestalten und fragen ihn, was er hier mache. „Ich suche mein Huhn", ist die Antwort. „Soso, ihr Huhn suchen Sie. Wie sieht denn das Huhn aus?" „Es ist ganz leicht zu erkennen, es hat ein Gipsbein!" Damit war die Sache erledigt.

Anmerkung:
Die Geschichte ist Brednich (1993) entnommen. Mir ist sie allerdings bereits seit Mitte der 70er Jahre bekannt, weil ich in Erlangen studierte. (Damals habe ich sie geglaubt!) Erst kürzlich wurde sie mir erneut erzählt. Die Erzählerin hatte diese Wandersage in Hannover kennengelernt, und der Vorfall war angeblich in der dortigen Psychiatrie passiert.

Nummer 3

Bei einem Patienten wird Diabetes diagnostiziert. Die Pflegekräfte zeigen ihm unter Verwendung einer Orange, wie er sich die Insulinspritzen selbst setzen kann. Daraufhin wird er entlassen. Nach einer Woche wird der Mann wieder in die Klinik eingeliefert – mit einem Blutzuckerspiegel von 680 mg/dl. Nachdem der Patient stabilisiert worden war, bittet ihn eine Schwester, ihr zu zeigen, wie er sich das Insulin injiziert hat. „Ohne Orange geht das nicht", sagt er. Verdutzt besorgt die Schwester eine. Daraufhin zieht er die Spritze korrekt auf, injiziert das Insulin gekonnt in die Orange und verspeist sie genüßlich.

Anmerkung
Entnommen aus dem American Journal of Nursing. Die Geschichte wird dort ausdrücklich als wirklich geschehen beschrieben.

Nummer 4

Frau Hubmann aus Köln soll an der Bandscheibe operiert werden. Die Schwester schiebt das Bett auf den Gang. Weil sie noch etwas vergessen hat, läuft sie zurück, versäumt aber, das Bett zu arretieren. Weil der Gang leicht abschüssig ist, gerät das Bett ins Rollen, und Frau H. prallt am Ende des Flurs krachend gegen die Wand. Sie wird durch den Aufprall derart zusammengestaucht, daß die Bandscheiben wieder dort sitzen, wo sie hingehören. Die Operation erübrigt sich.

Anmerkung
Kurzfassung einer als Tatsache hingestellten Geschichte aus Ellermann (1995). Sie weist ein weiteres Kennzeichen von Foaf-tales auf: Um den Anschein von Wahrheit zu unterstreichen, werden Personen mit Namen versehen und konkrete Orte genannt, an dem sich der Vorfall abgespielt haben soll. (Ähnliches gilt auch für die 680 mg/dl aus Geschichte Nummer 3).

Nummer 5

Zusammenfassung einer Zeitungsmeldung: „Nicera, Italien – Die Leitung des Alters-
heimes ließ auf den Treppengeländern große Eisenhaken anbringen. Grund für die
Maßnahme: Die Heiminsassen hatten die Geländer als Rutschbahn benutzt und sich dabei
teilweise erhebliche Verletzungen zugezogen."

Anmerkung
Entnommen aus Lembke und Andrae-Howe (1977). Damals war in (italienischen) Altenheimen offensichtlich noch was los!

Soweit die kleine Auswahl von Wandersagen und foaf-tale-verdächtigen Geschichten
aus dem Bereich der Pflege. Über den Wahrheitsgehalt mögen die LeserInnen selbst nachdenken. Zum Abschluß aber noch eine Bitte des Autors: Falls Sie derartige Geschichten
kennen, bitte ich um Übermittlung. Vielleicht stehen dann in den nächsten Nachrichten aus
Pflegeland neue, noch schönere! Adresse: Rudolf Müller, Parkstraße 10, 65779 Kelkheim.

Literatur

Brednich, Rolf Wilhelm: Die Spinne in der Yucca-Palme; Das Huhn mit dem Gipsbein. C. H. Beck,
    München 1990 und 1993
Ellermann, Bernd (Hrsg.): Jeder siebte Gesunde war krank – Kurioses aus der ärztlichen Praxis. dtv
    11979, München, 1995
Lembke, R., Andrae-Hove: Aus dem umgestülpten Papierkorb der Weltpresse. dtv 1269, München,
    1977
Roe, Carol: The Muddy Waters of Clinical Teaching. American Journal of Nursing, Juli 1992

Zeitschriftenartikel aus dem Sommerforum

Bartholomeyczik, S.: Über die Wechselwirkung von Sprache und Beruf.
Pflege aktuell 3/96 S.170 ff.

Geißner, U.: Fachjargon in der Pflege. Pflege aktuell 3/96, S. 176 ff.

Reichertz, J.: Mit wachen Sinnen...Sprache hygienisch pflegen.
Die Schwester/Der Pfleger 6/96, S. 491 ff.

Sitzmann, F.: Wie läßt sich die Kommunikationswissenschaft für die Pflegeforschung
nutzen, wenn sie sich dann nutzen läßt? Die Schwester/Der Pfleger 6/96, S. 496 ff.

Thimm, C.: Sprachliche Kompetenz und Emanzipation. Pflege aktuell 3/96, S. 178 ff.

Walther, S.: Zur Bedeutung von Sprache in der Krankenpflege.
Sonderdruck aus OBST,

Osnabrücker Beiträge zur Sprachtheorie, Juni 1996

Zegelin, A.: Sommerforum Sprache und Pflege. Die Schwester/Der Pfleger 6/96, S. 489 f.

Autoren

Bartholomeyczik, Sabine Prof. Dr.
Professorin für Pflegewissenschaft
im Fachbereich Pflege und Gesundheit,
Fachhochschule Frankfurt am Main

Kontaktadresse:
Fachhochschule Frankfurt am Main
Fachbereich Pflege und Gesundheit
Limescorso 3
60439 Frankfurt am Main

Brünner, Gisela Prof. Dr.
Universität Dortmund
Institut für deutsche Sprache und Literatur
Deutsche Sprache (Schwerpunkt sprachliche Interaktion in beruflichen und institutionellen Zusammenhängen)

Kontaktadresse:
Institut für deutsche Sprache und Literatur
Universität Dortmund
Emil-Figge-Str. 50
44227 Dortmund

Fiehler, Reinhard Prof. Dr.
Institut für deutsche Sprache, Mannheim
Sprachwissenschaft mit den Schwerpunkten:
Eigenschaften gesprochener Sprache und
Gesprächsanalyse

Kontaktadresse:
Institut für deutsche Sprache
Postfach 10 16 21
68016 Mannheim

Ford, Ivonne
BA, PG Dip Tesol. Trinity Licentiate Directorin
Centre for Communication in Health Care
Interkulturelle Kommunikation

Kontaktadresse:
Centre for Communication in Health Care
Darmstädter Landstr. 109
60598 Frankfurt/Main

Geißner, Ursula Prof. Dr. phil.
Studium der Theologie, Philosophie, Germanistik und Sprachwissenschaft in Freiburg und Saarbrücken, Trainerin für Gruppendynamik, Supervisorin, Organisationsberaterin

Kontaktadresse:
Katholische Fachhochschule Freiburg
Professorin für Führungslehre und Organisation
z.Zt. Dekanin des Fachbereichs Pflege

Georg, Jürgen
Krankenpfleger, Lehrer für Pflegeberufe,
Cheflektor/Pflege bei Ullstein Mosby

Kontaktadresse:
Ullstein Mosby GmbH & Co.KG
Mainzer Straße 75
65189 Wiesbaden

Grieshaber, Uschi
Leitende Redakteurin und Mitherausgeberin von
FORUM SOZIALSTATION, Bonn

Kontaktadresse:
FORUM SOZIALSTATION
Das Magazin für ambulante Pflege
Redaktion
Luisenstraße 56
53129 Bonn

Kirchner, Helga Dr.
Studium der Sozial- und Erziehungswissenschaften (Lehramt) sowie der Pädagogik und Psychologie (Dipl. Päd.), Geschäftsführerin der ACG Unternehmensberatung, Autorin zahlreicher Publikationen, Arbeitsschwerpunkte: Personalentwicklung, Organisationsberatung und Projektmanagement im Gesundheitswesen.

Kontaktadresse:
ACG-Unternehmensberatung
Schlackenbergstraße 20
66386 St. Ingbert

Linhart, Monika
Studentin des Studiengangs Pflege an der Fachhochschule Frankfurt/Main, Fachbereich Pflege und Gesundheit

Marschke, Waltraud
Krankenschwester, ehemalige Leiterin der IBF des Gemeinschaftskrankenhauses Herdecke, Sprachgestalterin

Müller, Rudolf
Psychologe, Kelkheim

Oertle Buerki, Cornelia
Aktuelles Arbeitsfeld: Schweizerische Konferenz der kantonalen Erziehungsdirektoren EDK, Bern (Schweiz); Arbeitsgebiete: Internationale Beziehungen/Projektbetreuung Fachbereich Gesundheitsförderung in der Schule

Kontaktadresse:
International Section
Zaehringerstrasse 25
Postfach 5975
CH-3001 Bern

Reichertz, Jo Prof. Dr.
Universität Essen
Kommunikationswissenschaft,
Analyse von Institutionen

Kontaktadresse:
Universität Essen
FB 3 – Kommunikationswissenschaft
Postfach
45117 Essen

Sachweh, Svenja M.A.
Aktuelles Arbeitsfeld:
Universität Freiburg
Fachbereich Linguistik
Kommunikation Altenpflegeheim
(Dissertation)

Kontaktadresse:
Sachweh, Svenja
c/o Prof. Dr. J. Dittmann
Albert-Ludwigs-Universität
Deutsches Seminar

Werthmannplatz
79098 Freiburg

Schmitt, Rudolf Dr. phil.
Jahrgang 1959, Diplom in Psychologie 1985, Magister in Germanistik 1988, Promotion in Psychologie über Metaphernanalyse 1994. Von 1985–1989 Einzelfall- und Familienhelfer in verschiedenen Berliner Bezirken, seit 1990 tätig in der Karl-Bonhoeffer-Nervenklinik, Berlin. Ausbildung als Verhaltens- und Familientherapeut

Schnepp, Wilfried
MSc, Lehrer für Pflegeberufe, Krankenpfleger mit Weiterbildung Intensiv/Anästhesie, Dozent für Pflegewissensschaften, FH Osanbrück

Kontaktadresse:
Fachhochschule Osnabrück
Albrechtr. 30
49076 Osnabrück

Schreiner, Paul-Werner
Jahrgang 1955, nach dem Abitur 1973 Krankenpflegeausbildung an der Evangelischen Diakonissenanstalt Schwäbisch Hall; von 1978 bis 1980 Tätigkeit an den Medizinischen Einrichtungen der Universität Düsseldorf, dort Fachausbildung in Anästhesie und Intensivmedizin; von 1980 bis 1983 pflegerischer Leiter der medizinischen Intensivstation am Diakonissenkrankenhaus Bremen; von 1983 bis 1985 Tätigkeit in der Klinik für Anästhesiologie und operative Intensivmedizin am St. Joseph-Krankenhaus Bremen; von 1985 bis 1994 Redakteur und ab 1990 Schriftleiter der Deutschen Krankenpflege-Zeitschrift; seit 1994 stellvetendener pflegerischer Leiter der Anästhesie-Abteilung an der Sana-Herzchirurgischen Klinik Stuttgart.

Kontaktadresse:
Mühlhäuserstr. 19
71384 Weinstadt

Sitzmann, Franz
Lehrer für Pflegeberufe, Fachkrankenpfleger für Krankenhaushygiene
Tätigkeitsschwerpunkte:
Hygiene und Umweltschutz,
Herausgeber und Autor von ‚Pflegehandbuch Herdecke‘
„Mit wachem Sinne wahrnehmen und beobachten"
(Förderung der Wahrnehmungsschulung)

Kontaktadresse:
Gemeinschaftskrankenhaus Herdecke
Beckweg 4
58313 Herdecke

Steppe, Hilde
Krankenschwester, Dipl. Päd.
Referatsleiterin im Hessischen Ministerium für Umwelt, Energie, Jugend, Familie und Gesundheit
Forschungsschwerpunkte: Geschichte der Pflegeberufe, Entwicklung der Pflegewissenschaft

Kontaktadresse:
Hessisches Ministerium
für Umwelt Energie, Jugend, Familie und Gesundheit
Mainzer Straße 80
65189 Wiesbaden

Stumpf, Peter
Dipl. Pflegewirt (FH), Krankenpfleger
Wissenschaftlicher Assistent im Fachbereich Pflege an der
Katholischen Fachhochschule Freiburg und Pflegebereichsleiter am Zentrum
für Pschychiatrie in Weinsberg

Kontaktadresse:
Zentrum für Psychiatrie
74184 Weinsberg

Thimm, Caja Dr. phil.
Universität Heidelberg, Sonderforschungsbereich 245
(„Sprache und Situation")
Forschungsschwerpunkte: Linguistische Frauenforschung, Kommunikation in der Politik, Sprache und Kommunikation im Alter.

Kontaktadresse:
Sonderforschungsbereich 245 „Sprache und Situation"
Universität Heidelberg
Hauptstraße 47–51
69117 Heidelberg

Weinhold, Christine Dr. Phil.
Krankenschwester und Sprachwissenschaftlerin
Forschungsschwerpunkt: Kommunikation zwischen Patienten und Pflegepersonal
Arbeitsfeld: Kommunikationstraining für Pflegekräfte und medizinisches Fachpersonal als freiberufliche Tätigkeit

Kontaktadresse:
Schwerinstraße 10
10783 Berlin

Zegelin, Angelika
Krankenschwester, MA, Dozentin am Institut für Pflegewissenschaften an der Universität Witten/Herdecke

Kontaktadresse:
Universität Witten/Herdecke
Stockumerstraße 10
58453 Witten

Zenz, Jutta
Lehrerin für Kranken- und Altenpflege, Referentin für Innerbetriebliche Fortbildung, Universitätsklinik Ulm